中世盛期西フランスにおける都市と王権

大宅明美

九州大学出版会

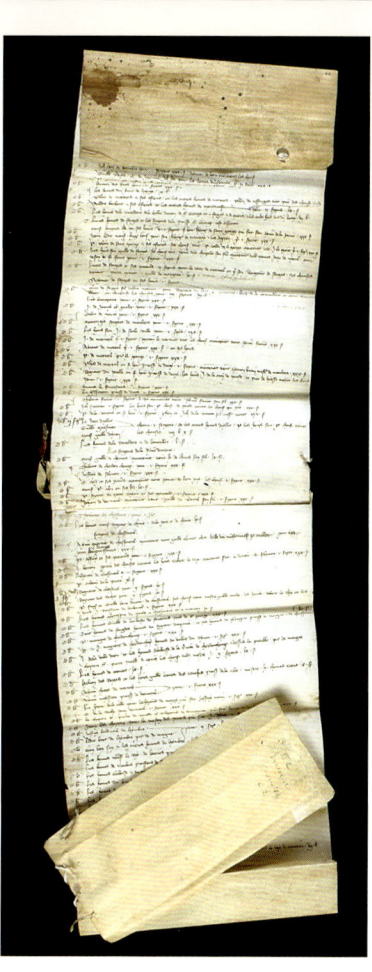

口絵 2　E2 の史料 f・史料 g
（ポワチエ／フランソワ・ミッテラン情報館, archives municipales de Poitiers, E2）
Copyright Médiathèque François-Mitterrand Poitiers Olivier Neuillé

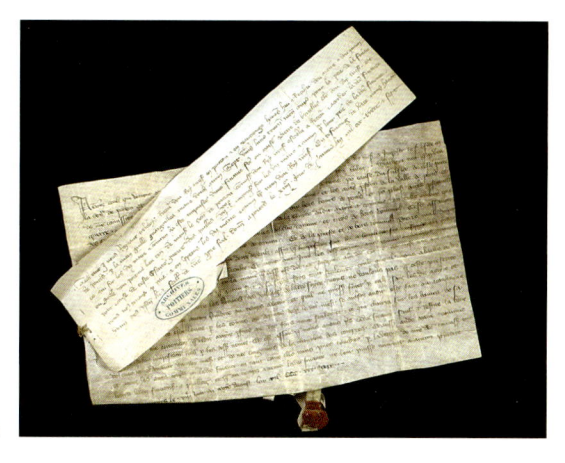

口絵 3　E2 の史料 e・史料 h

Copyright Médiathèque François-Mitterrand Poitiers Olivier Neuillé

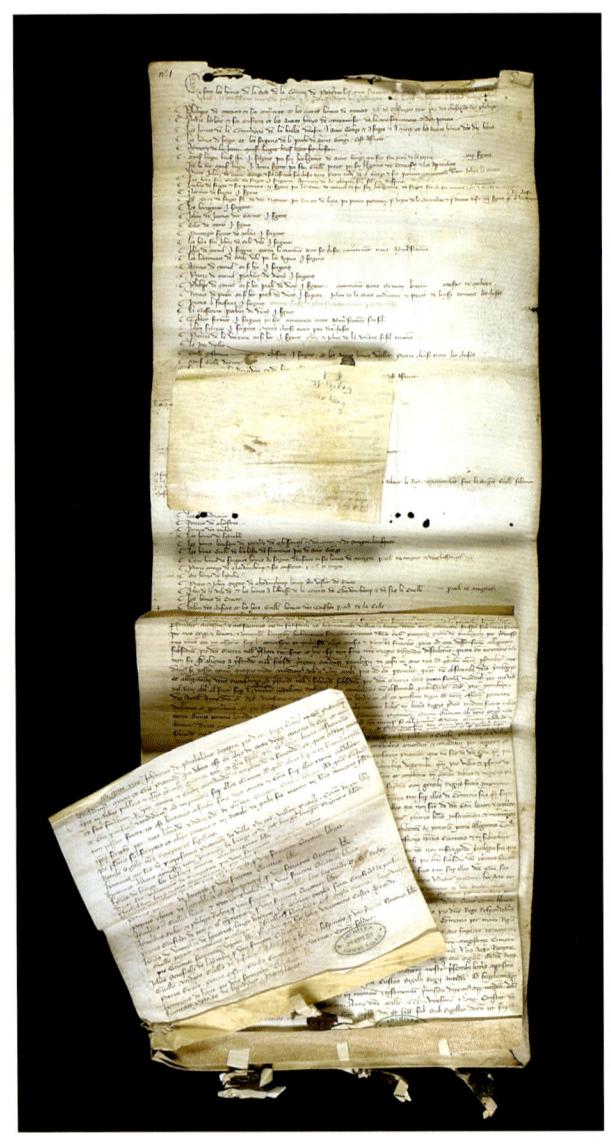

口絵1　ポワチエのコミューヌ文書庫伝来史料 E1 の全体写真（本文 146 頁，図 5-1 参照）

巻物上部に綴じつけられた形で見えているのは，史料 b の裏側である。史料 b' は，巻物下部に綴じつけられた史料 c と d の陰に隠れて見えていない（ポワチエ／フランソワ・ミッテラン情報館, archives municipales de Poitiers, E1）。
Copyright Médiathèque François-Mitterrand Poitiers Olivier Neuillé

目　　次

序章　問題の所在……………………………………………………………… 1

第Ⅰ部　都市住民―王権関係と都市をめぐる諸権力

第1章　ポワチエにおける王権のコミューヌ政策と都市内諸権力
　　　　　……………………………………………………………… 13

　はじめに　13

　第1節　ポワチエのコミューヌ設立と王権による認可　14
　　（1）フィリップ=オーギュストによる征服（1204年）以前
　　（2）フィリップ=オーギュストによる征服以降

　第2節　ルーアン文書とポワチエ文書――系譜関係の分析――　23
　　（1）ルーアンからポワチエへの文書の伝播
　　（2）ポワチエの1222年文書における改変
　　（3）改変の背景と要因

　おわりに　33

第2章　13世紀ポワチエにおける王権・都市民・在地領主………… 39

　はじめに　39

　第1節　ポワチエの教会領主と都市内支配領域　40
　　（1）「シテ」と「ブール」
　　（2）サン=ティレール参事会教会とモンティエルヌフ修道院の都市内財産

　第2節　13世紀半ばのポワチエにおける王権・都市民・在地領主　49
　　（1）ポワチエ都市内の教会領主支配領域に関する紛争
　　（2）13世紀中葉のポワチエにおける教会領主支配領域の独立性について
　　（3）コミューヌの徴税権をめぐって

　おわりに　71

第3章　都市―王権関係と在地領主層　………………………… 79

はじめに　79

第1節　シャトオヌフ=レ=トゥールのコミューヌ運動とカペー王権　80
 (1)　シャトオヌフのコミューヌ運動
 (2)　コミューヌ運動失敗の理由 ―― 住民の側 ――
 (3)　コミューヌ廃止の理由 ―― 王権の側 ――

第2節　ポワトゥーの在地領主権力とラ=ロシェル都市民　95
 (1)　ラ=ロシェル都市民の危機感 ―― 都市民の密告状をめぐって ――
 (2)　13世紀のポワトゥー・サントンジュをめぐる政治情勢と都市民の危機感

おわりに　105

第4章　伯=王権の援助金要求とポワトゥー諸都市 ………………… 115
 ―― 13世紀ポワトゥー地方における『良き都市』をめぐって ――

はじめに　115

第1節　援助金をめぐる議論　116

第2節　都市への援助金要求とその交渉　120
 (1)　伯の使者と都市代表の間の交渉
 (2)　「自発的援助金」か「2倍貢租」か

おわりに　135

第5章　ポワチエにおけるコミューヌ権力の拡大過程 …………… 145

はじめに　145

第1節　「ポワチエのコミューヌ随行要員一覧」（1324年）と
   コミューヌの意図　146
 (1)　1329年の援助金徴収における混乱
 (2)　1324年の「ポワチエのコミューヌ随行要員一覧」の意義

第2節　1337年の援助金分担者リスト　156

おわりに　171

第Ⅱ部　都市の経済活動と王権

第6章　ポワチエ流通税表の分析……………………………………… 179

はじめに　179

第1節　流通税表に関する最近の研究動向　180
　　　　――デスピイ学派の業績を中心に――
　(1)　史料批判
　(2)　流通税と商品流通の実態

第2節　ポワチエ流通税表の史料的性格　187
　(1)　物的体裁と刊本
　(2)　伝来形態と史料的特長
　(3)　作成主体と史料的制約
　(4)　複層性と妥当期間

第3節　流通税表の分析　198
　(1)　TPに現れる流通税の諸形態
　(2)　TPに現れる商品流通

おわりに　209

第7章　大西洋ワイン商業の繁栄と都市 ……………………………… 217

はじめに　217

第1節　大西洋ワイン商業の展開　218

第2節　都市周辺農村の経済活動と都市―王権関係　223
　(1)　ポワトゥー南部におけるぶどう栽培をめぐって
　(2)　ラ=ロシェル周辺農村のぶどう栽培への特化と都市―王権関係

第3節　ラ=ロシェルの都市内ワイン商業　229

おわりに　233

第8章　都市民の市場運営参加と伯＝王権……………………241

はじめに　241

第1節　ポワチエにおける商業活動と都市有力市民家系　241
(1)　ポワチエにおける市と流通統制権
(2)　ポワチエ有力市民家系と商業活動

第2節　ニオールにおける市場移転と都市民　251
(1)　史料――ニオール都市民から伯への嘆願状――
(2)　ニオールの市場と都市民

おわりに　258

第9章　ラ=ロシェルの都市内商業と伯＝王権……………………265

はじめに　265

第1節　ラ=ロシェルの伯取引所の建設とその廃止　265
(1)　伯取引所に関する伝来史料
(2)　『なぜ商人たちは伯取引所に来ないのか』

第2節　伯取引所廃止の背景　272
(1)　『都市民自身の商業施設』とは
(2)　ラ=ロシェルの都市内商業と伯権

おわりに　281

結　章……………………287

巻末史料……………………295
史料・文献目録……………………333
あとがき……………………357
索　引……………………361

各章と既発表論文との対応関係

　本書の作成にあたって，既発表の論文を素材として利用したが，そのいずれにも大幅に加筆修正を加えた上で1つの作品として構成した。なお，序章と結章，及び第5章は今回書き下ろした。

第1章　「中世フランスにおけるフランシーズ文書の系譜と改変」『史学研究』194, 1991年，71-81頁。
　　　　「十三世紀フランスにおける王権のコミューヌ政策と都市内諸権力——ルーアンとポワチエのコミューヌ文書の比較検討から——」『史学研究』265, 2009年，19-36頁。

第2章　Les possessions des seigneurs ecclésiastiques dans la ville de Poitiers aux XIIe et XIIIe siècles. Etudes sur l'église collégiale de St Hilaire-le-Grand et l'abbaye de Montierneuf (Mémoire de D.E.A. Université de Poitiers, 1992).
　　　　「中世盛期ポワチエに関する一考察——サン＝ティレール教会とモンティエルヌフ修道院の都市内財産の分析——」『史学研究』215, 1997年，455-474頁。
　　　　「13世紀ポワチエにおける王権・都市民・在地領主」『歴史家のパレット——佐藤眞典先生御退職記念論集——』渓水社，2005年，73-91頁所収。

第3章　「フランス中部におけるコミューヌ運動——シャトオヌフ・レ・トゥールの場合——」『西洋史学報（広島大学）』16, 1990年，25-42頁。
　　　　「13世紀都市ラ・ロシェルの政治的危機と経済的危機」山代宏道編著『危機をめぐる歴史学——西洋史の事例研究——』刀水書房，2002年，251-269頁所収。

第4章　「伯権の援助金要求とポワトゥー諸都市——13世紀ポワトゥー地方における『良き都市』をめぐって——」『史学研究』246, 2004年，45-63頁。

第6章　「中世ポワチエ流通税表の分析」『社会経済史学』56-6, 1991年，1-31頁。

第7章　「中世盛期における大西洋ワイン商業の展開と西フランス都市」『史学研究』220, 1998年，1-19頁。

第8章　「封建社会における都市・市民・市場——ニオールの市場移転に関する一通の嘆願状をめぐって——」『市場史研究』14, 1995年，29-40頁。

第9章　「13世紀ポワトゥーにおける伯権と都市民——ラ・ロシェルの都市内商業をめぐって——」藤井美男・田北廣道編著『ヨーロッパ中世世界の動態像——史料と理論の対話——森本芳樹先生古稀記念論集』九州大学出版会，2004年，455-474頁所収。

序章
問題の所在

　近年，グローバル化の流れや EU 統合事業などを背景として「国家」のあり方や機能を対象とした研究が大きく進展する中，ヨーロッパの「王権」に対する伝統的な理解が根本的に修正されつつある。近代のいわゆる「絶対王政」については，その実態は決して「絶対」的と言えるものではなく，様々な中間的諸権力が所持する伝統的な特権を認めることによってのみ，王権はその支配を維持することが可能であったという点がますます強調されている[1]。一方，中世盛期のイングランドやフランスなどで完成する「封建王政」については，封建社会と対立することなく巧みに共存していたそのあり方が再び注目され，積極的な評価がなされている[2]。近代の王権の相対化であれ，中世の王権の再評価であれ，そこに通底しているのは王権を唯一絶対の権力となってこそ完成するものとみなすのではなく，あくまでも社会全体の中で形成された錯綜する相互依存関係の中で捉えなおそうとする姿勢である。

　フランス国制史における 13 世紀は，封建王政が完成し，近代国家の基礎が形作られていく過渡期として位置づけられる。王領が 4 倍以上に拡大するだけではなく，行政・財政・司法の各分野において統治機関の整備が進められるなど，規模と質の両面においてカペー王権は飛躍的な伸長をみせる。こうした変化を，もっぱら王権による封建的諸勢力の打破という視角から分析する手法が適当ではないのは言うまでもない。中世盛期の社会において様々な形態で形成されていた絆の中に，王権はどのように位置していたのかを可能な限り解明し，王権と諸勢力は互いの関係をいかなるものと捉え，どのようにして合意を形成していったのか，そのプロセスを追求することが求められている。本書は，カペー王権が特に重要視した社会勢力のひとつである都市に注目し，上に

述べたような視点から，中世盛期，特に13世紀の王権と都市の関係がいかなるものであったのか，また都市は王権の伸長の中にいかに位置づけられるのかを明らかにすることを目的とする。

　周知のように，ヨーロッパ中世都市についてもここ半世紀の間にその概念の根本的な見直しが進められてきた。都市と農村を峻別する方法に対する強い反省が強い動向となって，両者の親近性が実証された。同時に，かつてのように都市をもっぱら「自由な市民の結集」という面から捉えることはできないこと，またその生成と発展には王権・教会・在地領主の力が大きく働いていたということは今や学界の常識となっている[3]。戦後のフランス学界でも軌を一にする転換は数多く見られたが[4]，実はフランス王権と都市との関係については，都市を封建社会の一要素とする見方が早くから地歩を得ていた。19世紀以来の個別都市研究が，特にコミューヌ《commune》と呼ばれる都市の持つ「封臣」的性格を明らかにしてきたこと[5]がそれである。封建王政の確立期においてこれらの都市は，王権が拡大を図る地域，あるいは新たに王領となった地域の中で王権が打ち込む楔としての役割を期待されたのである。近年では，近代国家形成過程をめぐる議論の隆盛[6]を背景として，それ以降の国家が都市とのさらなる協調システムを築いていったプロセスが注目を浴びている。地域との連携を重視する段階に入った王権が，都市を国王行政の代理人として積極的に利用していくようになる過程——いわゆる「良き都市」《bonnes villes》生成の過程——がなお一層注目されるようになったのである。

　中世盛期の都市—王権関係をめぐる研究成果は総じて，王権の伸長と安定に伴い，王権から都市へ注がれる期待が，既存の諸勢力に対する対抗拠点としての役割を主眼とするものから，王権に対して財政的貢献をなしつつ，同時に地域編成の中心地として機能するという役割へ，と徐々に変化していったことを明らかにしてきていると言えよう。しかしながら，「良き都市」をめぐる研究の多くは14—15世紀を対象としており[7]，王権の都市政策の転換期としてきわめて重要と思われる13世紀は，これまで主要な考察対象時期とはなっていない。また，王権からの要求とその変化に直面した都市の側の対応はどうであったのか。特に，都市内部や地域の社会的側面にまで踏み込んで解明しようとす

る研究はあまりなされていないと言ってよい。

　この点に関して重要と思われるのは，フランス中世都市の地誌的構造や社会構造をめぐる多彩な研究成果である。都市と農村を峻別せず柔軟な姿勢で捉えようとする傾向が一般的になった1960年代以降，特に中・西部フランスを対象とした研究では，ブール «bourg» と呼ばれる半都市的・半農村的集落が地域発展に果たした役割が重視され，複数のブールが城やキヴィタス（シテ）などの中心地点の周辺に点在する多極的・多核的景観を描き出している[8]。同様の姿勢のもと，多くの個別都市研究においても，一都市内部での多数の領主の存在，各々の支配領域の形成，さらにはそれぞれの領域の従属民間の競合といった，きわめて錯綜した実態が浮き彫りにされてきた[9]。それならば，王権が互恵的対象として積極的に協調関係を築いていった「都市」の実態は，この錯綜した総体の中でどのように描写されるのだろうか。都市と王権との関係を動態的に捉えるためには，共同体としての都市のあり方とその変容にもまた目を配る必要があろう。

　本書では，ポワトゥー伯領（ポワトゥー，シャラント，サントンジュ，オニスの各地方）を中心とする中西部フランスを考察対象とするが，ここは先にも触れたブール研究が特に盛んな地域である。シャラントを対象とした城砦ブール研究[10]，及びポワトゥーを対象とした農村ブール・教会ブール研究[11]が，ポワトゥー伯領における定住現象と都市的発展の多様な形態を既に明らかにしてくれていることは，各都市・集住地において，どのような人間集団が形成され，都市内外の諸権力とどのような関係を構築していたのかを考える上で重要な手がかりを提供してくれるであろう。また，この一帯は史料伝来が全般的に豊富であることに加え，急激に拡大したフランス王領を効果的に統治するため1241年に兄王ルイ9世からポワトゥー伯領を親王領として分け与えられたアルフォンス（伯位1241—1271）が，特に多くの行政関連史料を残している[12]こととも，考察対象としてポワトゥー伯領を取り上げる際の有利性のひとつである。

　ポワトゥー伯領の中世盛期政治史をここで概観しておこう。10世紀以来，

アルフォンス期（1241—1271）のポワトゥー伯領（ポワトゥー＝セネショセとサントンジュ＝セネショセ）

「ギヨームの家系」と呼ばれる歴代の伯[13]がポワトゥー伯位とアキテーヌ公位を兼ね，ポワチエを本拠地として統治していたが，ギヨーム10世（伯位1126—1137）が嫡男なくして急死すると同時に同伯領は領邦としての政治的独立性を失う。ギヨームの長女アリエノール（1122—1204）が，カペー王家の王子ルイ（後のルイ7世，王位1137—1180）との結婚・離婚を経てアンジュー伯アンリと再婚（1152年）すると同時に，ポワトゥー伯権はプランタジネット家に移行した。2年後にアンリがイングランド王ヘンリー2世（王位1154—1189）として即位したため，伯領は12世紀後半から13世紀初頭にかけていわゆる「アンジュー帝国」[14]の一部となった。1204年以降，フランス国王フィリップ＝オーギュスト（王位1180—1223）とルイ8世（王位1223—1226）が大陸イングランド領の大部分を奪回した際に，ポワトゥー伯権も再度カペー王権の手中に

入る。急激に拡大したフランス王領を効果的に統治するために，ルイ9世（王位1226－1270）は父ルイ8世の遺言に従ってアンジュー，アルトワ，ポワトゥーなどを3人の弟に親王領として分け与えた[15]。こうして王弟アルフォンスが1241年から1271年までの間ポワトゥー伯の肩書きを帯び，同伯領を統治することとなったが，彼の死後ポワトゥー伯領はフランス国王の直轄下に復帰する。総じて13世紀のポワトゥーの政治史は，後述するように大きな地域差があるとは言え，ほぼ常にイングランド王権とフランス王権とのせめぎ合いによって彩られていたと言ってよい。

　ポワトゥー伯領ではポワチエ，ラ＝ロシェル，ニオール，サン＝ジャン＝ダンジェリの4都市が中世盛期にコミューヌとして組織され，王権と直接の関係を取り結んでいく。ガロ＝ローマ期以来の司教座都市として多数の有力な教会施設とその支配領域を内包するポワチエ，ノルマン人に対する防御施設として建設された伯の城の周りに発達した比較的新しい都市であるニオール，修道院の周囲に形成されたブールを起源とするサン＝ジャン＝ダンジェリ，伯による住民吸引政策の中で12世紀以降急成長したラ＝ロシェルと，その起源と発展の様態はきわめて多様である。また，ポワトゥー伯領内諸都市の経済的機能に対して先行研究が与えてきた評価は，北部都市と南西部都市とで対照的である。北部都市ポワチエの経済空間についてはその地域的性格のみが語られ，商業的発展が限られていたことが強く主張される一方，南西部都市，特にラ＝ロシェルについては，全く逆にワイン遠隔地交易の中心地としての機能とそれがもたらした繁栄のみが注目され，在地交易の存在はほとんど捨象されてきたのである。

　本書ではそれらの中で，都市発展過程についても経済的機能の評価についても対照的と言えるポワチエとラ＝ロシェルを考察の中心にすえるが，必要に応じて近隣地域の他のコミューヌ都市や，さらにコミューヌの肩書きを持たない諸都市にも目を配ることとしたい。

　これらの都市と王権との関係をテーマとする先行研究としてまず挙げられるのは，西フランス一帯に伝播した都市法「エタブリスマン・ド＝ルーアン」の基本的性格を解明した碩学ジリーの業績[16]である。この研究は，ルーアン，ポワチエ，ラ＝ロシェルをはじめとする10以上の都市による同法の受容が，それ

まで考えられてきたような都市側の要請によるものではなく，都市を封臣と同列に位置づけて利用しようとする王権側の主導によるものだったことを示して，コミューヌ都市を封建社会の一要素として明確に位置づけた点で画期的なものであり，19世紀の著作であるとはいえ現在もその価値を充分に保持している。ファヴローが1978年に発表したモノグラフィ的研究『中世末期におけるポワチエ』[17]は，14—15世紀を主たる対象としながらも，中世盛期までの都市史にもいくつもの章を割いてこの都市の複雑な地誌的構造や社会構造の形成過程を丹念に描き出している。しかしながら，都市と王権の関係をめぐる諸問題に関しては，中世後期の実態を中世盛期にあてはめて，その間のあり得る変化を無視する静的な議論が散見され，王権の伸張が都市にいかなる変化をもたらしたかという点はあまり考察の対象となっていない。また，2002年に「12—18世紀のポワトゥー・シャラント地方における良き都市—コミューヌ，フランシーズ，自由—」と題する学会報告集[18]がやはりファヴローらによって刊行された。ところが同書では「良き都市」そのものが議論の対象となることはなく，報告のほとんどはコミューヌの成立過程や都市の特権の内容を扱うものとなっている[19]。そもそも，同書のもととなった研究集会は「1199—1999年のポワトゥー・シャラント地方におけるコミューヌ」[20]をテーマとし，アリエノールによるラ=ロシェル，ポワチエ，サント，オレロンへのコミューヌ文書賦与からの800周年を記念して開かれた。先にも触れたとおり，フランスで11—12世紀以降に複数の形をとって出現する都市制度のひとつとされる「コミューヌ」と，13世紀半ば以降の王権が利用価値のある都市を指して用いた呼称である「良き都市」は，それぞれが都市—王権関係にとってきわめて重要な意味のある用語であり，これまでその概念をめぐって多くの議論を経てきている。先の学会報告集においては，刊行の際のタイトル選定によってこれら2つの言葉を同義に扱うかのような形となってしまっているが，ファヴローによる序文では，概念規定に関する説明は全く見られない[21]。こうした点にも，ポワトゥー地方諸都市を対象とする都市—王権関係の議論の立ち遅れが現れていると言えよう。

本書の前半部分（第Ⅰ部）では，カペー王権が都市に見出していた政治的・財政的・軍事的重要性を検討し，それに対する都市民側の反応を明らかにしていく。

　同じポワトゥー伯領内にありながら，前掲の4都市がおかれた政治的環境は，先述したような各々の生成過程に由来する多様性を示していただけでなく，王権による秩序維持という点においても一様ではなかった。1204年のフィリップ＝オーギュストの再征服後，ポワトゥー地方を中心とする伯領北部はフランス王権の支配下に留まったのに対し，サントンジュやオニスなどの南西部は間もなくイングランド王ジョン（王位1199―1216）によって一旦奪回される。南西部ではその後在地領主層も巻き込んだ政治的混乱がしばらく続くが，1224年にルイ8世の進撃によって再度フランス領となった。このような事情から，ポワトゥー北部では比較的早期に政治的秩序が回復したのに対し，ポワトゥー南西部はイングランド王権の支配下にとどまったアキテーヌ公領と隣接することとなった上，両王権がともに領有権を主張する複雑な状況が続いた。こうした状況が，都市―王権関係に大きな影響を与えなかったはずはない。

　確かにフランス王権は特に13世紀半ばから飛躍的に伸張するが，その過程は王国全体で均質なペースで進んだわけでは決してない。13世紀初めにプランタジネット家からカペー家に支配権が移行したフランス西半分に限ってみても，ノルマンディーやトゥーレーヌなど北部では，国王の権威がより早期に浸透した。パリにより近いこれらの地域は，国王の直接の軍事力が及ぶ範囲でもあり，その保護のもとで司法や政治の整備がより均一的に，速いペースで進んでいく。ポワトゥーの状況は王国北部とは大きく異なっていた。筆者は，ポワトゥー地方における都市―王権関係の特質は，王権の権威が相対的に確立した王国北部と，イングランドとの勢力争いがなお続く王国南西部の狭間に位置することによって生まれたと考えており，その特質がいかなるものであったかを本書の中で明らかにしていきたい。そうした王権勢力そのものの地域による濃淡をふまえた上で，さらに各々の都市の内外に存在する聖俗の在地領主と王権・都市民のそれぞれが取り結んでいた関係が，都市―王権関係にいかに大き

な影響を与えたかについても，あわせて注目していきたいと考えている。

　続く後半部分（第Ⅱ部）では，都市を舞台とした経済活動と王権の関わりについて分析する。冒頭で述べたとおり，王権が都市に期待した役割は13世紀を通じて変化していくが，王権にとって常にきわめて重要であったのは，軍事上の貢献を可能にするだけの，あるいは国王財政に寄与できるだけの経済的な能力をその都市が所持していることであった。都市の「豊かさ」は，まさに都市―王権関係を支える基礎となったのである。ところで，ポワトゥー伯領内諸都市の経済的機能に関して先行研究が与えてきた評価が，北部都市と南部都市とで対照的であることは先にも触れた。もしそうであるならば，領域権力として，また都市領主としての王権が，各々の都市に寄せる期待の内容にも影響を及ぼすことはなかったのだろうか。また，そもそも王権の統制は都市民の経済活動のどこまで力を及ぼすことができたのだろうか。こうした問題について，先行研究による主張の見直しを試みながら取り組むことがここでの課題である。

註

1) 二宮宏之「フランス絶対王政の統治構造」『全体を見る眼と歴史家たち』木鐸社，1986年，112-171頁（初出：吉岡昭彦・成瀬治編『近代国家形成の諸問題』木鐸社，1979年）。
2) こうした見方を前面に押し出した業績のうち，代表的なものとして Le Goff, J., *Saint Louis*, Paris 1996（ジャック・ル・ゴフ，岡崎敦他訳『聖王ルイ』新評論，2001年）が挙げられる。聖ルイ（ルイ9世，在位1226-1270）の治世は，封建王政の最盛期として，かつ近代国家の礎が築かれた時期として位置付けられている。
3) 森本芳樹氏を中心に1981年から1988年にかけて活動した西欧中世都市＝農村関係研究会は，これらのヨーロッパ学界の動向を我が国に紹介すると共に，独自の研究業績を数多く発表した。ここでは書物の形で刊行されたもののみ挙げる。森本芳樹編訳『西欧中世における都市と農村』九州大学出版会，1987年；同編著『西欧中世における都市＝農村関係の研究』九州大学出版会，1988年。
4) フランス学界における動向については，前註で掲げた研究会の活動の一環として発表された山田雅彦氏の学界動向論文に詳しい。山田雅彦「北フランス中世盛期の都市＝農村関係に関する研究―1960年代以降のフランス学界―」『史学雑誌』95-1，1986年，62-88頁。
5) 19世紀半ばまではコミューヌを「領主権力を排斥して自治権を獲得した都市＝自由の牙城」と捉える見方が一般的であった。こうした見方はピレンヌら経済史家の間では

1930年代まで続いたが，リュシェールやジリーを代表とする国制史家・古文書学者による都市史研究は，19世紀末からすでにコミューヌの封建的性格に注目していた。リュシェールは都市民の総体で1人の封臣と同じ役割を期待された存在＝人民集合領主領 «seigneurie collective populaire» としてコミューヌを捉えた。またジリーは，経済力・軍事力において王権に利用価値を認められた都市が，一定の特権賦与と引き換えに，都市支配機構または王領保全の一環に組み込まれていった点を強調した。Luchaire, A., *Les communes françaises à l'époque des capétiens directs*, Paris 1890 ; Giry, A., *Les Etablissements de Rouen*, 2 vols., Paris 1883-1885.

6) 特に，CNRS（フランス国立科学研究所）のATP（テーマ別活動プログラム）のひとつとして近代国家形成過程をめぐる諸問題が取り上げられ，主に学会報告集の形で1980年代半ばから多くの業績が発表されている。その中でも特に「都市及び都市民と国家」をテーマとしたものとして，Bulst, N. et Genet, J.-P., *La ville, la bourgeoisie et la genèse de l'Etat moderne (XIIe -XVIIIe siècles)(Actes du colloque de Bielefeld, 29 nov. - 1er déc. 1985)*, CNRS, Paris 1988.

7) 1982年に発表されたシュヴァリエの書物は，現在もなお「良き都市」研究の代表作であると言ってよいが，対象としているのは14-16世紀である。Chevalier, B., *Les bonnes villes de France du XIVe au XVIe siècle*, Paris 1982.

8) 主なものとして，ノルマンディーを対象としたミュッセの一連の研究がまず挙げられる。Musset, L., Recherche sur les bourgs et les bourgs ruraux du Bocage normand, dans *Pays bas-normand*, t. 53, 1960, pp. 86-94 ; Id., Peuplement en bourgage et bourgs ruraux en Normandie du Xe au XIIIe siècle, dans *C. C. M.*, t. 9, 1966, pp. 177-205 ; Id., La renaissance urbaine des Xe et XIe siècles dans l'Ouest de la France : problèmes et hypothèses de travail, dans *Etudes de Civilisation médiévale (IXe - XIIe siècles). Mélanges offerts à E.-R. Labande*, Poitiers 1974, pp. 563-575. 1979年に「城と定住」をテーマとして開催された研究集会においても，城砦ブールの重要性が大きなテーマとなった。*Châteaux et peuplements en Europe occidentale du Xe au XVIIIe siècle (Centre culturel de l'abbaye de Flaran, 1ères journées internationales d'histoire, 20-22 sept. 1979)*, Auch 1980.

9) 主なものとして，Boussard, J., *Nouvelle histoire de Paris. De la fin du siège de 885-886 à la mort de Philippe Auguste*, Paris 1976 ; Chédeville, A., *Chartres et ses campagnes du XIe au XIIIe siècle*, Paris 1973 ; Desportes, P., *Reims et les Rémois aux XIIIe et XIVe siècles*, Paris 1979 ; Fietier, R., *La cité de Besançon de la fin du XIIe au milieu du XIVe siècle. Etude d'une société urbaine*, 3 vols., Paris et Lille 1978.

10) Debord, A., Les bourgs castraux dans l'Ouest de la France, dans *Châteaux et peuplements...* （註8参照）, pp. 57-73 ; Id., *La société laïque dans les pays de la Charente (X^e - XIIe siècles)*, Paris 1984.

11) Beech, G.-T., *A Rural Society in Medieval France : The Gâtine of Poitou in the 11th and 12th Centuries*, Baltimore 1964 ; Sanfacon, R., *Défrichements, peuplement et institutions seigneuriales en Haut-Poitou du Xe au XIIIe siècle*, Québec 1967 ; Fouché, M., Le bourg, la porte et le fief de la tour d'Anguitard, dans *B.S.A.O.*, 4e s., t. 6, 1961-1962, pp. 229-236 ; Ginot, E., Vieilles rues et vieilles églises : formation du bourg de Saint-Hilaire de Poitiers,

dans *B.S.A.O.*, 3ᵉ s., t. 10, 1934-1935, pp. 438-462 ; La Bouralière, A. de, Les bornes de l'ancien bourg Saint-Hilaire de Poitiers, dans *B.S.A.O.*, 2ᵉ s., t. 7, 1886-1888, pp. 88-96 ; Barbier, A., Une enquête au bourg Saint-Hilaire de Poitiers en 1422, dans *B.S.A.O.*, 2ᵉ s., t. 6, 1892-1894, pp. 480-495.

12) 特にアルフォンスの治世末期の数年間に関しては，行政関連史料が非常に整備された形で伝来しており，モリニエによって刊行されている。Molinier, A., *Correspondance administrative d'Alfonse de Poitiers*, 2 vols, Paris 1894.

13) ギヨーム麻屑頭（伯位 934—963)，ギヨーム豪腕（伯位 963—995)，ギヨーム 5 世（伯位 995—1030)，ギヨーム 6 世（伯位 1030—1038)，ウード（伯位 1038—1039)，ギヨーム 7 世（伯位 1039—1058)，ギヨーム 8 世（伯位 1058—1086)，ギヨーム 9 世（伯位 1086—1126)，ギヨーム 10 世（伯位 1126—1137)。

14) イングランド国王が海峡を挟んで所有していた所領の総体を，1066 年のノルマン征服から 1204 年のノルマンディーをはじめとする大陸領喪失までの期間について通常「アングロ=ノルマン王国」と呼ぶが，そのうち 1154 年のアンジュー伯アンリのイングランド王位継承から 1204 年までの期間を特に「アンジュー帝国」と呼ぶ。ただし，イングランド王権は 1204 年以降もギエンヌなどフランス南西部所領を領有し続けたため，それを完全に失う 1453 年まで「アンジュー帝国」の時期に含めることもある。

15) アルトワ伯領はロベールに，アンジュー伯領・メーヌ伯領はジャンに，ポワトゥー伯領・オーヴェルニュ伯領はアルフォンスに与えられた。

16) 前掲註 5 参照。

17) Favreau, R., *La ville de Poitiers à la fin du Moyen Age*, 2 vols. (*M.S.A.O.*, 4ᵉ s., t. 14, 15), Poitiers 1978.

18) Favreau, R. et al. (éd.), *Bonnes villes du Poitou et des pays charentais du XIIᵉ au XVIIIᵉ siècle. Communes, franchises et libertés (Actes du colloque tenu à Saint-Jean-d'Angély, 1999, à l'occasion du 8ᵉ centenaire des chartes de commune)*, Poitiers 2002.

19) この報告集では，15—16 世紀の中西部フランス都市における国王入市式を扱ったリヴォーの報告が「良き都市」をテーマに掲げた唯一のものである。Rivaud, D., L'accueil des souverains par les corps de villes. Les entrées royales dans les «bonnes villes» du Centre-Ouest (XVᵉ-XVIᵉ siècles), dans *Ibid.*, pp. 267-290.

20) «Les communes en Poitou - Charentes 1199-1999» (*Ibid.*, p. 5.)

21) Favreau, R., Préface, dans *Ibid.*, pp. 5-7. なお，同書には総括部分はない。

第Ⅰ部

都市住民─王権関係と
都市をめぐる諸権力

第1章

ポワチエにおける王権のコミューヌ政策と都市内諸権力

はじめに

　ポワチエはガロ=ローマ期以来の司教座都市であり，また10世紀以降は，伯の居城及び裁判所がおかれる行政的中心地の機能をも担ってきた。都市内では，プレヴォと呼ばれる伯の行政役人が治安維持・徴税・司法などの都市行政の大部分を掌握していたが，都市の内外ではいくつもの教会施設がブールと呼ばれる支配区域をそれぞれ形成しており，それらの区域内では各々の教会施設の役人が住民に対して何らかの支配を行ってきた。

　都市がイングランド王権の支配下におかれていた間に，都市住民はコミューヌと呼ばれる組織を所持する権利を王権から認められたと言われている。13世紀初頭にフランス王権の支配下に入った後もその組織は維持され，特にフィリップ=オーギュスト以降のカペー王権は，都市住民が形成するコミューヌ組織に対して，自治権をはじめとする多くの特権を与えて優遇策を採ったことで知られる。

　ポワチエのコミューヌ認可に至る経緯を直接説明してくれる史料は伝来しておらず，その年代をめぐってジリーやオドゥアン，ファヴローらによる論争が行われてきた。しかしながら，先行研究者たちの論争は設立年代をめぐる議論に集中しており，そもそもポワチエのコミューヌがどのような人々によって組織され，指導されていたのかという問題については，これまで踏み込んだ議論が行われてきたとは言えない。古来の教会施設や王権直属の役人などの様々な勢力が混在する都市の中で，コミューヌが組織する都市当局はどのような位置を占めていたのか。また，その権力は都市全体の中でどれだけの部分を覆って

いたのか。この問題の解明は，コミューヌを構成した人々が日常どのような権力の下に置かれ，どのような勢力と競合していたのか，ひいては彼らが王権との直接関係を取り結ぶことにいかなる利益を見出していたのか，というきわめて重要な問題を分析するために不可欠である。そこで本章では，ポワチエ都市民がコミューヌ設立を企て失敗した12世紀前半の事件にまで遡って，この問題に焦点をあてて考察を進めることとしたい。

第1節　ポワチエのコミューヌ設立と王権による認可

(1) フィリップ=オーギュストによる征服（1204年）以前

　ポワチエでのコミューヌが最初に認可されたのはイングランド支配期においてであるが，都市民によるコミューヌ結成そのものはそれが初めてではない。12世紀前半のカペー王権支配下にも1度結成されたが，当時の王権はそれを許さず，ただちに廃止させた上で関係者を処罰している。当時ポワチエの支配者であったフランス国王ルイ7世の生涯に関するシュジェールの有名な記述は，この事件に関して以下のように伝えている[1]。

> 『次の年（1138年），…（中略）…ポワチエのシテ住民がコミューヌによって結びつき，堀や柵で都市を強化し，都市の伯居館を占拠し，さらには彼らの権威のもとにポワトゥーの他の都市や城や城塞と自分たちとの間で同盟関係を結ばせた，との知らせがもたらされた。この噂が確認されたので，国王は心の底からの怒りをもってこうした振る舞いを懲らしめようと欲し，…（中略）…コミューヌを廃止してコミューヌ誓約の破棄を強制し，都市民の主だった者たちから息子や娘を人質として力によって取り上げ，フランス中に分散させて追放した』[2]。

　しかしその後，都市民たちの嘆願により，王はその処罰を撤回する。そしてシュジェールはこの事件についての記述を以下のように結んでいる。

> 『この慈悲深く，仁慈と崇高なる高貴さに満ちた行為により，国王は，ポワトゥー地方全体が愛情と奉仕をもって自らに強く結びつくようにしたのであり，今日に至るまでコミューヌ騒ぎや謀反についてはもはや聞くことは

ない』[3]。

　この事件に関しては上掲のシュジェールによる記述が唯一の伝来史料であるため，先行研究はその背景について様々な推測を行ってきたが，事件の前年にアキテーヌ公ギヨーム 10 世が死去し，唯一の後継者である公女アリエノールがフランス王位継承者ルイ（7 世）と結婚したという事実と何らかの関連がある，と考える点では一致している[4]。また，コミューヌを結成した人々については，シュジェールの «cives» という表現から，教会施設が支配するブール領域の住民ではなく，伯が直接支配するシテ領域の住民が主体となっていたという点についても間違いはないだろう。ただ，このときに結成されたコミューヌが都市住民のどれだけの層を取り込んでいたかについては，残念ながら何の情報もない。

　その後アリエノールはルイ 7 世と離婚し，間もなくアンジュー伯アンリと再婚した。1154 年にアンリがイングランド王位を継承してヘンリー 2 世となるに及び，アキテーヌ公領はイングランド王権の支配下に入ることとなった。ポワチエのコミューヌに関する情報は，上述の 1138 年の事件以降途絶えていたが，1199 年に再び姿を現す。同年 5 月 4 日，アリエノールはポワチエ都市民に 2 通の特権確認文書を同時に賦与[5]したが，その 1 通の中で以下のようにポワチエ都市民がコミューヌ組織を所持することを『確認』している。

　　『神の恩寵によりイングランドの王妃，ノルマンディー及びアキテーヌ公妃，アンジュー伯妃たるアリエノールより，大司教，司教，伯，封臣，セネシャル，プレヴォ，裁判官，バイイ，その他の現文書を目にする現在及び未来の人々に，挨拶を送る。私が，親愛にして忠実なるポワチエの人々及びその後継者に，私の諸権利と彼ら自身の諸権利をよりよく守りより堅固に保持することができるように，ポワチエにおいて誓約されたコミューヌを永遠に認め，現文書によって確認したことを知られたし。ただし私への忠誠と，私と私の後継者の諸権利と聖なる教会の諸権利は留保される。そこで私は以下のことを望み，決定する。すなわち，私の前任者たちと私自身の領主権のもとで，彼らの祖先と彼ら自身が現在までに所持してきた，そして都市において現在用いられている自由なる慣習を，彼らと彼ら

の後継者が侵害されることなく持ち続けること，また，これらの慣習を維持し，彼ら自身と私と私の後継者の諸権利を守るために，必要な場合は彼らがコミューヌの力と強さをあらゆる者に対して行使し強化することを。ただし，私への忠誠と私及び私の後継者の権利は留保し，聖なる教会の権利も留保する……』[6]。

　先述のように，ポワチエにおけるコミューヌの設立年代をめぐっては，これまでも議論が行われてきた。ジリーが上記のアリエノールの1199年文書をもって最初のコミューヌ文書だと言う[7]のに対し，オドゥアンはすでにヘンリー2世期（1154―1189年）からコミューヌは認可されていたとする[8]。その理由の第1は，アリエノールの1199年文書の本文中に『現文書によって確認し』の文言がみられること，第2は，アリエノールは同一の文面・同一の日付を持つ文書をラ＝ロシェルの都市民にも賦与しているが，ラ＝ロシェルはすでにヘンリー2世期にコミューヌとして組織されていること[9]，であった。さらにファヴローは，ヘンリー2世によってポワチエの第2次囲壁が建設された1170年代には，ポワチエの都市民が囲壁の管理・維持のためにコミューヌとして組織された可能性が高いとして，その年代をさらに限定した[10]。ポワチエのコミューヌ設立と囲壁管理とを直接に結び付けるファヴローの議論には大いに疑問の余地が残るが，この点の検討については次章に譲ることとしたい。いずれにしても，オドゥアンが指摘したように，ポワチエのコミューヌが最初に王権によって認可されたのはヘンリー2世期であるという点は，ほぼ間違いなさそうである。さらに，後述するように在地領主層がヘンリー2世に対して大規模な反乱を起こし，ヘンリー2世が再発を防止すべく諸対策を講じるのが1170年代であることから，ポワチエがコミューヌとして組織されたのもこの時期である可能性は高い。

　アリエノールの1199年文書は，『ポワチエにおいて誓約されたコミューヌ』を認める，と述べている。従って，『コミューヌ』が都市民によって『誓約され』た団体であるという基本的特徴[11]は，ルイ7世期に結成されたときと変わらない。しかし，ルイ7世期においてはポワチエ都市民のコミューヌ結成が，直ちに王権への『謀反』と同一視されたのに対し，1199年文書においては，

コミューヌは都市民と王権の双方の諸権利を守るための武器として位置づけられている。

そこで推測できるのは，王権と都市民の双方にとって共通する敵対的勢力の存在が前提となっていることである。すでにジリーらによって指摘されているように，その敵対的勢力とは大陸でのイングランド勢力縮小の機会をうかがうフランス王権であり，また隙あらば互いに結託して大規模な反乱を起こそうとする在地領主層であった。特に12世紀後半のアキテーヌ公領においては，後者の影響が大きかった。アキテーヌでは，ヘンリー2世期に大規模な領主層の反乱が数回にわたって起こったが，特に1173—1174年にかけてのそれは，同地方におけるイングランド王権の支配権を根底から揺るがしかねないほどのものであった[12]。イングランド王権は，自らの直轄都市の住民たちをこれらの敵対勢力に対抗させる政策を採り，彼らの利用価値を高めるためにコミューヌとして組織されることを奨励したのである[13]。アリエノールの1199年文書は，プランタジネット家の君主たちが行ったとされるコミューヌ政策の特徴を，きわめてよく表していると言うことができる。

前述の1199年文書は，都市内部でのコミューヌの位置づけという点に関してはほとんど何の情報も含んでいない。そこでは，『私（アリエノール）と私の後継者の諸権利と聖なる教会の諸権利は留保』した上で，『私の前任者たちと私自身の領主権のもとで，彼ら（ポワチエ都市民）の祖先と彼ら自身が現在までに所持してきた，そして都市において現在用いられている自由なる慣習』が全て確認されているが，さてその『自由なる慣習』の内容については何も記されていないのである。この点については，同文書が賦与された状況を考慮する必要がある。

1199年4月6日，ヘンリー2世とアリエノールの息子リチャード（在位1189—1199）が急死し，その弟ジョン（在位1199—1216）の即位（5月27日）までの間に7週間の空白期間が生じた。上記のアリエノールの文書は，この期間を含めた1199年の間に，彼女がアキテーヌ公領内を巡回して発布した多くの確認文書のうちの1通である。国王不在という事態により，あるいは歴史家たちがよく言うようにジョンの不人気の故に，公領内の在地諸権力の忠誠が動揺

することを防ぐための措置であったと言われる[14]。それらの確認文書の多くに共通して見られる特徴は，文書受給者がその時点で所持していた財産や特権をそのまま認める代わりに，自身とジョンに対する忠誠を確認するという文言であった。ポワチエと同じ日に賦与されたラ=ロシェルのコミューヌに関する文書が，ポワチエのものと全く同じ文面を持つことは先述の通りである。このように，アリエノールの目的があくまで既得特権の全体を確認するという王権側の姿勢を示すことにあり，特権の内容を特定することにはなかったのだから，それら文書の中で内容を列挙する必要は，少なくとも発給者側にはなかったわけである。

しかしながら，アリエノールが1999年に賦与したその他の文書群は，確認された特権の内容を詳しく列挙しているものが多く[15]，こうした簡略な確認の仕方はむしろ例外的であるようだ。その中には，受給者がかつての支配者から受け取っていた文書の内容をもれなく再現し，確認していることが，伝来史料から明確に跡付けられるものも存在する。

例えばアリエノールが同じポワチエのモンティエルヌフ修道院に1199年5月4日に与えた文書は，彼女自身の曽祖父，祖父そして父であるギヨーム8，9，10世が賦与した3通の文書に含まれていた条項を，網羅的に再現した長大なものであり，修道院の不動産所有，司法権，商業的特権，領民の法的身分など多様な内容を含む。元になった3通の文書は同修道院に伝来しており，その中には12世紀後半に手を加えられた偽文書の疑いが強いものも含まれるが，それらの条項も全てアリエノールの文書内で再現されている[16]。そこからは，アリエノールの領内巡回に際し，受給者側がその時点で所持していた文書をできるだけ集め――場合によっては偽文書も含めて――，確認してもらうために提示した様が想像される。モンティエルヌフ修道院に伝来するこれらの3通の文書に関して，史料の刊行者であるヴィヤールは，それらに対するアリエノールの確認が，文書の真正性についての詳細な検討を加えることなく行われた可能性があることを認めている[17]。アリエノールは，広大なアキテーヌ公領内のできるだけ多くの在地諸権力の忠誠を，迅速にかち得る必要があった。受給者側にとっては，王権側から最大限の特権確認を獲得するよい機会であった

はずである。

　1199年のアリエノールの文書群をめぐるこうした賦与状況を考慮するならば，上述のようにポワチエ及びラ=ロシェルのコミューヌ文書が特権の列挙を含んでいないという事実から，当時これらの都市には，コミューヌに帰属すべき特権の一覧がまだ賦与されていなかったか，あるいは少なくとも，都市民がアリエノール側にすぐに提示できる形ではそれを所持していなかったことを読み取ることが可能であろう。そのことが，当時コミューヌが実際に大きな特権を持っていなかったことを示す，というわけでは無論ない。しかし，1199年時点においては，コミューヌ側が進んでアリエノール側に提示し，確認を要求するような内容の，成文化された特権一覧は存在しなかったと言ってよさそうである。

(2) フィリップ=オーギュストによる征服以降

　1204年に大陸のイングランド領の大部分を征服したフィリップ=オーギュスト（在位1180—1223）は，その在位期間に以下の4通の文書をポワチエ都市民に与えている。

　①1204年11月に賦与されたコミューヌの確認文書。フィリップ=オーギュストがポワチエを支配下におさめて間もない時点で賦与された。確認の対象となっているのは前述のアリエノールの1199年文書で，その内容の全てが再現されている[18]。

　②やはり1204年11月に送付された「ルーアンコミューヌ法」あるいは「エタブリスマン・ド=ルーアン」の名で知られる都市法の写し[19]。

　③1214年に賦与された文書[20]。受給者は『余のポワチエの都市民 «burgenses»』と表現されて文書内にコミューヌの語は現れない。『ポワチエにおける余の領土内に居住する，あるいは居住するためそこにやってくる全ての都市民』から売買税と通過税を免除し，また都市内で行われていた年市に関する慣習を確認することを約束している。

　④1222年に賦与された文書[21]。これは後述するとおり，フィリップ=オーギュスト自身が1207年にルーアンに賦与していたコミューヌ文書に[22]，付加・

削除・修正を加えてポワチエに賦与したものである。

　これらの4通のうち，コミューヌの組織や権限内容を具体的に規定することを目的としているのは②及び④である。前項で考察したように，ポワチエのコミューヌはイングランド王権支配下ではそうした内容の文書を賦与されていなかったと考えられる。ジョンの短い支配期間（1199―1204）に，ポワチエについて新たなコミューヌ文書が賦与された形跡はなく，何よりもフィリップ=オーギュストが征服後直ちに賦与した①の確認文書の対象がアリエノールの1999年文書のみであることも，それを裏付けている。とすれば，フィリップ=オーギュストが与えた②及び④の2通は，ポワチエのコミューヌが設立以来最初に与えられた具体的な規定だということになるのだが，その2通ともにもともとノルマンディー公領の中心都市ルーアンに賦与されていた文書をモデルとしているという事実は注目に値する。

　実はこれら2通の文書は，それぞれの性格においても，都市ポワチエでの受容のされ方においても，非常に異なっている。②の「エタブリスマン・ド=ルーアン」（以下 ER と略）は，西フランス一帯がイングランド王権の治下にあった12世紀後半に，ヘンリー2世によってノルマンディー公領の中心都市ルーアンに賦与され，その後イングランド王権の支配下にある諸都市に広く伝播していた有名な都市法である。ER が伝播した諸都市の大部分は，すでにヘンリー2世期からそれを与えられていたが，フランス王権の支配下に入って初めてその送付を受けたと考えられている都市もいくつか存在し[23]，ポワチエはその1つである。フィリップ=オーギュストによるポワチエへの ER の送付は，特権文書の賦与という形態をとっていない。冒頭には，

　　『神の恩恵によりフランス人たちの王であるフィリップ，ポワチエのコミューヌの全ての親愛にして忠実なる誓約者たちに，挨拶と慈しみを送る。貴殿たちの要請により，ルーアンのコミューヌの法規 «rescriptum» を，以下のように余が送付すると知られたい』[24]

と記され，その後に ER の本文が55条に分けられて続いた後，末尾には『主の生誕から1204年，11月にサンスで作成される』[25]とのみ記されている。このように，通常の特権賦与文書に見られるような，文書内容の効力を保障する

ための文言は一切ないのだが，これは ER の内容そのものにも起因している。

　かつて ER については，その広域にわたる普及の理由として，きわめて大きな特権を都市民に認める内容であったがために，それを欲した市民の手によって都市から都市へと伝播したのだと考えられてきた。それを否定したのがジリーであり，ER の伝播の主たる要因がイングランドとフランスの王権の政策であると指摘したが，そうした主張の基礎には，この文書がおよそコミューヌの名を持つ共同体としては最小限の政治的・司法的自由しか与えていないという理解があった。彼によれば，ER の最大の特徴は，都市民の特権を列挙することではなく彼らの義務の確定こそが目的とされていることである。55 条に及ぶ条項の大部分は，コミューヌ市政役人と自治機関についての規定であるが，市政役人の怠慢・買収・秘密漏洩などに対する厳しい罰則を特徴とする。また彼らの職権は，特権というよりもむしろ都市内の治安確保という義務的側面が強い。コミューヌの長であるメールの任命権は，最終的には王権に属するとされる上，コミューヌには王権に対する無制限の軍事義務が課せられ，それを怠った場合の厳しい罰則が設けられている。その作成は当然のことながら都市民の意思ではなくイングランド王権の意思によるものであり，他都市への伝播[26]についても同様だと結論付けるのである[27]。

　ところが，フィリップ=オーギュストが ER をポワチエに送った際に添えた前掲の前文からは，送付はポワチエ都市民の側からの要請により行われたとされている。これは ER の伝播を王権側の主導に帰するジリーの結論と矛盾するようにも見えるが，フィリップ=オーギュストは ER の内容を特権として扱ってはいない代わり，逆にその内容を取り入れるようポワチエ都市民に命じることもまたしていないのである。ER がそれぞれの都市に賦与された実際の経緯については不明な場合が多く，他都市との比較は難しい。ただ，ER を受容した各都市での適用のあり方を詳細に追ったジリーは，ER が伝播した都市は同一の文書を与えられてはいてもその実地での適用の仕方は様々であったと言う[28]。そしてポワチエについても，実際に効力を持っていたのは ER 全 55 条のうち一部分のみであったことが知られている。適用された規定は，市政団体の組織など市政の実際上の運営に関連したものが多かったが，その分野におい

ても規定と異なった慣例はいくつも見られる。例えば、市政団体が100人で構成されることを定めたERの規定[29]はポワチエでも適用されたが、それが毎週総会を開くことを義務付けた規定[30]は適用されず、総会は月に1回しか開かれなかった[31]、などである。

　もしもフィリップ゠オーギュストのポワチエへのER送付が、序文から解釈されるとおり参考までに送付したという性格のものであったならば、こうした一部分のみの実地適用という結果も充分に理解できるものであろう。いずれにしても、ERの条項のうち最も重要だとされるメールの任命権や軍役義務についての規定は、フィリップ゠オーギュスト自身が賦与した1222年文書によって、大きく修正されることになる。

　ERとは異なり、この1222年文書は、あらゆる意味での特権賦与文書としての体裁を持つ。この1222年文書こそ、王権から賦与されたコミューヌ文書のうちでポワチエのコミューヌの特権を最も明確に規定しており、中世を通じて効力を持ち続けることになる最も重要な文書[32]である。

　ERが条項内の『ルーアン』の語をそのままにしてポワチエに送付されているのとは異なり、この1222年文書では、モデルとなった1207年文書での『ルーアン』の語は全て『ポワチエ』に言い換えられており、ポワチエでの全面的な実地適用が前提となっていることは間違いない。また、ルーアンの1207年文書とポワチエの1222年文書の内容を比較すると、商業関係の条項がルーアン文書からポワチエ文書へと本質的な変更を加えられていないのに対して、特に司法に関する条項は大幅に削除・修正されるなど、いくつかの点で重要な変更が加えられているのである。

　この1222年文書が、ポワチエのコミューヌに初めて与えられた特権の一覧であることと、またその後数世紀にわたってそれが持ち続けた重要性を考慮するならば、それがポワチエに賦与される際に元のルーアン文書に加えられた変更には、きわめて重要な意味があると思われる。そこで以下では、この変更の含意について、より詳しく検討していくこととする。

第2節　ルーアン文書とポワチエ文書——系譜関係の分析——

(1) ルーアンからポワチエへの文書の伝播

　フィリップ＝オーギュストがポワチエに賦与した1222年文書が，彼自身によってルーアンに賦与された1207年文書をモデルにしていることは両文書の文言から明白であるが，その作成と賦与に至る経緯を直接に示してくれる史料が伝来しているわけではない。ポワチエ都市史研究においてこの文書が取り上げられる際にも，ルーアンの文書との関係についてしばしば言及はされるものの[33]，なぜそうした事態が生まれたのか掘り下げて検討されることはこれまでなかった。そこで以下では，中世盛期のフランシーズ文書研究[34]全般において，こうした文書の伝播がこれまでどのように扱われてきたかを整理しながら，ルーアン文書とポワチエ文書の系譜関係が提起する諸問題に迫ってみたい。

　12世紀以降盛んになる慣習法成文化の動きの中で，それまでは口頭による慣習に過ぎなかった封建的支配者層と住民共同体の間の慣行が，文書の形をとって確認されていく[35]。その際，特定の文書がモデルとなって他の文書が作成されることによって，複数文書の間に内容的な類似が生ずることが多い点は早くから注目されてきた。それは，通例モデルとなる文書を頂点におき，それが伝播されていって生じた複数の文書が何本もの線で結ばれる，系譜関係として捉えられる。

　このような系譜関係が生じた要因については，従来2通りの見解があった。ひとつは，領民が自ら解放を獲得した成果という性格を強調して，その伝播による系譜関係の成立も，領民側の強い要求と運動に負うところが大きいとする立場である。もうひとつは，領民の権利を保証することによって住民を自己の所領に定着させると共に，自領内での人口の流動を阻止して領主の権利を保全しようとする封建的支配者層の志向にむしろ注目し，同一の文書の複数共同体への伝播についても領主側の主導を重視する見解である。文書の系譜関係を領主の主導力に重きを置いて考察する後者のような見方はフランス学界では早くから地歩を得ており，本書ですでに言及したジリーによるERに関する研究が

その代表的なものである。それに対して，フランシーズ文書研究のもう1つの中心であるベルギーでそうした見方が広まったのはやや遅く，第2次大戦後の中世史研究での領主制説の進出の中においてであったようだ。いずれにしても，現在ヨーロッパ学界の主流となっているのは，領主の主導性を強調する立場であるといって間違いないだろう[36]。

　このような研究成果は，ルーアンの1207年文書からポワチエの1222年文書の伝播過程においても，主導的役割を果たしたのはやはり王権であることを示唆している。もちろん，フランシーズ文書の伝播に際して，何らかの形で住民の意向が加わっていることを示す史料文言を見出すことはできる。例えば，1196年にトゥールネで住民と教会の間に紛争が起こったとき，仲裁にあたったランス大司教は，フィリップ＝オーギュストの同意を得た上で，ボーヴェー，ランス，アミアン，ノワイヨン，ソワソン，サンリスの文書のうちからどれかを選んでそれに服するよう住民に命じ，住民はサンリスのものを選んでいる[37]。また，ポワの領主ゴーチエが1208年に，ポワの住民にコミューヌ文書の賦与を約束したとき，サン＝カンタン，アブヴィル，アミアンの文書のうちふさわしいものを選ぶことを許可して，住民はアミアンのものを選んだ[38]。しかしながら，これらの場合はいずれも，まず領主権力が定めた枠の中での選択肢である。ポワチエにおいても王権と都市民の間で類似のやり取りが行われた可能性は否定しないが，いずれにしても，領主側すなわち王権側の主導によって系譜関係が生まれたと考えてよいであろう。

　仮に選択肢の中の1つであったとしても，フィリップ＝オーギュストによってコミューヌの特権を列挙した文書がポワチエに賦与されるにあたり，ルーアンの文書がモデルに選ばれたのはなぜであろうか。この問題に関してリュシェールは，コミューヌ文書の系譜関係が生まれる際に，どのような関係にある集落に同一内容の文書がもたらされたかを検討し，近隣にあるという地理的要因や，同一の領主に服するという政治的理由をその要因として挙げている[39]。またソワソンの文書を賦与された集落のグループについて研究を行ったブルジャンも，これらの集落が多かれ少なかれ類似した経済的条件と，都市領主との権限分有という次元で同じような政治的条件におかれていたことを強調

しているのである[40]。

リュシェールやブルジャンによって提示された諸条件のうち，ノルマンディー都市ルーアンとポワトゥー都市ポワチエのケースでは地理的接近はあてはまらず，経済的ないし政治的条件の近似性がとりわけ問題となる。しかしながら，文書の内容が完全には同一でない場合においては，系譜関係があるからといってただちにそれらの集落がおかれた諸条件の近似性について語ることはできないであろう。ここで非常に大きな問題として現れてくるのが，先にも触れたような，ポワチエに賦与される際にルーアン文書に加えられた修正である。そこで以下では，実際の条項にどのような改変が加えられているのかを検討していく。

(2) ポワチエの1222年文書における改変

フィリップ＝オーギュストがポワチエに賦与した1222年文書[41]は全22条からなる。このうちルーアンの1207年文書（全27条）[42]とほぼ完全に同一の文言[43]を持つものは10条項[44]，一部に修正を加えて持ち込まれたものは7条項[45]，ポワチエ独自のものは5条項[46]である。これらの諸条項は内容的に多様であるが，中でも多くの条項が関係しているのは，都市民が享受する商業的特権と，都市内での裁判権に関する規定である。

まず商業的特権に関しては，『余は，かつてイングランド王ヘンリーに服従していた全ての地域における商品取引に関して，余に属する限りのものを彼らから免除する』（第2条），『商品を携えて余の領土内に来た前述の都市民は，かつてのイングランド王ヘンリーに属していた地域において余に属する全てのものに関する限り，前記において例外とされた場所を除き，商品を小売であれそれ以外の形態であれ合法的に売却すること，荷積み・荷下ろしすること，望む場所に搬入・搬出することを，平穏と平和のうちに行うことができる』（第11条）として，西フランス一帯で商品運搬と販売を行うポワチエ都市民に特別な保護と免税特権を与えている。また『いかなる者も，ポワチエに居住するのでなければ，ポワチエの酒倉や店舗に，再び売却するためにワインを荷下ろししてはならない』と定めた第12条，及び『海路ポワチエにもたらされた商

品に関しては，いかなる外来者もポワチエ都市民の仲介なしに，それらを転売するために買い付けてはならない』とする第13条は，都市内商業に関する独占権を都市民に与えるものである。さらに，『相続，動産，ポワチエにおいて行われた商取引に関する裁判権を彼らが所持することを認可する』とする第3条と，『ポワチエにおいて負われた負債については，もしポワチエ都市民が債務者をポワチエにおいて発見したなら…(中略)…メールは彼の所持金及び馬具を差し押さえることができる。…(中略)…もし彼が負債を認めたなら，彼は定められた日にコミューヌの法廷に出廷しなければならない』とする第4条はともに司法関連条項であるが，都市内での商取引が円滑に行われるように都市民が管理する権利を認めたものでもある。

　ここに列挙した諸条項は全てルーアンの1207年文書から持ち込まれたものであり，しかも，民事裁判権規定である第3条を除き，元の文言に加えられた修正は実質的な内容変更を意味していない。ルーアン文書は，商業活動に関連するその他の規程として，セーヌ川を用いて商品を運搬する際の諸特権と王権への税の支払い義務を定めた5条項を含んでいるが，これらはポワチエ文書では削除されている。これらはおそらく，古来の陸路による幹線沿いに立地しているものの，河川による遠隔地への商品運搬活動は見られないポワチエに適用するには不適当と判断された条項であろう。いずれにしても，ノルマンディーの商業中心地であるルーアンが享受していた商業特権のうち，河川交通に関連するもの以外は全てポワチエに持ち込まれていることをここでは確認しておきたい。

　他方，ルーアン文書に含まれていた裁判権に関する諸条項は，ポワチエに賦与される際に大幅に変更されている。まず，ルーアン文書では『かつてイングランド国王リチャードが彼らに認めた境界内において，コミューヌと郊外地とその境界内での彼らの裁判権』をルーアン都市民が所持することを認める，と明確に規定していた（第3条）が，これに対応するポワチエ文書第1条では，『ポワチエの囲壁内におけるコミューヌを認可し与えた』との表現に変わっている。同様の例は，ルーアン文書第24条とポワチエ文書第22条である。すなわち前者では，『都市内及び郊外地において，全ての法廷と全ての犯罪を』都

市民が掌握することを認め，国王が所持する流血裁判権と，そこに土地を所有する領主の権利によって要求された場合はそこから除外する，としている。これに対して後者では，都市民に対し認められたものは『自由と，前述の都市民に対しこれまで述べてきたインミュニテ』という漠然とした表現に変わり，その結果，流血裁判権などの留保の方が目立つ内容になっている。つまり，ルーアン文書にあった一定領域内での裁判権所持を認める文言そのものが，ポワチエでは消滅しているのである。さらに，『彼ら（ルーアン都市民）のコミューヌに属する事件，すなわち彼らどうしの間で起きた事件については，余の法廷に属するものを除き，彼らの管轄であることが記憶されるように』としたルーアン文書第4条が，ポワチエ文書では削除されていることも注目される。

　しかしながら，ルーアンからポワチエに文書が伝播する際に，コミューヌ裁判権に関する規定の全てが消滅しているわけではない。ポワチエ文書の第3条が，コミューヌが『相続，動産，ポワチエにおいて行われた商取引に関する裁判権を彼らが所持することを認可する』と規定し，コミューヌに民事裁判権を認めていることは先に触れたとおりである。またポワチエ文書第17条は，『メールは，全てのコミューヌの者を召喚し，彼らを裁く権利を持つ。いかなる者もメールとその役人の立ち会いのもとでなければ彼らを捕えることはできない』と定めている。コミューヌの民事裁判権及びメールに属する召喚権に関するこれら2つの条項は，ポワチエの1222年文書において，削除されずに残された裁判権関連条項のうち最も重要なものである。ただしこれらはルーアン文書からそのままの形で持ち込まれたのではない。それぞれの対応条項を比べると，そこには大きな意味を持つ変更が加えられているのに気付かされる。

　まず民事裁判権に関しては，ポワチエ文書では先に引用した第3条文言の直後に『ただし，そこに土地を持つ全ての領主たちの法廷は除き，領主たちはポワチエの都市内において彼らが所持する自らの属民についての法廷と裁判権を持つ』と続いており，ポワチエでもともと勢力を張っていた在地領主たちが都市内で行使していた裁判権を強く保護する内容になっている。これに対してルーアン文書においては，『そこに土地を持つ領主たちの法廷は除く』という

言葉はやはり見られるものの，それに続いて『領主たちは，都市内にいる自らの属民についての法廷を，証人に対する調査より前の段階まで所持する』が，それ以降の手続きはコミューヌが行うと定めている。

　メールによる召喚権に関しては，先述のとおり，ポワチエでメールが召喚できるのは『コミューヌの者』であると定められている（ポワチエ文書第17条）。ところがルーアン文書でのもともとの文言は，『メールは，その裁判権に属する人々の全召喚権を保持し……』（ルーアン文書第26条）であった。状況に応じて多様な人々を召喚できる可能性を含むより幅広い表現であったと言える。つまりこの点に関してポワチエにおいては，ルーアンとは異なってコミューヌによる拡大解釈の余地を残さない明確な表現が意図されていたようなのである。違法行為をした者の動産をメールが差し押さえる権利を認めた条項（ルーアン文書第25条・ポワチエ文書第16条）においても全く同様であり，ここでも対象者の表現が，ルーアンでの『メールの裁判権に属する者』からポワチエでの『コミューヌの者』に変えられている。

　両文書に含まれる裁判権関連条項の比較から浮かび上がった相違点は，以下のようにまとめることができる。ルーアン文書では，都市及び郊外地における裁判権は，流血裁判権を除いて基本的に都市民が組織するコミューヌの管轄下にあることが前提となっている。在地領主層の権利はそこから除外されるものの，彼らが行使するとされる裁判権は限定的なものでしかない。他方ポワチエ文書では，コミューヌが一定の領域内で裁判権を行使するという規定そのものがない。コミューヌの裁判権が及ぶのは『コミューヌの者』に限定されることが強調され，その上ポワチエ都市内に存在する在地領主層の属民にコミューヌの裁判権が及ばぬことを意図した文言が随所に現れている。文書冒頭で『ポワチエの囲壁内におけるコミューヌを認可し与えた』と宣言しつつも，同時に『教会と，そこに土地と法廷と裁判権を所持している者たちの権利』は侵されないと述べているのはその典型であろう。

　ポワチエ文書には，ルーアン文書に対応条項のない独自の条項がいくつか付加されている。中でも，都市民自身が王権の関与なしに毎年メール及びその他の自治役人を選出する権利を定めた第19条，選出されたメールが王権に毎年

臣従礼を行うとする第20条，コミューヌ軍がポワトゥーの他の封臣と同様の軍役を負うと定めた第21条は重要である。ここには，コミューヌに賦与した特権の代償として忠誠と軍役を求めていくという，フィリップ＝オーギュスト独自の都市政策[47]がよく現れていると言えよう。

最後に，ルーアン文書には存在しながらポワチエには賦与されていない条項について触れておく。該当するものとして，先にも言及したセーヌ川航行に関する諸条項の他に，ノルマンディーの副伯がルーアン都市民に対して職権濫用を行うことを禁じた第11条，ノルマンディーの国王御用林での放牧税の免除に関する第16条，都市民に対して炉税の免除を認めた第23条が挙げられる。これらの条項が削除された理由については，すぐ後に改めて取り上げることとしたい。

(3) 改変の背景と要因

以上見てきたように，ルーアン文書とポワチエ文書の間に系譜関係が成立した際に，文書の基本的構成はそのままとして，条項配列順序の入れ換え，特定条項の廃止，特定文言の削除や手直し，新しい条項の追加などの変更が加えられた。その内容は多岐にわたるが，特に重要な変更はとりわけ裁判権関連条項に集中していると言うことができる。これらの改変は，どのような背景のもとに，何を目的として加えられたのだろうか。

これまでのフランシーズ文書の研究史において，改変に関する問題は，そのものとしてはあまり注目されてきたとは言えない。それでも特にコミューヌ文書研究を中心として取り上げられてきたフランシーズ文書の改変には，以下の3つの場合が摘出されてきた。

第1は，ある文書が別の領主によってその支配下にある集落に賦与される場合の改変であり，ブルジャンがディジョンに関して興味深い例を提示している。1183年，ブルゴーニュ公ユーグ3世はディジョン住民に『ソワソンの慣習に従って』コミューヌを賦与した[48]。ブルジャンは，公がその直前にソワソンを旅行していることから，12世紀中葉にルイ7世によって与えられていたソワソン文書が，都市領主の権利を尊重するものであることを知ってディジョ

ン住民への適用を思いたち，さらにその中から領主権にとって不利な文言を削除して与えたに違いないとしている。しかもその後，ソワソン住民に要請して慣習法の写しの送付を受け，それによって改変が加えられたことを知ったディジョンの住民は，1187 年に公の経済的・政治的窮状を利用して，改変の撤回を含んだ文書を賦与させたという。ただし，改変の内容については，1183 年の文書が現存しないためわからない[49]。

　第 2 は，同じ領主が特定の文書を複数の共同体に賦与する場合，その領主の政策が年代的な変化を示すに応じて行われる改変である。この点ではプルウによるロリス・アン・ガティネ文書の研究が興味深い。ロリス文書の系譜関係の中では，王権による軍役賦課に関する政策は，当初多かった一定限度内での領民からの軍役免除から，ほぼ完全な軍役免除への推移（いわば兵農分離政策の推進）が見られ，これがロリスに与えられた文書での軍役条項の改変として，他の集落に対する文書の中に跡をとどめている。シャンパーニュ伯によって与えられたロリス文書をモデルとするフランシーズ文書にも，同様の変化を見て取れるという[50]。

　第 3 は，同じように 1 人の領主がある文書を複数の集落に賦与していく場合に，政策の年代的変化によるのではなくて，個々の集落の性格やそれが置かれた状況を考慮して行われる改変である。諸都市・村落間の具体的な諸条件の相違については，フランス学界ではむしろ，同じ文書を受容した共同体がそれを適用する仕方が，それぞれの事情によって様々であったという点の方が強調されてきたようだ。例えば，既出のジリーの ER についての研究がそうである。先述のとおり，ER は，ノルマンディー，ポワトゥー，アキテーヌなど西フランス一帯に広まったが，ジリーは諸都市内に残る他の史料との照合から，それぞれの場所での適用の仕方は様々だったことを明らかにした[51]。またリュシェールも，各々の都市特有の慣習の方が重んじられた結果，他都市から持ち込まれた文書の条項の多くは，結局は「死文」となることが多かったと強調していた[52]。これに対して，領主が自己の支配する特定の共同体に，既存文書をモデルとしてフランシーズ文書を賦与しようとした際，当該共同体に特有の事情とモデルとなる文書の諸条項とが適合しないことを見出して，その結果モデ

第1章　ポワチエにおける王権のコミューヌ政策と都市内諸権力　　31

ルに改変を加えるという事例もブルジャンによって検討されている。それは，ソワソンのコミューヌ文書が伝播するに従って加えられた，次のような改変である。

　ソワソンのコミューヌは，1144年から1146年ころルイ7世によって認可されたが，同時にルイ7世は19条からなる文書を賦与した[53]。この文書自体は伝来しないが，1181年に，フィリップ=オーギュストがほとんど同一内容の確認文書を与えている。この文書は，都市民の相互扶助を認めるとともに，非自由身分との関連の強い諸賦課を廃止し，かつソワソン住民，ソワソン司教及び国王の各々の権利を規定しており，国王は同時に文書の確実な適用を保障するとされている。これが1153年ないし1154年にコンピエーニュに賦与された際には，農奴がコミューヌから排除されるという付加がなされ，またコミューヌ存立のための保証方法にも相違が現れている。しかし，同じ文書がソワソネ村落連合に1185年から1186年にかけて賦与されたときには，内容にほとんど変化が見られない。ついで1189年，サンスへの賦与では，郊外地規定の付加が行われるとともに，サンス大司教の隷属民をコミューヌから除き，また，サン=ピエール修道院のブールとインミュニテの存続を特に規定して，教会勢力が強いというこの都市の事情に適応させている。最後に1215年になってクレピイには，ソワソン文書をそのままの内容で前半とした上で，後半に新しい17条項が付加されており，ブルジャンは経済的条件の相違が追加の要因だとしている[54]。

　先行研究において，文書の改変をもたらす要因として摘出されてきた以上の3点のうち，ここで扱うポワチエの事例に該当する可能性があるのは，同一領主に服する複数都市間の系譜関係に関連する第2及び第3の指摘であろう。

　まず，文書賦与者自身の政策の変化による改変の可能性についてであるが，フィリップ=オーギュストによる西フランス征服から数年後（1207年）にルーアン文書が賦与されているのに対し，ポワチエ文書が賦与されたのはそれからさらに15年を経た1222年であるため，その間に同国王の都市政策が何らかの変遷を経ている可能性は否定できない。しかしながら，ポワチエ文書においてもっとも大きな改変が加えられているのは裁判に関連する条項であるが，フィ

リップ=オーギュストの治世を通じて都市裁判権をめぐる態度に顕著な変化があったという指摘は，これまでなされてはいない。ここで可能性があるのは，むしろ以下のような状況ではないだろうか。ある文書の内容がその後の適用において何らかの支障を生じさせ，別の集落に同一の文書を賦与する際に，その反省から問題の部分に修正を加えるという場合である。実際，フィリップ=オーギュストがルーアンに文書を賦与したと同じ年に，ルーアン大司教座教会参事会とコミューヌとの間で，参事会従属民ギヨーム・ド=マルロワへの裁判権をめぐる争いが生じたという記録があり[55]，この事件がポワチエ文書の裁判権関連条項に加えられた改変に影響を与えた可能性はある。

　しかしながら，ルーアン及びポワチエの両文書が規定するコミューヌ裁判権のあり方は，先にも述べたようにあまりに異なったものであり，これほど根本的な相違を生みだした要因は，ただルーアンで起きた紛争への反省だけではないと思われる。そこで考えなければならないのが，ブルジャンがソワソン系列のコミューヌ文書について指摘した，個別都市の具体的な事情を考慮して行われた改変である。例えば，ルーアン文書からポワチエ文書に持ち込まれずに削除された諸条項の多くについて，この要因があてはまることは間違いない。セーヌ川航行に関する諸条項が削除されている理由については既に述べた。その他にも，ノルマンディー御用林に関する条項の削除は，免除対象である『豚放牧税』«pasnagium»，『放牧税』«pasturagium»と同じ名称の税がポワチエ近隣のムリエール森で徴収されていたという記録はみられず，この条項がポワチエには適合しないという理由によると思われる。炉税の免除をうたった条項の削除についても，中世盛期のポワチエでは炉税徴収の慣習はみられないため，同様の理由によるものであろう。

　ルーアン文書においては広く認められていたコミューヌ裁判権がポワチエ文書では強く制限されている理由として，2都市間の事情の相違があるとするならば，想起されるのはやはりブルジャンが指摘しているサンスのケースであろう。先述のとおり，ソワソンのコミューヌ文書がサンスに適用される際には，強力な在地領主であったサン=ピエール修道院のブールとインミュニテの存続が特に念入りに規定された。ポワチエ文書に見られる裁判権関係条項の改変

も，在地領主が既にそこで行使していた権限の保護が目的となっていることは明らかであり，類似の要因が働いていた可能性は大いにある。

中世盛期のルーアン都市内には，大司教座教会の他，サン=タマン修道院やラ=トリニテ=デュ=モン修道院があったが，もっとも勢力を持っていたのは都市北部に独自の支配領域（＝ブール）を形成していたサン=トゥアン修道院である。しかしながら，その勢力は 11 世紀以降は下降し，ヘンリー 2 世によってルーアン都市民がコミューヌとして組織されることが認められた 12 世紀後半[56]にはかなりの衰退状況が明らかとなっていた。ルーアンにおいてはブールという呼称自体が 12 世紀には消滅してもはや法的に特別な領域ではなくなり，そこは修道院が貢租徴収権を所持するだけの空間になっていた，とモラは指摘している。その結果，シテ住民 «civis» の語はかつてのブール住民 «burgensis» を含むに至るとともに，コミューヌはルーアン住民の全員を包含していたと言うのである[57]。

こうした在地領主勢力の 12 世紀以降の弱体化，言い換えるなら都市内におけるコミューヌ勢力の強さを背景として，ルーアン文書が広範なコミューヌ裁判権を認めているとするならば，ポワチエでの適用の際に加えられた大幅な改変は，ポワチエではルーアンとは異なる状況があったことを示唆しているのではないだろうか。

お わ り に

ポワチエ文書のモデルとしてルーアン文書が選ばれた要因として，政治的条件ないし経済的条件における近似性が両都市の間にあったかどうか検討する必要性がある，と先に述べた。ルーアンもポワチエも，ともにそれぞれノルマンディー及びポワトゥーの首邑である点，イングランド王権のもとでコミューヌ都市として組織された後にフランス王権の支配下に入った点など，両者に政治的な共通点は多い。しかしながら，両都市でのコミューヌ裁判権に関するフィリップ=オーギュストの姿勢は明らかに異なっており，特にコミューヌ勢力と在地領主勢力との関係に関する限り，彼の目にはルーアンとポワチエの共通点

よりもむしろ相違点の方が大きく映っていたように思われる。ポワチエでの事情をさらに詳しく分析することによって、初めてポワチエ文書にもたらされた改変の具体的な理由を明らかにすることができるだろう。これは次章の課題となる。

もうひとつの経済的条件に関しては、先行研究による限り、ルーアンとポワチエの間に近似性を見出すことはできない。7世紀以来ルーアンは在地商業及び遠隔地商業の中心地であったが、ポワチエの商業的機能は非常に限られたものであったと言われてきたからである。しかしながら、それとは異なった見解も充分に成立しうる。ジリーは、ルーアンの1207年文書が含んでいる商業的特権の大部分がそのままポワチエに賦与されている点に注目し、ポワチエを商業都市にしようとするフィリップ=オーギュストの意図が表れていると述べている[58]。ルーアン文書の商業特権関連規定は、もともとルーアン都市民に対して12世紀半ばまでにプランタジネット家の支配者から賦与されてきた特権を確認した、いわば集大成としての性格を持つ。その大半が変更を加えられることなくポワチエに賦与されているのは、両都市の経済的実態が、実はそれほどにはかけ離れたものではなかったことを意味しているのだろうか。あるいは、ジリーの言うようにポワチエが商業中心地として発展していく可能性を王権が認めていたからだろうか。この問題に関しては、第Ⅱ部において改めて取り上げたい。

最近の都市史研究において、集落ごとの具体的史実への関心と多様性の認識はますます広まっており、都市―王権関係研究においても、個別集落を取り巻く事情に応じて王権が対応を変えていった点が意識されている。ここで取り上げた文書の系譜と改変は、そうした王権による都市政策の適応をきわめて具体的な形で浮かび上がらせてくれる可能性を持っており、都市の多様な諸側面を考察するための貴重な手がかりであると言うことができるだろう。

註

1) Lair, A. (éd.), Fragment inédit de la vie de Louis VII, dans *Bibliothèque de l'Ecole des chartes*, t. 34, 1873, pp. 583-596.

2) «Sequenti vero anno, ...assunt qui referant Pictavorum cives Communiam communicasse, vallo et glande urbem munisse, urbis municipium occupasse, eorum etiam auctoritate reliquas Pictavie urbes, oppida et firmitates id ipsum cum eis confederasse. Quo comperto rumore, rex toto animi rancore in factionis tante ultione rapiebatur, ...Communiam dissolvit, Communie juramenta dejerare compulit, et a melioribus obsides, tam pueros quam puellas, per Franciam dispergendos extorsit.» (Ibid., pp. 591-592.)

3) «Quo regie clementie tam pio quam nobilissimo facto usque adeo totam Pictaviam amori et servitio suo perstrinxit ut non deinceps Communie aut conspirationis alicujus mentio personaret.» (Ibid., p. 593.)

4) ジリーは，都市民がそれまで手にしていた特権の一部が支配者の交替によって損なわれたことが要因ではないかと推測する。A. Giry, *Les Etablissements de Rouen*, 2 vols., Paris 1883-1885, t. 1, p. 355. ファヴローは，むしろアキテーヌ公領の独立精神の表出と解釈している。ポワチエは歴代アキテーヌ公が居住する公領の首都であったが，アリエノールがパリに去ることによってフランス王国の一地方都市となると同時に，権力者不在の状態となった。Favreau, R., *La ville de Poitiers à la fin du Moyen Age*, 2 vols., Poitiers 1978, t. 1, pp. 48-49.

5) Pon, G. et Chauvin, Y., Chartes de libertés et de communes de l'Angoumois, du Poitou et de la Saintonge (fin XIIe – début XIIIe siècle), dans Favreau, R. et al. (éd.), *Bonnes villes du Poitou et des pays charentais du XIIe au XVIIIe siècle (Communes, françaises et libertés. Actes du colloque tenu à Saint-Jean-d'Angély, septembre 1999)*, Poitiers 2002, pp. 100-106.

6) «Alienor Dei gracia humilis regina Anglie, ducissa Normannie, Aquitanie et comitissa Andegavensis, archiepiscopis, episcopis, comitibus, baronibus, senescallis, prepositis, justiciariis, baillivis et universis tam futuris quam presentibus ad quos littere iste pervenerint, salutem. Sciatis nos concessisse in perpetuum et presenti carta confirmasse dilectis et fidelibus nostris universis hominibus de Pictavi et eorum heredibus communiam juratam apud Pictavim, ut tam nostra quam sua propria jura melius defendere possint et magis integre custodire, salva tamen et retenta fidelitate nostra, salvis tamen juribus nostris et heredum nostrorum et juribus sancte ecclesie. Volumus igitur et statuimus ut omnes libere et usitate consuetudines ville sue, quas antecessores eorum et ipsi, sub antecessorum nostrorum et nostri dominio, hactenus habuerunt, eisdem et eorum heredibus inviolabiliter observentur, et ut, ad ipsas manutenendas et ad jura sua et nostra et heredum nostrorum defendenda, vim et posse communie sue, quando necesse fuerit, contra omnem hominem, salva fidelitate nostra et jure nostro et heredum nostrorum, salvo etiam jure sancte ecclesie, excerceant et apponant.» (Ibid.)

7) Giry, *Les Etablissements de Rouen*, t. 1, p. 357.

8) Audouin, E., Les chartes communales de Poitiers et les établissements de Rouen, dans *Bulletin philol. et his.*, 1912, p. 132.

9) 1175年2月2日に，ヘンリー2世と1169年からポワトゥー伯であった息子リチャードは，ラ=ロシェルのコミューヌを認める連名の文書を賦与している。Pon et Chauvin,

Chartes de libertés et de communes, pp. 45-50.
10) Favreau, *La ville de Poitiers à la fin du Moyen Age*, t. 1, pp. 52-53.
11) Petit-Dutaillis, Ch., *Les communes françaises*, Paris 1947, pp. 15-36.
12) Boussard, J., *Le gouvernement d'Henri II Plantegenêt*, Paris 1956, pp. 471-488.
13) Petit-Dutaillis, *Les communes françaises*, pp. 95-100 ; Giry, *Les Etablissements de Rouen*, t. 1, pp. 427-441.
14) Giry, *Les Etablissements de Rouen*, t. 1, pp. 65, 84, 88-90, 239-240, 352, 355. アリエノールがこのときに特権を確認したのは，オレロン，ラ=ロシェル，サント，ニオール，ポワチエの各都市，フォントヴロー，トリニテ，モンティエルヌフ各修道院などの教会施設の他，サヴァリ・ド=モレオンら世俗領主など，多岐にわたっている。
15) 例えば，フォントヴロー修道院に与えられた文書群などがそうである。Marchegay, P., Chartes de Fontevraud concernant l'Aunis et la Rochelle, dans *Bibliothèque de l'Ecole des Chartes*, 4e série, t. 4, 1858, pp. 132-170.
16) Villard, F. (éd.), *Recueil de documents relatifs à l'abbaye de Montierneuf de Poitiers (1076-1319)* (*A. H. P.*, t. 59), Poitiers 1973, pp. IX-XIII.
17) *Ibid.*, p. XII.
18) *Ordonnances des rois de France de la troisième race*, t. XI, p. 290.
19) Pon et Chauvin, Chartes de libertés et de communes, pp. 107-125.
20) Audouin, E. (éd.), *Recueil de documents concernant la commune et la ville de Poitiers*, 2 vols. (*A. H. P.*, t. 44, 46), Poitiers 1923-1928. t. 1, p. 67.
21) Pon et Chauvin, Chartes de libertés et de communes, pp. 126-133 ; Giry, *Les Etablissements de Rouen*, t. 2, pp. 151-154.
22) *Ibid.*, t. 2, pp. 56-63.
23) ポワチエの他，ニオールがこれに該当する。*Ibid.*, t. 1, pp. 3-6.
24) «Philippus, Dei gratia Francorum rex, dilectis et fidelibus suis universis juratis communie Pictavensis salutem et dilectionem. Noveritis quod nos, ad peticionem vestram, vobis mittimus rescriptum communie Rothomagensis in hunc modum.» (Pon et Chauvin, Chartes de libertés et de communes, p. 109.)
25) «Actum Senonis, anno Domini millesimo ducentesimo quarto, mense novembris.» (*Ibid.*, p. 117.)
26) ERが伝播した都市は，ファレーズ，ポン=トドメール，アランソン，レ・ザンドリー，カーン，ドンフロン，バイユー，エヴルー，フェカン，モンティヴィリエ，ヴェルヌイユ，ラ=ロシェル，サント，アングレム，ポワチエ，バイヨンヌ，ニオール，サン=ジャン=ダンジェリ，オレロン，レ，トゥールである。Giry, *Les Etablissements de Rouen*, t. 1, p. 1.
27) *Ibid.*, pp. 432-433. 最近のスガラによる研究も，ジリーによるERの基本的性格の定義に変更を加えるものではない。Segara, S., Le régime juridique des «Etablissements de Rouen», dans *Bonnes villes du Poitou et des pays charentais*, pp. 167-208. また，我が国におけるERに関する業績として，斎藤（水野）綱子「ルーアン・コミューヌ法——王権による中世都市支配の一例——」『社会経済史学』40-2, 1974年, 107-128頁。
28) Giry, *Les Etablissements de Rouen*, t. 1, pp. 433-434.

第 1 章　ポワチエにおける王権のコミューヌ政策と都市内諸権力　　　37

29) ER 第 2 条『100 人ペールの中から, 100 人ペールの同意によって 24 人の者が選ばれる』«De centum vero predictis paribus eligentur XXIIII^{or}, assensu centum parium, qui singulis annis removebuntur» (Pon et Chauvin, Chartes de libertés et de communes, p. 109.)
30) ER 第 3 条『12 人コンセンエは, 毎週十曜にメールとエシュヴァンと共に会合し, 隔週のやはり土曜日には 100 人ペール全員が会合する。』«XIIcim consultores cum majore et eschevinis quoque sabbato simul erunt et quaque quindena, die sabbati similiter, omnes centum pares.» (Ibid., p. 110.)
31) Favreau, *La ville de Poitiers à la fin du Moyen Age*, t. 1, p. 67.
32) フィリップ=オーギュストの 1222 年文書は, アルフォンス（1241 年）, フィリップ 3 世（1272 年）, フィリップ 4 世（1286 年）, エドゥアール（1363 年）, ベリー公ジャン（1372 年）ら都市支配者によって相次いで確認されている。なお, ER についてはこうした確認は行われていない。Pon et Chauvin, Chartes de libertés et de communes, p. 126.
33) Audouin, *Recueil*, t. 1, p. 72 ; Giry, *Les Etablissements de Rouen*, t. 1, pp. 361-362 ; Pon et Chauvin, Chartes de libertés et de communes, p. 130.
34) 1966 年ベルギーのスパで行われた国際研究会の冒頭報告を担当したシュネーデルは, フランシーズ文書を「ある集落, または一群の集落の住民に, 多様な性格と内容を持つ特別な権利を認可した, 国王ないしは領主によって発布された文書」と規定している。Schneider, J., Les origines des chartes de franchises dans le royaume de France (XIe- XIIe siècles), dans *Les libertés urbaines et rurales du XIe au XIVe siècle. Colloque international Spa 5-8 IX 1966*, Bruxelles 1968, pp. 29-50.（山田雅彦訳「フランス王国におけるフランシーズ文書の起源—11-12 世紀—」森本芳樹編『西欧中世における都市と農村』九州大学出版会, 1987 年, 123-163 頁。) つまり, フランシーズ文書というひとつの大きな類型が中世盛期の都市と農村を通じて普及したと捉え, 本章で扱うような「コミューヌ文書」と呼ばれる史料類型もフランシーズ文書の一種だとする考えである。ここには, 従来の都市と農村を峻別する方法を反省し, 都市と農村に普及した文書を一体として捉えようとする態度が現れている。ここでは, 現在支配的になったこうした理解に従う。
35) Vercauteren, F., Les libertés urbaines et rurales du Xe siècle, dans *Les libertés urbaines et rurales, dans Les libertés urbaines et rurales, Colloque Spa*, pp. 13-25.
36) 同じ文書が多数の集落に賦与されるこうした例として最も著名なのは, カペー王権の政治的枢要部であるパリ南方のガティネ地方を中心にひろまったロリス文書の伝播である。Prou, M., *Les coutumes de Lorris et leur propagation aux XIIe et XIIIe siècles*, Paris 1884. これについで知られているのは, ランス大司教ギヨームによって 1182 年にボーモン・タン・アルゴンヌに賦与された文書であり, これは 12 世紀後半に, リュクサンブール, ロレーヌ, シャンパーニュなどの 508 共同体に伝播した。*Beaumont et les franchises municipales entre Loire et Rhin. Huit centième anniversaire de la charte de Beaumont-en-Argonne (1182): Actes du Colloque d Nancy, 22-25 septembre 1982*, Nancy 1987. また, やはり 12 世紀後半に, エノー伯領を中心として, 1158 年にプリッシュに賦与された文書が三十余の共同体に伝播した（斎藤絅子『西欧中世慣習法文書

の研究—「自由と自治」をめぐる都市と農村—』九州大学出版会, 1992年, 13-43頁)。
このような系譜関係はコミューヌ文書にも存在しており, リュシェールは, しばしばモデルとして用いられたコミューヌ文書として, マント, ラン, サン=カンタン, ペロンヌ, アミアン, ソワソン, 及びルーアンのそれを挙げている。Luchaire, *Les communes françaises*, pp. 137-138.
37) *Ibid.*, p. 143.
38) *Ibid.*, pp. 143-144.
39) *Ibid.*, pp. 141-142.
40) Bourgin, G., *La commune de Soissons et le groupe communal soissonnais*, Paris 1908.
41) 以下で引用していく同史料及びルーアンの1207年文書の文言と原文については, 巻末史料1を参照。
42) フィリップ=オーギュストがルーアンに賦与した1207年文書は, それ自体イングランド王権がルーアン都市民に与えていた特権の確認状という性格を持っている。フィリップ=オーギュストの文書は, ヘンリー2世の1150-1年文書, 及びジョンの1199年文書の内容を19条にまとめ, 新たな内容を持つ8条を付加したものである。Giry, *Les Etablissements de Rouen*, t. 1, p. 32.
43) ただし, 『ルーアン』の語は『ポワチエ』に言い換えられている。
44) 第2, 5, 6, 7, 9, 10, 13, 14, 15, 18条。
45) 第3, 4, 8, 11, 12, 16, 17条。
46) 第1, 19, 20, 21, 22条。
47) Petit-Dutaillis, *Les communes françaises*, pp. 86-100; 斎藤(水野)絅子「ルーアン・コミューヌ法」107頁。
48) この文書自体は伝来していないが, フィリップ=オーギュストによる同年の確認文書から事実を確認できる。Delaborde, H. -Fr. et al. (éd.), *Recueil des actes de Philippe Auguste, roi de France*, Paris 1916, t. 1, n° 101.
49) Bourgin, *La commune de Soissons*, pp. 362-365.
50) Prou, *Les coutumes de Lorris*, Paris 1884, p. 30 et sqq. 森山軍次郎「慣習法特許状の政治的意義—ロリス特許状とカペー王権—」『北大文学部紀要』21-1, 1973年, 101-151頁。
51) Giry, *Les Etablissements de Rouen*, t. 1, pp. 434-439.
52) Luchaire, *Les communes françaises*, p. 146.
53) Delaborde et al., *Recueil des actes de Philippe Auguste*, t. 1, n° 35.
54) Bourgin, *La commune de Soissons*, p. 333 et sqq.
55) Chéruel, A., *Histoire de Rouen pendant l'époque communale*, Rouen 1843, pp. 107-111.
56) ポワチエと同様, ルーアンのコミューヌ設立に関しても直接の史料は伝来しないが, ジリーはその年代を1174年と推測している。Giry, *Les Etablissements de Rouen*, t. 1, p. 74.
57) Mollat, M. (dir.), *Histoire de Rouen*, Toulouse 1982, p. 54. ジェネスタルも, ルーアンではブールとシテの対立は1200年の少し前に消滅したとしている。Genestal, R., *La tenure en bourgage dans les pays regis par la coutume de Normandie*, Paris 1900, p. 215.
58) Giry, *Les Etablissements de Rouen*, t. 1, p. 419.

第 2 章
13世紀ポワチエにおける王権・都市民・在地領主

はじめに

　第 1 章において，国王フィリップ=オーギュストは，ポワチエのコミューヌと直属関係を結ぶ際に都市内の既存の秩序が破壊されることがないよう細心ともいえる配慮をしていたことを明らかにした。彼の1222年文書は，様々な商業上の特権，流血裁判権を除く刑事裁判権，及び全ての民事裁判権をコミューヌ構成員に賦与しつつも，『教会と，そこに土地と法廷と裁判権を所持している者たちの権利を除き』という留保の文言を付け加え，しかも同様の表現を随所で繰り返している。しかしながらこの文書では，該当する教会領主名が列挙されることはなく，それらの各々に帰するべき特権の具体的な説明もない。本章では，『教会と，そこに土地と法廷と裁判権を所持している者』とは具体的にどのような勢力を指していたのか，それらとコミューヌ及び王権との関係はいかなるものであったかを明らかにしたい。

　まず第 1 節では，13世紀のポワチエに存在した在地領主層とその支配領域＝ブールについて概観し，それらの都市内財産の実態分析を行う。それを踏まえて第 2 節では，教会領主支配領域が13世紀中葉にどれだけの独立性を維持していたのか，換言するなら王権とコミューヌはそこの住民に対してどれだけの影響力を及ぼすことができたのか，という問題を検討したい。これらの検討を通して，フランス王権が自らの直轄領住民をコミューヌとして組織して利用していく一方で，在地領主層に対する配慮を忘れなかった背景には何があったかを明らかにしていく。

第1節　ポワチエの教会領主と都市内支配領域

(1)　「シテ」と「ブール」

4世紀初頭に建設されたガロ=ローマ期の囲壁に囲まれた領域は「シテ」«cité; civitas»と呼ばれ，ポワトゥー伯の居城及びポワチエ司教座教会があった。ポワチエ司教の都市内領主権は9世紀半ばに失われ[1]，以降ポワトゥー伯が都市領主としてシテ領域の権力の大部分を行使した。ところが特に10—12世紀以降，歴代の伯が都市内外の教会施設に対する特権賦与や財産寄進を積極的に行い，その結果ポワチエのシテ及びその周辺には，いくつもの「ブール」«bourg; burgum»と呼ばれる支配領域が形成されていくことになる。

クラン川とガロ=ローマ囲壁東部分との間には，中世初期にサント=ラドゴンド教会の周辺に独自の囲いを持ったブールが形成されていた。サント=ラドゴンド教会ブールに関する記述は10世紀までに徐々に消滅するが[2]，同時期にその領域を取り込みながら形成されたのがサント=クロワ女子修道院ブールである。同修道院は9世紀にフランシーズを与えられ，そのブールは，かつてのサント=ラドゴンド教会ブールの領域だけでなく，ガロ=ローマ囲壁内部の東の一角まで広がっていた[3]。

さらにガロ=ローマ囲壁の南西にはサン=ニコラ小修道院のブールが[4]，またシテの南部分にはサン=ティレール=ド=ラ=セル教会のブールが形成されていた。同ブールの立地はシテの中でも中核部に近く，おそらく周囲の居住が密であったためか，ブールの境界を明確にする十字架がブールの四隅にたてられていたという[5]。

また，ガロ=ローマ囲壁の北西の隅にはギタール=ブール，同じく南西の隅にはマラン=ブールがあった。これら両ブールの実態に関してはほとんど史料がなく，不明な点が多い。それでも，ギタールとマランの名が，12世紀の伯プレヴォ（伯役人）であった人物のそれと一致すること，かつ，両ブールが市門のかたわらに位置すること[6]から，おそらくこれらのブールは，第2次囲壁建設前に，ガロ=ローマ囲壁と市門の防衛義務と引き換えに，伯から2人の役人

にそれぞれ与えられた封を起源とすると考えられている[7]。

　これらシテ内部のブールは比較的小規模であったのに対し，シテ外には2つの広大なブールが形成された。ガロ=ローマ囲壁から南西約500 mに位置するサン=ティレール=ル=グラン参事会教会の周囲に形成されたブールと，同じく囲壁から北約300 mに位置するモンティエルヌフ修道院の周囲に形成されたブールである。さらに，ブールはクラン川の対岸にも存在した。サン=シプリアン修道院の周囲に形成されたブールと，主に皮なめし人たちが居住していたサン=サチュルナン教会ブール[8]，及びロシュルイユ=ブール[9]である。

　1170年代にヘンリー2世が建設した第2次囲壁は，サン=ティレール教会ブールとモンティエルヌフ修道院ブールをも囲い込み，都市域を一気に拡大させる。広大な2つのブールを都市域内に含むことにより，ポワチエはブールとシテとが形成するモザイクである感をなお一層強めることとなった。さらには，ブールのような一定領域を支配するには至らないものの，都市内に独自の館を所有し，その館の敷地内で一定の権力を行使することを認められていたパン修道院，テンプル騎士団のような教会施設[10]も存在したのである。

　それでは，都市民が形成するコミューヌはこのモザイクの中でどのような位置を占めていたのだろうか。第1章ですでに見たように，コミューヌの主体が伯=王権の都市内直轄領の住民であったことは間違いないが，上で列挙した在地領主の支配領域とコミューヌとは，いかなる関係にあったのだろうか。

　イングランド王権及びフランス王権からポワチエのコミューヌに賦与された文書の全てを通じて，コミューヌの勢力が及ぶ地理的範囲に関連する唯一の規定は，フィリップ=オーギュストの1222年文書の冒頭に現れる『ポワチエの囲壁内におけるコミューヌを』賦与するとした文言[11]である。ここでの囲壁とはもちろん12世紀後半に建設された第2次囲壁を指している。したがってフィリップ=オーギュストがコミューヌに認めた領域は，古来のシテ領域だけでなく，サン=ティレール教会ブールとモンティエルヌフ修道院ブールなどの領域をも含む全都市域を意味することとなるが，そこで2つの点が問題となる。ひとつは，既述の『教会と，そこに土地と法廷と裁判権を所持している者たちの権利を除』くという在地領主層の権限留保の文言であり，もうひとつは，『ポ

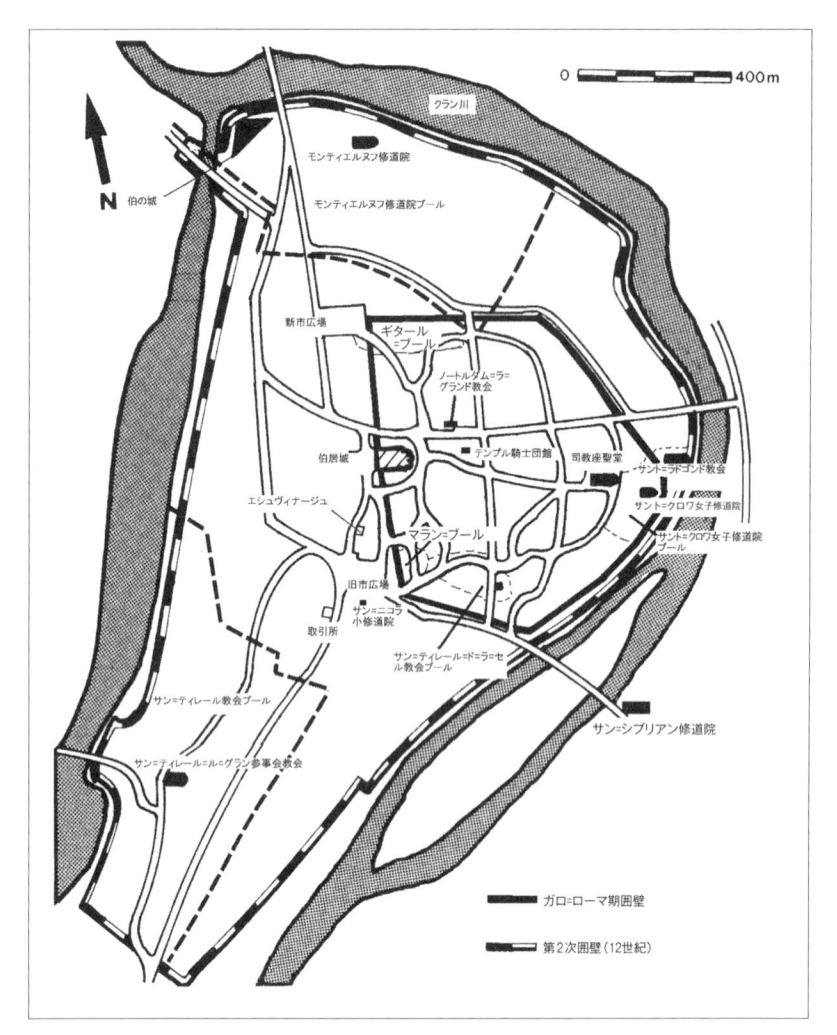

地図 2-1　中世盛期のポワチエ
Dez, G., *Histoire de Poitiers*, Poitiers 1969, plan ; Favreau, R. (dir.), *Histoire de Poitiers*, Toulouse 1985, p. 117 をもとに作成

ワチエの囲壁内におけるコミューヌ』という文言が,「囲壁内の住民がコミューヌに参加する」ことを示すのか,あるいは「コミューヌが囲壁内で何らかの権限を行使する」ことを示すのかが必ずしも明らかではないという点である。

以下ではまず,1222年文書がコミューヌに対して留保した在地領主層の『土地と法廷と裁判権』のうち,最初の『土地』すなわち都市内不動産について分析する。これまで見てきたように,ポワチエの在地領主層には有力な世俗領主はほとんど見られず,重要であったのは教会領主であった。ここでは,他のものに比べて伝来史料が豊富で,かつ都市内での重要性も圧倒的に大きいサン=ティレール教会とモンティエルヌフ修道院を対象に,彼らの所持する都市内財産の具体像に迫っていきたい[12]。

(2) サン=ティレール参事会教会とモンティエルヌフ修道院の都市内財産

サン=ティレール参事会教会は,4世紀のポワチエ司教聖イレールの墓の上に建てられたバジリカを起源に持つ。10世紀以降はポワトゥー伯が俗人修道院長として修道院長職を兼ねることとなり,同教会の財務係の任命権をもつようになる。またサン=ティレール教会の参事会は,60人からなる在俗参事会員と,それを束ねる参事会長から構成されていた。

モンティエルヌフ修道院は,11世紀後半にポワトゥー伯ギヨーム8世(伯位1058―1086)が設立させた,ポワチエ都市内では新しい教会施設である。クリュニー修道院長ユーグの親しい友人だったといわれるギヨームは,この修道院をクリュニー派に委ねた。

a.史料

サン=ティレール参事会教会の伝来史料は,主要なもののみレデーによって刊行されている[13]。レデーの刊行は12世紀以前に関してはかなり網羅的だと言ってよいが,13世紀以降の伝来史料には未刊行のまま残されているものも多いため,手稿史料によって補わなければならない。その結果,13世紀末までの伝来史料のうち,同教会が都市内に所有する不動産に関連するものとして,刊行史料67通と手稿史料16通[14]が検出できた。

モンティエルヌフ修道院については、伝来史料のうち、1319年までに起草されたものはほぼ全てヴィヤールによって刊行されている[15]。これによれば、伯から発給されたきわめて長文の財産賦与文書・確認文書が、設立時から13世紀末までの時点において9通伝来し、これらが同修道院の都市内財産に関連する情報の大半を提供してくれる。伯文書に列挙されているのは、当然のことながら伯によって寄進された財産に限られるが、伯以外の聖俗の人々からの寄進文書、あるいは修道士自身による財産の売買・交換にかかわる文書も数多く伝来している。その多くは農村財産についてであり、都市内財産に関連する史料の数はそれに比べて少ないが、25通を検出することができる。

b．両教会領主による土地所有とその変化

サン＝ティレール教会とモンティエルヌフ修道院いずれのブールについても、その境界線についての明確な記述は15—16世紀にならなければ現れない[16]。地図2-1上のブール境界線は、これらの情報と、それ以前の史料に断片的に現れる情報をあわせて、12—13世紀のものとしてデズによって推定されたもの[17]である。

サン＝ティレール教会のブールは、4世紀以降徐々に同教会の周囲に形成され、拡大していった[18]。ペパン短躯王によってこの領域への最初のインミュニテが768年に賦与された[19]後、10世紀には独自の防御施設を備えるに至っていた。

後にサン＝ティレール教会ブールと呼ばれるようになる領域で最初に伝来する土地取引文書は941—942年のものである。まず、この年代から11世紀末時点までの関連史料29通を分析してみると、いくつかの点が明らかになる。

第1に、11世紀の居住地域は『カステルム』と史料中で呼ばれる防御施設内の領域、つまり教会周囲のかなり限られた範囲に集中しており、その周囲を耕地とぶどう畑が取り巻いていたという点である。サン＝ティレールの『ブール』の語がはじめて史料上に現れる1083年[20]にも、その領域の大部分についてはこうした農村的景観が支配的であったと思われる。

実際、土地取引に関する上記の29通の史料が対象としているのは、そのほとんどについてが耕地あるいはぶどう畑であり[21]、さらにその大半が、サン＝

ティレール教会の聖職者どうしの財産交換と売買である。また，肩書きのない身分不明の人々も，取引の主体として現れている。例えば，『サロモンという名のある男』，『アルドベルトスとその妻アルメンガルダ』，『エメリクスという名の私，私の妻オダ，彼女の兄弟ツクベルトス』[22] といった表現で表される人々であり，彼らも聖職者と同じくブール内に財産（ほとんどの場合ぶどう畑）を持ち，売買・交換・寄進を行っていた。

これらの史料群から，聖職者個人の財産とサン＝ティレール教会の財産との区別を明確に読み取ることは難しい。多くの場合，不動産取引の内容を取り決める文言の後には貢租に関する記述が続くが，誰に貢租が支払われるかについては『その権利の属する者に』«cui lex pertinet» とのみ記されることが圧倒的に多い。さらには，貢租に関する記述が全くない史料もある。例えば，同教会の一聖職者アマルリクスが，同教会の教会財務係に『サン＝ティレールのカストルムのそばにあるぶどう畑』を売却した944—954年の文書[23] は，このぶどう畑が彼の私有財産であったのか，あるいは聖職禄に属するものであったのか，また貢租は誰から誰に支払われていたのか，このような点について何も明らかにしてくれない[24]。

これに対して，12世紀以降13世紀末までの史料43通では明確な変化が現れる。不動産所有の帰属先が明確に記されるようになった上，貢租の徴収権者がサン＝ティレール教会参事会すなわちブール領主であることが，常に明言されるようになるのである。例えば1162年頃，ポワチエ近郊に位置するシトー派パン修道院が，サン＝ティレールのブール内に持っていた複数の家屋を売却しているが，その文書の中には同修道院がサン＝ティレール教会の参事会に年2ドニエの貢租を支払っていたことが明言されている[25]。また1256年，1人のポワチエのシテ住民 «civis» が，トゥーレーヌ地方のリュソン修道院に，サン＝ティレールのブール内にある家屋を寄進したときも，サン＝ティレール教会は，それまで寄進者が支払っていたと同額の貢租支払い義務をリュソン修道院が受け継ぐという条件の下にこの寄進を認可している[26]。

上に挙げた例は，この時期のブールに起こったもう1つの変化，すなわちブール領主に貢租を支払いつつ不動産を保有する主体の多様化と軌を一にする

ものである。従来と同じサン=ティレール教会の聖職者の他，ポワチエのシテ住民，騎士，他都市のブルジョワ，他都市を本拠地とする教会施設など，様々な肩書きを持つ人々が現れてくる。特に注目されるのは，13世紀以降『ポワチエのシテ住民』«civis pictavensis» によるサン=ティレール教会ブール内での不動産投資の例が増加することである。たとえば1239年の史料では，1人の «civis» が，ブール内の家屋に居住する2人の人間から受け取っていた年11ソリドゥスのラントをサン=ティレール教会の参事会員に売却している[27]。また1242年，1人の «civis» とサン=ティレール教会の参事会との間で，ブール内にあるぶどう棚の保有契約がかわされている[28]。それによれば，保有者たる «civis» は毎年18ドニエの貢租を参事会に支払うことを条件に，自由にぶどうの栽培を行う。ぶどうが実ったなら参事会がまず2日間収穫を行い，保有者が収穫できるのは3日目以降である。その上，保有者の収穫分の11分の1は参事会に差し出さねばならない，と取り決められている。

3つ目の変化として指摘できるのは，特に13世紀以降ブール内財産として耕地・ぶどう畑の言及が相対的に減少する一方で家屋の言及が急増すること，また，こうした都市化現象に伴うラント所有の出現と急増である。既に挙げた1256年の «civis» による家屋寄進，1239年のやはり «civis» によるラント売却もその例である。13世紀以降に顕著となるこれらの変化は，ブール内の都市化と不動産所有関係の複雑化・重層化の表れであろう。

モンティエルヌフ修道院ブールは，同修道院設立と同時に，設立者である伯が自身の直轄地を一括寄進するという形で形成された[29]。伯ギヨーム8世の文書[30] は，同修道院を自らの «alodium»，すなわち私有財産の中に設立させたとしており，かつ何らの留保も行っていないことから，修道院の設立時点で伯がそこに所持していたものは全て与えられたと考えるのが妥当であろう。

モンティエルヌフ修道院では，他の多くの修道院におけると同様に，サン=ティレール教会のような在俗参事会教会と比較すると教会組織内の財産所有関係が非常に単純であり，そのことがかえって同修道院による土地所有のあり方とその後の変化を追跡しづらくしている。サン=ティレール教会ブールにおい

第2章　13世紀ポワチエにおける王権・都市民・在地領主　　47

ては，先に述べたように参事会員の各々が財産を日常的に取引していた上，教会内部の財産争いも頻繁に起こっていたため，それらの際に作成された記録が多く伝来していたが，モンティエルヌフ修道院に関してはこうした記録がない。

　しかしながら，サン=ティレール教会ブールに比べて数は相対的に少ないとはいえ，同ブール内においてもやはり，聖職者，騎士，ポワチエのシテ住民 «civis pictavensis» といった人々が，ぶどう畑，家屋，庭地，果樹園などの不動産をブール領主から保有している例を見出すことができる。例えば1289年には，ある肩書きのない人物から1人の «civis» へ，同ブール内に位置する家屋が売却されているが，その家屋については，モンティエルヌフ修道院長に対して年2デナリウス1オボルスの貢租が負われていることが明言されているのである[31]。

c．両教会領主が所有するブール外財産

　サン=ティレール教会とモンティエルヌフ修道院は，共にブール外の都市領域内においても相当の財産を所持しており，しかもそこには各々の教会施設の性質の違いが，ブール内財産におけるよりも明確に現れている。

　両者に共通しているのは水車所有である。サン=ティレール教会はボワーヴル川に5基の水車を持ち，他方モンティエルヌフ修道院はクラン川に1基，またボワーヴル川に少なくとも2基の水車を持っていた[32]。

　モンティエルヌフ修道院が所有するその他の財産は，大きく2つのグループに分けられる。ひとつは，クラン川水流とボワーヴル川の貯水池に関する権利を大いに利用した漁場及び皮なめし場の所有と経営[33]であり，もうひとつは，12―13世紀にかけて寄進・買収・交換などによって集積していくぶどう畑[34]である。つまり，伯自身から割譲された水流統制という非常に公的性格の強い権限と，ぶどう畑経営という，都市内ではあっても農村的性格の強い財産とが中心をなしているのである。

　他方で，サン=ティレール教会の参事会と個々の参事会員がブール外で積極的に蓄積していった不動産は，何よりも家屋及びラント収入であり，これは13世紀後半以降急激に増加する。さらに，いわゆる命日の年祈禱を目的とし

た設定によっても，同参事会は 13 世紀以降着実にラント収入を増やしていった[35]。これらの財産は，ブール近辺からシテ中心部，さらにはモンティエルヌフ修道院ブールの近辺に至る広い範囲に分布しており，特有なパターンは見られない。モンティエルヌフ修道院が集積していくぶどう畑が，クロ・ゲランと呼ばれるシテ南方のぶどう畑を例外として，ブール近辺に集められる傾向が見て取れるのとは，対照的である[36]。

両教会領主のブールで 13 世紀以降に共通して見られた最大の変化は，都市内外の様々な肩書きを持つ人々が，ブール領主に貢租を払いながらブール内の様々な不動産を保有し，経営し，互いに売買しはじめたことである。特にその中で多くの «civis»，つまりシテ住民の肩書きを持つ人々がブール内に不動産を獲得していっていることは注目に値する。その一方で両ブール領主の側も，特に 13 世紀以降それぞれのブールの枠を越えて不動産を蓄積していく。モンティエルヌフ修道院の所有するぶどう畑は，同ブールの境界を越えて一層広がっていき，サン=ティレール教会の参事会と参事会員たちの所有する家屋も，都市内の至る所に分布していた。この意味で，中世盛期のポワチエの「シテ」と「ブール」は，人々の活発な投資活動によって相互に経済的なつながりを増してゆく途上にあったと言うことができよう。

しかしながら，このように不動産所有関係がきわめて複雑になった 13 世紀末になっても，ブール内における貢租徴収権がそれぞれのブール所有者である教会施設に属する，という点は貫徹されたように見える。先述のとおり，この点は 12 世紀以降 13 世紀末までのサン=ティレール教会ブール内で行われた土地取引に関連する伝来文書の全てに明記されている。ブール内の不動産が都市内外の様々な主体によって盛んに売買・貸借されるようになったとしても，それはブール領主に貢租を支払い続けることによってのみ認められていたのである。唯一の例外として 1281 年，モンティエルヌフ修道院内のぶどう畑で，ギヨーム・ル・ヴェールという騎士が，毎年 3 ドニエの貢租を徴収すると記された 1281 年の財産交換文書がある[37]。しかし，サン=ティレール教会ブールも含め，他領主がブール内で貢租を徴収している例はこれ以外には見つからず，ブールでの貢租徴収権はブール領主に属するという原則があったと言って間違

いはないであろう。

　13世紀末までのサン=ティレール教会とモンティエルヌフ修道院ブール内不動産の分析からは，両教会領主とも，ほぼ一円的な貢租徴収権を所持していたという結論を得ることができた。こうした土地所有権や，後に述べるようなブール内での商業活動の統制権によって，両ブールは，両領主の統制のもとで経済的に一定の独自性を持った空間をなしていたと言うことができるだろう。

第2節　13世紀半ばのポワチエにおける王権・都市民・在地領主

　フィリップ=オーギュストの1222年文書により，在地領主に属するとして留保された『土地と法廷と裁判権』のうち，残る『法廷と裁判権』の実態についてはどうであろうか。実は，1222年以前について，この点に関して具体的に教えてくれる伝来史料はない。確かに，サン=ティレール教会の周囲に形成された定住地のインミュニテを認めた768年の伯文書[38]，またモンティエルヌフ修道院設立（1076年）の際に，ブール境界内での全裁判権を同修道院に与えると宣言した伯の文書[39]は伝来している。しかしながら，伯=王権から認められたブール内裁判権がその後も現実に行使されていたか，言い換えるなら伯役人及び都市内のあらゆる住民によってそれが尊重されていたか否かは別の問題である。そこで以下では，教会領主の支配領域住民が日常どのような権力の下におかれていたかを示してくれる13世紀中葉の史料を取り上げたい。この時期，教会施設の支配領域をめぐって3件の紛争が相次いで起こっているが，それぞれについて作成された記録は，在地領主が行使していた『法廷と裁判権』についてきわめて貴重な情報を与えてくれるからである。

　さらに，ここから得られた情報をもとに，同都市における教会領主支配領域が当時どれだけの独立性を維持していたのか，換言するなら王権とコミューヌはそこの住民に対してどれだけの影響力を及ぼすことができたのか，という問題を検討する。これまでのポワチエ史研究は，王権・コミューヌ・教会諸領主の関係をめぐる諸問題については13世紀初めから14世紀半ばまでを一括して扱うことが多く，むしろ静的な描写に終始している。そこで，13世紀中葉に

しぼって都市内諸権力の相互関係を可能な限り明らかにすることによって，都市生活に密着した問題点を析出していきたい。

(1) ポワチエ都市内の教会領主支配領域に関する紛争

13世紀半ばに，サント＝クロワ女子修道院，テンプル騎士団，サン＝ティレール参事会教会がそれぞれのブールまたは都市館で所持する裁判権をめぐって争いが起こり，完全な形ではないにせよ，各々について作成された記録が伝来している。

これら3つの事件は，いずれも一定区域での裁判権が焦点となっている点で共通してはいるが，史料の内容は裁判権に直接関係する事項に決して限られてはおらず，きわめて多様かつ豊富である。無論これらの記録が，それぞれのブールの住民が服していた権力あるいは強制力の全てを全体的な姿で描き出していると考えることはできないが，そこで実際にどのような勢力が何を争点として競合しあっていたのかを明らかにしてくれることは間違いない。まずそのような視点から，それぞれの事件を概観することとする。

a．サント＝クロワ女子修道院ブールに関する紛争

サント＝クロワ女子修道院は，クロテール1世の妃ラドゴンドが6世紀に設立させたというポワチエでも最古の修道院のひとつである。修道院は9世紀にフランシーズを与えられている[40]が，ブールがどのように支配されていたかを示す記録は少なく，ここで分析する史料に述べられている事件以前の状況は不明である。この史料は『以下は，サント＝クロワ女子修道院長がブール内において要求している裁判権について，ポワトゥー伯の側に立って出廷した証人たちの記録である』《Hee sunt rubrice testium productorum ex parte comitis Pictavensis super justitia quam petit abbatissa Sancte Crucis in burgo》という文言で始まる調査記録であり[41]，オリジナルとしてフランス王権の文書庫に伝来している。長文で内容も豊富であるが，伯＝王権側から立てられた証人に対する調査記録のみというその断片的な伝来状況に加え，周辺史料も乏しく，この調査が行われることになった直接の契機や，その結果どのような決定が下されたかはわからない。同史料には日付が記されていないが，この史料を刊行し

たオドゥアンは，そこで証人として現れる人名とその肩書きから，起草年代を1243—1245 年としている。証人団は 16 人からなり，コミューヌ市政関係者 9 人，伯＝王権を直接に代表する役人であるプレヴォら伯行政関係者 6 人，かつて女子修道院長の役人であった人物 1 人で構成されている。先述の通り，紛争の原因は直接に記されていないが，証言内容から，伯役人によってブールの特権を侵害する何らかの行為が行われ，女子修道院長が異議申し立てをしたことがきっかけだと推測される。

証言のスタイルはほぼ共通している。それは，各々が過去に見聞した様々な事実を挙げ連ねた後，『したがって女子修道院長は係争中のブール内で裁判権もフランシーズも所持してはおらず，それは伯殿のものに違いない』という主旨の発言で証言を締めくくるというものである。

証人団のうちコミューヌ関係者によって，『女子修道院長のブール裁判権とフランシーズ』を否定するために挙げられた主な根拠は，以下の 4 点にまとめることができる。

① 同ブール領民の記名された誰かが，国王からの召集に応じてコミューヌの軍隊と共に軍役に服したのを見たこと。例えば最初の証人として出廷したポワチエの元メール，ギヨーム・グロッサンの証言は，以下のようである。

　　『(元トゥーレーヌのバイイ) ピエールが，シトレーの塔を倒すため，伯に軍役と騎馬役を負う全ての者を彼に従わせて出征させた折に，証言中の彼自身はポワチエのコミューヌを率いたのだが，その際，女子修道院長が裁判権を所持すると主張しているブールの中で女子修道院のそばに居住している，サント＝クロワ女子修道院長の領民 «hospes» であるジャン・ジャンセイが，国王の要請に応じて，彼と共に騎兵として参加したのを見た。また証人 (であるギヨーム) は，(同ジャンの) 都市の諸費用の分担分として«pro assisia missionibus ville» 彼の穀物を差し押さえさせたのだが，それは彼の任期においてはいかなる抵抗もなく平和裡に行われたのである。また，同ブールの裁判権はポワトゥー伯のものに間違いなく，女子修道院長は前述ブールの誰をも解放できないし，したこともない。また，ブールの全ての者はポワトゥー伯によって裁かれるのである』。

また，7番目の証人ピエール・バタールは次のように言う。

『ギヨーム・ケンドロス，ギヨーム・サルペ，サンサール・ペレリウム，ジャン・ラベンダリウム，ジャン・レクランシエ，バルテルミー・ペリパリウム及びその妻の父ジラール，彼らサント＝クロワ女子修道院長の従属民であり，そのブールの中で寝起きしている者たちが，マレシャルのアンリがフィリップ王のためにラ＝ロシェルへと率いた軍隊に赴くのを，またニオールへの出征の折にも，またルイ王がラ＝ロシェルを攻略した折はラ＝ロシェルへの出征へも，参加したのを見た』。

②同ブール領民の記名された誰かが，コミューヌからの金銭負担要求に実際に応じており，しかも本人も女子修道院長もそれにいかなる抵抗もしたことがないこと。ブール住民ジャン・ジャンセイは『都市の諸費用を正しく支払っていた』«persolvere decenter de misionibus ville»（元メールであるピエール・ド＝ラ＝シャリテの証言）し，さらに『彼の1年分の支払額は12デナリウスだった』«fuit pars sua de anneta XII denari»（同）。さらにフィリップ・ラルシェは以下のように証言する。

『都市のメールとエシュヴァンとプリュドンムたちは，都市ポワチエにおいてフィリップ国王の領主権と裁判権の下にある者たちに対して，とある徴収の割り当てを行ったが，女子修道院長が裁判権を持つと主張しているブールの中に居住するギヨーム・ケンドロスには10ソリドゥスを定め，割り当てた。定められた期日に10ソリドゥスが支払われなかったため，メールは証人（ジョフロワ）自身と，コミューヌの役人であるP.マルタンに委任し，彼ら2人は前述ギヨームの穀物を，ギヨーム自身及び女子修道院長の抵抗を受けることなく差し押さえ，メールに提出したのである』。

③同ブール領民の記名された誰かが，『国王のメールとコミューヌ』«major et communia regis»によって日常的にコミューヌ法廷に呼び出され，彼らの身体や財産，あるいは債務・喧嘩などの行為に関して裁かれており，しかも本人も女子修道院長もそれにいかなる抵抗もしたことがないこと。ギヨーム・ケンドロス以下7人のブール住民は，『彼らの身体及び財産に関して，国王のメールとコミューヌによって裁かれ』«justizare se per majorem et communiam regis de corporibus et opibus suis》ていた（ミシェル・バジョンの証言）という。また，ジャン・ジャンセイは，『ポワチエの歴代メールの面前にしばしば呼び出され，彼らに対して債務その他の事柄について，自身はサント＝クロワ女子修道院長の裁判権に服するのだと主張することなく，またメールから彼に対して強制力を加えられることなく，自発的にメールの呼び出しに応じていた』（P. ガルニエの証言）し，『ポワチエのメールであったP. ド＝ラ＝シャリテの面前にて，他の領主権（の下にあるのだと）の主張をすることなく，債務や喧嘩などの事件について答えてい』た（ジャン・ゴレイの証言）。

④同ブール領民の記名された誰かが，コミューヌ役人によって市内の監視役を割り当てられ，配置されていたこと。ミシェル・バジョンは，以下のように証言する。

『当時ポワチエの領主であったフィリップ王の時代に，ギヨーム・ケンドロス，ギヨーム・サルペ，サンサール・ペレリウム，ジャン・ラベンダリウム，ジャン・レクランシエ，バルテルミー・ペリパリウム及びその妻の父ジラール，彼らサント＝クロワ女子修道院長の従属民であり，女子修道院長が裁判権を持つと主張しているブールの中で寝起きしている者たちが…（中略）…監視役につき，都市費用の中で彼らが負うべき額を支払うのを見た。彼（証人）がこのことを知っているのは以下の理由である。彼の父はフィリップ王の時代に，5年間あるいはそれ以上にわたって都市ポワチエの12人コンセイエの1人であったが，彼が（息子）ミシェルを，市門や四辻に監視役を配置すべく，彼自身に代わって行かせたのである。そして父の死後は，証言中の彼自身が都市コンセイエの1人となり，その者たちが平和裡に裁かれているのを見た，と。そして彼らの任期中，当時の女子修道院長が，同ブールの中で何らかの裁判権やフランシーズを要求するのを見たことも聞いたこともない。女子修道院長がそれを所持するはずはなく，それはポワトゥー伯に属するのだ』。

伯行政関係者として出廷した6人の証人によって強調された点は，主に以下の2点にまとめられる。

①全ブール住民のうち，コミューヌ員はコミューヌ裁判権に，非コミュー

ヌ員は伯役人（＝プレヴォ）裁判権に服するという原則が貫徹していること。すなわち，『問題となっている同ブールに居住する全ての者は，その動産，債務，身体，その他サント＝クロワ女子修道院長から与えられた所有財産以外のことに関する事柄について，コミューヌに属さない者はプレヴォによって，そしてコミューヌに属する者はメールとエシュヴァンによって裁かれる』（オーディンの証言）のごとくである。伯役人による裁判権執行の具体例として言及されているのは以下の3例である。まず，元伯プレヴォであったブランダンは，『サント＝クロワ女子修道院長の者たちが，布地2巻を盗んだ1人の女を捕えたが，審理はブランダン自身が行って判決を言い渡し，その女のほおに焼きごてで焼印を押させた』と証言する。別の元プレヴォは，何らかの理由で『女子修道院長の従属民《hospes》の誰かの財産を，差し押さえさせて用益させなかった。そのことはブールの中で耕作する者たちに損害を与えたが，女子修道院長またはその代理の者に賠償が行われることはなかった』（ユベール・バルブリオーの証言）。さらに別の元プレヴォは，『ある巡礼から所持金を盗んだある女を捕えたが，その女はサント＝クロワ女子修道院長がブールを所持していると言っている場所の中のジャン・ド＝ヴォワゼルの家の中に，6スチエあるいはそれ以上のカラス麦を所持していた。そこでプレヴォは女子修道院長あるいは他の誰かの抵抗を受けることなく，平和裡にそのカラス麦を運び出させ，手元にとどめたのである。そして証人は女子修道院長はこのことをよく知っていたと考えている。そして彼の任期中，彼は盗みやそうした諸事件について，コミューヌに属さない者を裁き，罰金を徴収し』た（ジャン・ド＝ギャラルドンの証言）。

②同ブール内で行われる売買に関して流通税を徴収するのは伯プレヴォであること。もと伯プレヴォであるジャン・ド＝ギャラルドンは，『そのブールの中で売買が行われる際には，彼に属する税を徴収していた』。以上の点に加えて，ブール内でのワインと穀物の売買において，伯の計量枡が広く用いられていることが，コミューヌ関係者及び伯行政関係者の両方によって何度も言及されていることを付け加えておかねばならない。『問題となっているブールの中では伯殿がフランシーズと領主権を持っているのであって，そこでは伯殿のワ

インの計量枡及び穀物の計量枡が広く用いられているのである』(ジャン・ゴレイの証言)。

最後の証人エリオンは,『かつて4年間ないしそれ以上サント=クロワ女子修道院長のポワチエ都市内外所領のプレヴォであった者』でありながら伯側の証人として出廷し,

> 『問題となっているブール内の全ての者は,彼の任期中には,女子修道院長と彼自身の面前で,コミューヌに属さない者はポワチエのプレヴォによって,コミューヌに属する者はメールとエシュヴァンによって裁かれた。そのブールの中では伯のワインと穀物の計量枡が広く用いられていた。もしその場所において誰かが売ったり買ったりしたなら,税はポワトゥー伯のものだった。女子修道院長が,彼女が与えた財産に関すること以外は,裁判権を持っているのを見たことはないし,女子修道院長のプレヴォであった彼自身も,そのブールの誰かを裁いたこともなく,その場所を彼はブールとは呼ばないのである』

と断言し,証言を締めくくっている。

全体的に見て,伯側がたてた証人団の証言はいずれも具体的かつ一貫性があり,サント=クロワ女子修道院長側がどのような証人を立てたにせよ,これを打ち崩すのはかなり困難だとの印象を与える。

b. テンプル騎士団都市館に関する紛争

テンプル騎士団都市館をめぐる紛争の関連史料は,やはり調査記録という形で伝来する。紛争のきっかけは,テンプル騎士団のアキテーヌ管区長(コマンドゥール)であるフルク・ド=サン=ミッシェルが1252年3月14日に発した宣言の中に伝えられている。その主旨は,彼自身が全ての権威を持つと主張しているポワチエのある館の内部で,伯の代行者たちが逮捕行為を行ったため,ポワトゥー伯に苦情を申し出たところ,調査を行うことが伯と彼自身の間で合意された,というものである[42]。調査はシトー派パン修道院長とポワチエのサン=ティレール参事会教会学校長によって行われ,その記録は,先のフルクの宣言と同じくフランス王権文書庫に伝来している[43]。先のサント=クロワ女子修道院の史料では証人が語ったことだけが記録されていたが,テンプル騎士団

都市館に関する調査記録のスタイルはそれと異なり，調査員の質問とそれに対する証人の返答を一問一答形式で記録している。

騎士団側の証人は，自身の従属民，所領小教区の司祭，ポワトゥー管区長（プレセプトゥール）の従卒などから構成されているが，資格がわからない者も多い。彼らの多くは，問題となっている館における裁判権は，かつてテンプル騎士団が館そのものと共に元の所有者であるソロネーから譲渡されたものだと主張する。

『テンプル騎士団の従属民 «homo mansionarius» であるジャン・ド＝フォルジュは，宣誓して質問に答えて言った。すなわち，テンプル騎士団の修道騎士たちとポワトゥー伯殿の間で問題となっている館は，かつてソロネーのものであり，ソロネーは同館を，全ての慣習的賦課や権威の執行から免れたものとして所有していた。ソロネーが同館において何らかの裁判権を行使するのを見たり聞いたりしたことがあるかと尋ねられ，彼は然りと答えた。…(中略)…ソロネーは，前述の館を前述の修道騎士たちに，彼自身が所持していた全ての領主権と共に，何物も自らに留保することなく譲渡したのかと尋ねられ，そうだと思うと答えた』。

ソロネーは，イングランド王権支配の末期である1202―1203年に，ポワチエのコミューヌの市長（メール）だった人物である。それ以前は王権の役人を務めていたことから，おそらくジョン王自身によってメールに指名されたと考えられている[44]。こうした人物であるから，ソロネーがかつてこの館の持ち主であったときに，そこでの裁判権を国王から認められていたとしても不思議はない。いずれにしても，テンプル騎士団が都市内の囲い地を全ての権利と共に王権から直接に与えられたラ＝ロシェルのような例[45]と比べ，その権力の拠り所は相対的に弱かったように見える。

しかし，証人尋問において調査員らが重視するのは，テンプル騎士団が譲り受けた時点での権限の正当性というよりも，むしろそれ以降の騎士団自身によるその適用のされ方である。この点について調査員は何度も質問を重ねるが，騎士団側の証人の返答はおしなべて頼りない。例えば，証人の1人は，調査員から『同館がテンプル騎士団の修道騎士たちの手に渡った後に，強盗や殺人

や，その他の裁判権に係属する何らかの事件が館の中で起こったのを見たり聞いたりしたことがあるかと尋ねられ，否と答えた』。調査員は同じ証人に対し，館に住む者が誰に裁かれていたか知っているかと尋ねるが，証人は『何も見なかったし何も知らないと答えた』。そうした中，騎士団側にとって真に有利だと思えるのは，①盗みを働いた女が館の中で逮捕された折，それはポワトゥー管区長の命令によって管区長と伯プレヴォの面前で行われたとする証言，②同館のある住人が喧嘩に加わった科で伯プレヴォに連行されたが，『騎士団の管区長が伯プレヴォのもとへ赴き，その者の裁きを彼に返還するよう要請したため，プレヴォは身柄を渡した』とする2つの証言ぐらいのものであろう。

　他方，伯側の証人はいずれもコミューヌ市政役人である。彼らは主に以下の2つの点を主張する。

　①伯の役人であるプレヴォが実際に同館の中で逮捕を行うことがあり，また罪人が館から伯プレヴォのもとへ連れて来られることさえあったこと。『ポワチエのキーヴィスである妻帯者イレール・フーシェは，宣誓して質問に答えて言った。ポワチエのプレヴォの誰かが，問題となっている館の者の誰かを，暴行したことを理由に捕えたと言われているのを聞いた』と言った。またフィリップ・ラルシェは，『同館の中でとある盾持が，ギド・ド=ルペフォルティ殿の鉄の半長靴を盗み，ギド殿の配下によって，盗品と共にポワチエのプレヴォの所へ連行されるのを見た，しかし，その従者がどうなったかについては知らない』，と証言している。

　②館の住人に対しては，コミューヌも一定の権力を行使していたこと。証人ギヨーム・モレイユは，『ギヨーム・アシャール・ド=シャテルローが問題となっている館の中に居住しているのを見たことがあり，また彼が他のコミューヌ誓約者と同じようにポワチエのコミューヌのメールの命令に服しているのを見たと言った』。さらにフィリップ・ラルシェは，『問題になっている館の中にレジノー・ゴーダンが居住しているのを見たことがあり，同レジノーが貧しく高齢であったこと，そのために都市の分担金の徴収が差し控えられるのを見たと言った。また，その館の中にギヨーム・アシャールが居住していたのを見た

ことがあり，ギヨーム・ブーヴァンとコミューヌ書記であるジョフロワが，同ギヨームからタイユのために担保を差し押さえさせたと言われているのを聞いたこと，そしてそれがポワチエのメールに引き渡されたと聞いたと言った』。

そして伯側の証人は，『テンプル騎士団員たちが同館の中で裁判権または領主権を所持していたり行使したりするのを見たことは決してない』と，サント＝クロワ女子修道院ブールの紛争において行ったと同様の証言をするのである。以上の全証言を聞き終えた調査員たちが，調査記録の末尾に付記された，『これらの証人たちによって，問題の館においてテンプル騎士団員たちが何らかの裁判権を享受していることが証明されたとは言えないように思える』，との意見を持ったのは当然のことであっただろう。

興味深いのは，テンプル騎士団都市館についての調査記録には，やはりまとまった調査記録が別紙として添付されており，そこには都市館の元住民，元伯プレヴォ，コミューヌ関係者が，敵味方に分かれることなく1つの集団として現れていることである。しかも，最初の証人である都市館の元住人が，『伯プレヴォもコミューヌのメールも，館の内部では逮捕行為を行うことができない。館の住人を捕えることができるのは，館の外においては伯プレヴォで，館の内部ではテンプル騎士団である』との主旨の証言を行った後，全員がそれを認めるという内容になっている。コミューヌ代表の先頭には当時のメールが現れて，『自身は同館の中でいかなる裁判権も所持しない』旨の証言を行い，その後に続く13人のコミューヌ関係者のほとんどがメールの言う通りだと証言している。

史料を刊行したバルドネは，この別紙について「追加で行われた調査記録であるようだ」と記しており，先の調査記録にも登場した1人の人物が証人として現れることからも，この追加調査は日を改めて行われたと考えられる。両方に現れているのはコミューヌ代表の1人だが，彼が第1回の調査ではテンプル騎士団の権利を否定する証言を行いながら，第2回においてはただ『全面的にメールと同一の証言』をしているのみであることは興味深い。おそらくは，第2回調査が行われるまでの期間に，関係者の間で何らかの新たな合意が成立したのではないだろうか。それがどのように行われたか知る術はないが，追加調

第2章　13世紀ポワチエにおける王権・都市民・在地領主　　　59

査をもって，テンプル騎士団側の主張に有利な方向に形勢が変わったことは間違いない。

　c．サン゠ティレール参事会教会ブールに関する紛争

　サン゠ティレール参事会教会ブールに関する紛争は，これまで検討してきた2例と異なって教会財務係（トレゾリエ）と参事会との間に起きた内部紛争であり，外部者による仲裁判決が下されるまでの過程を示す1257年の一連の史料[46]の中で伝えられている。同教会の財務係と参事会との間では様々な紛争が起きており，ブールをめぐっては特に長期間にわたって対立が続いていた。以下では，依頼を受けたオルレアンのサン゠テニャン参事会教会の財務に携わる役人であるジャン・ド゠ゴメーによる仲裁判決[47]を要約する形で，その争点を整理する。

　まず第1の争点はブール内の裁判権である。判決文はその冒頭で，『最初に，ポワチエのサン゠ティレール教会ブールの上級裁判権を，全ての権限と領主権と共に，先述教会の財務係のみに属するものと決定する』と宣言した上で，参事会に対しては以下の2つの権限のみを認めている。

　①強奪等何らかの犯罪を犯した者をブールの公道で捕え，2日間だけ投獄する権利。

　　『同教会の参事会または参事会員たちのプレヴォは，先述ブールの公道において，強奪やそれに類似する犯罪を犯した者を捕えることができるが，それは領主としてではなく，被害者としてである。また同参事会または参事会員たちのプレヴォは，捕えられた者たちを，その者がどんな理由で捕えられた場合であっても，彼らが現在所持しておりあるいは所持するのが慣わしであるところの牢獄に，逮捕の瞬間から2日間だけとどめることができ，それに続く3日目に，逮捕時に彼が所持していた全ての品と共に，ただちに前述教会財務係のセネシャルに返還し，罰すべき内容に従って前述の犯罪人の咎を裁きかつ罰して審理すべく，引き渡すべし。ただし，前述参事会の牢獄での2日間の生活に要した費用は，セネシャルと教会財務係によって，没収された所持品の中から，参事会のプレヴォに支払われる』。

②ブール領民の間で起きた貸借，口論などの『小さな苦情に関わること』，及び領民間の傷害事件のうち，重要性がごく低い事件に関する裁判権。

　『参事会は，彼らの貢租地の中で，また彼らの貢租民に対して，貸し借り，口論，喧嘩，揉め事，その他何であれ小さな苦情に関わることに関して，裁判権と審理の権利を所持する。そして，参事会の貢租民どうしの間の流血の裁判権と審理権について，軽い傷が与えられた場合で，それが何らかの種類の武器を用いて与えられたのではないものについては，参事会がそれを所持する。しかし，前述の犯罪については流血裁判権があるのだが，それ以上の事件については彼らの裁判上の権限は決して及ぶことはなく，その全てについて教会財務係の裁判権を保全する』。

　第2の争点は，おそらくはブール内におけるワインの売買に関連している。まず，ワイン計量に関する権利及び『タヴェルナ裁判権』[48]は，教会財務係のみに属すべきであると宣言している。さらに『前述ブール内におけるワイン及びその他の売却用の物品の売買税について以下のように決定する。もし，参事会の保有民が，彼の売買税の支払いを望まず，それを負うべきときに教会財務係またはそのセネシャルへの支払いをしなかったなら，このセネシャルは，その参事会の保有民の持ち物（商品）を要求し，没収することができる』として，教会財務係は，ブール内で取引される物品の売買税の徴収権を持つとされる。もし参事会員が『彼ら自身のワイン』，つまり参事会から彼らに禄として与えられているぶどう畑でとれたワインをブール内で売却する場合は，彼らは彼ら自身の枡を用いることができ，売買税も支払わない。しかし，彼らがよそから購入したワインを転売する場合は，教会財務係は『タヴェルナの裁判権』を行使すると共に，売買税を徴収する，という。さらには，参事会員に属する者が税の支払いを拒んだなら，教会財務係は彼の持っている商品を没収して売りさばいてよい，と言明されている。そこでは，ブール内のワイン商業統制権は全面的に教会財務係に属するとされ，参事会員自身も，参事会員自身のぶどう畑で収穫されたワインの売却に関する事柄を例外として，基本的にそれを免れることができないとされる。

　ここからは，教会参事会員たち自身によるブール内での活発な商業活動と，

そこからできるだけ多くの収入を得ようとする教会財務係との確執という，興味深い事実を読み取ることができる。聖イレールの墓が，サン゠ジャック゠ド゠コンポステッラへと赴く途上の巡礼者を多く集めていたことを考えれば[49]，おそらく参事会員たちのワイン小売活動の主たる対象は，巡礼のためにサン゠ティレール教会を訪れ，あるいは宿泊してゆく人々であったと推察することも可能である[50]。いずれにせよ，ここでは，サン゠ティレール教会ブールが教会財務係の強力な商業統制権のもと，一定の経済的な独自性を持っていたことを確認できるであろう。

最後に，『教会財務係のセネシャルは，セネシャルが選出されるごとに，参事会に対して，故意に参事会の貢租民たちをわずらわせたり，彼らを，故意に不正に悩ませたりしない旨，参事会において誓約を行う。同様に参事会のプレヴォは，プレヴォとなるたびごとに，教会財務係またはその代理人に，教会財務係自身の館において，教会財務係の権限に対して故意に悩まされることがない旨誓約を行う』ことが義務付けられている。

以上のように，サン゠ティレール教会では，1257年に起こった教会財務係と参事会との紛争ののち，ブール内の裁判権が両者間で分割され，上級裁判権は教会財務係が独占するところとなったのである[51]。

(2) 13世紀中葉のポワチエにおける教会領主支配領域の独立性について

以上の3つの事件は，ポワチエ都市内にいくつも存在する教会領主支配領域が，伯゠王権やコミューヌ権力に対して維持していた独立性のレベルにおいて，様々であったことを示している。サント゠クロワ女子修道院ブールが，13世紀半ばにはかなりの程度その独立性を失うに至っていたことはほぼ間違いない。テンプル騎士団の館も，有力者であった元所有者から譲り受けた時点では全ての裁判権を伴っていたはずであるが，この時点では伯プレヴォやコミューヌから受ける何らかの強制力を避けられない事態になっている。

それに対して，サン゠ティレール参事会教会に関する先述の史料は，同教会が自らの支配領域とそこの住民に対する権威を維持し続けていることを示しているようだ。もちろん，この史料は一教会施設内部での勢力争いに関わってお

り，伯＝王権やコミューヌなど他の都市内勢力との間に起こった紛争を対象としてはいない。したがって，仮にそれらとの争いが存在したとしても，それはこの史料が作成される上での直接の対象ではなかったという点は考慮されねばならない。しかしながら，サン＝ティレール教会ブールをめぐる紛争から解決までの過程を示す一連の史料はフランス王権の文書庫に伝来しており，当時ポワトゥー伯であった王弟アルフォンスは何らかの形でそれに関与していたか，少なくともその経過は承知していたはずである。そうした中，ブール内の全ての権限と領主権はただ同教会の財務係のみに属すると宣言されているのであるから，少なくとも，現実において伯＝王権やコミューヌ勢力によってそれが大幅に侵食されていたとは考えにくい。

　むしろここで興味深いのは，ブール支配権に関しては，外部からの攻撃に対して団結して身を守ろうとする必要がないほどに，同参事会教会が内部紛争に明け暮れることが可能だったという事実そのものではないだろうか。実際，サン＝ティレール参事会教会が豊富に伝来させている史料を眺めわたしてみても，ポワチエ都市内のブール支配権に関して王権やコミューヌとの間での深刻な対立や異議申し立てなどの事件が起こった形跡は，少なくとも13世紀に関する限り，まったくない。唯一と言ってよい例外は，都市の罪人を処刑台に連れて行く行列がブールを通過することに対して教会参事会が苦情を申し立てたこと[52]である。都市の処刑台は南方郊外にあったため，罪人はサン＝ティレール教会ブールを通過して連行されていたのである。これに対して1265年にアルフォンスは同教会の主張を認め，処刑の行列は今後ブールを避けて南東に迂回するように，との決定を下している[53]。1306年になって，国王役人によるブール支配権の侵害が初めて問題になるが，その折もフィリップ端麗王は，『同教会参事会は，参事会の土地の領民に全ての裁判権を所持し，全ての権限を行使する』とした上で，国王役人が同教会の権利を不当に侵害することを禁じている[54]。

　こうした伯＝王権の態度は，ポワトゥー伯権に由来するサン＝ティレール参事会教会の俗人修道院長としての肩書きを所持し，かつ財務係の指名権をも持つという，同教会とのきわめて緊密な関係からも説明される。しかしそれだけ

ではない。アルフォンス期を通じて，同教会の財務係は，伯の腹心として助言役をつとめ，伯領全体の財政にも携わり，かつ伯と教皇の間を連携するという，きわめて重要な役割を担っていた。アルフォンス期の4人の歴代財務係は，いずれもイル＝ド＝フランス地方出身の伯の側近の中から指名されている。参事会との間に前述の紛争が起きたときの財務係は2人目のフィリップで，1250年末から1254年にかけて，兄王聖ルイの不在によって，王国の行政に忙殺されることになったアルフォンスの代わりに，ポワトゥー伯領の行政を引き受けた人物であった[55]。長期間にわたって続いてきたブールをめぐる教会参事会と財務係の間の紛争について，教会参事会の要求を退ける形で財務係に『全ての権限と領主権を』認める決定がこのフィリップのときに下されたことと，彼自身が伯と取り結んでいた特に緊密な関係とは，無関係ではあるまい。

　以上のような13世紀半ばポワチエでの3箇所の教会施設支配領域をめぐる史料分析の結果として，特に注目されるのは以下の3点である。

　まず第1に，コミューヌ市政役人と伯プレヴォの間に見て取られる微妙な関係である。教会領主側からの訴えに対して両者は常に共に戦う立場をとり，両者の間にきわめて密接な関係があったことが改めて確認できる。しかしながら，例えばサント＝クロワ女子修道院ブールに関する係争の中で，ブールにおける女子修道院長の権威を否定する点では両者は完全に一致しているが，それでも両者の証言のニュアンスには微妙な違いが存在することに気付かされる。メールをはじめとするコミューヌ指導者層は，『ブールの全住民は伯（＝王権）の裁判権の下に服する』と言い，自らを『王のコミューヌ』と呼んで同住民の上に実際に行使していた裁判権の実例を挙げ連ねる一方，伯プレヴォの裁判権についてはまったく言及していない。王権の権威付けによって，サント＝クロワ女子修道院ブールのできるだけ広い範囲の住民に対してコミューヌの影響力を拡大させようという意図が，そこには見て取れるだろう。他方伯プレヴォないしその下級官吏たちは，こぞって『コミューヌに属さない者はプレヴォによって，そしてコミューヌに属する者はメールとエシュヴァンによって裁かれる』と言い，ブール住民のうちコミューヌ員であることが明確である者以外は，全て伯プレヴォ裁判権の下にあることを強調しているようだ。ここで明ら

かになるのは，この時期の同ブールが，コミューヌ員と非コミューヌ員が混在する状態になっていたことである。ポワチエにおけるコミューヌ誓約のあり方に関しては不明な点も多い[56]が，両者が混在するサント＝クロワのブールにおいて，コミューヌ権力と伯プレヴォ権力の間でこうした対抗関係が日常的に存在したことを史料は示している。これに対して，コミューヌ権力がそれほどまでには入り込んでいなかったように見受けられるテンプル騎士団都市館をめぐる証言では，コミューヌと伯プレヴォの間の対抗意識は大きく表面化してはこないのである。

　第2に，一定区域の裁判権が争われる際に，証人が持ち出してくる事実の多様性である。サント＝クロワ女子修道院ブールとテンプル騎士団都市館の裁判権をめぐる調査では，そこで起こった事件が誰に裁かれていたかということだけでなく，住民が軍役や監視役に参加していたか，都市による課税に応じていたか，その納入についてメールの強制力を受けていたか，売買税は誰が徴収していたか，ワインや穀物の計量枡はどの当局のものが用いられていたか，などの様々な内容を持った証言が現れている。住民にとっての裁判権は，きわめて広い分野での「強制力」と直結しているのである。

　第3に，「ブール」の語をめぐる都市民の解釈である。総じて，サント＝クロワ女子修道院ブールをめぐる伯側証人の主張は，『女子修道院長が彼女のブールであると言っているその場所において，何らかの裁判権やフランシーズを所持しているのを証人は見たことがないし，問題となっている同ブールの中にいる人々を，軍役，騎馬役，監視役，都市の諸費用から，また同都市のメールやプレヴォの法廷に応えないですむように，解放してやることができるとは思わない』という1人のコミューヌ役人の言葉に総括されていると言っていいだろう。軍役奉仕や都市費用支払いをはじめとする諸義務をブール住民の一部が実際に負っていた事実や，また彼らがコミューヌ及び伯役人の法廷に出廷した事実を並べたてることによって，証人たちが証明しようとしていたのは，「女子修道院長にはそれらの義務から領民を解放してやることができない」ということであった。そしてそれは，証人たち自身にとっては，問題区域を「ブール」と考えないというブールの性格規定と結び付いているのであって，そのこと

は，最後の証人エリオンによる『その場所を彼はブールとは呼ばないのである』というより明確な表現として表れている。つまり，その区域への居住は何ら特別な解放をもたらさず，他の都市域の住民と同様の義務を含意するのであるから，そこはもはや「ブール」とは言えないという論理なのである。ここに現れている「ブール」を「解放」と直接に結び付ける都市民の理解の仕方は，きわめて興味深いものがある。

これまでのポワチエ都市史研究においては，モンティエルヌフ修道院設立に伴い『そのブールに居住しに来る全ての者』に認められた特権 (1082―1086年)[57] に代表されるように，11世紀後半までは諸ブール住民の身分的解放が伯に直属する都市民のそれよりもむしろ先行していたが，12世紀末までにはほぼ全ての都市民が同一の解放を獲得するに至った，と理解されてきた[58]。したがって，当初「解放」を意味していたブールの語は，12世紀末以降はその意義を失い，徐々に単なる教会領主が所持する土地のまとまりという概念に変化していく，と考えられてきたのである[59]。

しかしながら，サント=クロワ女子修道院ブールの紛争に関する史料は，なお13世紀半ばにも，証人がこれをブールの名に値しないと言う際に，ブールの語を解放と不可分のものとして理解していたことを示している。ただし，その史料で具体的に解放の内容として問題となっているのは，12世紀以前におけるような死亡税，結婚税や，恣意的タイユといった人身的束縛ではもはやない[60]。女子修道院長が領民を「解放」してやれないが故にその支配区域がブールでないとされる対象は，国王への軍役奉仕，コミューヌが割り当てて徴収する金銭負担，伯役人やコミューヌの法廷への出廷義務，伯の計量枡の使用とそのための支払いなど，王=伯権とそれに組み込まれたコミューヌに対して一定領域の住民が負うべき諸義務であった。13世紀半ばのポワチエにおいて，「ブール」の語が以上のような義務からの解放と結び付けられて理解されていたとするならば，それはきわめて興味深い。そこで，あらゆるコミューヌ関係者がそこでのブールの存在を疑っていないサン=ティレール参事会の支配区域について，住民とこれら諸義務との関わりを検証することが重要になってくるのである。以下ではこの点を中心として，議論をいっそう深めてみたい。

(3) コミューヌの徴税権をめぐって

この問題について，ボワソナードやファヴローらによる先行研究は，以下のような整理を行っている。すなわち，コミューヌ設立後，ポワチエ都市内の教会領主は，支配領域内での裁判権を上級裁判権も含めて維持し続けるグループと，徐々にそれを失ってしまうグループとに明確に分かれていき，コミューヌは，前者のグループに属するブール領域については裁判権を行使できなかった。しかしながら，都市防衛及びそのための徴税に関しては，コミューヌはこれらのブールの住民も含めた全ての都市住民に対して早期から権威を確立していた，というものである[61]。しかもボワソナードやファヴローが，コミューヌ権力によって例外なく全住民から直接税が徴収されていたことの第1の根拠として挙げるのが，他ならぬ先述のサント゠クロワ女子修道院ブールとテンプル騎士団都市館に関する史料中の，これらの教会領主の領民が支払いに応じていたとする証言なのである。

こうした解釈の根底にあるのは，同史料中に『都市の諸費用の分担金として』 «pro assisia missionibus ville» という表現で現れる徴収を，まずもって囲壁維持費用と結び付け，さらにはコミューヌそのものの存在意義を囲壁の維持と結び付ける考え方である。そもそもポワチエのコミューヌ設立の経緯を直接に示す史料は伝来しておらず，その設立年代をめぐってはこれまでも議論されてきた。現在のところそれに決着をつけた形になっているのはファヴローの説である。すなわち，ヘンリー2世が，反乱を繰り返す在地俗人領主層からポワトゥー支配の中心地であるこの都市を守るために12世紀後半に囲壁を建設させ，さらにその後，都市民をコミューヌとして組織させて囲壁の維持と管理を任せたというのである。したがってコミューヌの権利と義務は12世紀後半の設立当初より囲壁維持と不可分であり，囲壁と都市防衛に関する限り，メールは全都市民に対して権威を持っていたという。その上でファヴローは，「これ（『都市の諸費用の分担金』）は，全住民から例外なく徴収された。このことが，全都市域に対するコミューヌの権威を保証する役割を果たしたのは間違いない」[62]と言い，本章で分析してきたサント゠クロワ修道院とテンプル騎士団都市館との史料をその根拠として示すのである。

しかしながら，ボワソナードやファヴローが見落としている点が2つある。ひとつは，コミューヌが金銭徴収を行っていたという証言が現れているのは，現実に教会領主の支配権が否定されつつあるサント=クロワ女子修道院ブール及びテンプル騎士団都市館に限ってのことであって，より強力なサン=ティレール教会ブールやモンティエルヌフ修道院ブールに関してはそのような情報はないという事実である。したがって，「特権的ブールの住民も含め，全都市民が例外なくこれに従わなければならなかった（ボワソナード）」[63]ということにはならない。

　もうひとつは，金銭徴収のためにはコミューヌがその場所での強制力を実際に持っていなければならなかったことを，これらの史料は示しているということである。税の徴収はしばしば容易ではなかった。独立性の度合いが低いことが確実なサント=クロワのブールにおいてさえ，税は支払われたのではなく，差し押さえられることが多かった。同ブールでの徴収においては女子修道院長及び住民の側からの抵抗はなかったとコミューヌ代表の証人は言っているが，テンプル騎士団都市館においてはそうはいかなかったようである。コミューヌのメールが，都市の分担金のために担保として館の住人の財産を差し押さえさせたが，その住人はそれを不服として，テンプル騎士団の修道騎士を伴って何度もその返還を要求したことが語られている[64]。ここで証人が強調したいのは，度重なる要請にもかかわらず担保が返還されなかったという事実の方であるが，コミューヌによる貨幣の徴収が異議申し立てを受け，大きな抵抗を受けることもあったことを，はからずも示す結果になっている。このようなコミューヌの強制力が，例えば独立性のより強いサン=ティレール教会ブールにおいて全面的に行使されることができたとは考え難い。テンプル騎士団都市館の住民が修道騎士を伴って要求に現れたときには担保は返還されなかったとしても，もしもサン=ティレール教会ブールで同様のことが起きたと仮定するならば，住民と共に返還要求に現れることになるのは教会財務係，またはその権力代行者となるはずである。そして先述のとおり，その強力さはテンプル騎士団の修道騎士の比ではないのである。

　ボワソナードやファヴローが，囲壁に関するコミューヌの全都市域への権威

を論証する際にもうひとつ挙げるのは，コミューヌの文書庫に内容摘記のみ伝来する 1285 年の国王の書状である。そこには『ポワチエのメール，ブルジョワ，エシュヴァンによって必要とみなされ，指示されたときには，モンティエルヌフ修道院長とサン=ティレール参事会教会財務係は，都市ポワチエの囲い及び修理に貢献するよう領民に対して命じるべし』[65]と記されており，ファヴローはこの文言を，これら2つの教会施設に属するブールの領民がポワチエの他の住民と同一の条件で囲壁維持に貢献しなければならなかったことの証拠だとする[66]。モンティエルヌフ修道院は，既述のごとく 11 世紀後半に伯自身が全ての基本財産を寄進して設立させた，これもまた伯=王権ときわめて関わりの深い教会施設であり，市内北部に広大なブールを所持していた。しかしながら，ファヴロー自身も認めているとおり，ここで問題になっているのは金銭提供ではなく，実際の補修作業である。とするならば，ここに示されているのは，これらのブールも含む全都市民がコミューヌによって囲壁維持のために組織立てられていたということではなく，逆に，両ブール内にはコミューヌ役人が入り込んで作業の指揮を執ることが不可能だったため，その領域に含まれる囲壁部分に関しては，メールから各教会領主に対して独自の作業を依頼するしかなかった，ということではないだろうか。さらに，同じく防衛関連事項である監視役の割り当てと配置についても，サント=クロワのブールの住民はコミューヌの命令に服していたが，サン=ティレール教会ブール住民の方は，財務係の権威のもとで独自に組織されていたことは既に見たとおりである。

　いずれにしても，これもまたファヴロー自身が認めるとおり，百年戦争開戦以前の全ての伝来史料のうち，ポワチエの囲壁維持に直接触れているものは前掲の1通の内容摘記のみである。確かに，13 世紀のポワトゥー地方は南部のイングランド支配領域と隣り合っており，その中心であるポワチエが伯=王権にとってきわめて重要であったことは間違いない。しかしながら，イングランド王権との真の意味での最前線はラ=ロシェルやサントなどポワトゥー南部であり，ポワチエが位置する北部では平穏が続いた。百年戦争開戦直後の 1340 年に再びポワチエの囲壁が史料で言及されるときには，都市の囲壁と要塞は崩れかかっていて，また既に崩れて倒壊した部分もあり[67]，早急に補修工事を要

する状態であった。これは，フランス王国内の他の諸都市で見られた現象と大差ない[68]。そして，13世紀半ばにコミューヌが徴収していた『都市の諸費用の分担金』の主な使途が囲壁維持であったことを示す証拠は何もない。都市財政史料が伝来しないこの時期について，その使途について議論することは困難なのである。13世紀半ばから後半にかけての伝来史料の全体を見る限り，コミューヌが最も盛んに支出しているように見えるのは，都市周辺の貴族層などから農村の土地や権利を買い取るため，あるいは都市内の家々を買い取るための資金の方なのだ[69]。

13世紀の史料に現れる『都市の諸費用の分担金』をただちに囲壁維持と結び付けるファヴローの見解は，百年戦争の危機の中で必要になった防備施設強化と都市財政制度発展との関連が，1960年代以降のフランス学界において非常に注目されたこと[70]と，おそらく関係があると思われる。しかしながら，ポワチエにおいて13世紀半ばからそうした関連付けをすることについては，大きな疑問が残る。コミューヌと特権的ブールの住民との関係についても，囲壁を王権から委ねられていることを根拠として，コミューヌがブール住民を含めた全都市民に例外なく課税するという事実が13世紀半ばのポワチエにあった証拠は見当たらないのである。この時期のブールの独立性は，少なくとも一部の特権的ブールに関しては，まだまだ高いレベルで維持されていたと思われる。

確かに，王権を代行することによって都市内での権限拡大を狙うコミューヌの意図は，本章で分析した史料中に間違いなく見て取ることができる。コミューヌ市政役人たちは，サント＝クロワ女子修道院やテンプル騎士団が各々の支配領域内で主張している権限を否定して，それは国王のものだと主張する。同時に自らを『王のコミューヌ』と位置付けて，その代行者たる自らの権威をも確認しているのである。その関連で，コミューヌの徴税権についてむしろ興味深いのは，ファヴローらは注目していないが，サント＝クロワ女子修道院ブールの調査記録内の以下の証言である。『都市のメールとエシュヴァンとプリュドンムたちは，都市ポワチエにおいてフィリップ国王の領主権と裁判権の下にある者たちに対して，とある徴収の割り当てを行ったが，女子修道院長

が裁判権を持つと主張しているブールの中に居住するギヨーム・ケンドロスには 10 ソリドゥスを定め，割り当てた』[71]。これは，何度も史料中に現れる既述の『都市の諸費用の分担金』とはまったく違う表現であり，性質を異にする徴収を思わせる。こちらの方では，『国王の領主権と裁判権の下にある者たち』に割り当てが行われたことが特に強調されていることと，臨時の徴収を思わせる記述であることから，おそらくはフィリップ＝オーギュスト期に王権から何らかの金銭要求が行われたことへの都市側の対応が問題になっているようだ。王権からポワトゥー諸都市に行われた援助金要求に関して詳しい史料が伝来するのはアルフォンス期以降であり[72]，ここに現れている要求についての詳細は不明である。いずれにしても，都市内の『国王の領主権と裁判権の下にある者たち』に課せられるべき金銭負担がコミューヌによって割り当てられ，サント＝クロワ女子修道院のもとにある独立性が失われつつあるブールからは，実際にその徴収が行われていたことがここには示されている。この場合には，王権の権威付けをもって，コミューヌが都市民から金銭を取り立てていることが明らかなのだ。

　王権から直接に取り立てられる金銭が，都市内でどのように配分され，徴収されていたかについて，14 世紀前半時点での実態を示してくれる数通の史料が伝来する。1329 年，フランドル戦役のためにポワチエのコミューヌが王権に対して約束した軍役援助金 400 リブラは，『彼ら自身によってコミューヌの者たちに賦課され，徴収されて，国王殿下の代理たる私に支払われる』[73]が，それ以外の人々については国王役人によって徴収が行われると定められた。国王役人が徴収を行うべき人々の一覧表の中には，ポワチエ周辺の農村集落や教会施設名，あるいは俗人領主の名などと並んで，サン＝ティレール教会ブール[74]及びモンティエルヌフ修道院ブール[75]が現れているのである。

　つまり，国王から要求された軍役援助金に関する限り，14 世紀前半においてなお，コミューヌは両ブール民への直接の金銭徴収は行ってはいない。しかも，前述の一覧表の冒頭文は，国王役人によって別個の徴収が行われるのは『昔からの慣習に従って』«ut est hatenus consuetum» のことであると続けてい

るのである。

　ファヴローらは，非コミューヌ員に対するコミューヌによる金銭徴収の問題に関して，囲壁の維持費負担をとりわけ重視している。しかしながら，先にも触れたように，ポワチエにおいて囲壁維持費に実際に触れている史料は，補修の必要が差し迫った1340年代以降のものしか伝来しない。伝来史料を見る限り，都市全域へのコミューヌの権威の確立過程に関して我々に多くのものを教えてくれるのは，むしろ国王によって都市に要求された軍事援助金の住民への割り当て方法の変化の方である。その分析からは，コミューヌによる特権的ブールをも含む全住民への金銭負担の割り当てという『慣習』は，ファヴローらの言う12世紀後半ではなく，13世紀末[76]ないしは14世紀初めを画期として成立にむかうように思われる。このプロセスについては，また章を改めて分析することとする。

おわりに

　ポワチエにおいて，コミューヌがその発足当初から全都市民に対する軍事防衛面での権威を持ち，それから派生する税政面での権威をも保証されていたとする先行研究は，14—15世紀の実態を中世盛期にも当てはめようとする硬直的な見解である。確かに，本章での教会領主支配区域での紛争をめぐる記録の分析からは，13世紀半ばにおいて，コミューヌの権威と領域が拡大しつつあることが明らかになった。特に，サント＝クロワ女子修道院ブールやテンプル騎士団都市館などにおいては，領主の権限は王権とコミューヌによって大きく侵食されるに至っている。しかしながら，コミューヌは全都市民に対する権威を確立するには到底至っていない。そこで浮かび上がってくるのは，複数の強制力が共存し，コミューヌ員と非コミューヌ員が混在する，非常に複雑な状況である。その中で，特権的ブールの独立性は高いレベルで維持されているように見える。

　フィリップ＝オーギュストが，コミューヌに対して在地領主の『土地と法廷と裁判権』は留保すると1222年文書で宣言したとき，それまでに都市内で数

多く形成されていたブールの全てが念頭にあったわけではおそらくないと思われる。ここで明らかになった13世紀中葉の状態から推測する限り，これらのブールのうちには，1222年には既に弱体化に向かっていたものも存在したと考えられるからである。しかしながら，都市内領主のうち特に強力でありかつ王権との関係も深いもの，及びその支配領域に関しては，コミューヌによる侵害が行われないよう配慮する必要があったのである。

　この時代の伯＝王権は，有力教会施設の果たす様々な役割――例えばサン＝ティレール教会の財務係が果たす教皇とのパイプ役としての個人的役割なども含め――をまだまだ重視し，必要としていたし，コミューヌ市政役人たちは，そうした事情を充分に理解していたと考えられる。コミューヌとサン＝ティレール参事会教会，あるいはモンティエルヌフ修道院との間に深刻な争いが起こった形跡がないのは，その故であろう。確かに先行研究が主張するように，軍事防衛に関しては命令系統の一本化が王権にとって望ましいことも間違いない。しかしながら，13世紀中葉までのポワチエはそれが可能な状態ではなかったと思われるのである。

　13世紀半ば以降のフランス王権強化の過程で，多くの都市が周辺地域に対して様々な分野で王権を代行する役割を強化され，いわゆる『良き都市』となっていく。同時に都市内部では王権と深く結び付いた市政役人が主導権を握り，王権を後ろ盾として都市住民や周辺地域の全体に対する財政・行政面での実権を拡大する。ポワチエでのコミューヌ権力のさらなる拡大も，こうしたプロセスの中に位置付けて理解されるべきであるように思われる。全都市住民に対する軍事的・財政的権威をコミューヌが獲得するまでには，戦争の危機が迫る中での都市住民の連帯意識の高まりだけでなく，都市―王権関係のいっそうの緊密化と，王権自体のさらなる強化が必要であったはずなのである。

註

1) 4―9世紀においては，ポワチエ司教も他の多くの司教都市と同様の領主支配権を行使していたらしいが，それらの権力はポワトゥー伯によって9世紀半ばに奪われた。ポワチエ都市内における司教の財産として残されたのは，司教自身と聖堂参事会員の居住する家々，何基かの水車，そしてクラン川の中洲の北半分などであった。Giry, *Les*

Etablissements de Rouen, t. 1, pp. 349-350. ポワチエ司教の主な所領は農村部に分布しており，主なものはショヴィニー，ヴィヴォンヌ，アングル，シヴレーなどである。Garaud, M., *Les châtelains du Poitou et l'avènement du régime féodal* (*M.S.A.O.*, 4e s., t. 8), Poitiers 1964, pp. 65-67.

2) Audouin, E., *Recueil de documents concernant la commune et la ville de Poitiers* (*A.H.P.*, t. 44, 46), Poitiers 1923 et 1928, t. 1, n° 48, pp. 90-97.

3) サント=クロワ女子修道院の修道院長はサント=ラドゴンド教会の院長の任命権を所持するなど，両者の関係はきわめて深かった。Labande-Mailfert, T., Les débuts de Saint-Croix, dans Id. et al. (dir.), *Histoire de l'abbaye de Sainte-Croix de Poitiers* (*M.S.A.O.*, 4e s., t. 19), Poitiers 1986, pp. 86-88, 94-99.

4) ただし，サン=ニコラ教会は1183-1186年にモンティエルヌフ修道院に併合され，それ以降は同ブールの支配・経営もまたモンティエルヌフ修道院に属するところとなった。

5) Audouin, *Recueil*, t. 1, n° 18, pp. 32-34.

6) ギタール=ブールは北門の，マラン=ブールは南西門のすぐ傍らに位置する。

7) Favreau, *La ville de Poitiers à la fin du Moyen Age*, t. 1, pp. 45-46 ; Fouché, M., Le bourg, la porte et le fief de la tour d'Anguitard, dans *B.S.A.O.*, 4e s., t. 6, 1961-1962, pp. 229-236. また，位置は明確でないが，中世のポワチエにはブール=ナルネという俗人ブールが存在したことが知られている。ファヴローは，このブールもギタール及びマランと類似の起源を持ち，東門の傍に位置したとの推測をしている（Favreau, *La ville de Poitiers à la fin du Moyen Age*, t. 1, p. 46)。

8) Villard, F. (éd.), *Recueil de documents relatifs à l'abbaye de Montierneuf de Poitiers. 1076-1319* (*A.H.P.*, t. 59), Poitiers 1973, p. 11.

9) ロシュルイユ=ブールは，サン=サチュルナン教会ブールと共に，モンティエルヌフ修道院の所有下にあった。*Ibid.*, p. 15.

10) Bardonnet, A. (éd.), Comptes et enquêtes d'Alphonse, comte de Poitou. 1253-1269, dans *A.H.P.*, t. 8, 1879, pp. 126-133 ; Audouin, *Recueil*, t. 1, pp. 297-299.

11) ポワチエ1222年文書第1条（巻末史料1参照）。なお，北フランスにおいてはコミューヌ認可と同時に都市領主からまとまった都市財産が賦与されるということがしばしばあったが，ポワチエについてこうした形跡はなく，都市当局によるプレヴォ権の買収や請負もポワチエでは行われていない。ポワチエで都市当局による都市内財産の蓄積が始まるのは，13世紀も半ばになってからであるが，それも家単位の財産であって，ほとんどの場合は都市民からのラント収入権の寄進・遺贈・買収によるものであった（後掲註69参照）。それまでのポワチエの都市当局は，独自の徴税制度のみで財政をやりくりせねばならなかったのである。

12) 両ブールに関するこれまでの研究として，サン=ティレール教会ブールに関してはド=ロングマール，ジノー，バルビエ，モンティエルヌフ修道院ブールに関してはド=シェルジェによる研究がある。また1978年のファヴローによるポワチエのモノグラフィ的研究は，これらの領域が司法的に独自の制度を持っていたことを明らかにしているが，両教会領主による都市内での土地所有の問題はこれらの先行研究はほとんど扱っておらず，研究史上の空白部分となっている。Longuemar, A. le T. de, Essai historique sur l'église collégiale de Saint-Hilaire-le-Grand de Poitiers, dans *M.S.A.O.*, 1ère s., t. 23, 1856,

pp. XXVII-XXXI, 1-386 ; Ginot, E., La rue de la Tranchée à Poitiers. Note de topographie historique, dans *B.S.A.O.*, 3ᵉ s., t. 3, 1913-1915, pp. 224-229 ; Id., Vieilles rues et vieilles églises : formation du bourg de Saint-Hilaire de Poitiers, dans *B.S.A.O.*, 3ᵉ s., t. 10, 1934-1935, pp. 438-462 ; Barbier, A., Une enquête au bourg de Saint-Hilaire, en 1422, dans *B.S.A.O.*, 2ᵉ s., t. 6, 1892-1894, pp. 480-495 ; Chergé,C.-L.-G. de, Mémoire historique sur l'abbaye de Montierneuf de Poitiers, dans *M. S. A, O.*, 1ᵉʳᵉ s., t. 11, pp. 147-276 ; Favreau, *La ville de Poitiers à la fin du Moyen Age*, t. 1, pp. 21-101.

13) Rédet, L. (éd.), *Documents pour l'hitoire de l'église de Saint-Hilaire de Poitiers*, 2 vols. (*M.S.A.O.*, 1ᵉʳᵉ s., t. 14, 19), Poitiers 1849 et 1852.

14) レデーの刊行した史料集は，768年から1790年までの計441通を含んでいる。手稿史料としては，ポワチエ市図書館の Collection Dom Fonteneau, t. 10, 11, 及び，ヴィエンヌ県古文書館所蔵史料の G591 (Bourg de Saint-Hilaire. Droits et revenus du chapitre à Poitiers, 876-1186), G592 (Bourg de Saint-Hilaire. Droits et revenus du chapitre à Poitiers, 1215-1399) を参照した。

15) Villard, F. (éd.), *Recueil de documents relatifs à l'abbaye de Montierneuf de Poitiers. 1076-1319* (*A.H.P.*, t. 59), Poitiers 1973.

16) Rédet, *Documents pour l'histoire de Saint-Hilaire*, n° 406, t. 2, pp. 265-272 ; Barbier, A., Une enquête au bourg Saint-Hilaire de Poitiers en 1422, dans *B. S. A. O.*, 2ᵉ s., t. 6, 1892-1894, pp. 480-495 ; Bibliothèque municipale de Poitiers, Collection Dom-Fonteneau, t. 19, pp. 525-526 ; A.D. Vienne, 1H2/37.

17) Dez, G., *Histoire de Poitiers* (*M.S.A.O.*, 4ᵉ s., t. 10), Poitiers 1969, plan.

18) Rédet, *Documents pour l'histoire de Saint-Hilaire*, n° 96 ; Favreau, *La ville de Poitiers à la fin du Moyen Age*, t. 1, pp. 62-63.

19) Rédet, *Documents pour l'histoire de Saint-Hilaire*, n° 1, t. 1, p. 1.

20) Rédet, *Documents pour l'histoire de Saint-Hilaire*, n° 96.

21) *Ibid.*, n° 18, 21, 22, 27, 31, 33, 45, 54, 56, 58, 59, 60, 63, 64, 73, 74, 76, 78.

22) *Ibid.*, n° 31, 54, 78.

23) *Ibid.*, n° 12.

24) このような不明確さが，単に史料の記述上の問題であるのか，あるいは実際に土地の帰属関係がはっきりしていなかったことを示しているのかは，現在の筆者の能力を超える問題であり，今後の検討に委ねることとしたい。

25) *Ibid.*, n° 149.

26) *Ibid.*, n° 249.

27) *Ibid.*, n° 218.

28) *Ibid.*, n° 222.

29) Villard, *Recueil de documents relatifs à Montierneuf*, n° 2. また考古学的研究成果によれば，同修道院設立当時にその地域一帯は無居住地域だったと考えられるという。この地区ではローマ期の遺物の発見はなく，またモンティエルヌフ修道院設立よりも前の時代の住居跡もまったく確認されていない。Favreau, *La ville de Poitiers à la fin du Moyen Age*, t. 1, p. 40. わずかに，製粉のための水車についての言及が文書史料中に見られるのみである。Monsabert, dom P. de (éd.), *Chartes de l'abbaye de Nouaillé de 678 à*

1200 (*A.H.P.*, t. 49), Poitiers 1936, n° 96, pp. 159-161. このことは，伯が問題なく同地域を一挙に寄進できた理由のひとつであろう。
30) Villard, *Recueil de documents relatifs à Montierneuf*, n° 2.
31) *Ibid.*, n° 207.
32) Rédet, *Documents pour l'histoire de Saint-Hilaire*, t. 1, n° 62, 81 ; Villard, *Recueil de documents relatifs à Montierneuf*, n° 56, 63.
33) *Ibid.*, n° 76, pp. 116-117, n° 61, p. 94, n° 137, pp. 218-219, n° 178, pp. 279-280. ポワチエの有力な教会領主のほとんどが水車を所有しており，13世紀に様々な領主の所有する水車が，上に掲げたもの以外にも，少なくともクラン川に4基以上，ボワーヴル川には7基以上あったことがわかっている。
34) *Ibid.*, n° 161, pp. 254-255, n° 163, pp. 256-258, n° 191, pp. 296-299, n° 170, pp. 267-268.
35) *Ibid.*, n° 236.
36) ジェネスタルは，家屋買収・ラント賃貸などきわめて都市的な経営活動を行った教会組織は主として在俗参事会教会で，修道院はそのような行為に対し消極的であったとしており，同様の傾向は，ルーアンの事例を研究したサドゥルニーによっても見出されている。Genestal, R., *Le rôle des monastères comme établissement de crédit*, Paris 1901, pp. 184-186; Sadourny, A., Les Rentes à Rouen au XIIIe siècle, dans *Annales de Normandie*, t. 21, 1971, pp. 99-108.
37) *Ibid.*, n° 191.
38) Rédet, *Documents pour l'histoire de Saint-Hilaire*, n° 1, t. 1, p. 1.
39) Villard, *Recueil de documents relatifs à Montierneuf*, n° 2.
40) Labande-Mailfert, Y. et al., *Histoire de l'abbaye Sainte-Croix de Poitiers. Quatorze siècles de vie monastique*, Poitiers 1986, pp. 86-88.
41) Audouin, *Recueil*, t. 1, pp. 90-97. 以下で引用する同史料の文言とその原文については，巻末史料2を参照。また，13世紀以降のフランスでの裁判における重要な手続きであった調査とその記録全般に関しては，Lot, F. et Fawtier, R., *Histoire des institutions françaises au Moyen Age*, t. 2. *Institutions royales*, Paris 1958, pp. 388-392 ; Guilhiermoz, P., *Enquêtes et procès, Etude sur la procédure et le fonctionnement du Parlement au 14e siècle*, Paris 1892.
42) Teulet, A. et al. (éd.), *Layettes du Trésor des chartes*, Paris 1863-1909, 5 vols., t. 3, p. 152. この館は，伯の居館から司教座教会へ通じる通りに位置していた。Ledain, B., Les maires de Poitiers, dans *M.S.A.O.*, 2e s., t. 20, Poitiers 1897, pp. 220-222.
43) Bardonnet, A. (éd.), Comptes et enquêtes d'Alphonse, comte de Poitou. 1253-1269, dans *A.H.P.*, t. 8, 1879, pp. 126-133. 以下で引用する同史料の文言とその原文については，巻末史料3を参照。
44) Ledain, Les maires de Poitiers, pp. 220-222.
45) Richemond, L.-M. de (éd.), Chartes de la commanderie magistrale du Temple de la Rochelle (1139-1268), dans *Archives historiques de la Saintonge et de l'Aunis*, t. 1, 1874, pp. 25-33.
46) *Layettes du Trésor des chartes*, t. 3, pp. 348, 355, 369-372, 374, 375, 420.
47) *Ibid.*, pp. 370-372. 以下で引用する同史料の文言とその原文については，巻末史料4を

48) この語の具体的な内容は明らかでないが，おそらく，宿屋や居酒屋などでのワインの小売に関する統制権一般，ないしはそれから生じる手数料徴収権を意味すると考えられる。
49) Vieillard, J. (éd.), *Le Guide du pèlerin de Saint-Jacques de Compostele*, Mâcon, 2e édition, 1950, pp. 2-3, 60-63.
50) このような例は，聖マルタンの聖遺物を擁するトゥールのサン=マルタン修道院の参事会員の活動にも見出すことができる。Delaborde et al. (éd.), *Recueil des actes de Philippe Auguste*, t. 1, n° 73 ; Giry, *Les Etablissements de Rouen*, t. 1, p. 188 ; Boussard, J., Le trésorier de Saint-Martin de Tours, dans *Revue de l'église de France*, t. 47, 1961, pp. 84-87 ; Chevalier, B., La cité de Tours et Châteauneuf du Xe au XIIIe siècle, dans *Cahiers d'Histoire*, t. 17, 1972, pp. 237-247.
51) *Ibid.*, n° 54, pp. 105-108.
52) Redét, L., *Documents pour l'histoire de l'église de Saint-Hilaire de Poitiers*, 2 vols. (*M.S. A.O.*, 1ère série, t. 19, 21), Poitiers 1847-1852, t. 1, pp. 320-321.
53) Ledain, B. (éd.), *Histoire d'Alphonse, frère de saint Louis, et du comté de Poitou sous son administration (1241-1271)*, Poitiers 1869, n° 10 (p. 134).
54) Redét, *Documents pour l'histoire de l'église de Saint-Hilaire*, t. 2, p. 5.
55) Favreau, R., Alphonse de Poitiers et le chapitre de St-Hilaire-le-Grand (1241-1271), dans *B.S.A.O.*, 4e s., t. 6, 1962, pp. 255-271.
56) この史料から明らかなように，ポワチエにはコミューヌの誓約をしていない住民が多数存在しており，ポワチエにおいてはコミューヌ誓約が全住民に対する義務ではなかったことは間違いない。西フランスのコミューヌ都市に広く賦与された基本法であるエタブリスマン=ド=ルーアンは，本来コミューヌの誓約を都市民全員に強制する条項を含んでいたが，フィリップ=オーギュストが1204年にポワチエに賦与したテクストはこの条項を含んでいない。Giry, *Les Etablissements de Rouen*, t. 1, pp. 406-407 ; Favreau, *La ville de Poitiers à la fin du Moyen Age*, t. 1, pp. 76-77.
57) Villard, F. (éd.), *Recueil des documents relatifs à l'abbaye de Montierneuf de Poitiers (1076-1319)*, Poitiers 1973, t. 1, n° 16 (p. 25).
58) Favreau, R. et al., *Histoire de Poitiers*, Toulouse 1985, p. 107.
59) Favreau, *La ville de Poitiers à la fin du Moyen Age*, t. 1, pp. 64-66.
60) Audouin, *Recueil*, t. 1, p. 45.
61) Boissonnade, P., La ville et la commune de Poitiers depuis le XIe siècle jusuqu'à la fin de la période des Capétiens (1100-1328), dans Audouin, *Recueil*, t. 1, p. LXXII (Introduction) ; Favreau, *La ville de Poitiers à la fin du Moyen Age*, t. 1, p. 189.
62) *Ibid.*, p. 94.
63) Boissonnade, La ville et la commune de Poitiers, p. LXXII.
64) 『ポワチエのキーヴィスである妻帯者フィリップ・ラルシェは，宣誓して質問に答えて言った。問題になっている館の中に…(中略)…ジョフロワ・ド=サント=クロワが居住しているのを見た，そしてポワチエのメールが同館の中で，都市の分担金のために担保を差し押さえさせたのを見たこと，そしてこのジョフロワが彼に担保が返還され

るよう懇願したが，同メールがそれを返還したかは知らない。そして同ジョフロワは担保の返還のために何度もテンプル騎士団の修道士を同伴させたが，返還されたのは見ていない，と』（巻末史料3参照）。

65) Audouin, *Recueil*, t. 1, p. 166.
66) Favreau, *La ville de Poitiers à la fin du Moyen Age*, t. 1, p. 82.
67) Audouin, *Recueil*, t. 2, p. 90.
68) ここでは，囲壁建設が13世紀初頭に熱意をもって始められたものの，その後中断し，百年戦争開戦時になっても完成していなかったランスの例を挙げるにとどめる。Desportes, P., *Reims et les Rémois aux XIIIe et XIVe siècles*, Paris 1979, pp. 526-527.
69) Audouin, *Recueil*, t. 1, n° 57 (p. 109), n° 90 (p. 139), n° 91 (p. 140), n° 92 (p. 141), n° 94 (p. 142), n° 95 (p. 145), n° 98 (p. 148), n° 101 (p. 150), n° 103 (p. 151), n° 104 (p. 153), n° 106 (p. 157), n° 108 (p. 158), n° 111 (p. 159), n° 112 (p. 160), n° 113 (p. 161), n° 130 (p. 182), n° 131 (p. 182), n° 140 (p. 219), n° 155 (p. 239), n° 158 (p. 246), n° 160 (p. 248), n° 166 (p. 256). 無論，不動産取引に関する書類は当時最も大切に保存されたもののひとつだ，という事情も考慮されねばならないではあろうが。
70) こうした学界動向については，花田洋一郎「フランス中世都市財政史研究の動向—1950年以降のフランス学界—」『史学雑誌』104-4，1995年，79-103頁。
71) Audouin, *Recueil*, t. 1, p. 94.
72) 本書第4章参照。
73) «Illud vero, quod per ipsos imponetur super illos de dicta communia, per ipsos levabitur et nobis pro domino rege respondebunt» (Audouin, *Recueil*, t. 2, pp. 7-10).
74) 『サン=ティレール教会ブールの者たち，40リブラ』«Homines de burgo Beati Hylarii Majoris, quadraginta libras.» (*Ibid.*, t. 1, p. 379.)
75) 『ポワチエのモンティエルヌフ修道院のブール内及びブール外の者たち，30リブラ』«Homines abbatis Monasterii Novi Pictavensis de burgo et extra burgum, triginta libras» (*Ibid.*). ここで問題になっている軍役援助金については，本書第5章第1節で詳しく扱う。
76) 1296年，フィリップ4世は，ポワチエのメールの要請により，『ポワチエの近隣農村及びその他の幾人かの人物』«ville vicine et plures alie persone» にもガスコーニュ戦役のための費用負担に参加させるよう命じているが，対象となった集落ないしは人物の列挙はない。Audouin, *Recueil*, t. 1, p. 257.

第3章

都市―王権関係と在地領主層

はじめに

　12世紀末―13世紀前半にかけて，西部フランスにおいてイングランド勢力との抗争を展開していたカペー王権は，都市との直属関係を地域における勢力拡大と確立の有力な足がかりとした。積極的な都市政策が明確な形で出現するのはフィリップ＝オーギュスト期（1180―1223）以降であるが，都市と王権が結び付いていく過程は，都市がおかれた政治的・社会経済的状況に応じて様々であった。本章は，都市とカペー王権の関係が対照的な形で現れている2つの例を取り上げ，都市をめぐる様々な勢力関係の中に都市―王権関係を位置付けながら理解しようという試みである。

　まず最初に取り上げるのは，中西部フランスの司教都市トゥールと対をなしていた都市的集落シャトオヌフ＝レ＝トゥールの都市民によるコミューヌ設立の試みである。シャトオヌフは，本書での主たる対象であるポワトゥー伯領都市ではないが，イングランド王権の支配下にあった西フランス都市という点では共通している。しかし何よりも，ここで特にこの都市を取り上げる理由は，フィリップ＝オーギュストのそこでの都市民に対する対応である。シャトオヌフでのコミューヌ運動は，在地領主であるサン＝マルタン修道院の参事会と財務係に対する反乱という形をとるが，フィリップ＝オーギュストはコミューヌ設立を認可せず，ただちに廃止させる。既述のとおり，この王はコミューヌに対する友好的政策で知られており，こうした対応はきわめて珍しいからである。その理由を，王権が都市シャトオヌフを構成する様々な要素のどこに互恵的対象を見出していたかを考えながら検証していく。

第 1 節　シャトオヌフ=レ=トゥールのコミューヌ運動とカペー王権

　かつてティエリーは，中世フランスにおける諸都市を，地理的区分と対応するとされる 3 つの類型に分類し，フランス北部をコミューヌ都市地帯，フランス南部をコンシュラ都市地帯，フランス中部をプレヴォ都市地帯として区分した。コミューヌ都市地帯とコンシュラ都市地帯の狭間をなすフランス中部の都市については，フランシーズ文書が与えられることは稀であり，与えられることがあっても領主役人プレヴォの支配下におかれ続けたという。そこでの住民は激しい都市運動を起こすこともなく穏やかな雰囲気の中にあって，無気力で従順だったと特徴付けたのである[1]。

　しかしその後，ブーレ=ソテルは，このティエリーの 3 類型論を大筋において受け入れながらも，フランス中部は 11 世紀から 13 世紀にかけて非常に複雑な社会的発展の見られた場であることを強調し，ティエリーによるこの地帯での住民の無気力という見方に疑問を呈した[2]。続けて，シュネーデルも，この地方のフランシーズ文書が乏しいからといって，住民が実際にいかなる自由も保持していなかったとは考え難いとした[3]。一方，コミューヌ都市はプレヴォ都市よりも広汎な自由を享受するものと，通例理解されてきた。これに対してもプティ=デュタイイは，コミューヌの名を持ちながら，一部のプレヴォ都市よりも遥かに小規模な特権しか保持していない都市が多く見られることを指摘した[4]。こうして，3 つの地帯の格差を強調する考えは背後に退き，またコミューヌ都市とプレヴォ都市が実際に享受する特権も内容的には大差ないと考えられるようになってきている。

　こうした傾向の中で注目に値するのは，中部フランスは最も早期に最も激しいコミューヌ運動が見られた地帯であるというシュヴァリエの指摘[5]である。実際，「最古のコミューヌ」といわれるル・マンのコミューヌ（1070 年）[6]をはじめ，シャトオヌフ=レ=トゥール（1122 年），オルレアン（1137 年）[7]，ポワチエ（1138 年）[8]，サンス（1149 年）[9]，ヴェズレー（1152 年）[10]など，多くの都市でのコミューヌ運動が起こっており，さらに宮松浩憲氏の指摘によれば，1116 年，アンジェにおいても，伯と住民の間でコミューヌ運動を思わせる深刻な対

立が起こっている[11]。しかし、これらのコミューヌの多くは、都市領主によって廃止される。コミューヌ、すなわち住民間の誓約団体そのものが存続したか否かは別として、少なくとも、これらの都市での運動が、コミューヌ設立を認可する文書の賦与として結実しなかったのは事実である。

まずは、シャトオヌフ＝レ＝トゥールのコミューヌ運動の展開過程を追跡し、その失敗の理由を分析していく。12世紀初頭のトゥールは、2つの封建的支配拠点を持っていた[12]。すなわち、大司教座教会を核としたシテと、フランス国王が俗人修道院長の地位を兼任してきたサン＝マルタン修道院の周辺に形成されたブールである。後者は、10世紀初めに囲壁が設けられて以来、«castrum novum»（シャトオヌフ）と呼ばれるようになるが、コミューヌ運動が見られたのは専らこのシャトオヌフにおいてである。都市民は、1122年以降90年間のうちに、何度もコミューヌ結成を試み、1212年の国王フィリップ＝オーギュストによるとりわけ厳格な弾圧の後、約1世紀の間隙を経た1305年に最後の運動を行っている。まず次項では、運動が最も激しかった期間、すなわち1212年までの経過を概観することにしたい。

(1) シャトオヌフのコミューヌ運動

『主の化肉より1122年目、サン＝マルタン教会とシャトオヌフは、反乱した都市民と参事会員との間の争いのために焼けた』[13]。これがシャトオヌフの都市反乱についての最初の言及であるが、反乱の原因も経過も明らかではない。

これから約20年の後、フランス国王でありサン＝マルタン修道院長を兼任するルイ7世[14]は、シャトオヌフの都市民に対し2つの文書を賦与している。ひとつは、バン権を行使することによって、シャトオヌフにおけるワイン売買に阻害的な役割を果たしていたサン＝マルタン参事会のタヴェルニエ職を、ひとつだけ残して廃止することを約束する内容の、1141年の文書である。文書の賦与が都市民の要請によること、代償として彼らは国王に500マルク、参事会の世俗財産の管理者である財務係（トレゾリエ）に200ルーブル支払ったことが明記されている[15]。

もうひとつは1143年の文書[16]で、ルイ7世は、『シャトオヌフにおける現在

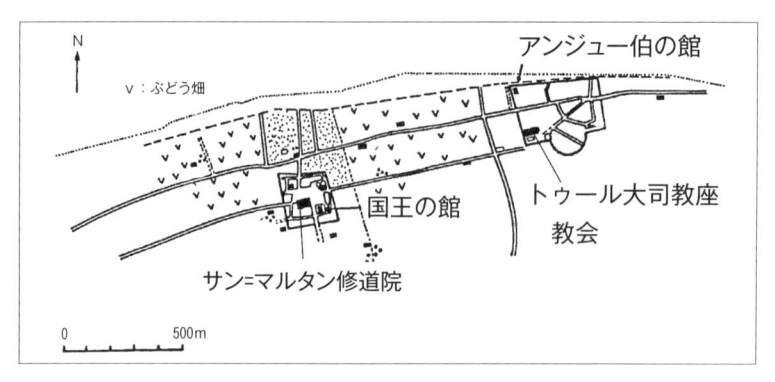

10世紀のトゥールのシテとシャトオヌフ

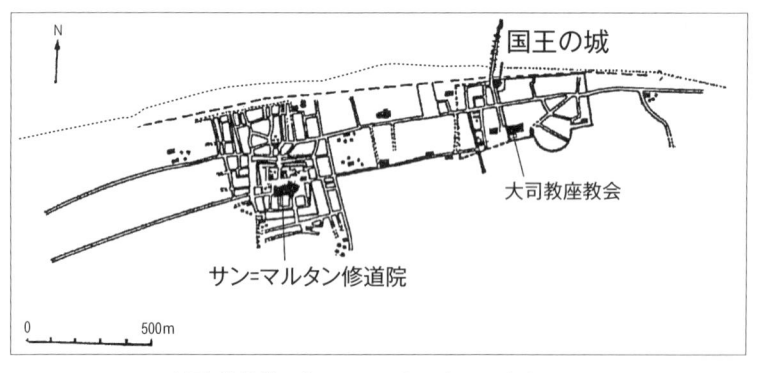

1356年以前のトゥールのシテとシャトオヌフ

地図3-1　トゥールのシテとシャトオヌフ
Chevalier, B. (dir.), *Histoire de Tours*, Toulouse 1985, pp. 28, 45 をもとに作成

と将来全てのサン=マルタンに属する都市民に，以下の賦与をなす』[17]とした上で，『余あるいは余の後継者は，彼らから財を求めず，また，高利，不当な利得あるいは彼らの財の何らかの増加を理由に糾弾せぬこと』[18]，及び『もし彼らが他の件について余に不快の念を起こさせることがあろうと，余もあるいは余の後継者も，それ故に譴責することはない』[19]ことを認め，その代償に，『このような協約ができた上で，その良き意志によって前述都市民は，余に3万スーを支払った』[20]としている。

これらの文書によれば，都市民は，ワイン販売の部分的自由，恣意的課税免除，利得を目指す経済活動への不譴責といった特権を，買収という平和的方法によって獲得している。しかし，都市民とサン゠マルタン参事会との間が完全に平和だったのではない。すなわち，1164年には都市民の1人と参事会員との個人的争いに端を発した紛争が生じ，ルイ7世が参事会を支援してとり鎮めている[21]。

　1180年になって，シャトオヌフのコミューヌの存在がはじめて史料に現れる。シャルトル司教ジャンがサン゠マルタン参事会長フィリップに宛てた書簡の中で，『サン゠マルタンのシャトオヌフの領民と貴教会の財務係である高貴なるルノー殿との間で，上記の領民が上記教会の権利を侵害しつつ，彼らの間で秘密裡に行っていると言われるある種の宣誓と忠誠表明をめぐって，争い事が起きており，教皇殿が私に事情の聴取を委任された』[22] と述べているのがそれである。続けてジャンは，教皇の命令，住民たちに誓約の放棄を強制すること，その上で彼らが拒否したなら破門に処することも含んでおり，調査の後に実際に破門の判決を発したことを語っている。さらに，同書簡では，破門された都市民30人の名前が列挙されている[23]。

　しかし，都市民たちはこの判決に対抗するように，ルイ7世の文書を携えて教皇法廷に訴え出た。このとき彼らが呈示したのは，先述の1141年及び1143年の文書とは別物で，ルイ7世から彼の『友人たち』«amici» であるシャトオヌフの人々への書簡という，全く別の形式をとる文書であった。その中で国王は，シャトオヌフの都市民の良き慣習を確認し，彼らを侵害したり攻撃したりする者，それを助けるものがシャトオヌフの内にあってはならないと言明し，最後に，『汝らが団結し，汝ら同士で結び付くよう』«confederati sitis et inter vos ligati» 命じている[24]。

　この文書が，同時代人からも，後代の研究者からも，偽文書であるとみなされてきた[25] のは，何よりもこの最後の条項のためである。ここで奨励されている都市民間の団結・結合は，参事会はもちろんのこと，当のルイ7世自身，次代のフィリップ゠オーギュストによっても，常に解体が試みられる対象に他ならないからである。実際，この文書に対する判断を任されたランス大司教ギ

ヨームと，シャルトル司教及びポワチエ司教は，『出席していた前述の司教たちとその他の聡明なる人々と共に熟考した結果，それは偽文書であると認めたが故に，同文書は無効でありいかなる効力も持たぬものと判定した』[26]と判決文の中で述べている。こうして都市民の主張は退けられた。1180年9月のトゥール大助祭ジョフロワの文書には，破門されていた30人の都市民を，教皇法廷の判決に従い，コミューヌの誓約を放棄することと引き換えに赦免すると記されている[27]。

そのおよそひと月後にルイ7世が没し，フィリップ=オーギュストがフランス国王となった。翌1181年，フィリップ=オーギュストはシャトオヌフの都市民に，ルイ7世が1143年に与えた特権を確認すると共に，『彼らが共同の同意によって10人の都市民を賢人衆として選出』し，これら10人が『都市にかかわる業務と出費を，細心の注意を持って管理するように』認める旨の文書を賦与している[28]。こうしてフィリップ=オーギュストは，都市に住民の間から選出されたある種の自治機関を認めたが，同時に，都市民が参事会の財務係の裁判権に服することを指示している[29]。

フィリップ=オーギュストによる特権賦与にもかかわらず，1184年には再び都市内でコミューヌが結成される。今回は，参事会の訴えによって，教皇と国王が手を組んで対策にあたっているのがわかる。この事件については，『都市民が設立したといわれるコミューヌないしは宣誓団体について』«super communia vel conjuratione quam iidem burgenses dicebantur erexisse» の調停者として，シャトオヌフに派遣されたランス大司教ギヨーム及びマルムティエ修道院長エルベから，教皇に宛てた長い報告書[30]の中で詳細に語られているが，都市民の間の分裂に関する言及は特に興味深い。

すなわち，『私どもがおりました参事会室に，多数の群集がやって来て，シャトオヌフのある者たちが，彼らに不当なタイユや税をかけることに対して苦情を述べ，加えてその都市民が，脅威と暴力によって，彼らに誓約することを強いたのであると申し立てたのです。…(中略)…その多数の群衆は一致して，自分たちがしてしまった不正な誓約から解き放たれることを切に願いました』[31]というのである。続けて報告書は，ギヨームはその場で携えてきていた

教皇及び国王からの命令書を読みあげたとして，その2通の文面を筆写しているが，それらは共にコミューヌ誓約の放棄を命ずるものであった。

『多数の群衆』の離反の結果，コミューヌ結成の指導者たちは，コミューヌの誓約を放棄せざるを得なくなった。同年に出された教皇法廷の判決文は，それらの者を，『有力なる都市民，宣誓団体すなわち誓約されたコミューヌの音頭とりであり，一味であるものたち，すなわちトマ・ダンバ，Ph. エメ，N. アンジェル，P. ガスティネッリ，そして他の多数の者』と呼んでいる[32]。これら4人のうち3人の名は，1180年のコミューヌ設立の際に破門された30人の中に含まれている。したがって，かなりの数の『有力なる』都市民が，何度も他の者を巻き込んで運動を展開したことがわかる。

1212年，都市民はまたもコミューヌを結成するが，フィリップ＝オーギュストと参事会によってただちに廃止された。その手続きは，参事会と都市民との間で『国王の前でなされた和解』«compositio coram nobis» の形をとっており，これに対するフィリップ＝オーギュストの確認文書が作成された。これによれば，『コミューヌも，共同の誓約も，共同の義務づけも，行われない』[33]ことと，警備・監視の費用徴収に際しては参事会と財務係の許可を持って選ばれた10人が徴収に当たるべきこと，その用途については参事会に対し説明がなされねばならないこと，都市内での全ての紛争は国王によって解決されるべきことが宣言されている[34]。

この決定が，かつて1181年にフィリップ＝オーギュストによって認められた自治機構の縮小をもたらすことは明らかであろう。住民代表の選出権は都市警備に関するものに限られ，それも領主側の許可を要し，しかも国王の権限が前面に押し出されている限り，都市民による自治を語ることは難しいほどの状況になったのである。

(2) **コミューヌ運動失敗の理由——住民の側——**

概観してきたように，シャトオヌフのコミューヌ運動は常に在地領主権力に対する対決姿勢を強く示すものであり，その中で都市民は，金銭による特権買収，文書偽造，教皇法廷への訴訟など，様々な手段を用いている。紛争の相手

は，常にサン=マルタン参事会とその財務係であった。

ところで，住民が望んでいたものは一体何だったのか。この点で1181年に，フィリップ=オーギュストによって自治組織が認められたにもかかわらず，その直後に都市民たちがコミューヌを結成して参事会と争っていること，また，それが鎮圧されたときに，参事会側はこの自治組織をすぐさま消滅させようとはしていないことが注目される。ジリーは，1181年の自治組織のような中途半端な状態では都市民たちに満足を与えることができなかったことが，1184年の対立を引き起こしたと言い，「彼らが望んでいたものは完全な自治権，すなわちコミューヌであった」とする[35]。

コミューヌすなわち広汎な自治権とするこのような見解に対し，プティ=デュタイイは，コミューヌの本質は誓約による都市民同士の団結それ自体にあると主張した。そして，コミューヌと自治組織が切り離され，宣誓による団体としてのコミューヌが純粋に追求された例として，このシャトオヌフのコミューヌの歴史をあげている[36]。プティ=デュタイイにとって，コミューヌはそれ自身がひとつの機構ではなく，また自由の象徴でもない。それは，何らかの権利を獲得し守るための武器であった。したがって，様々な都市で勃発するコミューヌ運動は，誓約による都市民の団結という手段を通じて達成すべき具体的な目的を，必ず持つものだというのである[37]。

ところでプティ=デュタイイは，シャトオヌフのコミューヌ運動を，寡頭的集団が教会勢力に強力に抵抗するために，またより恣意的に住民全体から金銭徴収を行うために起こしたものであると考えた[38]。これに対して，都市民たちのコミューヌ運動の目的は商業的・金銭的なものが中心だったと主張したのが，シュヴァリエとノワゼである。

シュヴァリエによれば，1060年から1100年にかけてのシャトオヌフでの都市的活動の拡大を示す史料が多く見られる。肉屋ジローは，1064年にシェル川の漁場を1つ買い取るほどに商業利益を拡大し，1067-1070年頃には，12人の都市民が共同でサン=マルタン修道院の土地を買い取って店舗を建てた。この中の1人ダヴィーは，その商業活動によって，12アルパンのぶどう畑と大きな家を持つほどに裕福であった。聖マルタンの墓のある巡礼地であるシャ

トオヌフには，巡礼者を客とする料理屋・両替商・酒屋・肉屋などの営業が発達しており，11世紀末の史料には既に毛織物業者の存在が言及されている。

　このような商業の発達を前提として，シュヴァリエは，シャトオヌフに激しい住民運動が幾度も起こり，その度に失敗した理由を，「コミューヌ運動の発生とその失敗を最も惹き起こしやすいと思われる社会構造」[39]から説明する。シャトオヌフと同じく巡礼都市で，規模は明らかにシャトオヌフより小さいヴェズレー[40]においては，農村から出てきて間もない下層の人々，特に大した技術も財産も持たない手工業者が人口の大部分を占め，きわめて少数の大商人家系が利益をほとんど独占していたことが，レストクワによって指摘されている[41]。シュヴァリエは，シャトオヌフにおいても同じような社会構造が見られたであろうと推測する。そしてシャトオヌフの人口を3,000人と見積もり[42]，これと1180年のコミューヌ結成の際に指導者として破門された者の数30人とを対比して，有力都市民がいかに少なかったかを強調する。その上で彼は，これらの寡頭的有力者である指導者たちがコミューヌ運動によって目指したものは，シャトオヌフを訪れる巡礼者たちから自由に利益を上げる権利であったと考える。1141年及び1143年に，ルイ7世とサン゠マルタン参事会の財務係から，ワイン販売の際の税と誓約の緩和，高利貸行為など資本活用への黙認を非常に高価な代償をもって買い取ったのは，まさにそうした目的を追求する，彼らの強い熱望を示しているという。指導者たちは，商業的・金銭的目的をもって，コミューヌ運動の過程で下層民を動員した。下層民たちはおそらく群集心理に駆られて反乱に参加したが，一握りの有力民と大部分の下層民という社会構造が反乱の失敗を招いた。指導者たちは下層民をあおって暴動に参加させることはできたが，しかし，コミューヌ運動が逆境にかかると，あるいは反乱を続けるための資金徴収の段になると，下層民の離反を防ぐことができなかった。その最もよい例が1184-1185年のコミューヌ運動であるとシュヴァリエは指摘する。指導者たちが，下層民にも資金の拠出を命じたまさにこのときに，前述のとおり，教皇とフィリップ゠オーギュストによって派遣されたランス大司教ギヨームのもとへ下層民が出頭し，コミューヌ設立に参加したのは強制されたためであると訴え，指導者たちを告発したのであった。以上のよう

に，指導者たちの劣勢，これがシャトオヌフでのコミューヌ運動の失敗の最大の原因であったとシュヴァリエは結論付ける。さらに，フランス北部やフランス南部においても都市の特権獲得は少数派の業績と言えることを認めながらも，ヴェズレーにおいてはコミューヌの指導者がわずか 15 人であった例をも引きつつ，これらの地方に比べて指導者層がさらに少数であったことが，中部フランスの特徴であるとしている。

シャトオヌフのコミューヌ設立の目的を商業上の自由であるとし，その失敗の理由を住民内部の分裂に帰する点において，ノワゼの最近の研究[43]もシュヴァリエの意見を踏襲している。ただし，ノワゼがシュヴァリエと異なっているのは，シャトオヌフの経済的発展を全体的により高く評価しようとする態度である。シュヴァリエが，シャトオヌフを訪れる巡礼相手の商売，とりわけワイン取引を利害対立の焦点と捉えていたのに対し，ノワゼは参事会の許可なしに建てられた両替商などの店舗を打ち倒すとした 1185 年の教皇勅書[44]に注目し，シャトオヌフの両替商や金融業者の利害を前面に押し出す。また，1180 年に都市民たちが教皇法廷に持ち込んだルイ 7 世の偽文書にしても，「彼ら自身あるいは彼らに仕えている者たちのうちに，ラテン語の文書を作成する能力を持つ人材が存在したことをともかくも示している」[45]と述べ，彼らの高い教養レベルを証明していると言う。また，1180 年の破門の決定を結局は撤回させていること，紛争のたびに高位聖職者たちとわたりあっていることを挙げ，彼らの高い交渉能力もあわせて強調している。

シュヴァリエが，シャトオヌフのコミューヌ運動の失敗の最大の理由を住民の内部分裂に帰した点についても，ノワゼは若干ニュアンスの異なる説明をしている。シュヴァリエが有力都市民の数的弱さを強調し，そこに強力な社会的勢力としての都市民の成長の遅さを見出すのに対し，ノワゼはむしろ，シャトオヌフが充分に経済発展した結果，貧富の差が拡大する段階に達していたのだと言う。そして，コミューヌ運動の指導者である富裕な都市民から大勢の住民が離反した理由は，結局のところ，参事会や財務係との紛争によって得られる商業的・金銭的利益は彼らにはほとんどなかったという点に尽きる，とする。コミューヌの設立は，税を支払う相手が参事会から富裕な都市民に代わること

を意味するだけであって、結局彼らの従属的な立場は何ら変わらないというわけである[46]。

シュヴァリエにおいても、ノワゼにおいても、住民間に著しい格差が存在し、その不均質さが住民間の結束を妨げたと考える点は共通している。シュヴァリエが言うように「ほんの一握り」であったかどうかはともあれ、指導的立場にある富裕な都市民が、彼らと目的を共有できない大勢の住民を統率しきれなかったことがシャトオヌフのコミューヌ運動失敗の一因であることは間違いないと言っていいようだ。しかしながら、一部の都市エリートが、貧富様々な住民から構成される都市共同体を統率するという事態は、およそどこの中世都市においても見られたはずである。シャトオヌフにおいて内部分裂が特に顕著であったとすれば、その表面化を促した要因についても考察されねばならないだろう。すなわち、都市支配者側の態度である。次項では、参事会と財務係、とりわけフランス王権がシャトオヌフのコミューヌに対して好意的な反応を示さなかった理由について分析していく。

(3) コミューヌ廃止の理由——王権の側——

シュヴァリエは、シャトオヌフのコミューヌ設立が認められなかった理由について、サン=マルタン参事会に住民たちと経済利益を分け合う用意がなかったとしか結論していない。しかし、カペー王朝のもとで活発なコミューヌ政策が行われ、ルイ6世、ルイ7世、フィリップ=オーギュストが、コミューヌを介して都市民を利用したこと[47]を知る我々は、国王が俗人修道院長として密接な利害関係を持っていたはずのシャトオヌフのコミューヌ運動を、国王のコミューヌ政策とまったく切り離して考えるわけにはいかない。特に、ここでいったんは住民に特権を認めながら、結局コミューヌを弾圧したフィリップ=オーギュストこそ、多数の都市にコミューヌを賦与・確認したことで知られているのである[48]。

ここで、注目したいのは、カルロス=バレ[49]や、ボールドウィン[50]、カッパー[51]などが、フィリップ=オーギュストのコミューヌ政策を規定する要因として、政策的要素、特に個別都市をめぐる他領主との競合を重視している点で

ある。そこで本項では，シャトオヌフのコミューヌ運動に王権が弾圧をもって臨むに至った理由をより明確にするために，政治史的アプローチを試みることとしたい。

まず，シャトオヌフのコミューヌ運動への対策に，教皇が大きな役割を果たしているのが注目される。歴代の教皇は，司教領や修道院領に設立されたコミューヌに対しては，しばしば破門の威嚇をもって放棄を迫り，あるいはフランス国王に武力介入を促した。後述するように，1139年にインノケンティウス2世がランスのコミューヌの放棄を迫ったのを始め，ハドリアヌス4世はヴェズレー，インノケンティウス3世はサン=トメール，グレゴリウス9世はランスとコルビーのコミューヌに対し，敵対する態度を取った。既にリュシェールが，わずかの例外を除いて，歴代教皇の反コミューヌの態度は一貫していると指摘していたとおりである[52]。

フランス国王がシャトオヌフのコミューヌに対して取った強権的な態度の理由を考える場合，こうした教会勢力の態度を前提とし，また本来コミューヌの廃止に消極的であった国王の姿勢を考慮した上で，国王は教会勢力の要求にあって，意に反してコミューヌの廃止に向かったとするブーレ=ソテルの見解[53]がある。しかし，フランス国王が，教会の利益に反して都市民に諸特権を与え，コミューヌを設立していった例は多い[54]。特に，司教座が空位である場合，国王は率先してコミューヌ結成を認可している[55]。こうした国王の政策が最も顕著に現れているのがランスの例であろう。1139年国王ルイ7世は，ランス大司教座の空位を利用して，同地の住民にコミューヌ結成と大幅な自治権保持を認めた。教皇インノケンティウス2世は，破門の威嚇をもってコミューヌ放棄を迫ると共に，ルイ7世には，武力をもってランスのコミューヌを粉砕すべきだと書簡を発した[56]。しかし，ルイ7世は教皇に対立する態度を取った。1140年，新任大司教と司教座聖堂参事会はシャンパーニュ伯と結んでコミューヌを廃止したが，これに対し，ルイ7世は武力をもって介入し，大司教=伯連合軍を打破したのである[57]。1182年にランスで再度コミューヌが設立されると，フィリップ=オーギュストは，ただちにこれを確認した[58]。ボールドウィンは，ここでコミューヌを確認することは，都市民と国王との直接関係を

創り出し，大司教に対抗してランスへの王権の影響力を強化する機会だったと見ている[59]。

以上の如く，フランス国王は，真にコミューヌ設立を望んだ場合，すなわちコミューヌ設立が王権にもたらすはずの利益を重視した場合には，ローマ教皇との対立をも辞さず，都市に対する教会の権力を削減させる方策を採ったのである。したがって，シャトヌフにおけるフランス国王のコミューヌ弾圧は，教皇との友好関係を保つためにより厳しい内容となった可能性はあるにせよ，むしろ国王自身がコミューヌ設立を望まなかったため，と考えたほうが良いのではなかろうか。

フランス国王に対する教会以外の競合勢力として最も重要なのは，もちろん，広くフランス中部から西部にかけて勢力を張ったイングランド国王である。彼はまたアンジュー伯の地位をも兼ね，その資格でシャトヌフに相対した。この点に関しては，フィリップ=オーギュストとアンジュー伯リチャードが1189年に発した文書[60]が貴重な情報をもたらしてくれる。これは彼らが第3回十字軍に出発するに先立ち，『聖職者及び都市民の長老たちが集められ，彼らから選ばれた有力なる者たちが，トゥールの都市とその周辺において，参事会長や財務係や他の参事会員が余（フランス国王）から保持しているところの余の権利に，あるいはアンジュー伯の権利に属するもので，かつて紛争が起こったところのものについて，彼らが見たり，先人から聞いたりしたことについて真実を話すと，そして余のためにもアンジュー伯のためにも，いかなる虚偽をもとり混ぜないと誓うこと』[61]を命じた上で行った，調査の記録である。

この文書の中では，サン=マルタン参事会がシャトヌフに保持する領主権は，『フランス国王からサン=マルタン参事会の人々に施されたるもの』«elemosyna regis Francie ad ecclesiam beati Martini» という表現で現れる。シャトヌフの裁判権については，サン=マルタン参事会の財務係が保持することが言明されているが，『伯のヴィカリウスたちは，年に2度，フランス国王の，あるいは財務係職を保持している者の，役人と共にシャトヌフの裁判を行うためにシャトヌフに赴く。最初の期間は，聖使徒ペテロとパウロの祭りの間である。…(中略)…他の期間は，…(中略)…冬に，万聖節の大ミサの後

にはじまり，次の聖ブリキウス祭の大ミサの後まで続く。この際，フランス国王の，あるいは財務係職を保持している者の役人と伯の役人とは，シャトオヌフの裁判を共同で行う』[62]。そして，この期間以外には，アンジュー伯の役人は，たとえシャトオヌフの外においてでも，シャトオヌフ住民を裁判に召喚する権利を持たないとされる。

また，シャトオヌフ住民の軍事義務徴発権はアンジュー伯が保持するが，その行使は次の規定によって戦時に限られる。

『伯は，強い理由があって戦争の名のもとにでなければ，また聖マルタンの旗が先に立つのでなければ，シャトオヌフの人々を他の者に抗して軍役や騎馬役に召集してはならない。フランス国王に抗しては，彼らをいかなる場合も召集できない』[63]。

この文書では多くの条項で多様な租税の徴収が規定されており，その細部に立ち入ることは難しい。サン＝マルタン参事会の徴収権には何度も具体的な言及があり，かつ国王の権利を詳細に定める条項もある。これに対して，アンジュー伯の権利が言及される場合は，必ずと言ってよいほど，これを制限する規定となっているのが印象的である。典型的な例を1つだけ挙げれば，第8条には『伯のヴィカリウスあるいはその下僚は誰であれ，その管区の中で穀物賦課租を徴収してはならない』[64]とある。

この文書に見られるように，シャトオヌフにおける権力関係は錯綜していたが，それには歴史的な原因がある。サン＝マルタン修道院は，メロヴィング及びカロリング諸王からインミュニテを賦与されていたが，その後，修道院長の座は9世紀末以来カペー家のものとなり，財務係の任命権も，公式にはカペー諸王の手中にあった。しかしながら，ブッサールの研究によれば，カペー王権が脆弱であった10—11世紀においては，国王は実質的には財務係の任命に介入することができず，近隣諸侯であるブロワあるいはアンジュー家の影響下にある在地家系の出身者がこの職を占め続けている[65]。この期間これら近隣諸侯によって都市内の諸権限が簒奪され続けたことは想像に難くない。実際，先述の調査記録の中には『売却のためシャトオヌフに持ち込まれたパンについての慣習的支払いは，財務係のみに払われ，アンジュー伯や他の者に支払われては

ならない』[66]など，アンジュー伯による参事会の権限の侵害をめぐって紛争が起こったことを示唆する文言が見受けられる。

　この点に関して興味深いのは，1164年のサン=マルタン参事会と都市民との紛争の際に，イングランド国王たるアンジュー伯が自己の役人を通して，都市民側の首謀者に保護を与えていることである。その際，参事会はフランス国王ルイ7世に宛てた手紙の中で，都市民はアンジュー伯と共に混乱を起こそうとしていると訴えかけている。この中の，国王の権威自体が傷つけられているという呼びかけは，フランス国王がシャトオヌフのコミューヌを弾圧するに至る最大の動機を象徴するものとして，きわめて印象深い[67]。

　シャトオヌフのコミューヌ運動は，カペー王権によるこの都市の支配権回復の時期と一致している。ブッサールによれば，ルイ6世がサン=マルタン修道院とその所領が王領の一部分であることを明確にするべく努力した後を受けて，ルイ7世は治世初期に財務係の任命権の実質を回復し，カペー家の一員をその職に就けることができた[68]。1216年のサン=マルタン参事会に宛てられた文書は，サン=マルタン参事会の財務係職が欠員の間は，国王自身がその機能を行使していることを示唆している[69]。フィリップ=オーギュストがシャトオヌフにおける自らの地位と，修道院自体の権力保持にいかに気を遣っていたかは，彼がサン=マルタン参事会に宛てて発した文書の数の多さに表れている[70]。トゥール大司教推挙権[71]とサン=マルタン修道院長の座は，彼にとって，アンジュー伯領内部での権力拡充の手段であり，決して手放すことのできない価値を持っていた。特に『フランス国王から施されたるもの』として，サン=マルタン参事会がシャトオヌフに保持する領主権は，アンジュー伯領の中に実質上フランス国王の「飛び地」（ブッサール）[72]を作りだしていた。

　こうして，シャトオヌフにおける勢力確立を，何よりもサン=マルタン修道院長としての地位によっていたフィリップ=オーギュストは，特権賦与による都市民の利用よりも，サン=マルタン参事会の権力保持を重視していたが，この政策は，1203年以降，すなわち都市内からイングランド勢力を駆逐した後も変わらなかった。1211年にフィリップ=オーギュストは，自己の役人に宛てて，サン=マルタン参事会の財産を保護するよう命じる文書を発している[73]が，

その翌年，3度目にコミューヌが結成されるや否や，参事会と共に厳しくこれに圧力を加え，コミューヌを廃止しているのである。

　1122年から1212年までのおよそ1世紀近くにわたるシャトオヌフのコミューヌ運動は，商業的自由を求める有力者層を指導者とし，これに率いられた人々と，サン＝マルタン参事会及びその財務係との対立の中で展開した。参事会は，常に教皇あるいはフランス国王に支援を求め，都市民の試みはことごとく挫折した。都市民側は，一部の有力者と多くの民衆という社会構造の中に，常に分裂の危険性をはらんでおり，上からの強力な圧力によって，実際に広汎な人々のコミューヌ運動からの離脱が生じてしまった。

　一方王権側にとってこの時期は，アンジュー伯すなわちイングランド勢力との対抗関係の中で，この都市に対する支配権を回復し，確立しようとするときであった。

　同じように対外政策が展開されている場合でも，フランス北部の都市の場合は，フィリップ＝オーギュストは都市民の利用価値を認めた。特にイングランド王，フランドル伯，神聖ローマ皇帝との複雑な国際関係が繰り広げられていたフランドルやアルトワなどの地方においては，都市民との直結関係を作りだして都市を戦略拠点とするために，教会の都市に対する権限を縮小して都市民に与えさえした[74]。しかし，これは，彼が都市民との直属関係に教会との友好関係以上の利用価値を見出していたからである。国王はシャトオヌフにはそれを見出さなかった。国王とアンジュー伯の対抗関係は，シャトオヌフにおいては都市民にとってむしろ不利な結果をもたらしてしまう。なぜならば，国王は，イングランド勢力に対抗して守るべきは，むしろサン＝マルタン参事会の領主権の方であると判断したからである。

　シャトオヌフにおけるコミューヌは，プティ＝デュタイイによる「都市民間の誓約による結合」という定義を，最も純粋な形で体現するものであった。もし，「フランス中部ほどプティ＝デュタイイの定義の正しさが立証される所はどこにもない」（ブーレ＝ソテル）[75]のであれば，シャトオヌフこそはその典型としてよいことになる。このことは，権力側からコミューヌ文書を与えられること

がなくとも，事実としてコミューヌが設立されていた共同体がなお多く存在した可能性を示唆している。シュネーデルの言うように，文書がないからといって住民の実態を臆断してはならないことがますます強く認識されよう。

第2節　ポワトゥーの在地領主権力とラ=ロシェル都市民

1130—1132年，ポワトゥー伯ギヨームは，敵対してきた一在地領主の拠点であった海港都市シャトレヨンを攻略して完全に破壊する一方，その近隣集落ラ=ロシェルに居住しに来る者全てに「自由と自由な慣習」を与えた。10世紀には製塩人と漁民の居住地《Rochella》[76]としてのみ史料中に現れたこの集落は，その頃から急成長を遂げ，12世紀には北部ヨーロッパへのワイン輸出を担う海港ラ=ロシェルとして名声を得るようになる。ポワチエやニオールと同様，プランタジネット支配下の12世紀後半にコミューヌ設立の認可を与えられ，カペー王権に支配権が移行した後もコミューヌ都市として王権の封臣と同等の立場におかれることとなる。

　ラ=ロシェルと王権との関係において際立つのは，都市の自立性の強さである。13世紀—14世紀フランスでは，王権が伸長し行政機構が充実すると時を同じくして，大きな政治的変革をみた都市が多い。特に北部フランスの多くの都市では，都市財政の破綻，市政を独占する上層市民に対する中下層市民の反乱といった混乱をきっかけに王権が介入し，コミューヌ特権の廃止が宣言されて市政全体が国王役人の手に委ねられる事例が多数見られる。そこまで至らなくとも，それまでコミューヌ当局が担っていた行政機能の一部が，何らかのプロセスを経て国王役人の管轄に移行するという事態は実にしばしば起こるようになる。しかしながらラ=ロシェルにおいては，1175年の設立以来コミューヌ制度が王権によって脅かされたことは中世を通じて1度もなかったばかりか，特権の剥奪という形であれ市民との合意の上であれ，王権の代理人が積極的に市政に参加しようとする動きそのものが希薄であった[77]。ここでは，1240年代に起こったポワトゥーの在地領主層によるフランス王権に対する反乱の企てと，それを伝える非常に珍しい1通の史料の分析を通して，ラ=ロシェルにお

地図 3-2　西フランスの大西洋沿岸部

ける王権と都市民が，どのような共通利害をもって結び付こうとしていたのか
を明らかにしてみたい。

(1)　**ラ=ロシェル都市民の危機感**──都市民の密告状をめぐって──

　1224 年 6 月，フランス国王ルイ 8 世はイングランド支配下にあったサント
ンジュ地方を征服するため，トゥールで挙兵した。この地域は，父フィリップ=
オーギュストが 1204 年に 1 度征服したものの，1206 年にジョンによって奪回
されていたものであった。戦いは 19 日という短期間で終了し，ポワトゥー地

第 3 章　都市―王権関係と在地領主層　　　　　　　　　　　　　　　97

方は再度全面的にフランス領となった。しかしながら，イングランド国王は軍を率いて大陸で示威活動を行うなど，その後も再奪回の試みを続けており，決してこの地方を諦めてはいなかったと思われる。そのような状況の中，1242年にポワトゥー・サントンジュ在地領主層のフランス王権に対する大規模な反乱が起こった。

　この反乱の計画はこのとき突然出現したものではなく，1224年にポワトゥー・サントンジュ地方がフランス王権に入って以来，水面下で徐々に準備されていたと言える。第1に，先述のとおり，イングランド王権はポワトゥー・サントンジュの奪回を決して諦めたわけではなかった。第2に，ポワトゥー・サントンジュの在地領主層の間では，一体誰が両王権のいずれに「忠実」であるのか，不明確な状況がつづいた。例えば，1226年にラ＝マルシュ伯ユーグ10世は，イングランド国王ヘンリー3世に，イングランド王がポワトゥー・サントンジュ奪回に成功した暁には一定の領土を受け取るという約束と引き替えに忠誠を誓う。しかし1230年には，フランス王ルイ9世に忠誠を誓い，代償にサン＝ジャン＝ダンジェリの城とモントルイユ＝アン＝ガティネとランジェを受け取っている[78]。第3に，フランス国王交替に伴う内政上の混乱がそれに拍車をかけた。1226年にルイ8世が没したため，12歳のルイ9世が即位し，王母ブランシュ・ド＝カスティーユが摂政となるが，有力な封臣たちがこれに対して強い反発を示し，政権の取得をめざして同盟を結ぶという事態になったのである。ブランシュ妃は強硬策でこうした動きを押さえるが，未だ不安定な状況にあったポワトゥー・サントンジュ地方にとって，少年の国王と女性摂政の出現は，フランス王権に対する忠誠心を強める方向に作用したとは考えがたい。

　この不穏な動きが1241年に表面化する直接のきっかけとなったのは，同年6月にルイ9世が，弟アルフォンスにポワトゥー，サントンジュ，アングーモワを授封したことである。前王ルイ8世は，急激に拡大したフランス王領を効果的に統治するため，新しくフランス領となった地方を，長男ルイ9世の3人の弟たちに親王領として支配させるよう命じていた[79]。この遺言が執行され，7月にアルフォンスは，ポワトゥー伯として在地領主層の臣従礼をポワチエで

受けたのである。公然と反乱の狼煙を挙げたのは，ラ=マルシュ伯であった。12月に，アルフォンスに対し更新されるべき臣従礼を拒否したのである。これに対するフランス王権の反応は迅速なものであった。翌年4月にはルイ9世の軍がシノンに集まって，ラ=マルシュ伯のフロントネイ城を包囲している。一方，この反乱に乗ずる形で，イングランド王ヘンリー3世が5月に大陸に上陸するが，7月のタイユブール―サントの戦いでフランス軍と直接に衝突し，破れている。降伏したラ=マルシュ伯は，泣きながらひざまずいてルイ9世に許しを乞うた[80]と伝えられる。

　この反乱は，ポワトゥー・サントンジュにおけるフランス王権の強化を決定的なものにする結果となった。ラ=マルシュ伯をはじめ，反乱側についた領主層の所領は大部分が没収され，国王またはポワトゥー伯の所有に帰した[81]。そのかなりの部分を買い戻す領主層も多かったが，そのための出費は大きく，彼らの権力の弱体化に拍車をかけた[82]のである。

　以下で分析するのは，この反乱がまだ計画の段階にあったとき，ラ=ロシェル住民がフランス王権にそれを密告した1通の手紙[83]である。史料中に日付はないが，内容からいって，アルフォンスに在地領主たちが最初の臣従礼を行った1241年7月から，ラ=マルシュ伯がその次の臣従礼を拒否した同年12月の間に書かれた[84]のは間違いない。この手紙に対するフランス王権側の反応を直接に示す史料はなく，従って反乱勃発後の王権の迅速な対処にこの情報がどれだけの寄与をしたかわからないが，伝来状況から見て，それが王権側の手に届いていたことも確実であるようだ。中世盛期以前においては，都市住民の私的な書簡が伝来することはあまりない上，政治的な密告状の伝来はきわめて稀だといってよい。

　問題の史料のオリジナルはパリ文書館に伝来する。筆者は未見であるが，刊行者であるドゥリールの描写によれば，長さ40cm，幅17cmの獣皮紙で，約5cm角ほどになるまで幾度も折り畳まれた上に，ラテン語で『フランス人たちの王妃様へ』«Domine Regine Francorum»との宛名が記されており，封ろうを付けた痕跡が認められる。紙の下部の端が傷み，書状の結語はほとんど消えている上，最初の挨拶文に含まれる差出人の名は人為的に消されている[85]。誰に

よって消されたかは不明であるが，密告状という本史料の性格上，どこかの段階で当事者の名前が消されたという事実は不思議なものではない[86]。

書き手の名前はわからないものの，それがラ=ロシェルの住民であるのは，本文の内容や『我々ラ=ロシェルの者たち』などの表現から確実である。また，本文が正確なラテン語で，走り書き風の筆跡で書かれていることから，たやすく長文を書ける教育を受けた人物であることがわかる。以下では，史料本文の試訳を示しながら，在地領主層と都市民各々の危機感を分析していく。

史料本文の前半では，フランス王権に対する反乱計画を練るためにユーグ10世が秘密集会を開いた経緯に続き，その集会でのポワトゥー・サントンジュ在地領主たちの発言が詳細に記されている。

『（前略）彼らの1人が叫びました。フランス人たち[87]は，そもそも以前から我々ポワトゥー人に対して常に憎悪を持っていた。…（中略）…シャンパーニュやブルゴーニュやその他の地方では，（フランス）国王の役人が好き勝手なことをしている。そこでの諸侯たちは誰一人として，まるで農奴みたいに，国王役人の命令なしには，何一つ行動する勇気すらない。そして彼はさらに言いました。俺は，貴公たち皆も俺と同じだと思うが，そんなことになるくらいならむしろ死を選ぶぞ。…（中略）…その後で，彼らはポンへ赴きましたが，そこにはイングランドからルノー・ド=ポンの聖職者の息子を伴って到着したばかりのガスコーニュのセネシャルがいたのです。そこには，ガスコーニュとアジュネーの全ての諸侯，城主に有力者，それにボルドー，バイヨンヌ，サン=テミリオン，ラ=レオルの市長に自治役人たち，ビゴール伯，またサント司教管区内の全ての城主が…（中略）…集まっておりました。彼らは全員で言いました。フランス人に服従したなら自分たちは破滅であると』[88]。

ここには，領主たちを反乱に向かわせた動機が明確に現れていると言えよう。

第1に，13世紀初めから拡大してきていたフランス王権が，ポワトゥー・サントンジュ地方に急激に及んできたことである。フィリップ=オーギュスト

期以降，カペー王権は領土的に拡大するだけでなく，司法や行政などの諸制度を整備して権力基盤を強化した。国王によって直接に任免されるバイイやセネシャル等の上級役人が管区ごとに配備され[89]，ついで1240年代からはパリからの巡回調査団の派遣が始まる。これは，国王に任命された数人の調査団が，国王の領土を隅々まで巡回し，在地の人々から苦情を聞き，国王の命令が徹底されているかどうかを確認して国王に報告するシステムである[90]。こうした変化に対し，在地領主層が危惧を抱いていたことは，上で在地領主の1人が叫んだという言葉からも確実であろう。

　フランス王権の強化に対し，恐れと嫌悪を抱いていた人々の存在は，他の史料からも明らかである。13世紀半ば，あるポワトゥーの騎士は，昔を回顧しながら次のように述べている。『私は，ポワトゥーの封臣たちが，現在そうであるよりももっと強力な地域の支配者であり，もっと恐れられていた時代を知っています。彼らは，その頃は今ほどにはフランス国王を恐れてはいなかったものです』[91]。また，イングランドの年代記作者マトゥー・パリは，『フランス人たちは，同情心をそそるほどにポワトゥー地方を踏みにじっている。かつてはイングランド国王の保護の下で，全ての幸せの源である最大の自由をあてがわれていた住民たちに，侮辱を浴びせているのだ』[92]と述べている。そうした中，1241年に王弟アルフォンスがポワトゥー伯となったことは，在地領主層にとってフランス王権によるポワトゥー支配がいよいよ決定的になったことを意味したのである。

　第2に，ラ＝ロシェル一住民からの密告状の文中に，イングランドから到着したばかりのガスコーニュのセネシャルが密談に参加していると述べられているが，このことからも，イングランド王権が反乱計画に関わり，おそらくは扇動していたことがわかる。実際，上に挙げたいくつかの史料からは，フランス王権の強化が封建的諸権利の縮小をもたらすことを恐れた在地領主層が，かつて遠隔の地から緩やかな支配を行っていたイングランド王権への懐古の念を強めていった過程が読み取れるのである。

　ユーグ10世らの反乱計画をフランス王権に告げながら，この書状の書き手

は，もし実際に反乱が起こった場合に都市ラ=ロシェルが受けることになる苦難についての危惧も，余さず訴えている。

先に考察したとおり，イングランド支配期の末期においては，強力な王政が行われず，在地領主層が恣意的活動を繰り返していた。ラ=ロシェル都市民たちの記憶には，領主たちが行った略奪，誘拐などの行為がはっきり残っていたはずである。彼らにとって，反乱計画の成功は，そうした時代の再来を意味したことであろう。しかしながら，危険を冒して密告が行われた動機はそれだけではなかったようである。

『（前略）彼らの間で，次のようなことが申し合わせられました。すなわち，彼らの中で誰にもまして航海にたくみで，海になれており，また多くの船やガレー船を持っていてその扱いに通じているボルドーの者たちとバイヨンヌの者たちが，ラ=ロシェル港に赴き，ワインしか生み出さないラ=ロシェルにおいては生産されない穀物や，その他の物品が入港するのを妨げ，また都市からワインが積み出されるのも妨げることを。さらに夜を待って，ぶどう圧搾器や酒倉を備えた家々や，ラ=ロシェルの周辺のぶどう畑を――これらは大変な価値のあるものですが――，焼いてしまうというのです。…(中略)…ボルドーの者たちは，常にラ=ロシェルに敵意を持っており，そのゆえに，海上で最も力を持っているバイヨンヌの者たちに，ジロンド川から海に輸送されるガスコーニュ，モワサック，ベルジュラック産の全てのワインひと樽ごとに銀貨12枚を常に支払うことと引き換えに，彼らの船団の中に入れてもらい，ラ=ロシェルと敵対することを誓っているのです。…(中略)…彼らは，彼らが言うところの，我々ラ=ロシェルの者が彼らに対して行った過去の悪行のためにそれを行うのだと言っているのです』[93]。

このように，反乱計画のなかにはラ=ロシェルの封鎖と焼き討ちが組み込まれていたが，ここで興味深いのは，ボルドーとバイヨンヌという大陸イングランド領を代表する2つの海港都市の住民たちが，実際にラ=ロシェル攻撃にあたるとされていることである。ラ=ロシェルとボルドーが，ワイン商業の利益をめぐって競合関係にあったことはよく知られている[94]。また，特に1224年

以降，フランス王権はラ=ロシェル都市民を商業上の特権で保護し，南方のイングランド領の動きを海から監視する役割を負わせていた。ラ=ロシェル都市民が，こうした特権を利用して，商業上の競争相手であるボルドーやバイヨンヌの船舶に攻撃を加えていたであろうことは容易に想像できる。密告状の書き手であるラ=ロシェル住民も，ボルドーのワイン商人がラ=ロシェル住民から身を護るために，高額の護衛船の費用を支払わなければならないほどの状況であったことを率直に認めている。

その上，ラ=ロシェルが封鎖され，都市じゅうが焼き払われるという事態になっても，ボルドー都市民たちは，ラ=ロシェル都市民の過去の行状を引き合いに出してそれを正当化するであろうと述べているのである。ここには，はからずも，ラ=ロシェル都市民たちがフランス王権から委ねられて行った海上の監視活動の中には，権利の濫用に近い暴力行為も少なからず含まれていたことが示されているのではないだろうか。いずれにしても，ラ=ロシェルとこれら南方の海港都市との間に，日常的な衝突から生まれた緊張感が存在したこと，そしてその中で，彼らがラ=ロシェル近辺の領主たちと手を結んで敵対勢力の一部をなすことが，ラ=ロシェル住民にとって大きな脅威となったことは確実である。

(2) 13世紀のポワトゥー・サントンジュをめぐる政治情勢と都市民の危機感

上で紹介してきた都市民の密告状からは，都市ラ=ロシェル周辺地域の領主層に対してラ=ロシェル都市民が抱いていたきわめて強い不信感と，両者の間の日常的な緊張関係とを読み取ることができる。この不信感はいつからどのようにして生じたのだろうか。

この点に関して大きな意味を持つと思われるのは，イングランド王権支配の末期にポワトゥー・サントンジュ一帯を覆ったといわれる，政治的な混乱である。

既に述べたとおり，1204年にフランス国王フィリップ=オーギュストはポワトゥー・サントンジュをいったん征服していたが，1206年にイングランド王ジョン（在位1199―1216）によって奪回される。この後，1224年に最終的にフ

ランス領となるまでの間は，地域一帯が一種の無秩序状態となった。ポワトゥー・サントンジュはイングランド王権の行政中心地から遠く離れていた上，イングランド王権自体が内政問題で苦況に陥り，大陸所領まできめ細かな行政を行う余裕がなくなったためである。ジョンから王位を受け継いだヘンリー3世（在位 1216—1272）のもとでも事態は同様であった。

ところで当時のラ＝ロシェルは，先述のとおり何よりもその商業的役割によって知られていた。中世盛期のポワトゥー・サントンジュ地方の都市商業にとって，もっとも注目すべき現象は，ワイン国際遠隔地商業への参入である。12世紀以降，大西洋岸で生産されるワインが，海路イングランドやフランドル方面に大量に輸出されるようになる中，いくつかのポワトゥー都市が，近隣のぶどう畑で生産されるワインを集めて輸出する基地として大きく発展していく。イングランド王権は，イングランドではワインの生産が不可能であったため，ポワトゥー一帯のワイン生産とワイン輸出商業にきわめて大きな特権を与えて優遇した。そうした中で国際的な名声を得ていったのが，ラ＝ロシェル，ニオール，サン＝ジャン＝ダンジェリの3都市である。後2者は河川港であるのに対し，直接に大西洋に面するラ＝ロシェルは，同時代の年代記などに，国じゅうでもっとも美しく強固な港，と称賛されるほどの発展を見るのである。

1206年以降，それまでイングランド王権の庇護とワイン商業の発展によって富を蓄積していた都市は，在地領主や騎士層にとって格好の略奪の対象となったようである。ラ＝ロシェルやニオールの市長及び自治役人から王権に宛てられた多数の書状[95]では，都市を襲って金品を奪い，都市民をさらって身の代金を要求し，ワインなどの商品を積んだ船を止めさせ，また麦やぶどうを根こそぎにするといった在地領主たちの行動が訴えられている。その中の1通である1220年にニオールのメールとコミューヌからイングランド国王に宛てられた嘆願状は，以下のように訴えている。

『(前略) 以下のようなことを陛下にお伝えしたいと存じます。すなわち，我々とラ＝マルシュ伯との間で取り決められた，定められた期日までの休戦協定にもかかわらず，同伯は，彼の騎士を使って我々を彼のあらゆる封から締め出し，さらに休戦期間は終わっていないというのに我々（の都

市）の傍らに要塞を設置したのです。このように同伯が我々を圧迫し続けているため，我々は穀物・ワイン・木材などの我々に必要な物を，あなた様のニオール城の内に搬入することが不可能ですし，あえてすることもできません。また，同伯は大通りや小道を監視させているので，スカロン・ド=ロシュフォール殿や，その他のポワトゥーの封臣の領民たちも，小麦など我々に必要な物を運んで来ようとしないのです。さらには同伯は，あなたご自身の領土を自らの封土なのだと申しています』[96]。

　特に暴挙が目立つとして都市民から名指しで訴えられた者たちの何人かは，教皇の破門を受けさえしたが，都市の略奪をやめることはなかったようである。こうした在地領主や騎士層の頂点に立っていたのが，1242年の反乱計画の首謀者となるラ=マルシュ伯ユーグ・ド=リュジニャン（ユーグ10世）であった。リュジニャン家は，ポワトゥー・サントンジュの在地領主層の中で最も広大な領土を持ち，最も強力な家系であった。例えば1204年のフィリップ=オーギュストとジョンの直接対決も，そもそもジョンがユーグ10世の父ユーグ9世の婚約者であったイザベル・ダングレームを奪って王妃としたことがきっかけであった。リュジニャン家に同調して立ち上がったポワトゥーやリムーザンの領主層が，フィリップ=オーギュストに提訴し，これを口実にフランス王権によるジョンの召喚と大陸領没収が行われたのである。また，ジョンの死後寡婦となったイザベルは，大陸に戻ってユーグ10世と再婚するが，息子のヘンリー3世に宛てて，大陸の有力者であるユーグ10世と自分が結婚することは，イングランド王権にとって大きな利益になると説いている。これらは，ラ=マルシュ伯がいかに大きな影響力を持っていたかの証拠であろう。

　ラ=マルシュ伯の保護のもとで，在地領主層はイングランド王権が配置した役人の権威を恐れることなく，恣意的な行動を続けた。ラ=ロシェルやニオールなどのコミューヌ都市は，秩序を回復してくれる精力的な国王行政官を派遣してくれるよう，何度も国王に要請しているが，イングランド王は内政問題に忙殺され，あるいはラ=マルシュ伯に比肩できる人物の選出に手間どり，効果的な対策をとることができなかった。

　1224年6月にルイ8世がポワトゥーの奪回をめざしてトゥールで挙兵し，

ラ=ロシェルに向かって攻撃を開始したとき、ニオール、サン=ジャン=ダンジェリ、ラ=ロシェルの都市民はいち早くフランス王権への忠誠を宣言したが、その行動はこうした経緯の上で理解しなければならない。イングランド国王のセネシャル（＝国王上級役人）であったサヴァリ・ド=モレオンは、軍と共にラ=ロシェルに逃げ込み、ルイ8世はこれを包囲したが、サヴァリは19日後の8月3日には降伏している。この迅速な勝利には、都市民のフランス王権への協力が寄与するところが大きいと言われる。実際、ラ=ロシェルが明け渡されると同時に、都市民はルイ8世への忠誠を誓うと共に、誓約者である都市内の全ての家長の名簿を添付しているが、こうした名簿が伝来することはきわめて珍しい。

　こうしてフランス王権の支配下に入ったサントンジュ諸都市は、地域の権力拡大と安定を図るフランス王権にとっても重要な存在となっていった。特に、ボルドーを中心とするギエンヌ地方はフィリップ=オーギュストの征服時点からイングランド領として残されたままであったため、ポワトゥー・サントンジュ地方は、フランス王権によってイングランド王権から奪回された領土のうち、南方に残ったイングランド領との境界をなすこととなった。その中でも特にラ=ロシェルは、フランス領で軍艦が寄港できる唯一の大西洋都市であり、その軍事的重要性は群をぬいていた。ともすればイングランド王権と結託して反旗を翻そうとする在地領主が多数であるなか、都市民が形成するコミューヌが国王に誓う忠誠は、ラ=ロシェルをいわばフランス王権にとっての飛び地的存在にしていたのである。フランス王権とラ=ロシェル都市民が特別な共通利害を見出していった経緯は、以上のような状況から理解することができるだろう。

おわりに

　カペー王権の対都市政策は、各々の都市を取り巻く社会経済的・政治的状況により異なる様相を見せた。ここで分析したシャトオヌフ=レ=トゥールとラ=ロシェルのコミューヌに対するカペー王権の対応は、その中でも対照的な2例

をなすものである。

　アンジュー伯領内都市シャトオヌフをめぐる政治史的分析からは，カペー王権とサン＝マルタン参事会教会の他に，アンジュー伯すなわちプランタジネット家が無視できない勢力として現れてくる。こうした微妙な勢力バランスの中，都市民のコミューヌ運動に直面したカペー王権は，プランタジネット家に対抗して守り利用していくべきなのは，都市民勢力ではなく教会勢力の方だと判断したのである。フィリップ＝オーギュストは，強力な教会施設であるサン＝マルタン修道院との関係を重視し，その所領であるシャトオヌフの住民にコミューヌを設立させて王権との間に直属関係を作ることは決してしなかった。この王権の態度は，第2章で分析した，ポワチエにおけるサン＝ティレール教会に対するそれと軌を一にするものであろう。ポワチエにおいては，伯直属の都市民を中心としてコミューヌが結成されて王権と結び付いていくが，同都市内に存在するサン＝ティレール教会のブールがコミューヌの勢力下におかれることは，少なくともコミューヌ設立当初はなかったのである。

　一方ポワトゥーの大西洋沿岸部から南部にかけては，イングランド王権の支配末期に著しい政治的混乱が見られ，都市ラ＝ロシェルは一種の無秩序状態の中におかれていた。伯の政策によって人口が引き寄せられる形で作り出された新しい都市であるラ＝ロシェルには，トゥールやポワチエとは異なり，有力な在地領主が都市の内部で独自の支配領域を形成するという現象は見られない。ラ＝ロシェルの場合に大きな意味を持ったのは，都市の外部に存在する領主層との関係である。王権による秩序維持が行われない中で，俗人在地領主層による恣意的行為の被害に苦しめられたラ＝ロシェルは，ニオール，サン＝ジャン＝ダンジェリなどの近隣都市とも結束してイングランド王権に直訴するなど，独自の外交を展開し始める。イングランド王権への庇護要請はうまくいかず，フランス王権がこの地方の支配権を奪い取ったときには諸都市は極度に疲弊した状態にあった。彼らがフランス王権による支配を積極的に歓迎した背景には，このような経緯があったと思われる。

　またフランス王権にとっては，ルイ8世によって軍事的な征服事業が完成した後もなおポワトゥー大西洋沿岸部・南部がフランスとイングランドの両王権

の狭間で揺れ動き続ける中で、ラ=ロシェル都市民の忠誠が持つ重要性ははかりしれなかった。こうした状況の中で、ラ=ロシェル都市民はきわめて強い自立性を持つに至ったと考えられる。

さらに、13世紀初頭の在地領主層との対立の経験は、13世紀半ば以降のポワトゥーの都市民の行動にも影響を与えていると考えられる。とりわけ、1242年の在地領主層による反乱計画を密告状によっていちはやく王権に知らせるという行動は、自立心に富み独自の外交を活発に行うが、外部からの危機に瀕したときには迅速にフランス王権の庇護を求めるという彼らの姿勢を顕著に表しているのではないだろうか。

註

1) Thierry, A., *Recueil des monuments inédits de l'histoire du Tiers Etat*, t. 2, Paris 1867, pp. 323-324, 338-354.
2) Boulet-Sautel, M., L'émancipation urbaine du centre de la France, dans *Recueils de la société Jean Bodin, t. VI : La ville. Institutions administratives et judiciaires*, Bruxelles 1954, pp. 371-406.
3) Schneider, J., "Les origines des chartes de franchises dans 1e royaume de France (XIe-XIIe siècles)", dans *Les libertés urbaines et rurales du XIe au XIVe siècle (Colloque international, Spa 5-8 sept. 1966)*, Bruxelles 1968, pp. 29-50, 山田雅彦訳「フランス王国におけるフランシーズ文書の起源」(森本芳樹編『西欧中世における都市と農村』九州大学出版会, 1987年, 123-163頁)。
4) Petit-Dutaillis, Ch., *Les communes françaises. Caractères et évolution des origines au XVIIIe siècle*, Paris 1947 (Rep., 1970), pp. 15-36.
5) Chevalier, B., La cité de Tours et Châteauneuf du Xe au XIIIe siècle, dans *Cahiers d'histoire*, t. 17, 1972, pp. 237-247.
6) Latouche, R., "La commune du Mans (1070)", dans Id., *Etudes médiévales—Le haut moyen âge ; La France de l' Ouest ; des Pyrénées aux Alpes*, Paris 1966, pp. 121-126.
7) Luchaire, A., *Histoire des institutions monarchiques de la France sous les prémiers Capetiens*, Paris 1891, t. II, p. 337.
8) 本書第1章第1節(1)参照。
9) Turlan, J., *La commune et le corps de la ville de Sens (1146-1789)*, Paris 1942, pp. 26-29.
10) Petit-Dutaillis, *Les communes françaises*, pp. 105, 305.
11) 宮松浩憲「中世盛期アンジューのブール―西フランスにおける都市化の様相―」森本芳樹編著『西欧中世における都市=農村関係の研究』九州大学出版会, 1988年, 185頁。
12) ただし、ノルマンディー、アンジュー、トゥーレーヌ地方などの都市構造としては、ひとつの支配拠点を中心に多くのブールが散らばる多核構造の方がより一般的であっ

た(本書序章参照)。

13) «Anno verbi incarnate 1122 ecclesia S. Martini combusta est et Castrum, propter guerram quaeinter burgenses rebelles et canonicos fuit» (A. Salmon, *Recueil de chroniques de Touraine*, Tours 1854, p. 62.)

14) カペー家は，9世紀末にトゥーレーヌ伯権を手に入れるが，987年フランス国王に選出された際にそれを放棄した。しかしその際も，サン＝マルタン修道院長職は手放さなかった。Lelong, C., Culture et Société, dans *Histoire de Tours*, Toulouse 1985, p. 72.

15) Giry, *Les Etablissements de Rouen*, t. 1, p. 188.

16) *Ibid.*, p. 190.

17) «Burgensibus omnibus Beati Martini de Castro Novo tam praesentibus quam futuris dedimus atque concessimus» (*Ibid.*)

18) «concessimus quod neque nos nec aliquis successorum nostrorum neque…. ab eis pecuniam queramus, nec causabimus eos de usura neque de turpi lucro de aliqua multiplicatione pecunie sua» (*Ibid.*)

19) «Quod si forte evenerit ut nos ipsi in aliis causis offendant, non eos vel nos vel successorum aliqui nostrorum inde gravabimus» (*Ibid.*)

20) «Facta vero hac conventione, predicti burgenses, bona nobis voluntate dederunt XXX millia solidorum» (*Ibid.*)

21) *Histoire de France. Reucueil des Historiens des Gaules et de la France*（以下 H.F. と略), t. XVI, pp. 95-96, t. XV, pp. 820-822. この紛争の発端は，フルモーという参事会員が「(かつての)教皇エウゲニウスの命令により結ばれた協定に違反したことが理由で」，ブルゲンシスであるニコラ・フルモーとの間に争いが起きたことであった。協定の内容を示す史料を欠くため，紛争の性格を規定することは困難である。教皇アレクサンデルが住民側に加担したにもかかわらず，ルイ7世は参事会の要請に応じて，アンジュー伯の助力と保護を受けていたニコラ・フルモーを厳罰に処した。

22) «quod controversiam quae inter hominess de Castro novo beati Martini et R. nobilem ecclesiae vestrae thesaurarium vertitur super quibusdam juramentis vel fidei praestatione quam occulte inter se dicuntur praedicti hominess praestisse in depressionem juris praedictae ecclesiae, dominus Papa nobis commisit audiendam» (*H. F.*, t. XVI, p. 624.)

23) *Ibid.*, pp. 624-625.

24) Giry, *Les Etablissements de Rouen*, t. 2, Pieces justificatives, XIX.

25) この文書の全体が偽造されたものか，あるいは改竄が加えられたものの根幹は真正なものなのかは未だ明らかにされていない (*Ibid.*, pp. 190-191 ; Petit-Dutaillis, *Les communes françaises*, p. 32.) が，ランス大司教たちの判決文は，『一見して，損なわれ，中途で削除がなされたのは明らか』«Cum autem prima facie apprerent vituperate et per medium abrase» としている。Giry, *Les Etablissements de Rouen*, t. 1, p. 196. いずれにせよ，1181年にフィリップ＝オーギュストが，かつてルイ7世によってこの都市に認められていた特権を確認したとき，この文書についてはまったく触れていない。Delaborde, H.-F. et al. (éd.), *Recueil des actes de Philippe Auguste, roi de France*, t. 1, Paris 1916, n° 30.

第 3 章　都市―王権関係と在地領主層　　　　　　　　　　　　　　　109

26) «habita deliberatione cum praedictis episcopis et allis viris prudentibus qui praesentes errant, eas deprehendimus esse falsas, quapropter easdem litteras judicavimus irritas esse et viribus omnino career»（Giry, *Les Etablissements de Rouen*, t. 1, p. 196.）
27) *Ibid*.
28) «ut ipsi decem burgenses probos hominess communi assensu ville elegant» ; «tut cum omni diligecia negotia ville,misas scilicet, procurent»（Delaborde et al., *Recueil des actes de Philippe Auguste*, t. 1, nº 30.）ドラボルドは, この文書に『シャトオヌフへのコミューヌ賦与』という意味のタイトルをつけているが, これは文中の «communitas» をコミューヌだと解釈したためである。プティ=デュタイイは, «communitas» はコミューヌと同義に使われることもあるが, この文書の場合, それは「共同に」享受される収税上の特権を意味するに過ぎないとする。Petit-Dutaillis, *Les communes françaises*, p. 32.
29)『彼らは, 財務係の屋敷において, 余または余の代理人の面前で裁かれるべきこと』。 «Quod ipsi, ante nos vel ante mandatum nostrum in domo tesaurarii se justiciabunt» (Delaborde et al., *Recueil des actes de Philippe Auguste*, t. 1, nº 30.)
30) *H.F.*, t. 18, pp. 291-292.
31) «intravit multitude populi capitulum in quo residebamus, conquerens quod a quibusdam Castri-novi indebite talliis et exactionibus gravabantur, affirmans insuper quod quibusdam sacramentis, minis et violentiis, eumdem sibi praedicti burgenses obstrinxerant... multitudo populi convenerat, instanter postulans absorvi ab illicitis quae praestiterant sacramentis»（*H.F.*, t. XVIII, pp. 291-292.）
32) «potentiores burgenses, auctores et fautores conjurationis, seu communis sacramenti, scilicet Thomas de Amba, Ph.Aime, N.Engel, P.Gastinelli, et alii multi» (*Gallia christiana*, t. XIV, Inst. col. 88.)
33) «nec... communiam vel commune sacramentum aut communem obligationem facient» (*Ibid*.)
34) Delaborde et al., *Recueil des actes de Philippe Auguste*, t. 3, nº 1241.
35) Giry, *Les Etablissements de Rouen*, t. 1, p. 197.
36) Petit-Dutaillis, *Les communes françaises*, p. 35.
37) *Ibid*., pp. 37-70.
38) *Ibid*., p. 35.
39) Chevalier, La cité de Tours et Châteauneuf, p. 243.
40) ヴェズレーのコミューヌは, 修道院の領主権の奪取を狙うヌヴェール伯の援助によって 1152 年に設立された。修道院長は教皇の援助を求め, 教皇の要請により, ルイ 7 世が 1155 年にこれを廃止した。Boulet-Sautel, L'émancipation urbaine du centre de la France, p. 390 ; Petit-Dutaillis, *Les communes françaises*, pp. 105, 305.
41) J. Lestocquoy, "Vezelay", dans *Annales E. S. C.*, t. 7, 1952, pp. 65-74.
42) 13 世紀のシャトオヌフには 7 つの小教区があり, 14 世紀のトゥールのシテではひとつの小教区に平均 500 人の住民がいた。この数字をシャトオヌフに当てはめると計 3,500 人となるが, シュヴァリエは 13 世紀においては 3,000 人を出ないであろうとしている。Chevalier, La cité de Tours et Châteauneuf, pp. 242-243.

43) Noizet, H., *La fabrique de la ville. Espaces et sociétés à Tours (IXe-XIIIe siècle)*, Paris 2007, pp. 259-279.
44) *Ibid.*, p. 278.
45) *Ibid.*, p. 273.
46) *Ibid.*, pp. 276-279.
47) フランス王権による都市民利用の目的についてはカロルス=バレやカッパーらも検討を行っているが、ボールドウィンの研究の中では、①金銭目的、②軍事目的、③他領主領内への影響力の拡大、の３つにまとめられている。Baldwin, *The government of Philip Augustus. Foundations of French Royal Power in the Middle Ages*, Berkerey 1986, p. 64.
48) *Recueil* におさめられているコミューヌの賦与・確認状によれば、フィリップ=オーギュストによってコミューヌを賦与・確認された共同体は確実なものだけでも 43 にのぼる。
49) Carolus-Barre, L., Philippe Auguste et les villes de commune, dans R.-H. Bautier (dir.), *La France de Philippe Auguste. Actes du colloque international organisé par le C.N.R.S.*, Paris 1982, pp. 677-688.
50) Baldwin, *The government of Philip Augustus*, pp. 59-64.
51) Kupper, S. J., *Town and Crown : Philip Augustus and the Towns of France*, Baltimore 1976.
52) Luchaire, A., *Les Communes françaises à l'epoque des Capetiens directs*, Paris 1911, pp. 235-250. 教皇が親コミューヌの態度を採った例外的な場合として、ノワイヨンのコミューヌによって権利を侵害されたとして聖務停止を行おうとした司教座聖堂参事会が、ルキウス３世によって阻止された 1185 年の事例、また、13 世紀初めにインノケンティウス３世が、ランのコミューヌの市政役人の権利を守るようにアラス司教に要請した事例をリュシェールは挙げている。
53) Boulet-Sautel, L'émancipation urbaine du centre de la France, p. 390.
54) その最も顕著な例がトゥールネであろう。トゥールネは司教を領主に戴く都市であるが、フィリップ=オーギュストは、対フランドル政策に利用するため、フランドル国境に位置するトゥールネの都市民に、コミューヌ結成の権利を与え、司教に属していた都市支配権のかなりの部分を都市民に委譲したのである。Petit-Dutaillis, Les communes françaises, p. 94 ; 水野網子「12 世紀中葉における Tournai のコミューン慣習法」『社会科学ジャーナル』16、1978 年、161-186 頁。
55) Baldwin, *The government of Philip Augustus*, p. 60.
56) Luchaire, *Les Communes françaises*, p. 247.
57) *Ibid.*；渡辺節夫「11・12 世紀フランス王権と司教座権力」『法制史研究』37、1987 年、63-101 頁。
58) Delaborde et al., *Recueil des actes de Philippe Auguste*, t. 1, n° 73.
59) Baldwin, *The government of Philip Augustus*, p. 61.
60) Delaborde et al., *Recueil des actes de Philippe Auguste*, t. 2, n° 361.
61) «ut, convocatis tam clericis quam burgensibus antiquioribus, ex hiis electi honestiores jurarent quod veritatem dicerent super hiis que viderant et ab antecessoribus suis

第 3 章　都市―王権関係と在地領主層　　　　　　　　　　　　　　　　　*111*

　　　audierant de hiis que, in villa Turonensi vel circa, ad jus nostrum quod tam decanus quam thesaurarius quam alii canonici Beati Martini a nobis habent, vel ad jus comitis Andegabens pertinent, de quibus contentio tunc erat, nec aliquid falsitatis pro nobis vel pro comite Andegabensi scienter adjungerent» (*Ibid.*)

62)　«Viarii comitis bis in anno veniunt in castrum ad justitiam castri tenendam cum seriviente regis Francie vel ejus qui habit thesaurariam. Et est primus terminus in festo beatorum Apostolorum Petri et Pauli. ...Alias terminus...est in hieme et incipit in die festi Omnium Sanctorum, post magnam missam, et durst usque in proxi- mum festum sancti Bricii, post magnam missam. Tunc temporis serviens regis Francie, vel ejus qui habet thesaurariam, et serviens comitis, justitiam tenent Castri novi communiter» (*Ibid.*)

63)　«Comes non debet homines de Castro novo ducere in exercitum sive in equitacionem contra aliquem, nisi, forte causa et nomine belli its tamen quod vaxillum beati Martini precedat. Contra vero regem Francie nullo modo potest eos ducere.» (*Ibid.*)

64)　«Viarii comitis vel aliquis minister non debet habere mestivam in eadem prepositura» (*Ibid.*)

65)　Boussard, Le trésorier de Saint-Martin de Tours, p. 69.

66)　«Castro novo venit vendendus, non debet dari costuma comiti Andegavensi nec nisi thesaurario» (Delaborde et al., *Recueil des actes de Philippe Auguste*, t. 2, n° 361.)

67)　*H.F.*, t. XVI, pp. 95-96.

68)　ルイ7世の弟アンリ（1139―1149）の後，出自に関する史料のまったくないジラールとジョフロワを経て，フィリップ＝オーギュストの従兄弟ルノー（1180―1183），同じくフィリップ＝オーギュストの従兄弟ロトル（1183―1210），おそらくルイ6世の孫であるピエール（？―1210），フィリップ＝オーギュストの「従兄弟」と呼ばれるロベール（1210―？），その後数年間の空位を経て，フィリップ＝オーギュストの庶子ピエールと，財務係職はほとんど常にカペー家の一員によって占められた。Boussard, Le trésorier de Saint-Martin de Tours, pp. 80-82.

69)　『サン＝マルタンの財務係職が欠員である場合，余は1年と1日を超えて余の手中にとどめることはできず，またそうしてはならないことを現文書により余は証明する。』
　　«nos per presentes litteras testificamur quod nos thesauriam beati Martini vacantem in manu nostra ultra annum et diem tenere non possumus nec debemus.» (Delaborde et al., *Recueil des actes de Philippe Auguste*, t. 3, n° 1450.)

70)　例えば，ルブルシアンにフィリップ＝オーギュストが保持していた諸特権の，サン＝マルタン参事会への譲与（1189年，Delaborde et al., *Recueil des actes de Philippe Auguste*, t. 1, n° 269），同参事会がシャトオヌフに保持している諸特権への再確認（1190年，*Ibid.*）などがある。

71)　1189年，イングランド国王リチャードは，トゥール大司教推挙権の放棄をフィリップ＝オーギュストに要請したが，フィリップ＝オーギュストは譲らなかった。Lelong, Culture et Société, p. 85.

72)　Boussard, J., *Le gouvernement d'Henri II Plantagenêt*, Paris 1956, p. 103.

73)　『神の恩恵によりフランス国王たるフィリップ，現文書が届く全てのバイイとプレヴォ，その他全ての者に挨拶を送る。余のトゥールのサン＝マルタン教会は特別であっ

て，余の後見と保護のもとにあることを知られたい。それ故，余の支配のうちにある，前述の教会の財産とその領民を，あたかも余自身のものの如く，後見し，保護し，守ることを貴殿たちに命ずる』。«Philippus Dei gratia Francorum rex universis baillivis et prepositis suis et omnibus allis ad quos littere presentes pervenerint salutem. Noveritis quod ecclesia Beati Martini Turonensis nostra est specialis et est in nostra custodia et protectione. Proinde vobis mandamus et precipimus ut res predicte ecclesie et homines eorum que sunt in potestatibis nostris tanquam nostras manuteneatis, custodiatis et defendatis» (Delaborde et al., *Recueil des actes de Philippe Auguste*, t. 3, n° 1222.)

74) Petit-Dutaillis, *Les communes Françaises*, pp. 83-100；水野綱子「中世北フランスのコミューヌとカペー王権—中世都市の封建的性格に関する一試論—」『西洋史学』89, 1973年，50-67頁。

75) Boulet-Sautel, L'émancipation urbaine du centre de la France, pp. 382-383.

76) Rédet, L., (éd.), *Cartulaire de l'abbaye de Saint-Cyprien de Poitiers*, Poitiers 1874, p. 316.

77) Favreau, R., Commune et gens du roi à La Rochelle, dans *La ville au Moyen Age*. dans Coulet, N. et Guyotjeannin, O. (dir.), *Sociétés et pouvoirs dans la ville*, Paris 1998, pp. 107-127.

78) Luc, J.-N. (dir.), *La Charente-Maritime. L'Aunis et la Saintonge des origines à nos jours*, Saint-Jean-d'Angély 1981, p. 141.

79) ルイ8世の遺言により，ルイ9世の3人の弟はそれぞれ，ロベールがアルトワ伯，シャルルがアンジュー伯，アルフォンスがポワトゥー伯となるよう決められていた。

80) Bémont, Ch., La campagne de Poitou 1242-1243. Taillebourg et Saintes, dans *Annales du Midi*, 1893, pp. 289-314.

81) Ledain, B., *Histoire d'Alphonse, frère de Saint-Louis et du comté de Poitou sous son administration (1241-1271)*, Poitiers 1869, p. 26.

82) Lyon, E., Comment fut élaborée l'ordonnance sur les rachats en Poitou (mai 1269), dans *Bibliothèque de l'Ecole des chartes*, 1927, p. 88.

83) Delisle, L., Mémoire sur une lettre inédite adressée à la reine Blanche par un habitant de la Rochelle, dans *Bibliothèque de l'Ecole des Chartes*, 1856, pp. 513-555.

84) ルダンは，ポワトゥーの領主たちが反乱計画のためにパルトネイで密談を行ったのを，「1241年8月頃」としている。Ledain, *Histoire d'Alphonse*, p. 8.

85) Delisle, Ibid., pp. 513-514.

86) 密告状の書き手自身も，本文の冒頭で，自分がこの手紙を出したことを知られないことを願うと共に，必ず確かな人物にのみ読ませるように，と書いている。

87) ここで付言しておかねばならないのは，当時のポワトゥーの人々の「フランス人」に対する認識である。彼らには，フランス人の一部であるという意識は見られない。言うまでもないことではあるが，封建期においては現在のような国民国家の理念はない。上掲の史料においても，今まさにポワトゥー地方を支配しようとしている人々は『フランス人（ラテン語原文ではGallici：ガリア人）』であるのに対して，自らはあくまで『ポワトゥー人』なのである。同時代の年代記においても，ポワトゥー・サントンジュなど中西部フランスの人々は常に『ポワトゥー人』と呼ばれた。これはフランス側・イングランド側いずれの年代記作者においても同様である。

88) «Et maxime cum Gallici, dixit quidam, semper odio habeant nos Pictavenses, sicut consueverunt. ...solus garcifer regis faciat beneplacitum suum in Campania, Burgundia et in omni terra, quod nullus baronum aliquid ausus est attemptare sine mandato suo, tamquam servi. Ego vero mallem, dixit ille, esse mortuus et vos omnes quam sic esse. ... Postea vero vencrunt apud Pontem, ubi fuit senescallus Wasconie, quie de novo veberat cum clerico filio R. de Ponte de Anglia, ubi clericus missus fuerat, sicut audistis, domina, apud Vicenes. Ibi fuerunt omnes barones, castellani et potentes Wasconie et Agennesii et majores Burdegale, Bayone, Sancti Emelyonis et de Regula, et omnes scabini, et comes Bigorritanus et omnes castellani episcopatus Xanctonensis... Et fuit magna multitudo et numerus illorum. Qui omnes unanimiter dixerunt quod, si subjugati fuerint Gallicis, destruhentur.» (Delisle, Ibid., pp. 526-527.)

89) Rigaudière, A., *Pouvoirs et institutions dans la France médiévale. Des temps féodaux aux temps de l'Etat*, Paris 1994 ; Caron, M.-Th. *Noblesse et pouvoir royal en France, XIIIe - XVIe siècle*, Paris 1994.

90) Ledain, B., Enquête ordonnée par le roi Saint-Louis en 1247 en Poitou et en Saintonge, dans *Archives historiques du Poitou*, t. 25, 1895, pp. 235-340.

91) «vidit tale tempus quod barones Pictavenses erant plus domini patrie et plus dubitati quod non sunt modo, et quod non dubitabant tam regem Francie sicut et rege Anglie.» この言葉は、シャテルロー副伯がムリエール森で所持している権利について行われた調査において、証人の1人トマ=ダレーヌが述べたものである。Delisle, Ibid., p. 531.

92) «Pictavia..., quam Franci jam miserabiliter coeperunt conclucare et incolas, qui solebant sub protectione regis Angliae liberrimi omni bono abundare, probrose despicere.» (Matthaeus Paris, *Historia major*, Paris 1644, p. 491.)

93) «Proloqutum est inter ipsos quod Burdegalenses et Bayonenses, qui sunt marinarii super omnes et domini maris, ut pote qui habent naves et galeas ultra modum, et sciunt omnia talia, venient coram Rupella, perturbantes bladum, quod non provenit in Rupella, nisi vina, et alias mercandisias villam intrare, et vina exire ; et comburent domos cum torcularibus et cellariis et vinis circa Rupellam, que sunt miri valoris, saltim de noctibus... Burdegalenses semper habent Rupellam odio, et propter hoc dant Bayonensibus, qui habent omne posse maris, quod semper habeant de quolibet tonello vini quod transibit per Girondam ad mare, de omni Wasconia et de Muissac et de Bragerac, XII nummos, ut sint in eorum conductu, et eos juvent contra Rupellam ; ...et dicent tune quod hoc faciunt propter veteres injurias quas nos de Rupella fecimus eisdem, ut dicunt.» (Delisle, Ibid., pp. 527-528.)

94) Renouard, Y., Le rayonnement de La Rochelle en occident à l'aube du XIIIe siècle, dans *Bulletin philologique et historique (jusqu'à 1610) du Comité du travaux historiques et scientifiques*, 1961, p. 91.

95) Bardonnet, A., *Niort et la Rochelle de 1220 à 1224. Notes et documents*, Niort 1875.

96) 史料原文については、巻末史料5を参照。

第 4 章

伯＝王権の援助金要求とポワトゥー諸都市
——13 世紀ポワトゥー地方における『良き都市』をめぐって——

はじめに

　フランス王権が急激に伸張する 13 世紀以降，行政や司法に関連する史料に，『良き都市』«bonnes villes» の語が頻繁に現れるようになる。史料中で決して明確な定義を与えられることのなかったこの語の概念をめぐる議論は，1940 年代になって始まった[1]。70 年代のいくつかの研究を経て[2]，1982 年に，シュヴァリエとリゴディエールによる総括的な研究が同時に現れる[3]。シュヴァリエの書物がフィリップ端麗王期を研究の起点とするのに対し，13 世紀以前，すなわち『良き都市』概念の確立過程を詳しく扱っているのはリゴディエールの研究である。彼は『良き都市』を時代とともに変化する概念と捉え，13 世紀，特に聖ルイ期をその重要な転換点として位置付けた。彼によれば，王権は聖ルイの治世に『良き都市』概念の利用を本格化させる。それまでの，都市を既存勢力に対する反対勢力として位置付ける政策からさらに発展し，都市を国王行政の代理人として積極的に利用していくようになったのだ。聖ルイの下で，『良き都市』は，「『（集落規模の）大きさ・富・防備』という既に 12 世紀に見られた特徴を維持しつつ，13 世紀には，国王がそれを政治の代理人とすることを欲し，保護の代償としてその忠誠を欲し，しかしその一方で常に密接に統制することを欲するような存在」[4]としての性格が前面に押し出されるようになる。王権は，都市財政や首長の人選について統制を試みる一方，その財力を国王財政に対して最大限に貢献させようとする。さらに南部のごく限られた都市においてのみではあるが，都市の代表を集めて食糧備蓄などについての意見を求め，王政に反映させるという政策が始まったのもこの王の時代である。

その聖ルイの時代にポワトゥー地方を支配していたのは，父ルイ8世の遺言によりポワトゥー伯の肩書きを与えられ，王領の一部を分け与えられた王弟の一人アルフォンスである。ブタリック[5]やウッド[6]が指摘するように，聖ルイ期の親王たち[7]の中でも，自らの政策を国王のモデルに適応させようとする傾向がとりわけ明確だったのがアルフォンスであった。彼はほぼ常にパリ，つまり兄王の傍らで暮らし，聖ルイもまた彼に全幅の信頼を寄せたという。アルフォンスの治世は，兄が王国内で行うと同様の改革をポワトゥー伯領内で並行して進めることによって，結果的に，彼の死後に行われたそれらの地域の王国併合（1271年）を，非常にスムーズにするという役割を果たした。

伯アルフォンス治下のポワトゥーで，聖ルイの政治に見られるような都市政策の変化は現れているのだろうか。アルフォンスと諸都市との関連に関する史料を追っていくと，わずかずつではあるが，まさに彼の時代に『良き都市』の語が行政の分野で使用され始めていることがわかる。本章では，伯から都市に対して要求された援助金をめぐる交渉の過程の中から，アルフォンスによるポワトゥー諸都市への『良き都市』概念適用の具体的検討を試みたい。この時期の国王や領邦君主にとって，各々の領内の諸都市から財政的貢献を引き出す最大の手段が，援助金の徴収であった。アルフォンスの行政関連史料の中には，この援助金に関する史料が豊富に伝来している。そこに現れる『良き都市』の言葉は，決して出現回数は多くはないにせよ，重要な意味を持っていると思われる。

第1節　援助金をめぐる議論

«aides» の語の持つ意味は様々である。本来は助力義務全般を指す語であるが，特にそれが金銭的援助を指す場合，中世後期以降のフランス史では，王権がワインなどの物資流通から徴収する間接税の形をとった援助金を意味することが多い[8]。他方14世紀半ば以前のフランスでは，領主が封臣や領民の同意を得て特定の場合に徴収した臨時的な援助金がとりわけ問題となる。これは，先の間接税としての援助金などと区別するために，『封建的援助金』«aides féodales» と呼ばれることもある。

　これまでの研究の中で，援助金の問題はしばしばフランス王権の伸張と関連付けて扱われ，国王による徴税権が拡張し充実していく過程の中で，それが大きな役割を果たしたことが指摘されてきた。ビッソンによれば，アルフォンスによる臨時税徴収の努力はその先駆けをなすものである[9]。中世盛期における援助金そのものを扱った総括的研究としては，スティーヴンソンやオーギュスタンの仕事をまず挙げねばならない[10]。オーギュスタンによれば，12世紀末から13世紀にかけて，封臣が領主に対して援助金支払い義務を負うのは，①領主の長男の騎士叙任，②領主の長女の結婚，③領主自身が捕虜になった場合の身の代金支払い，④領主の十字軍への出発，のいわゆる『4つの場合』であることが慣習法における規範となっている。フランス国王に対してはいかなる場合に援助金拠出が義務付けられるかは，聖ルイ期に最終的に固まった[11]。一方でこれとは別に，国王に対する軍役義務の金納化が13世紀半ば以降進展していたが，王権は，この金納化の結果生まれた『軍役援助金』«aides de l'ost» と，いわゆる『4つの場合の援助金』«aides aux quatre cas» の意図的な混同を行う。王権は，前者に関して後者よりも広範な徴収機会を持ち，より広い対象からの徴収が認められていたから[12]である。このようにして，フィリップ端麗王期以降，援助金はきわめて広い範囲に要求されると共に，事実上の恒常化へ向かうことになったという。また14世紀前半のフランス王権による課税のあり方を詳細にたどったヘンネマンは，百年戦争開戦前から開戦直後にかけての「非常事態」の中，王権がその事態を利用しつつ，援助金を通じて，通常をはるかに超える徴収を行うための理論と実践方法を整備していったことを強調している[13]。

　そうした過程の中で，13世紀の王権や領邦君主が援助金による貢献を期待したのは，何よりも都市に対してであった。フルヒュルストは，11—13世紀のフランドル伯領，ノルマンディー公領，フランス王領の財政構造に関する報告の最後で都市の援助金について言及し，君主財政収入全体の中でそれが占めた比重の大きさを指摘している[14]。他方，都市にとってそれが非常に重い負担になり，財政を破壊される都市が続出したことは，これまでもしばしば指摘さ

れてきたところである。例えばフォシエは，12—13世紀のピカルディー諸都市と王権との関係に関する研究の中で，フランドル戦争や十字軍のために都市に要求された援助金負担の結果，都市が巨額の負債を抱えることになった経緯を語っている[15]。中世盛期における都市会計史料の伝来は乏しく，各々のケースについて詳細な検討は必ずしもなされてはいないが，総じて百年戦争期以前において，援助金の支払いは都市財政を圧迫する主要な要因のひとつであったといってよい。

　さらにわが国では，14—15世紀のブラバント都市ブリュッセルを対象とした藤井美男氏の研究[16]がある。藤井氏は，ブラバント公によって14世紀後半から頻繁に要求されるようになった援助金支払いのための財源として，都市が富裕層に販売する定期金が重要であったこと，さらに定期金の毎年の償還には売買税収入が充てられ，結局は都市の大衆に転嫁されるという二重の収奪構造になっていたことを明らかにした。多額の負担を負う代わりに都市ブリュッセルが得ていたのは，公権の執行者として都市内外の財政的側面での大きな影響力など，公権を後ろ盾とする都市の権限の安定と拡大である。さらに有力都市民層にとっては，公から徴税権を認められることにより，一般大衆からの収奪の機会を拡大するというメリットがあった。その一方で，ブラバント公にとって，援助金の実際の徴収と処理において都市の持つ財務・会計能力が必要不可欠であり，都市の両替商もまた大きな役割を果たしたという。

　このように，援助金の問題は財政史・租税史にまたがる多様な議論を提起してきている。さて，ポワトゥー諸都市が君主に対して負った援助金について，最初にまとまった史料が現れるのはアルフォンス期である。史料をたどってみると，彼の治世に援助金が要求された機会は少なくとも以下の5回あったようである[17]。①アルフォンス自身の騎士叙任（1241年），②彼とフランス王権に対するポワトゥー在地領主層の反乱を鎮圧するための戦争（1242年），③彼の1回目の十字軍遠征（1248年），④そこで彼が捕虜になった時の身の代金支払い（1249年），⑤彼の2回目の十字軍遠征（1270年）。このうち最初の4回（①〜④）に関しては，史料中の簡単な言及程度しか情報がない一方で，2回目の十字軍遠征（⑤）のための軍資金準備については，きわめて多数の史料が伝来

する。その最大の理由は，彼の治世最後の数年間，すなわち1267年復活祭から1270年半ばの間についてのみ，非常に整備された行政命令帳簿（ルジストル）が伝来していることである。アルフォンスは，各管区の地方役人や，個別の任務を負って派遣される使者にあててこまめな命令を下しつつ，ポワトゥーから南部フランスに広がる広大な領土の管理を行わせていた。この行政命令帳簿は，伯の名において作成され，発送された命令 «mandements» ないし書簡の写しを主体として作成されたものである。伯自身が発したもの以外にも，それらの命令や通知の内容に関係のある第三者，例えば領内の都市などが伯に宛てた書状や，ごくまれにではあるが，命令を受けた役人たちから伯に宛てられた報告書の写しも含まれている。合計2,000通以上に及ぶこれらの史料は，モリニエによって『アルフォンス・ド＝ポワチエの行政書簡集』2巻として刊行されている[18]。この史料集を用いてアルフォンスによる臨時税徴収を総体的に検討したビッソンは，それがフランスの財政制度の発展に果たした意義を高く評価している[19]。本章では，この時期の領邦君主による都市政策の変化という視点から，この問題を取り上げてみたい。

　十字軍という一大事業が，フランス王権の行政や財政に無視できない影響を及ぼしたことは，これまでも指摘されてきた。サイユーは，聖ルイ期についてこの点を特に強く主張する。十字軍のための巨額の資金準備と，パリのテンプル騎士団と国王役人による資金管理と聖地への移送業務が，国王の財政制度の整備に大きな役割を果たしたとするのである[20]。サイユーは軍資金の調達にイタリアの金融業者が果たした役割を強調しているが，彼ら金融業者への返済分も含め，結局のところ資金を負担したのは領民であった。オーギュスタンは，13世紀に国庫からの出費増大につれて援助金要請が爆発的に増加する中，特に大きな影響を及ぼしたのが十字軍遠征のためのそれであったとする[21]。

　先述のとおり，常に兄を規範として行動したと見受けられるアルフォンスは，聖ルイの2度の十字軍遠征のいずれにも同行している。1度目の遠征では，兄王と同じくアルフォンスも捕虜になり，身の代金を払って解放された。その後兄と共に2度目の遠征を企てるが，計画は1度延期された後，1267年になって最終的に，1270年に出発する旨決定された。アルフォンスは，莫大

な軍資金を短期間に集めることを余儀なくされたのである。

　十字軍のための援助金要求は，アルフォンスの支配に服している全地域を対象に，各セネシャル管区（セネショセ）単位で行われたが，ここで分析対象とするポワトゥー地方は，ポワトゥー管区とサントンジュ管区にあたる。この2管区は，従来はポワトゥー管区としてひとつの単位をなしていたが，アルフォンスは1255年にそれを2つに分け，新たにサントンジュ管区を設けた。1242年の在地領主反乱とその鎮圧の後，反乱した領主層から多くの領地が没収された結果，単一の管区としては広大になりすぎていたためである。援助金の要求に関しても，伯の特使とともに，それぞれの管区の長である伯役人セネシャルが責任を持って交渉に当たることとなった。

　以下では，主にアルフォンスの行政書簡集に拠りつつ，ポワトゥー地方の諸都市に対してどのような手続きで援助金の要求と交渉が行われたかを分析していきたい。

第2節　都市への援助金要求とその交渉

(1)　伯の使者と都市代表の間の交渉

　ポワトゥー諸都市への援助金要求に関する最初の記録が伯の行政命令帳簿内に現れるのは，1267年7月である。

> 『ジャン・ド＝ナントゥイユ殿とギシャール師は，ポワトゥーに赴き，十字軍遠征準備のために，ポワトゥーの諸都市に対して伯殿への援助金を要求せよ。そして各管区のセネシャルの協力を得て，可能な限り多くの金額を得るべく，正当な方法でうまく交渉せよ。また交渉の結果合意されたことと，各都市が負う金額と都市の名とを書面にせよ』[22]。

　興味深いのは，これに続く記述の中で，都市に援助金を要求する際の交渉材料とするよう，いくつかの具体的な問題が挙げられていることである。例えば，テンプル騎士団との交渉においては，彼らがポワトゥーとサントンジュに所持している財産を伯が確認することにより，彼らがどれだけの帆船を作って拠出することができるか，あるいは帆船を作らないなら，現金の形でどれだけ

第4章　伯＝王権の援助金要求とポワトゥー諸都市　　　　　　　　　　　121

提供できるかを提示させるよう命じている。さらに伯と都市民との間で対立が続いていたラ＝ロシェルの伯取引所の問題[23]にも触れ，もし伯が譲歩して都市民の要求を容れるなら，どれだけのものが引き出せるか，うまく交渉するよう指示している。

　ほぼ同時期の7月17日に，日付も文面も同一の通知書が，ポワトゥー管区とサントンジュ管区の計5つのコミューヌ都市，すなわち前者ではポワチエ，ニオール[24]，後者ではサント，ラ＝ロシェル，サン＝ジャン＝ダンジェリ[25]に宛ててそれぞれ発送された。そのうちポワチエに宛てられたものは，以下のように言っている。

　　『アルフォンスより，親愛にして忠実なるポワチエのコミューヌのメールとジュレたちへ，挨拶と親愛の情を送る。余の親愛にして忠実なる騎士ジャン・ド＝ナントゥイユと，騎士であるサントンジュのセネシャル，及び余の聖職者でカンブレの参事会員であるギシャール師を，余からの願い事を貴殿たちに対して行うべく余は派遣した。貴殿たちがその願い事を好意を持って受け入れ，多くのものを与えるように願っている』[26]

　2つの管区のうち，サントンジュに関しては比較的早く交渉がまとまったようだ。

　伯の使者が派遣されて4箇月後の11月，ラ＝ロシェルとサン＝ジャン＝ダンジェリの『コミューヌのメールとジュレ』から，それぞれ書状が発行されている。ラ＝ロシェルのものは，

　　『フランス国王の息子にしてポワトゥーとトゥールーズの伯である，そして敬虔なるご性質で知られるところの，最も尊敬すべき，最も高貴なる我らの領主アルフォンス様が，聖地を救うべく旅立つことを決心されたので，当然伯殿が負うこととなる費用の重荷を思い，我々はその重荷をわずかな部分だけでも軽くしたいと望んで，善意と自発意思からくる，強制されたものではなく純粋に自由な我々の意思から，同領主殿にトゥール貨で2,000リブラを約束し，今も約束していることを知られたし。この総額を，我々は伯ご自身あるいはサントンジュのセネシャル，あるいはその他の代理の者に，以下に記された納入期限をもって支払うことを約束し，

負っている。すなわち，トゥール貨で1,000リブラを1268年の主の奉献日（＝2月2日）に，残りの1,000リブラは次の主の昇天日（＝初夏）に』[27]

という内容である。一方，サン＝ジャン＝ダンジェリの書状も，ほとんどは上のラ＝ロシェルの書状と同一の文章で，ただ金額と納入期限だけが異なっている。

『(前略) 同領主殿にトゥール貨で1,000リブラを約束し，今も約束している…(中略)…。(その全額を) 1268年の万聖節（＝11月1日）に』[28]

さらにほぼ同じ日付で，ラ＝ロシェルは，先述の伯取引所の破壊と引き換えに，上記の援助金に加えてさらに6,000リブラを支払うこと，また取引所が破壊された後の敷地について，毎年必ず貢租を支払うことを約束する書状を発している[29]。その6,000リブラの納入期限は，1268年の万聖節（11月）に2,000リブラ，1269年の主の奉献日（2月）に2,000リブラ，同年の主の昇天日（初夏）に2,000リブラであった。数年前からの懸案事項であった伯取引所問題を材料として，使者たちが『可能な限り多くの金額を得るべく，正当な方法でうまく』交渉した結果が，これであったと思われる。

伯会計関連史料が断片的にしか伝来しない中[30]，援助金の実際の納入について情報を与えてくれるのが，伯から各セネシャルに対して送られた送金命令である。アルフォンスに属する経常収入や臨時収入の全ては，毎年数回に分けて各管区のセネシャルからパリに送金されていた。アルフォンスは，その納入期限が近付く都度，各セネシャルに対し，確実に集金して全てを送金するよう命令状を送っているが，特にその中で，それぞれの納期について都市から納められるはずになっている援助金については，都市名と，多くの場合金額が明示されているのだ。ラ＝ロシェルが約束した援助金の最初の納入期限の迫った1268年1月27日に，伯がサントンジュのセネシャルに対して与えた命令状には，『余のラ＝ロシェルのブルジョワたち』が納めることになっている2,000リブラを確実に徴収した上，サントンジュ管区内のその他の伯収入分全てと合わせて，パリのテンプル騎士団まで送金させることが指示されている[31]。こここの2,000リブラのうち1,000リブラは，既に何らかの理由で同都市民が以前から伯に支払いを約束していた3,000リブラの一部で，この期日の支払いが約束さ

第 4 章　伯＝王権の援助金要求とポワトゥー諸都市　　　　123

れていたことが別の史料[32]から知れる。このように，各々の都市から支払われることになっている金額と期日について，アルフォンスの指示は総じて非常に正確である。さらにその際，集めた金のうちできるだけ多くの部分を，ポワトゥー貨その他の通貨から，できるだけ低い手数料でトゥール貨に両替した上で送金するよう念を押している。当時のポワトゥー地方の通貨の多様さは，別の史料内でその雑多さとわかりにくさをアルフォンス自身が嘆いているほどであった[33]。サントンジュのセネシャル管区収入全体の両替を主に担っていたのはラ＝ロシェルの両替商たちであったが，1267 年，彼らが要求する両替手数料の高さに伯が立腹し，より低い手数料で両替するよう交渉せよとセネシャルに命じている[34]。上記の伯の両替手数料に関する指示は，こうした経緯を背景に持つものであった。

　他方，サン＝ジャン＝ダンジェリが約束した 1,000 リブラに対しては，伯は激しい不満を示している。以下は，1268 年 4 月 11 日に伯がセネシャルに対して与えた指示の抄訳である。

『（前略）サン＝ジャン＝ダンジェリの都市民が余のために貴殿に約束したトゥール貨 1,000 リブラの贈与に関して，手紙によって貴殿が余に知らせてきたことについてであるが，余はいかにして彼らがかくも少額の贈与しかなさぬのか，非常に驚いている。…（中略）…彼らが余に何らの援助金も，救援も，タイユも支払わないままで 16 年間あるいはそれ以上を過ごしているというのに，また賢明なる者は自らの領主を愛し奉仕する義務を負い，またそうするべきであるというのに，なおかつ聖地に赴かねばならず，かくも大きな必要があるときだというのに。余はそうした彼らの言葉を容認することは断じて望まぬ。…（中略）…よって余は，貴殿にこの贈与を満足すべきものとして受け取らぬことを命ずる。なぜなら余は，余の他の良き都市がそれに倣うことにより損害を受けるかもしれぬからである。そしてそれら（＝良き都市）には，自らの領主には善きをなし，気前よく贈与をする模範を与えねばならないのである…（中略）…それ故，次回の精霊降臨日のパルルマンの会期に彼らが余の前に来るには及ばぬ。なぜならこのことについて余が彼らから聞くことは何もないからである。…（中略）

…我々の親愛なる領主であり余の兄であるフランス国王（聖ルイ）は，彼が海外（十字軍）へ赴いたときに，またナヴァール王（シャンパーニュ伯チボー２世），シチリア王（アンジュー伯シャルル），ブルターニュ伯（ジャン１世），フランドル女伯（マルグリット）も，自らの都市から多額の現金の贈与や，多くのタイユや，多くの援助金を幾度も得ていること，またこのことは愛情のしるしであり，彼ら（都市民）が自らの領主を愛していること，彼らの賢さと名誉をも示しているのだということを彼らが知ることができるように。…（中略）…これら全てのことを彼らに対して熱心によく知らしめよ。そしてもし彼らがなお，海外への旅のために余になさねばならぬ援助金として，余になされるのが当然なだけの贈与をしたくないと言うのであれば，彼らはこのこと，また他のことについても，余や他の者に対して悪をなすことになるのであって，その場合貴殿はサン・ジャンの者たちに対する余の権利を堅持せよ（後略）』[35]。

　この激しい伯の怒りを受けて行われたその後の交渉の詳細を示す史料はないが，その結果だけは1269年4月の史料からうかがい知ることができる。同年精霊降臨祭（初夏）期の伯収入が各管区のセネシャルから送金される納入期限を控え，伯はサントンジュのセネシャルに，『ラ＝ロシェルのブルジョワが伯殿に負うトゥール貨2,000リブラと，同じくサン＝ジャン＝ダンジェリのブルジョワが負う1,500リブラ』[36]を確実に徴収するよう指示している。ラ＝ロシェルによる納入がそれまで約束どおりに行われていたならば，ここの2,000リブラは1269年初夏に予定されていた最後の支払いを指すことになる。サン＝ジャン＝ダンジェリがこのとき支払うとされている金額が，同都市が最終的に約束した全額であるかどうかはわからないが，ともかく，サン＝ジャン＝ダンジェリは当初提示した1,000リブラではなく，1,500リブラあるいはそれ以上を支払わざるを得なくなったのである。

　他方ポワトゥー管区については，交渉は難航したようだ。1268年10月10日，伯は同セネシャルに以下のような興味深い指示を与えている。

　『貴殿に，ポワチエのコミューヌのメールとジュレ，またニオールのコミューヌのメールとジュレ，及びその他の，聖地救援のために余に何らの

援助金 «auxilium» も前もって約束していない貴殿の管区内のその他の都市の賢明なる人々に対し，敬虔なるをもって知られ，聖地の救援のために自ら旅立つことを決心した余が，かくも多くの必要な出費を抱えている今，大いなる贈与を与えられんことを彼らが求めるよう，貴殿が要求しあるいは要求させることを命じる。…(中略)…なお，都市ポワチエのコミューヌにおける300人あるいは400人の富裕なる者，ニオールのコミューヌの200人あるいは300人の富裕なる者，及び，貴殿の管区内のその他の諸都市については，それぞれの都市の規模に応じた人数の富裕なる者について，その動産及び不動産についての隣人たちの評価と評判によって得られるだけ（の情報）を，各都市について個別に，迅速かつ秘密裡に集め，あるいは集めさせるように』。

この史料の末尾には，『同様の手紙が，都市サントの住民と，伯殿に何ら援助金を約束していないその他の管区内の諸都市について，サントンジュのセネシャルに対して送られた』[37] と付記されている。つまり，サントンジュ管区ではサント，またポワトゥー管区ではポワチエ及びニオールの両方について，最初に伯の使者が各都市を訪れて要請を行ってから1年以上が過ぎたこの時点において，未だ交渉が成立していないのである。

またこの少し前から，伯から使者やセネシャルへ与えられた指示の中に，在地領主層に対する援助金の要求と並んで，『余に属する平民』 «homines nostros roturarios» が負うべき2倍貢租に関する言及が現れ始める。1268年8月18日，アルフォンスは，使者ジャン・ド=ナントゥイユ及びポワトゥーとサントンジュの各管区のセネシャルに対し，同一の文面の書状を送っている。そこで伯は，在地領主層に対して十字軍のための援助金を要求することを指示し，またジャン・ド=ナントゥイユと各管区のセネシャルが，

『余の平民あるいは貢租負担民については，…(中略)…余が大いなる必要に駆られているこのとき，彼らが1年の間少なくとも2倍の貢租を負うことによって，――なぜなら地域の慣習により，このような場合には（これまでも）複数の領主によって，これ（2倍貢租）が義務として負われるべく要求されてきたからであるが――，余に自由なる善意を彼らが行うべく，

その用意があると見て取れるか，また彼らに要求することができるかどうかの明らかな返答をまず欲しい』[38]
としている。

　また2倍貢租の徴収に関しては，伯とセネシャルたちの間で行き違いがあったようだ。上述の命令が行われた後，セネシャルたちから何らかの報告が行われたようだが，その報告書は伝来しない。次に伝来するのは同年10月3日，伯から上記の3人全員に宛てられた指示であるが，これは彼らの報告に対する返事として作成されたものである。

　『平民に関しては，地域の慣習に従い2倍貢租の徴収を進めるのを貴殿たちが中断するのは余の本意ではない。なぜなら余が貴殿たちに最後に送った手紙は，来期のパルルマンで平民たちの返事を余に知らせるようにというもので，彼らについて貴殿たちが既に始めていたことをやめることは全く余の目的ではないのだ。なぜなら貴殿たちは，それ以前に余に宛てた手紙の中で平民については何も書いて来なかったので，貴殿たちが彼らについての作業を始めていたかどうか，余は知る術がなかったのだ。したがって余は，貴殿たちに対し，このような場合は，貴殿たちが正当な方法で，誤ったことをせず地域を混乱させずに，余の利益になると思われることに従い，先に進むことを命じる』[39]。

　すなわち，先の指示が出された8月18日には，既にポワトゥーとサントンジュにおいて2倍貢租の徴収が開始されており，平民の返事をまず聞きたいという伯の手紙に驚いたセネシャルたちは，その徴収を中断した。しかし伯が欲したのは，平民たちが『自由なる善意』において2倍貢租を負うこと，すなわちその徴収が地域の混乱を招かないことの確認に過ぎず，『平民たち』の返事は，それを自ら確認した上で初めて作業を始めさせるほどには重要視してはいなかったということであろう。いずれにしても，最初の手紙を送ったときに徴収が始まっていたかどうか伯が知らなかったということは，2倍貢租徴収の最初の指示は1268年8月から大きく遡ることはないことを示している。またこれらの史料からは，この時点でどこで既に徴収が始まっていたかはまったくわからない。

ポワトゥー管区諸都市との援助金をめぐる交渉はさらに難航を続ける。先述のとおり，伯収入の納期ごとに，伯から各セネシャルに宛てて送金命令が送られているのだが，サントンジュ管区への送金命令状から，ラ＝ロシェルとサン＝ジャン＝ダンジェリからの援助金が着々と納入が進んでいる経過がたどれるのとは対照的に，ポワトゥー管区へのそれの中には，一向に具体的な命令が現れない。それどころか，1269年1月の送金命令の中で，十字軍資金の調達に一層励み，これまで援助を約束していない諸都市からも援助金を獲得する努力を重ねるようにと[40]セネシャルに対して命じているのみである。

　その後，1269年3月26日までに，ポワチエはいくらかを約束したようである。その日に伯からポワトゥーのセネシャルに宛てられた指示では，『ポワチエの都市民が，十字軍の救援のためにいくばくかの金額を余に納めたのだが，余はこうしたわずかな金額を受け取りたくはない，彼らが好ましい援助金を余になすよう，できるだけ多くの金額を彼らが提示するよう上手に導きつつ，貴殿が彼らに余からの要求をなすことを余は欲する。また同様に，ポワチエの新しいブールの者たちや，モントルイユ＝ボナンや，また余に何も負わず何も約束していない貴殿の管区内のその他の場所や都市における余に属する者たちに対して，要求を行うよう』[41]命じられている。

　その命令を受けたセネシャルの努力の結果か，1269年4月に精霊降臨祭期分の伯収入についての送金命令が出された際，やっとポワトゥー諸都市が約束した援助金についての言及が現れる。すなわち伯は，ポワトゥーのセネシャルに宛てた送金命令の中で，十字軍への出発予定日が刻々と迫る中，あらゆる手段で資金を集めるよう彼に命令してきたことを強調した後，今期の経常収入分とあわせて『ポワチエ，ニオール，フォントネイの各都市及び貴殿の管区内のその他の余の都市が余に対してなした援助金と，貴殿が徴収しとり集めた2倍貢租とを』[42]聖霊降臨祭の2週間が明けた翌日にパリに送金するよう指示している。つまり，ニオールはこの時点になってやっと，何らかの資金提供を約束したわけである。その上，フォントネイ＝ル＝コントも何らかの約束をしていることがわかるが，いずれも金額が示されていない。同時にサントンジュのセネシャルに宛てて発送された命令状が，先述のとおり，ラ＝ロシェルについて

は 2,000 リブラ，サン=ジャン=ダンジェリについては 1,500 リブラと，その期日に納入されるべき金額を明示している[43]のと対照的である。おそらく，アルフォンスはポワトゥー管区の諸都市が提示した金額に決して同意してはいなかったものの，遠征への出発が近付く中，彼らがその時点で納入できるだけの金額を納めさせ，同時に役人たちとの交渉を続けさせていたものと推測される。

各管区のセネシャルからの送金が行われるその次の納入期限を控えた 1269 年 10 月 7 日にも，同様の命令が出されている[44]が，ポワチエ，ニオール，フォントネイ及びその他の都市が支払う援助金についての指示は上の史料とまったく同一である。一方，サントンジュのセネシャルへ送られた命令状では，都市が個別に約束した援助金の納入についての記述はなくなっており[45]，ラ=ロシェルとサン=ジャン=ダンジェリによる支払いが，予定通り先の聖霊降臨祭期をもって終了したことを示している。

(2) 「自発的援助金」か「2倍貢租」か

ポワトゥー管区の都市との援助金をめぐる交渉は，最後まで困難をきわめたようだ。十字軍への出発が近づく中，各管区での伯収入の徴収及び送金に関する最後の命令が各セネシャルに発せられた[46]。そのときになっても，ポワチエ，ニオール以下ポワトゥー管区の諸都市の援助金について徴収を指示する記述は，先に考察した2通の史料とまったく同じなのである。

その後，ポワチエはともかくもアルフォンスが満足する援助金を実際に納めたことが，別に伝来する一史料[47]からわかるが，ニオールでは少なからぬ混乱が続いた。それを伝えるのが，共に 1269 年 10 月 21 日付の2通の史料である。1通目は，伯がポワトゥーのセネシャルに宛てたもので，

『ポワトゥー及びサントンジュの監察使である2人のドミニコ会修道士ジャコビ・ド=ジャーモとドロコニス・ダピニャン…(中略)…からの手紙により，特に余の都市ニオールの民衆の間で，彼らから徴収された2倍貢租のゆえに，並々ならぬ騒ぎと混乱した嘆きが強まったことを余は知った。そしてそれは，彼らの手紙から推測されるところ，当の2倍貢租のせ

いというよりむしろ，徴収の際にとられた過酷で厳しく，そして不当な手段ゆえということのようである。…(中略)…そこで余は，この貢租徴収について，しかるべき手段がとられているか，また税が徴収される人々に何らかの損害を与えぬよう監視するしかるべき世話役を徴収人につけることを命じる』[48)]

というものである。もう1通の史料で伯は，この事件を知らせてきた2人の監察使に宛てて，

『聖地についての必要が差し迫っているこの時期に，余は，大きな権威があり，かつ長い間ずっと是認されてきた慣習に基づいて，2倍貢租の徴収を命じたことを記憶している。…(中略)…しかしながら，余が自らの権利を行使するに際して，不当なることが行われるとは思っていなかった。もしこの件に関して訴えが起こされたなら，余のセネシャルによって裁きがなされるよう，余は命じた』[49)]

と，自らが行った処置を伝えている。

この2通の史料は，若干の問題を提起する。すなわち，先に考察したように，ニオールは1269年4月には既に何らかの援助金提供を約束していたはずだからである。この史料が示している騒乱は，果たしてニオールから援助金と2倍貢租の両方が受け取られたことを示しているのだろうか。さらに，そうだとすれば，それはポワトゥーとサントンジュの全都市について行われたのだろうか。伯が2人の監察使に宛てた上記の報告書の末尾には，追記という形で，『なお，サントンジュ管区のその他の諸都市は，その2倍貢租について，余に気前良く支払ったことを知られたし』[50)]という一文が付加されている。しかし，それらの都市名の列挙はなく，ラ＝ロシェルやサン＝ジャン＝ダンジェリなど，自発的援助金を約束した都市からもさらに2倍貢租が徴収されたか否かは明らかではない。

この点についてブタリックとスティーヴンソンは，二重の徴収はまったく想定していない。両者とも，ポワトゥーとサントンジュの諸都市においては，2倍貢租か自発的援助金か，いずれかを選ぶことになったと考えている[51)]からである。その根拠について両者とも詳しい説明をしていないが，アルフォンスの

支配に服するオーヴェルニュ管区において，諸都市に援助金を要求する際に取られた手法を示す1通の史料を念頭においていることは間違いない。オーヴェルニュ及び南方の諸管区においては，2倍貢租の徴収についての言及は見られない代わり，炉税の徴収が行われた。先述の1通の史料とは，やはりアルフォンスの行政関連書簡集の中に伝来する，援助金の要求方法をオーヴェルニュ管区のセネシャルに指示した一種のマニュアルである。

それによれば，セネシャルは伯の都市を訪ね歩き，それぞれの都市において12人前後の都市住民を呼び出す。そして，伯がこれまで領民に対していかに手厚い保護を与えてきたかを彼らに語り，次いで兄のフランス国王が先の十字軍遠征のために彼の都市から多額の援助金を得たこと，またその他の領邦君主も領内の都市から援助金を獲得していることを説明する。こうしたことをよく理解させた上で，改めてアルフォンスからの援助要求を彼らに伝えるように，と指示した後，マニュアルは以下のように続いている。

> 『彼（セネシャル）は，都市の10人または12人，あるいはその前後の適当と思われる人数の，都市の各々の住民たちについて動産・不動産の貧しさあるいは富裕さをよりよく知っている者たちを選び出す。…(中略)…住民の各々に関する彼らの知識をもって，正しく合法的に，金額を定め，住民のひとりひとりが負うべき額を書面に書くことを，聖人にかけて誓約を行わせるように。そして彼らはその都市全体の総額を算出するが，彼らがそれを書いた書類の1通を持ち，セネシャルはもう1通を持ち，また同じ内容のもう1通を伯殿に送付するように』[52]。

さらに，徴収は都市住民とセネシャル側の人員が協力して行うよう指示した後，史料には『フランス国王の都市が国王に援助金を払う際，フランス国王は彼の都市において，以上述べてきたようになさっているのである』[53]と，再びフランス国王が引き合いに出され，こうした徴収が正当であることを強調しているようである。

ただし，こうした全住民からの炉税徴収という方法は，オーヴェルニュの全ての都市において採用されたわけではない。上記史料の最後には，以下のように記されているからだ。

『そして良き都市 «les bones villes» が伯殿に対し炉税ではなくまとまった額の現金を支払うほうを望んだ場合，そしてそれが炉税が支払われた場合よりもひどく少ない額でなく，そして都市の人々，バロン，聖職者，その他の都市の領主たちがそれに同意するのであれば，その同意されたことが都市において行われることは伯殿の気に入るところである。そしてそのような同意がなされなかった都市については，約束されたとおりに炉税が徴収される』[54]。

この史料は，オーヴェルニュにおける都市への援助金要求が，セネシャルが都市を巡回して，全住民に対して各々の財産に応じた額が割り当てられる炉税方式を選ぶか，あるいはその総額におよそ見合った額を住民自身が準備し，自発的に提供する方式を選ぶか，いずれかの選択を都市住民に迫るという形で行われたことを示しているようだ。少なくともこの史料から見る限り，オーヴェルニュ諸都市が炉税の支払いを自発的援助金という形に替えようとする場合，その金額が炉税が納められた場合よりも劣らないことが条件として強調されていることからも，両者の二重の徴収は想定されていない。一方ポワトゥーとサントンジュ地方で徴収された２倍貢租については，このような明確な表現を持つ史料は伝来していないが，全住民が財産に応じた額を分担するという点で，それが炉税と共通した性格を持っていることは間違いない。このことからブタリックとスティーヴンソンは，ポワトゥー及びサントンジュ管区についても，オーヴェルニュ管区と同じような二者択一が都市に対して提案されたのだ，と解釈しているようだ。ブタリックは，両者の間から選択する権利を与えられたのは，特権を得ていた都市に限られており，それ以外の伯の直属民は２倍貢租を負うことになったとする。さらにかなりの推測を交えながら，ニオールは提案された２つの選択肢のうち，自発的援助金を拠出することを当初から拒否し，２倍貢租を負うことを自ら選んだが故に，過酷な徴収が行われて後悔することになったと説明している[55]。しかし，ニオールもまた自発的援助金を約束していたことを示す史料があることについては，両先行研究とも何も触れていないのである。

それでは，ニオールで一体何が起こったのだろうか。２倍貢租に関する史料

が全般的に少ない中，その農村部における徴収に関する情報を与えてくれる一通の貴重な史料がある。

『アルフォンスからサントンジュのセネシャルへ。マルシリー，アンディリー，エナンド，サン・サンドル，ニユール，ヴィルドゥーの各小教区の者たちから，余のために貴殿が彼らに要求した2倍貢租のゆえに，貴殿が，グラン・フィエフ・ドニスにおいて彼らが所持しているぶどう畑を差し押さえ，ぶどうの収穫を禁じたことを余は知らされた。そして上記の者たちから余に対して，余の十字軍の援助金として，2倍貢租に替えてトゥール貨で500リブラを，彼らから受け取ることを余が欲するよう嘆願が行われたのである。また2倍貢租が徴収された場合でも，トゥール貨500リブラの総額を超えることはないのだから，と左様に記されている。そこで余は，彼らに対して特別の恩寵を与えることを望み，貴殿に対して2倍貢租が前述の500リブラを超えないか否か，真実を迅速に調べることを命じる。そして彼らから前述の500リブラを，あるいは2倍貢租がそれ以上の価値がある場合はそれ以上の金額を，その半分については万聖節（11月）に，残りの半分については主の奉献日（2月）に受け取り，彼らの先述のぶどう畑を解放し，彼らが収穫を行うことを許可するように（1269年9月6日）』[56]。

ここに列挙されている小教区はラ=ロシェルの北方に位置し，毎年ラ=ロシェル港から北方に輸出されるワインを生産するぶどう畑が広がる一帯であった。2倍貢租が払えずにぶどう畑を差し押さえられたぶどう栽培人たちは，彼らが負う金額に相当する500リブラを，収穫が終わって収入が得られる11月と2月に支払うことを願い出て許可されたのである。したがってここでは，個別に徴収されるはずであった2倍貢租を免除して，それに相当するまとまった額を住民側が準備して払い込むという，都市が実行していた方法で代えたということを意味しており，二重の徴収はあり得ない。

ニオールの事件に直接関連する史料がこれ以上見当たらないという現状においては，ニオールでの出来事に関しては2通りの解釈が可能であろう。1つは，同都市が1269年春に自発的援助金を提供する約束をしたものの，交渉の

第 4 章　伯＝王権の援助金要求とポワトゥー諸都市　　　133

結果最後まで伯の要求に足りるだけの金額を提示できなかったか，あるいは約束しただけの全額を独自に準備する見通しが立たなかったか，いずれかの理由で，1269 年秋に 2 倍貢租の徴収を受けることになったという解釈である。この解釈をとった場合，注目できるのは，『ニオールにおいて伯殿に毎年負われる貢租とラントの一覧』[57]が，フランス王権文書庫に伝来していることである。この史料は，ニオール都市内と郊外地について，各住民が所持する不動産と伯に支払われる貢租を全て列挙したものである。この史料を刊行したクルーゾは，それがアルフォンス期に作成されたものだと推測している。その作成あるいは伝来が，ニオールにおけるこのときの 2 倍貢租徴収事件と直接の関わりがあるかどうかは断言できないが，この種の史料がこの時期のポワトゥー地方の都市について伝来するのは極めて珍しい中，特にニオールに関するそれが王権の文書庫内に残されているのは，やはり同都市の貢租をめぐってアルフォンス期に何らかの事件が起こったことを示していると言えよう。

　しかしながら，上述の『なお，サントンジュ管区のその他の諸都市は，その 2 倍貢租について，余に気前良く支払ったことを知られたし』という伯自身の言葉[58]を文字通りに解釈して，十字軍への出発が迫り，かつ軍資金がなお不足する中で，それまで自発的援助金を支払った都市も含め，全ての都市に対してさらに 2 倍貢租という形での貢献を迫ったと考えることもまた不可能ではないようだ。その場合は，それまでに自発的援助金を支払った都市に対しては，二重の負担をするという「気前の良さ」が要求されたことになる。

　いずれの解釈をとるとしても，少なくともポワトゥーとサントンジュにおける交渉の経緯から見る限り，ブタリックとスティーヴンソンの解釈とは異なって，伯は，この地方の都市に対しては 2 つの選択肢を同列のものとして交渉の当初から示していたのではないことは間違いない。両先行研究と同じように，それらが二重に徴収されることはなかったと解釈したとしても，自発的援助金の交渉が最後まで成立しなかった都市においてのみ 2 倍貢租が徴収されたと考えるべきであろう。その場合も，アルフォンスの本来の希望が，領内のできるだけ多くの諸都市が，あくまで自発的にまとまった金額の援助金を用意して納めることであったことは間違いない。特に交渉が難航したポワトゥー管区の諸

都市について，それは明らかである。前述のとおり，1269年3月になっても，伯は『余に何も負わず何も約束していない貴殿の管区内のその他の場所や都市における余に属する者たちに対して』たゆまず交渉を続けるよう，役人たちに指示を出している[59]。ここで明らかなのは，援助金をめぐる交渉が始まって1年半以上が経過したこの時点でなお，かなりの数の都市が『何も負わ』ない，すなわち2倍貢租も徴収されず援助金の約束も行わないままの状態であったこと，それでもアルフォンスはなお，これらの都市から自発的な一定金額の提示を得ることに最後までこだわり続けていることである。

　注意すべきは，伯がそれを期待したのは，決してコミューヌ都市に限定されてはいないということである。確かにポワトゥー管区内に2つ，サントンジュ管区内に3つ存在するコミューヌに対しては，最初に援助金を要請する使節が派遣されると同時に，伯自身による通知が行われ，それらに対して特に大きな期待が寄せられていたことを示している。しかしながら伯は，ポワトゥー管区内諸都市との交渉の中で，ポワチエ及びニオールの2つのコミューヌ都市に限らず，『聖地救援のために余に何らの援助金 «auxilium» も前もって約束していない貴殿の管区内のその他の都市の賢明なる人々に対し』[60]ても自発的な援助金を提示させるために交渉を続けさせている[61]。その中でモントルイユ＝ボナンが交渉相手として挙げられ，また『フォントネイ＝ル＝コント及びその他の都市』は，交渉の結果，金額はわからないながらも実際に何らかの援助金を約束しているのだ。このうち具体名が挙がっている2つの都市は，各々が伯役人プレヴォの拠点であるが，少なくともこれまでの研究における限り，特に大きな特権を与えられた都市としては扱われてこなかった。

　そうなると，交渉相手としてどのような『都市』が選ばれたのか，この場合の『都市』，『都市民』とは何かが改めて問われることになる。それが全ての集落，全ての『平民』ではないことは明白である。なぜなら，ラ＝ロシェル周辺農村のぶどう栽培人が2倍貢租に関する嘆願を行った際，彼らは『都市民』ではなく『小教区民』と呼ばれて2倍貢租を負うことが当然なものとして扱われているからだ。そして前述のごとく，彼らが2倍貢租ではなく，まとまった額の支払いでそれに代えるのは，伯の『特別な恩寵』であることが強調されてい

第 4 章　伯＝王権の援助金要求とポワトゥー諸都市　　　　　　　　　　　135

る。確かにそれは権力者が何らかの請願を認める場合の常套表現ではあるが，それは，彼らに収穫後まで支払いを猶予することだけを指しているのではあるまい。ぶどう栽培人たちが提案した 500 リブラが，2 倍貢租の総額に劣らないことを執拗なほどに確認させた上で，なおそれが『特別な恩寵』だと強調する伯の態度のうちに，まとまった額の援助金を自らの手で用意して納めること自体を，何らかのステータスにふさわしい行為として位置づけようとする意図が見て取れるのだ。

　伯の使者たちが，何らかの基準で援助金を要請すべき『都市』を選び出していたとすれば，それは，彼らの目から見て，伯の要請に応える能力を持っていると思えるか否かであっただろう。それには，金額や支払方法について彼らと交渉する能力は言うに及ばず，徴収や会計に関する様々な実務能力を持っていなければならない。サン゠ジャン゠ダンジェリの提示金額に対する怒りの手紙の中で，伯は，彼らのあまりにも少ない援助金をそのまま受け取るなら，喜んで援助金を気前良く支払おうとしているかもしれない『余の他の良き都市』の悪しき模範となる，と言っている。充分な財力，交渉能力，実務能力を持ち，それを伯のために喜んで役立てようとする都市をこそ，『良き』都市と呼び，栄誉を与えようとしているのだ。さらに，交渉の当初から自発的援助金と炉税との二者択一が提示されたとされるオーヴェルニュ諸都市に対しても，やはり，自発的援助金を重視する伯の意図を反映した言葉の使い分けが見て取れる。炉税が徴収される都市をただ『余の領内の諸都市』と呼ぶ一方，炉税ではなく自発的援助金を納めることを選んだ都市については，伯は特別にそれを『良き都市』と呼んでいるのである。

おわりに

　十字軍遠征のための巨額の戦費を緊急に調達する必要に直面したアルフォンスは，領内の領主層，都市民，その他の領民に対して援助金の提供を呼びかけたが，その中でも都市にかけていた期待が最も大きかったのは明らかである[62]。さらにそれら都市の中でも，要請が真っ先に行われたのはコミューヌ都

市に対してであった。しかしながら，実際の要請対象はそれに限られず，コミューヌの肩書きを持たない都市の中にも自発的援助金という形での支払いに応じるものがあった。アルフォンスは，できるだけ多くの都市が自発的な喜捨をすることを望んでいた。支払われる金額はあくまで都市側に提示させることに最後までこだわり続けたのである。その際，伯権は『良き都市』の語を効果的に用いている。このとき，『良き都市』，すなわち伯権にとって利用価値のある都市であるためには，コミューヌであることはもはや必要条件ではなくなっているのである。もちろん，伯の要請に応えるためには，財政などの分野で一定の自由が許されている存在であることが必要である。コミューヌでなくても自治権を持っていた都市が広範囲に存在することは，これまでも指摘されてきた[63]。このことは，特別の特権文書が与えられた形跡のない都市の中にも，実際は一定の自律性を備えていたものがこの時期少なからず存在していたことを示している。

そしてそのための能力を実際に備えた都市の住民にとっては，全住民の所有財産に応じて伯役人が徴収する2倍貢租などではなく，自らが独自に用意した援助金の支払いの方が，特に富裕層にとって好ましかったはずである。しかしその財源については，都市財政史料がほとんど伝来しない13世紀について知ることは難しい。援助金調達のために住民に課税する権利が，アルフォンスによって都市当局に認められたとしても，それを示す史料は伝来しない。ブラバントやフランドルでしばしば行われた定期金の販売という形での資金調達も，フランス王国内の諸都市ではほとんど見られない[64]。

中世後期以降，多くのフランス諸都市の財政においてきわめて重要となる商品流通からの間接税収入も，ポワトゥーの諸都市が獲得していくのは13世紀末以降である[65]。ラ=ロシェル及びサン=ジャン=ダンジェリについては，アルフォンス期以前から都市当局が都市内商業施設の経営に携わり，利益をあげている[66]のが見られ，この2都市については，都市当局が都市の商業活動から獲得した金銭収入の少なくとも一部が，援助金の調達に充てられた可能性が高い。また13世紀半ばのポワチエには，『都市の諸費用の分担金として』 «pro assisa missionibus ville»[67] 都市当局が徴収する税についての言及がある。おそ

らくポワチエにおいては，アルフォンスからの援助金要求分は，都市独自の直接税に転嫁あるいは上乗せされる形で徴収されたのではないだろうか。いずれにしても，ヘンネマンが指摘するとおり[68]，都市業務のために必要な本来の都市課税と，援助金拠出のために徴収されるものとを明確に区別することは，領域権力の権威付けによって課税機会を拡大しようとする都市指導者の意図と相まって，非常に困難である。

　プティ＝デュタイイは，13世紀のフランスで，コミューヌ概念そのものの変化が見て取れると指摘している。この時期，都市住民が誓約によって結成した相互扶助団体としてのコミューヌ概念が徐々に消滅し，法人格としてのそれに移行する。その一方で，フランシーズ都市，すなわち何らかの特権を与えられてはいるがコミューヌの肩書きを持たない都市の中にも，この時期メール（市長）を持つものが増加するなど，明らかな変化が見られる。コミューヌ都市と，フランシーズ都市それぞれの概念が，共に変化しながら近付いてくるのだ。その背景にあるのが，王権による都市住民全般への信頼の増大である。コミューヌに限らず，王権に従属する大部分の都市が，利用に値するものと見なされるようになってくるのだ。そしてその画期をなすのが，やはり聖ルイの時代だという[69]。本章で検討した王弟アルフォンスとポワトゥー諸都市の関係も，そうした時代の変化の一端を表しているのではないだろうか。

註

1) Joset, C.-J., *Les villes au pays de Luxembourg*, Bruxelles et Louvain 1940, pp. 167-196.
2) 主なものとして，Mauduech, G., La «bonne» ville : origine et sens de l'expression, dans *Annales E.S.C.*, t. 27, 1972, pp. 1441-1448 ; Boulet-Sautel, M., La formation de la ville médiévale dans les régions du centre de la France, dans *Recueil de la Société Jean Bodin*, t. 7, Bruxelles 1975, pp. 357-370.
3) Chevalier, B., *Les bonnes villes de France du XIVe au XVIe siècle*, Paris 1982 ; Rigaudière, A. Qu'est-ce qu'une bonne ville dans la France du Moyen Age? dans Id., *Gouverner la ville au moyen âge*, 1993, pp. 53-112. リゴディエール論文は，1982年の学会報告をもとにしており，報告の時点ではシュヴァリエの書物の存在を知らなかったと記している。Ibid., p. 53.
4) Ibid., p. 67.
5) Boutaric, *Saint Louis et Alphonse de Poitiers*, Paris 1870.
6) Wood, Ch.-T., *The French Apanages and the Capetian Monarchy 1224-1328*, Cambridge

1966.
7) ルイの3人の弟ロベール，アルフォンス，シャルルは，それぞれアルトワ伯領，ポワトゥー及びオーヴェルニュ伯領，アンジュー伯領を与えられた。
8) その最初の大規模なものは，1355年に三部会が国王に徴収を認めたものである。Rigaudière, A. et al., *Pouvoirs et institutions dans la France médiévale*, t. 2. *Des temps féodaux aux temps de l'Etat*, Paris 1994, p. 243.
9) Bisson, Th.-N., Negotiations for Taxes under Alfonse of Poitiers, in *XIIe Congrès International des Sciences Historique. Vienna, 1965*, Louvain-Paris 1966, pp. 77-101 (rep. in Bisson, *Medieval France and her Pyrenean Neighbours*, London 1989, pp. 49-74).
10) Stephenson, C., Les aides des villes françaises aux XIIe et XIIIe siècles, dans *Le Moyen Age*, 1922, pp. 274-328 ; Augustin, J.-M., L'aide féodale levée par Saint Louis et Philippe le Bel, dans *Mémoires de la Société pour l'histoire du droit et des institutions des anciens pays bourguignons, comtois et normands*, t. 38, 1980, pp. 59-81.
11) 国王が援助金を要求できるケースとして，5番目の「王国の領土が拡大した場合」が聖ルイ期に付加された。Augustin, L'aide féodale, pp. 65-66.
12) Guilhiermoz, P., *Essai sur l'origine de la noblesse en France au Moyen Age*, Paris 1902, p. 297.
13) Henneman, J.-B., *Royal taxation in fourteenth century France*, Princeton 1971.
14) Verhulst, A., L'organisation financière du comté de Frandre, du duché de Normandie et du domaine royal français du XIe au XIIIe siècle, dans *L'impôt dans le cadre de la ville et de l'Etat, Colloque international, Spa 1964*, Bruxelles 1966, pp. 29-43.
15) Fossier, R., Le roi et les villes de Picardie (XIIe-XIIIe siècles), dans *Mondes de l'Ouest et villes du monde (Mélanges Chédeville)*, Rennes 1998, pp. 627-635. また，Petit-Dutaillis, *La monarchie féodales en France et en Angleterre*, Paris 1950, pp. 352-355.
16) 藤井美男「中世後期のブリュッセルの財政に関する一考察—財政をめぐる中世都市と領邦君主—」『商経論叢（九州産業大学）』35-4, 1995年，103-132頁。
17) Molinier, A., *Correspondance administrative d'Alfonse de Poitiers*, 2vols, Paris 1894, n° 1191.
18) 前註参照。
19) 註9参照。
20) Sayous, A., Les mandats de Saint Louis sur son trésor pendant la septième croisade, dans *Revue historique*, 167, 1931, pp. 254-304.
21) Augustin, L'aide féodale, p. 67.
22) «Remembrance soit que mesires Jehan de Nantueill et mestre Guichart aillent en Poitou et requierent diliganment des viles de Poitou subvencion à monsegneur le conte pour la besongne de la Sainte terre et tretent o aus, au mieuz qui porront en bone maniere, d'avoir grant some d'argent, apelez o aus les seneschaus, et soit mis en escrit l'acort de ce qui sera tretié, et la some et le non de chascune vile.» (Molinier, *Correspondance administrative d'Alfonse*, n° 96.)
23) この対立については，第II部第9章を参照。
24) Molinier, *Correspondance administrative d'Alfonse*, n° 24.

第 4 章　伯＝王権の援助金要求とポワトゥー諸都市　　　　　*139*

25) *Ibid.*, n° 98.
26) «Alfonsus, etc., dilectis et fidelibus suis... majori et juratis et communie Pictavie salutem et dilectionem sinceram. Dilectos et fideles nostros Johannem de Nantolio et senescallum Pictavensem, milites, et Guichardum, clericum nostrum, canonicum Cameracensem, pro quibusdam peticionibus vobis ex parte nostra faciendis ad vos diximus destinandos, vos rogantes et requirentes quatinus easdem favorabiliter admittatis et effectui mancipetis, credentes nichilominus supradictis vel duobus eorum super hiis que in hac parte vobis ex prte nostra duxerint refferanda.» (*Ibid.*, n° 24.)
27) «Notum facimus quod, cum reverentissimus et karissimus dominus noster Alfonsus, filius regis Francie, comes Pictavie et Tholose, crucis caractere insignitus, proponat in Terre Sancte subsidium proficisci, nos attendentes honera sumptuum que oportet eum subire, volentes saltim pro parte aliqua, licet modica, onera hujusmodi relevare, gratis, spontanei, non coacti, sed ex mera et libera voluntate nostra promisimus et promittimus domino eidem duo milia librarum turonensium, cujus peccunie summam promittimus et tenemur sibi seu senescallo suo Xanctonensi vel alii certo mandato suo solvere terminis infrascriptis : videlicet mille libras infra festum ascensionis Domini proximo subsequentis, quod erit anno Domini M° CC° LX° octavo.» (*Ibid.*, n° 112.)
28) «... promisimus et promittimus eidem dare mille libras turonensium, ... suo solvere in festo Omnium sanctorum, quod erit anno Domini M° CC° LX° octavo.» (*Ibid.*, n° 113.)
29) *Ibid.*, n° 110, 111.
30) アルフォンスの会計史料の伝来状況については Fournier, P.-F. et Guébin, P., *Enquêtes administratives d'Alfonse de Poitiers*, Paris 1959, p. XCVI-C.
31) Molinier, *Correspondance administrative d'Alfonse*, n° 120.
32) *Ibid.*, n° 100.
33) *Ibid.*, n° 33（1267 年 8 月 2 日）.
34) *Ibid.*, n° 91.
35) «Seur ce que vos nos avez fet assavoir par voz letres d'endroit l'offre de M livres tur., que vous ont fete por nous li borjois de Saint Jehan d'Angelis, nos nos merveillons mout comment il ont fete si petite offre ... com il ait passé XVI anz ou plus qu'i ne nos firent ne aide, ne secours, ne taille, si comme preudome qui sont tenu et doivent amer et servir leur seigneur, meemement en tel cas et en tele besoigne com est la besoigne de la Sainte terre, et nous ne voulons mie qu'il nos pessent einsi de paroles. ... Dont nos vos mandons que nos n'avons pas cel offre agraable, comme nos i porrions avoir grant domage en ce que nos autres bones villes i penroient essample, et il leur deussent donne[r] essample de bien fere et largement donner à leur seigneur ... Et por ce il ne covient pas que il se travaillent à venir à nous au parlement de la Penthecoste qui vient, car nos ne les orrions de riens seur ce ... meemement com il puissent bien savoir que nostre chier seigneur et nostre frere li rois de France, puis qu'il vint d'outre mer, et li rois de Navarre, li rois de Secile, li coens de Bretaigne et la contesse de Flandres ont puis eu maint don en deniers, mainte taille et maintes aides de leur villes pluseurs foiz, et ce semble bien signe d'amor et qu'i aiment lor seigneur et son preu et s'onneur... Et toutes ces choses leur montrez

bien et diligenmant, et se il ne vueleut faire tel offre dont nos nos doiens tenir à paiez en l'aide qu'i nos doivent faire por la voie d'outremer, gardez nostre droit vers ceus de Saint Jehan, et en ce et en autres choses que il ont forfet vers nous et vers autres.» (*Ibid.*, n° 689.)

36) «IIm livres tur. que les borjois de la Rochele doivent à monseigneur le conte, et de M et Vc que les borjois de Saint Johan li doivent ausint.» (*Ibid.*, n° 978.)

37) «Mandamus vobis quatinus majorem, juratos et communiam Pictavenses, majorem, juratos et communiam de Niorto, ac alios probos homines aliarum villarum nostrarum vestre senescallie, qui nobis pro succursu Terre sancte nullum auxilium prestiterint, ex parte nostra cum instancia requiratis vel requiri faciatis ut nobis, crucis carantere insignitis et in subsidium Terre sancte personaliter proficisci proponentibus, in tante necessitatis articulo talem et tantam graciam nobis studeant impertiri ... Ceterum diligenter et secreto addscatis et addisci faciatis de trecentis vel quadrigentis majoribus communie civitatis Pictavensis, item de ducentis vel quadrigentis majoribus communie de Niorto, et de majoribus aliarum villarum nostrarum vestre senescallie in numero competenti, secundum quantitatem cujusque ville, quantum possunt habere per estimacionem et famam vicinorum tam in mobilibus et inmobilibus, de quolibet sigillatim. ... Similis littera missa fuit senescallo Xanctonensi pro hominibus civitatis Xanctonensis et aliarum villarum senescallie Xanctonensis, que non fecerunt auxilim domino comiti.» (*Ibid.*, n° 651.)

38) «Ceterum homines nostros roturarios seu censuales, habita primo responsione nobilium, si videritis expedire, requirere poteritis, una cum prefatis senescallis nostris, ut in tanta neccessitate graciam nobis faciant liberalem, exolvendo saltim duplicatum censum unius anni, cum ad id in tali casu teneri ex debito juxta consuetudinem patrie asserantur a pluribus fide dignis» *Ibid.*, n° 632.) アルフォンスは、『このような場合には』«in tali casu», ——おそらくいわゆる「4つの場合」を指すと思われる——．通常の2倍の貢租が徴収されることは地域の慣習によって認められ，先例もあると強調しているのだが，それを明らかに示す史料は少ないようである．Portejois, P., *Le régime des fiefs d'après la coutume du Poitou* (M.S.A.O., 4ᵉ s., t. 3), Poitiers 1958.

39) «Quant au roturiers, nous vous fesons assavoir qu'il ne fu onques de nostre entenciom que vous lessessiez à aler avant quant à lever le cens double selonc la coutume du pais, quar ja soit ce que en la letre que nous vous envoiamens darrierement fut contenu que vous nous faissiez assavoir à ce pruichien pallement la raponse de ces roturiers, pour ce n'estoit mie à entendre que vous cessissiez de rem que vous avoiez enconmencé quant à eus, quar nous ne nous aviez pas mandé en l'autre lestre que vous nous envoiastes avant ceste nulle riens des roturiers, don't nous ne pons pas deviner savoirmon si vous aviez conmencié à ouvrer vers eus ou non. Don't nous vous mandons que vous en cestui cas ailliez avant, esgon ce que vous verroiz que il pourra estre fet en bone maniere à nostre proufit, sanz tort fere et sanz escandre du pais.» (Molinier, *Correspondance administrative d'Alfonse*, n° 707.)

40) *Ibid.*, n° 666.

第 4 章　伯＝王権の援助金要求とポワトゥー諸都市　　　　　　　　　　　　*141*

41)《Ceterum cum cives Pictavenses aliquam summam pecunie nobis obtulerunt pro Terre sancte, quam necdum quia modicam volumus acceptare, volumus ut ex parte nostra requiratis eosdem de grata subvencione nobis facienda, inducentes esodem bono modo ad majorem quam poteritis pecunie quantitatem, requirentes simili modo homines Burgi novi Picravensis, homines nostros de Monsterolio Bonini et aliorum locorum et villarum nostrarum vestre senescallie, qui nondum nobis dederunt seu eciam promioserunt》(*Ibid.*, n° 973.)

42)《des aides que nos ont faites la ville de Poitiers, de Niort, Fontenai et nos autres villes de vostre sesneschauciée, et du double de cens aussint pourchaciez et assamblez》(*Ibid.*, n° 978.)

43)*Ibid.*, n° 978.

44)*Ibid.*, n° 1038.

45) 同上史料末尾,『サントンジュのセネシャルに宛てられた同一の書状では，都市名は何も挙げられていない』。《Auteles lestres furent envoiées au senechal de Xantonge, muez les nons des viles.》

46)*Ibid.*, n° 1066. アルフォンスの十字軍への出発が間近に迫っているため，この度は徴収した金は各セネシャルが手元にとどめ，パリ方面へ送金しないよう指示されている。

47) Audouin, *Recueil*, t. 1, p. 124. この史料は，十字軍に出発した伯がポワチエに立ち寄った際，援助金を受け取ったことを認めるために発したもので，都市当局に伝来している。

48)《Ex serie litterarum fratum Jacobi de Giemo et Droconis de Appugniaco, ordinis fratrum Predicatorum, inquisitorum in Pictavia et Xanctonia, intelleximus quod inter populares, presertim in villa nostra Niorto, murmur non modicum et tumultuosa querimonia invaluit, occasione duplicati censusqui exitur ab eisdem, non tam, ut ex ipsa littera potest conici, ob ipsam census duplicaiontm quam propter gravem et austerum modum in colligendo adhibitum necnon injuriosum.... Quociraca vobis mandamus quatinus in collectione census hujusmodi tales curetis preponere, qui modum servebt debitum, nec in colligendo aliqua inferant gravamina hiis a quibus census fuerit exigendus.》(Molinier, *Correspondance administrative d'Alfonse*, n° 1043.)

49)《Terre sancte attento neccessitatis articulo, fulti insuper pretxtu consuetudinis aprobate ususque longevi, cujus non est vilis auctoritas, mandavisse meminimus censum colligi duplicatum... Nemini itaque credimus facere injuriam dum utimur jure nostro, et si judicium super hoc pecierint, illud per senescallum nostrum mandavimus sibi fierit.》(*Ibid.*, n° 1044.)

50)《Noveritis insuper quod alique ville de senescallia Xanctonensi nobiscum super dupplicacione suorum censuum liberaliter finaverunt.》(*Ibid.*)

51) Boutaric, *Saint Louis et Alphonse*, pp. 285-301 ; Stephenson, Les «aides», pp. 302-304.

52)《il regardent et eslisent X ou XII des homes de la ville ou plus ou moins, selonc ce que il verront que bien sera, et qui miauz sachent et connoissent la povreté et la richesce de shascun des homes de la ville en moebles et en non moebles ... leur feront jurer seur sainz que il asserront bien et loiaument à leur escient seur chaucune persone, selonc ce que elle sera, une some certaine de deniers et feront metre en escrit ce que chaucuns en devra por sa persone. Et puis feront une some de tout ensemble de la ville, en tele maniere que il en aient un escrit et li seneschaus un autre et cil que mesires li cuens I envoiera un autre semblables» (Molinier, *Correspondance administrative d'Alfonse*, n° 1968.)

53) «Et en ceste maniere le fait fere li rois de France en ses villes, quant elles li font aides.» (*Ibid.*)

54) «Et se les bones villes monseigneur le conte vouloient donner une somme de deniers en leu de foage, qui ne fust pas mout meneur du foage, et que li commun des villes et li baron et lo prelat et lo autre seigneur en leur villes s'i acordassent, il pleroit bien à monseigneur le conte qu'i fust fet es villes qui à ce s'acorderoient, et en celles qui à ce ne s'acorderoient fust levez li foages si com il a esté promis.» (*Ibid.*)

55) Boutaric, *Saint Louis et Alphonse*, pp. 285, 287-288.

56) «Alfonsus, ets., senescallo Xantonensi, etc. Ex parte hominum parrochiarum de Marcilliaco, de Andelliaco, Enenda, de Sancto Candido, de Niolio et de Villadulci nobis est intimatum quod vineas eorum, quas habent in magno feodo Alnisii, saisivistis, inhibendo eindem ne eas vindemient, racione duppli census quod pro nobis petitis ab eisdem. Unde ex parte ipsorum nobis est supplicatum ut quingentas libras turonensium ab ipsis pro auxilio crucis nostre loco duppli census accipere velimus, cum summa ejusdem duppli, si levaretur, summam dictarum quingentarum librarum turonensium non exederet, sicut fertur. Volentes itaque eisdem graciam facere specialem, vobis mandamus quatinus, inquisita diligenter veritate, si vobis constiterit dupplum census summam dictarum quingentarum librarum turonensium non exedere, recepta ab eis ydonea caucione de dictis quingentis libris, vel de majori summa si plus valeret duplum census, solvendis, medietate videlicet ad instans festum Omnium sanctorum et alia medietate ad instans festum Candelose, predictas vineas eorum ipsos vindemiari permittatis...» (Molinier, *Correspondance administrative d'Alfonse*, n° 1115.)

57) Clouzot, H. (éd.), Cens et rentes dus au comte de Poitiers à Niort au XIIIe siècle, dans *Mémoires de la Société des Antiquaires de l'Ouest*, 1904, pp. 415-485.

58) Molinier, *Correspondance administrative d'Alfonse*, n° 1044.

59) *Ibid.*, n° 973.

60) 註37参照。

61) *Ibid.*, n° 666, 973, 978.

62) 領主層が伯に与えた援助については, Portejoie, P., Le régime des fiefs d'après la coutume de Poitou, dans *Mémoires de la Société des Antiquaires de l'Ouest*, 4-3, 1958, pp. 88-91. また教会が伯に与えた援助については, Favreau, R., Alphonse de Poitiers et le chapitre de Saint-Hilaire-le-Grand, dans *Bulletin de la Société des Antiquaires de l'Ouest*, 4-6, 1961, pp. 255-271.

63) Petit-Dutaillis, Ch., *Les communes françaises*, Paris 1947 (réed. 1970), pp. 51-52.

64) 1964年の学会報告でのファヴローとファン=アウトフェンの質疑応答を参照。Favreau, R. et Glénisson, J., Fiscalité d'Etat et budget à Poitiers, au XVe siècle, dans

L'impôt dans le cadre de la ville et de l'Etat, Discussion, p. 136.
65) 例えばニオールは1285年，ポワチエは1292年に，都市内での流通税徴収権の一部を初めて獲得した。Augier, Ch., *Trésor des titres justificatifs des privilèges et immunités, droits et revenus de la ville de Niort*, 2e éd., Niort 1866, pp. 169-170 ; Audouin, *Recueil*, t. 1, pp. 230-234.
66) ラ=ロシェルの施設については，第Ⅱ部第9章参照。またサン=ジャン=ダンジェリの都市当局は，港などの商業施設を伯から請け負って経営していた。La Du, M.-S., *Chartes et documents poitevins du XIIIe siècle en langue vulgaire*, 2 vols., Poitiers 1960-1964, t. 2, n° 421.
67) Audouin, *Recueil*, t. 1, pp. 90-97. また，第2章第2節(3)参照。
68) Henneman, *Royal taxation*, pp. 6-7.
69) Petit-Dutaillis, *Les communes françaises*, pp. 111-119.

第5章
ポワチエにおけるコミューヌ権力の拡大過程

はじめに

　中世後期のフランス都市においては，しばしば王権の伸張と同時に市政役人の主導権が拡大するさまが見て取れる。多くの都市において，市政役人たちは，王権を後盾として全都市住民や周辺地域に対する財政・行政面での実権を握っていくのである。西フランスに多く存在するような，都市内に複数のブールを内包する都市では，このプロセスはどのように進行したのだろうか。この問題は，先行研究がほとんど扱ってこなかったテーマである。第2章で，13世紀半ばのポワチエにおいては，市壁内に複数存在していた特権的ブールに関する限り，従来の説が主張してきたほどにはコミューヌ権力は及んでいなかったという結論を得た。本章では，その後のポワチエが『良き都市』となっていく過程で現れた大きな変化について扱いたい。ポワチエのコミューヌの伝来史料の中で，その最初の兆しを我々に示してくれるのは，王権から都市に要求された軍事的義務の分担に関連する史料群である。以下では，一風変わった形で伝来するこの史料が，どのように作成され，コミューヌにとってどのような意義を持っていたのかを検討しながら，13世紀末から14世紀前半にかけて現れた社会諸集団間の関係の変化に迫ってみたい。

第1節 「ポワチエのコミューヌ随行要員一覧」（1324年）と
コミューヌの意図

(1) 1329年の援助金徴収における混乱

　ポワチエのコミューヌ文書庫に伝来していた史料は，現在は同都市のフランソワ・ミッテラン情報館（旧ポワチエ市図書館）が所蔵している。1842年に，地域の歴史家であり古文書学者であるレデーがこの膨大な史料の分類を行った。彼は『軍事行政：バン，都市防備，兵士』«gouvernement militaire : ban, défence de la ville, gens de guerre.» に関する史料をEとして分類した上で，作成の年代順にE1からE64までの史料番号を付け，2つの段ボール箱に収めた[1]。その中でも興味深い伝来形態を持っているのがE1及びE2である。これらは，各々5通と4通の史料からなっており，それぞれが一体としてコミューヌによって保管されていた。

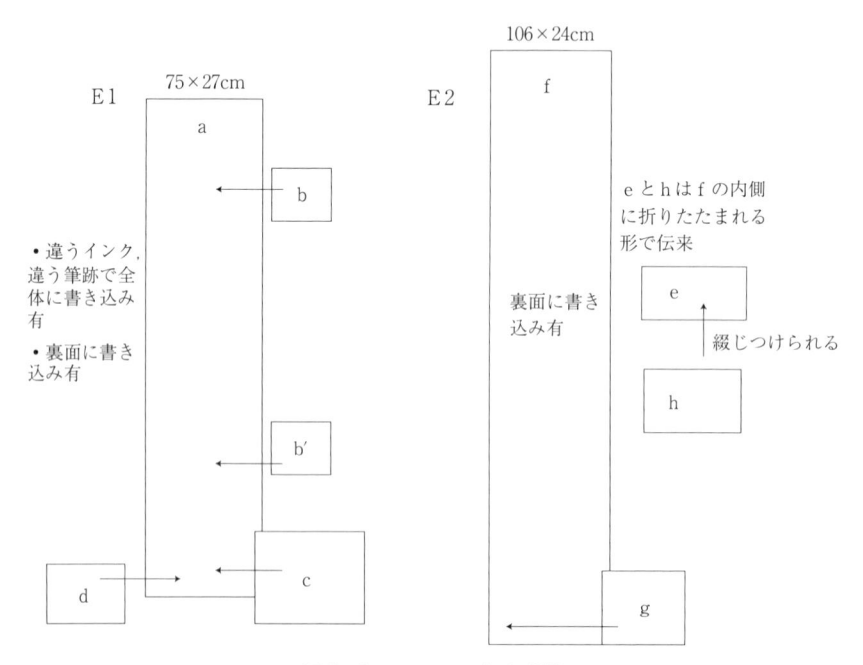

図5-1　E1・E2の伝来形態

第5章 ポワチエにおけるコミューヌ権力の拡大過程　　　147

表5-1　E1・E2に含まれる史料

日　付	図5-1での記号	内　　容	伝来形態
1324年	a	ポワチエのメールとコミューヌの «secta»（随行要員）一覧表。ガスコーニュ遠征に際し，メールの随行要員としてポワチエに召集された者たち。（全99項目）	Original, E1.
1324年9月1日	b b'	ポワトゥーのセネシャルであるピエール・レイモンの命令状。4人の国王役人たちに対し，メールの随行要員一覧表（史料a）に記載された人々を次の木曜（9月6日）にポワチエに集めるよう命令。	Original, E1.（オリジナル2部）
1329年5月24日	c	国王の収入役ジャン・ド＝プロボランの宣言。フランドル戦役のためにポワチエのコミューヌが約束した400リブラの援助金の徴収について。	Original, E1.
[1329年]	d	上記ジャン・ド＝プロボラン，「以下はコミューヌの介在なく支払いをしてしまった者たちである」として19項目を列挙し，彼らの支払い分の領収印を押す。	Original, E1.
1337年8月12日	e	ポワトゥー＝セネショセ内での援助金徴収を王権から委任されたピエール・ド＝ブリゾルらは，ポワチエのメールが戦争のため500リブラの援助金を約束したと宣言し，賦課の方法について述べる。	Original, E2.
1337年	f	上のピエール・ド＝ブリゾルに対し約束された援助金徴収のために，ポワトゥーの収入役に対しメールから提供されたメールの随行要員一覧表。「以下の者たちは，コミューヌの随行要員またはその先行者たちである」（全102項目）。	Original, E2.
1337年	g	コミューヌのメンバーではないポワチエ及びブールにおける住民への追加徴収の記録（史料fの補足）。全11項。	Original, E2.
1337年1月14日	h	国王収入役ルノー・クロルボワの受取証。コミューヌの負担分の140リブラをメールから受け取ったことを証明する。	Original, E2.

　図5-1は，その伝来形態を再現したものである。E1は，長さ75cmの巻物（史料a）の上部と下部に，まったく同一内容を持つそれぞれ縦10cm，横15cmの2通の史料（史料b及びb'）が，さらに巻物の最下部に史料cと史料dが綴じつけられる，という形態をとっている（巻頭口絵1参照）。E2の方は，

やはり巻物である史料fの下部に史料gが綴じつけられたものを主体とし，それとは別に綴じつけられた史料eと史料hがその内側に一緒に折りたたまれる，という形で伝来している（巻頭口絵2・3参照）。

まずは，史料cの分析から始めることとしたい。1329年5月24日の日付を持つ同史料は，以下の文言で始まる。

> 『現書状を目にすることとなる全ての人々へ，最も卓越したフランス国王であるフィリップ殿のポワトゥー＝セネショセにおける収入役たるジャン・ド＝プロボランが挨拶を送る。…（中略）…戦争と出征への援助金として徴収され取り集められるはずの貨幣の一定額が，ポワチエのコミューヌのメールとエシュヴァンによって私に示された。そこで私は，その総額を彼らから取ろうと努めたのであるが，メールとエシュヴァンはそれに反対して以下のように述べ，主張した。すなわち自分たちはその総額を支払うべく義務付けられていたことはなかったし，もしそうであったとしても，それは彼らの特権の内容に反し，彼らの都市の習慣と慣行に反することなのである，と』[2]。

国王収入役ジャン・ド＝プロボランは，1329年のフランドル戦役のために王権から軍資金の調達を命じられ，都市と軍事援助金に関する交渉を行っていた。上の文章では，ポワチエのコミューヌとの間で行われた交渉の結果，金額においては妥結したものの，その後の徴収に際して何らかのトラブルが発生したことがうかがわれる。王権側が『（約束された）総額を彼らから取ろうと努めた』行為に対し，コミューヌ側はそれが都市の特権に反するものだと主張したのである。史料では，コミューヌが行った主張について続けて言う。

> 『というのもその慣行によって，今まで以下のことが保証され，守られてきたと（コミューヌ側は）言うのである。すなわち，戦争あるいは他の公的な必要のための援助金への同意または賦課が，ポワチエの都市民たちあるいは周辺の集落や領域に対して要求されるたびに，その援助金あるいは貢献の支払いの負担に同意するかどうかは，コミューヌの人々やコミューヌに属さないポワチエのプレヴォテの人々についてだけでなく，ブールあるいは都市裁判領域内あるいは郊外地にいるその他の全ての都市民や，さ

らには都市外の集落の人々についても——これらの人々についてメールとエシュヴァンは，彼らの随行要員で，公的な全ての事柄に義務を負い貢献すべきものだと言っている——，メール及びエシュヴァンによって協議され，認められるのである。そしてメールとコミューヌによって，彼ら自身についても，前述の他の人々についても，国王役人と協議し同意された金額について，コミューヌの者たちだけでなく他の者たちについても，メールとエシュヴァンによって合法的だと思われる方法で負担の分配が行われるのが常だったと言うのである。さらに，メールとエシュヴァンによってコミューヌに属さない者たちについて決定された負担の分配は，国王役人たちによって徴収され取り立てられるのであって，メールとコミューヌはその総額を完済させる義務を負うことはない旨，複数の書面や書きつけや証拠を，彼らの主張の裏付けとして示しつつ，また取り立てに伴って様々な拒絶や面倒があったことの，あるいはこの地域の無力や貧困さについても申し立てつつ，主張したのである』。

おそらく，トラブルは以下のようにして起こったと推測される。国王収入役の方は，コミューヌが提示した額はコミューヌそのものが独自に負う額だと考え，彼らにその額を要求する一方，コミューヌに属さない都市内領域及び都市周辺部農村については，王権の手で額を設定して徴集を始めてしまっていた。それに対してコミューヌは異議を唱えてストップをかけさせた。彼らの主張は，こうした要請に対しては，コミューヌに属さない都市内領域及び都市周辺部農村についても，コミューヌが負担配分をするのが習慣だったというものである。

史料では，その結果王権と都市との間でもう1度交渉が行われ，農村部なども含めた全体の総額として400リブラが改めて決められたと述べられている。

『前述のメールとエシュヴァンは，彼ら自身及びコミューヌ，プレヴォテ，ブール，都市裁判領域，そして郊外地に生活するその他の人々について，また巻物に記された都市外の集落と人々について，国王殿下に対してもその代理たる私に対しても，——私はできる限り彼らの特権の効力が続くようにと配慮するのだが——，この度は，戦役の援助金総額としてポワ

トゥー貨400リブラを気前良く認めた。それは，コミューヌにだけでなく前述の巻物に記された全ての他の者たちにとっても，国王殿下と国のために役立つと見られるような仕方で，メールとエシュヴァンによって賦課されるべきものである』。

ここで注目されるのが，『巻物に記された都市外の集落と人々』という文言であり，それはことにこの文言に関連して添付されていた，長さ３ｍ以上に及ぶ先述の巻物（史料ａ）があるからである。

巻物の内容の分析は後で行うこととして，史料ｃの後半部分で述べられている，国王収入役とコミューヌの間で成立した援助金の分担と徴収に関する合意をまとめておこう。①このリストに含まれた人々全員に対して，コミューヌがこのたびの援助金負担の分配を行う。②ただし徴収実務は国王役人が行い，不払いの際もコミューヌは補填の義務を負わない[3]。③コミューヌのメンバーについては，コミューヌが課税・徴収の全てにおいて責任を負う。④400リブラはこの両者の合計額である。

史料ｃに添付されている史料ｄも，史料ａと同じく人名及び集落名のリストになっているが，こちらはずっと短い。冒頭に記された国王収入役ジャン・ド＝プロボランの言葉からは，ここに列挙されているのは，本来はコミューヌによる負担分配のもとに服さなければならないにもかかわらず，コミューヌによる配分を待たずして王権が徴収を始めてしまった集落や人々だということがわかる。これらの人々は，コミューヌが王権の徴収作業にストップをかけた時点で，既に支払ってしまっていたので，国王収入役はその分の領収印を押し，それが400リブラから差し引かれることを約束している。

(2) 1324年の「ポワチエのコミューヌ随行要員一覧」の意義

史料ａ（以下1324年リスト）の分析に入ろう。この巻物は，５年前の1324年に実際にコミューヌ軍が出陣した際，メールに従って出発すべくポワチエに召集された，あるいは自分の代わりに自費で兵士を提供した非コミューヌ員である «secta; suite»（随行要員）の一覧表である。冒頭には

『以下は，フランス国王とイングランド国王との間でガスコーニュにおい

て起こった戦争のために，ポワチエのメールであるジャン・ギシャールが1324年にポワチエに呼び集めたところの，ポワチエのコミューヌの随行要員 «secta» の者たちである』[4]

と記され，その後には，出征のためにポワチエに召集された人名と集落名が計99項目に分けられて，それぞれが提供すべき兵士の人数と共に記されている。兵士の数は，«1 sergent» のようにフランス語で記されているものもあり，各項目末尾に点の数で示されているものもある。

　これに類した史料類型として思い浮かぶのは，王権が，戦時に軍事奉仕を命じることのできる王領内の集落や教会施設，コミューヌなどの名を，それぞれが提供する兵士の数，荷車の数などと共に列挙させた一覧表 «prisée; prisia servientum» である[5]。

　ポワチエのメールの «secta» 一覧は，王領全体を対象とするリスト «prisée» で各項目として現れる個別都市の負担が，実際はどのようにして調達されていたのかを示してくれるものである。いわば全国版である «prisée» 的台帳の下部構造をなすローカル版の台帳というべきだろうか。この種の史料の伝来は珍しく，少なくとも，都市周辺農村部の分担のあり方まで詳細に列挙している史料は他にほとんど類を見ないといってよい。また，王権の «prisée» が，王権にとってどれだけの兵力が期待できるかの「見積もり」であるのに対し，ポワチエの «secta» 一覧は，特定の出陣に際して，名が挙げられた人々を「実際に召喚する」ためのものであるという相違がある。後述するように，ポワチエのコミューヌにとっては，この記録が過去の実績であるという点が非常に大切になってくる。

　1324年リストで列挙されている項目は，以下のように大別できる。
　①国王直轄地の地名とそこの住民
　②教会施設所領の地名とそこの住民
　③それを所有することによって軍事的義務を生じせしめるような不動産（おそらくポワトゥー伯期に与えられた封に起源を持つもの）の所有者
　④起源不明の軍事的義務を負っている個人や団体
　このように，異なる種類と起源からなる軍事的義務の負担者が順不同に混在

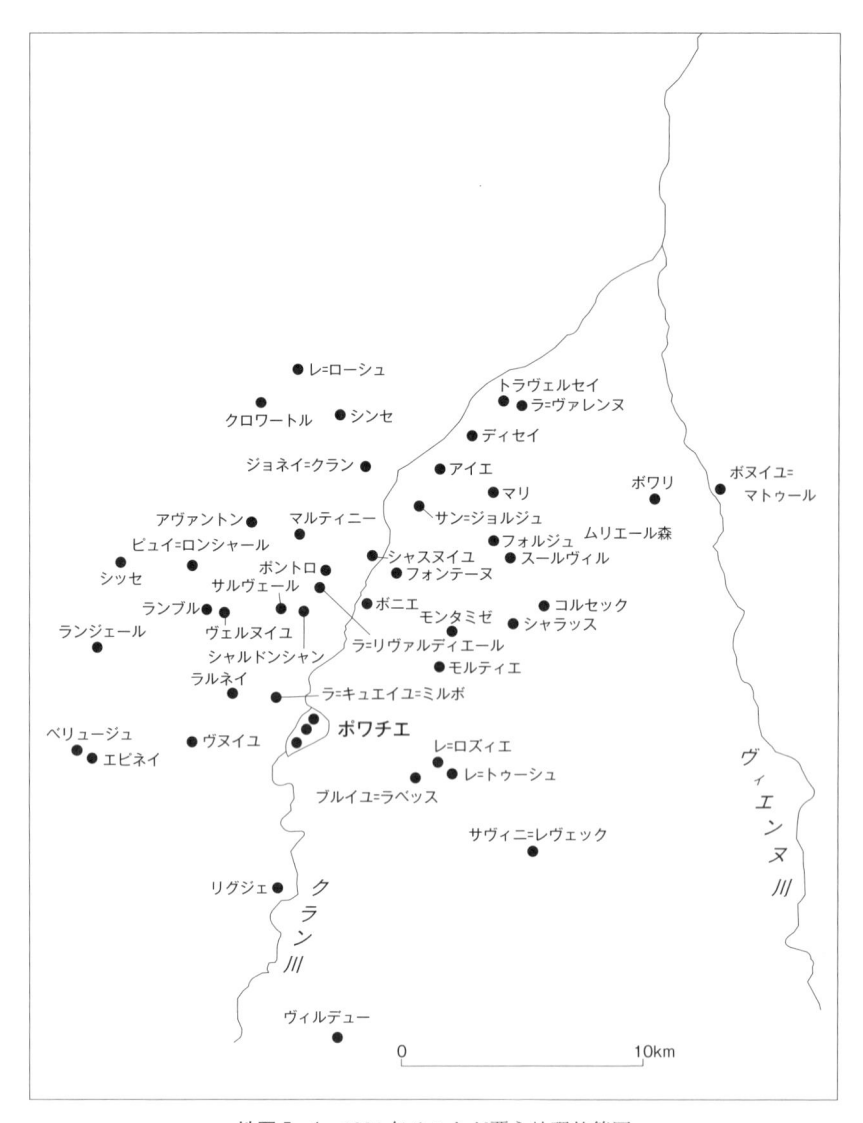

地図 5-1　1324 年リストが覆う地理的範囲

第 5 章　ポワチエにおけるコミューヌ権力の拡大過程　　　　153

しているのが «secta» 一覧の特徴である。身分的にも，集団として挙げられる一集落の住民から聖職者，はてはシュヴァリエの肩書きが明記されている者まで様々である。その地理的範囲を記して見たものが地図 5-1 であるが，その空間的広がりは，国王の行政管区の最小単位であるプレヴォ管区及び都市の東北に広がるムリエール森の森林管理官管区を合わせた領域にほぼ一致している。

　1324 年リストの上部と下部には，同一内容の 2 通の命令状（史料 b，b'）が綴じつけられている。これら 2 通の命令状は，つづりの違いが数箇所ある以外はまったく同一の文章である。内容は国王役人 4 人に宛てられたもの[6]なので，もし 4 人に対して同一内容のものが 4 部発行されたのだとすれば，そのうち 2 人が受け取ったものがこのような形で伝来しているのだと考えられる。命令の内容は以下のようである。

　　『そなたたちのひとりひとりに以下の任務を命ずる。すなわち，現書状に添付されたる巻物に名が挙げられている者たち及び集落の者たちは，ポワチエのコミューヌ及びメールの随行要員 «secte» として，我らの国王殿下に対して特に軍役と騎馬役を負う者なので，来たる木曜（9 月 6 日）に，それぞれの身分に応じた武器によって武装の上…（中略）…コミューヌとメールと共に出陣すべくポワチエの余の面前まで来たらしめ，その日が過ぎたなら（その日までに出動しなければ），身体と財産をもって拘束の上，メールとコミューヌと共に行かせるべく強制すべし』[7]。

　ここで言う『現書状に添付されたる巻物』が «secta» 一覧＝史料 a を指しているのは間違いないが，興味深いのは，«secta» として一覧表に挙げられた人々が，人員提供を拒否するケースがあったことを強く示唆する内容だということである。

　ここで，そもそもポワチエのコミューヌのメールが周辺地域の部隊の指揮をとる根拠は何かを考えてみると，実はそれを明確に規定した史料は見当たらない。王権が賦与したコミューヌ文書では，コミューヌの軍事的義務が規定され，コミューヌの長であるメールが封臣として国王に臣従礼を行うことが明記されている[8]が，都市周辺領域の住民を率いるという規定はない。ポワチエの

コミューヌ文書のいずれもが，郊外地に関連する記載をまったくしておらず，コミューヌ権力と都市周辺領域との関連についての成文化された規定そのものが見られないのである。

ポワチエの都市伝来史料を見てみると，14世紀初頭のポワチエ周辺には，コミューヌの軍事的権威を否定する人々が少なからず存在したことがわかる。1315年，やはりフランドル戦役のための援助金がポワチエ伯フィリップ[9]によって都市に要求された際，同年8月25日付の伯の書状は，ポワチエのメールから援助金250リブラを受け取ったと記しているが，翌日26日付の命令状で，伯は『ポワチエのモンティエルヌフ修道院ブール，サン＝ティレール参事会教会ブール，及びコミューヌのメールが名を挙げるいくつかの村落について，それらがコミューヌとメールの随行要員たることが古来の慣習であったのか否かについて』[10]調査を行うよう命じているのである。コミューヌのメールが対象となる村落名を列挙するということは，この調査がコミューヌ側の申し出により行われたことを強く示唆している。つまりこれらの集落では，コミューヌが250リブラの援助金を両ブール住民や周辺の農村に割り当てようとした際，抗議ないしは支払い拒否などの問題が起こっただけではなく，コミューヌの随行要員に属してはいないという主張があったことを示しているようだ。

さらには，ポワチエ都市内のモンティエルヌフ修道院ブール，サン＝ティレール参事会教会ブールの住民が負った従軍義務について，ポワチエの都市記録簿中に興味深い記録がある。1314年に，国王への軍事奉仕のためコミューヌ軍が進軍していた道中のシャテルローにおいて，モンティエルヌフ修道院の修道士プレヴォが同修道院の人々の一部を率いて現れ，全員がそろっていないことに気を悪くしないようメールに願い出た上で，自らは残員を連れてくるためにポワチエまで引き返して行った[11]というものである。別に伝来する国王印璽係の覚書の内容摘記は，1324年9月12日，ポワチエのメールがリュジニャン城までコミューヌ軍を率いて行った途上，モンティエルヌフ修道院及びサン＝ティレール参事会教会の人々が中途合流したと述べている[12]。実はこのときの出征は，まさに先述の巻物に添付された命令状（史料b）が命じたものであり，先述のとおり同史料が9月6日を出征日としていることから，両ブール

表5-2 14世紀前半にポワチエのコミューヌが支払った代納金の概要

年代	負担額	名目	史料
1296	500リブラ	詳細不明	王権会計簿（註13参照）
1305	不明	フランドル戦争のため	Audouin n° 191
1313	不明	フランドル戦争のため	Audouin n° 229
1315	250リブラ	フランドル戦争のため	Audouin n° 236
1319	500リブラ	『戦争のため』	Audouin n° 254
1329	400リブラ	フランドル戦争のため	Audouin n° 283
1331	500リブラ	サントの戦いのため	Audouin n° 289
1337	500リブラ	『戦争のため』	Audouin n° 321
1338	500リブラ	『戦争のため』	Audouin n° 319
1340	不明	『総出動命令の故に』	Audouin n° 339
1342	不明	アラスへの出征を免除されるため	Audouin n° 351
1345	500リブラ	ガスコーニュ戦争のため	Audouin n° 358
1345	1,000リブラ	ガスコーニュ戦争のため	Audouin n° 358

部隊は実に6日間も遅れて現れたことになる。彼らが，命令状にあったように，国王役人から『身体と財産をもって拘束の上，メールとコミューヌと共に行かせるべく強制』されたためにやっと出動したのか否かは明らかでないが，両ブール民の従軍の実態がうかがい知れる情報である。

したがって，14世紀初めにおいて，モンティエルヌフ修道院及びサン＝ティレール参事会教会のブール民にとってのみならず，これら『«secta» の者たち』と呼ばれる人々にとって，コミューヌ軍の随行要員としてメールの指揮に従うことは，はるか昔からの慣習による自明の事態では決してなかったことは疑いない。しかし，コミューヌはそれを慣習として確立すべく躍起になっていたことがうかがわれ，1324年リストは，そうした状況の中で作成されたものだと思われる。

14世紀初頭のコミューヌが，周辺地域に対するメールの軍事的権威の確立に努めていた背景には，王権から都市に対する軍事的奉仕の要請，特に金銭代

納化されたそれへの要請が急増していたことがあると思われる。ポワチエにおける軍事的奉仕の代納に関する情報は，1296年の王権会計簿に『ポワチエのメールとコミューヌより，今回は彼らは軍役に赴かないのでその代納金のために』500リブラ，との記述で初めて出現した[13]後，頻繁に現れるようになる（表5-2参照）。

こうした王権からの度重なる金銭要求に対し，コミューヌ側が抵抗を試みている例もあるが，いずれも最終的には王権からの圧力に屈している。実は，これまで考察してきたポワチエのコミューヌとジャン・ド＝プロボランの間の援助金交渉も，都市の特権を理由として都市側は1度拒否したものの，国王の怒りに満ちた命令を受けてやむなく応じたという経緯を持っている[14]。

1329年の援助金交渉の場に1324年リストが持ち出された背景には，都市周辺領域において国王に軍事的奉仕を負う者が，ポワチエのメールの指揮のもとで従軍するという慣習を確立させ，あらためて知らしめるコミューヌの意図があった。さらにコミューヌにとって重要だったのは，そのことによって，王権側からの金銭要請をもより広い層に分担させる論拠にすることだったと思われる。王権からの過重な要求を頻繁に受け入れざるを得なくなっていたコミューヌにとって，それは周辺領域に負担を分散させるための重要な手段だったのである。コミューヌ文書庫にE1として伝来する史料群は，1320年代のポワチエがおかれていたそのような状況を我々に示してくれているように思われる。

第2節　1337年の援助金分担者リスト

レデーがE2として分類した次の史料グループからは，1330年代のポワチエにおいて，上で述べたようなコミューヌの意図が順調に実現していっていることが読み取れる。

1337年，ポワトゥーとサントンジュの国王収入役ピエール・ド＝ブリゾルが発した書簡（＝史料e）は，イングランド勢との戦争資金のためにポワチエのコミューヌが現金500リブラを約束したと宣言した後，続けて以下のように述

べる。『その額（500リブラ）は，コミューヌだけでなく，コミューヌとメールの随行要員 «suyte» であることが慣習であったし，現在もそうであるところの，コミューヌに属さないポワチエの都市と郊外地，またポワチエのブール及びブール外，またポワチエ外のその他の人々と集落の者たちについての額である』[15]。1329年に起きた，王権とコミューヌ側の認識の違いを背景とした混乱を踏まえた文言であり，今回はそれを繰り返さないように前もって確認が行われたことをうかがわせる。

　さらに同史料は援助金の配分と徴収について述べるが，非コミューヌ員については国王役人が徴収を行い，不払いの際もコミューヌは補填しなくともよい一方で，コミューヌ員についてはコミューヌが課税・徴収の全てについて責任を負うという点においては1329年の取り決めと変わらない。変わっているのは課税の方法で，コミューヌ員と非コミューヌ員について，それぞれ3人の代表が指名されて負担の配分を行うが，それは『配分が良い方法でかつ合法的に，先述の金額に達するまで，各人の財力に従って行われるため』[16]だとされている。

　さらに興味深いのは，この国王収入役の書簡が『メールが巻物として我々に知らしめた者』という文言を含み，負担を分け持つべき非コミューヌ員の一覧として，先の1324年リストとは別の巻物（＝史料f）を伴って伝来していることである。この巻物（以下1337年リスト）の冒頭には，

『以下は，現在の戦争のためにポワチエのメールが我らの国王殿下に対して行った支払いの約束にもとづき，金額を課し徴収するために，我らの国王殿下の御為にポワトゥーの収入役（である方）に，メールとコミューヌによって知らしめられたところの，コミューヌの随行要員であるところの者たち，ないしはその先行者たちである。その金額はコミューヌの者たち，コミューヌに属していないポワチエの都市内・郊外地・ブール及びブール外の者たち，さらにはこの巻物に含まれたその他の者たちについて，500リブラに達するまで課せられる』[17]

と記され，その後に都市内外の非コミューヌ員が102項目にわたって列挙されている。

1337年リストと1324年リストを比較してみると，並び方は異なるが，ほぼ全ての項目が対応関係にあることがわかる（表5-3）。1337年リストにあって1324年リストにはない項目が２つあるが，消滅の理由をその内容から推し量ることは難しい[18]。また，1324年リストで提示されていた提供すべき兵士の数は，1337年リストでは兵士１人につき60ソリドゥスの率で金額に換算されている。

　1324年リストには，インクも筆跡も異なっており，後代に付け加えられたものと思われる書き込みが随所に見られるが，そのほとんどが1337年リストにそのまま転記されている。その内容は，負担者が属する小教区を特定するための追記と，財産の持ち主の変化あるいは保有関係の説明に関する追記に大別できる。特に後者に関しては，1324年リストの作成時点と1337年リストの作成時点との間に生じた保有関係の変化により，軍事的奉仕義務を負担すべき人間が変わっているような場合について，1324年リストに書き込みが行われ，それがそのまま1337年リストに転記されたものであるようだ[19]。

　それ以上に興味深いのは，1337年リストにおける項目の並び方が，1324年リストの通りではないということである。これは，1329年に起きた援助金徴収の際の混乱と明らかに関係がある。1337年リストの冒頭には，1329年に国王収入役が早まった指示を出したためにコミューヌの同意前に徴収の対象とされてしまった者として，史料ｄが19項目にわたって列挙している人々が，同じ順番で並んでいる。それ以降の項目については1324年リストでの順番どおりだが，史料ｄに含まれている項目に対応する場合は，重複を避けるべく取り除かれている。1324年リストをそのままの順番で筆写しても内容的には何ら変わりはないところを，わざわざ史料ｄに含まれる項目を冒頭に持ってきた意図は何か。おそらくは，周辺地域における軍事的権威の確立に努めていたコミューヌ権力が，これらの領域ないし人々についてコミューヌが課税権を握っていることを強調したかったのではないだろうか。1324年リストの作成主体が王権とコミューヌのいずれなのか明確にはわからないのに対し，1337年リストの作成主体がコミューヌであることは，「コミューヌとメールが王権側に知らしめたリスト」という冒頭文にだけでなく，項目の並び方にもはっき

第5章　ポワチエにおけるコミューヌ権力の拡大過程

表5-3　ポワチエの「封臣の表」条項対照表

1337年リスト（史料f）の条項番号	1337年リスト（史料f）：史料訳と原文	史料dでの対応条項の番号	史料a（1324年リスト）での対応条項の番号
1	都市内外のポワチエのプレヴォテの者たち，80リブラ。Les homes de la prevosté de Poitiers, de la ville et dehors, IIIIxx l.	1	87
2	モンティエルヌフ修道院長に属するブール内外の者たち，40リブラ。Les homes de l'abbé du Mousterneuf, du bourc et dehors, XL l.	2	78
3	サン＝ティレール参事会教会の財務係に属する者たち，30リブラ。Les homes du tresorer et du chapitre de l'eglise Saint Hillaire le Grant, XXX l.	3	68
4	サン＝ティレール・ド＝ラ＝セルのブールの者たち，100ソリドゥス。小計：155リブラ。Les homes du bourc Saint Hillaire de la Celle, C s. Summe: VIIxx XV l.	―	69
5	ランジェールのヴィランと呼ばれる者たち，兵士1人分，30ソリドゥス。Les Villeneaus de Ringeres, pour I sergent, XXX s.	4	76
6	ティボー・ベリーとその家中の者たち，兵士1人分30ソリドゥス。Thibaut Bery et ses parconers, pour I sergent, XXX s.	5	76
7	シセーの国王殿下の者たち，30ソリドゥス。Les homes nostre seigneur le roy de Cissec, XXX s.	6	
8	ヴヌイユ分院の者たち，60ソリドゥス。Les homes au prieur de Vouneul, LX s.	7	92
9	カランドリと呼ばれる者たちとその家中の者たち，兵士1人分，30ソリドゥス。J. ド＝ボー・ピュイが財産を（保有している）。Les Kalandreas et leurs parçoners, pour I sergent, XXX s. J. de Beau Puy les chouses.	8	44
10	P. パイネック・ド＝ジョネイ，兵士1人分，30ソリドゥス。P. Peynec de Jaunay, pour I sergent, XXX s.	9	―
11	P. シャテー・ド＝レラブルとその家中の者たち，兵士1人分，30ソリドゥス。P. Chatet de l'Ayrable et ses parconers, pour I sergent, XXX s.	10	47
12	エムリ及びギヨーム・ボネとP. チボー，兵士1人分，30ソリドゥス。Aymeri et Guillaume Bonnet et P. Thibaut, pour I sergent, XXX s.	11	―
13	シャスヌイユのエムリ・ロシェとフィリップ・ロシェ，レニョー及びギヨーム・ロシェの代わりに，兵士1人分，30ソリドゥス。Aymeri Rocher et Phelipe Rochere de Chasseneul, en lieu de Regn. et Guillaume Rocher, pour I sergent, XXX s.	12	40

1337年リスト（史料f）の条項番号	1337年リスト（史料f）：史料訳と原文	史料dでの対応条項の番号	史料a（1324年リスト）での対応条項の番号
14	ポワのP. アフリとその家中の者たち，兵士1人分，30ソリドゥス。P. Affrey de Poiz et ses parconers, poor I sergent, XXX s.	13	96
15	ヴヌイユとボエルにおけるシャテルロー副伯の者たち。すなわち，ユーグ・デロン，J. サヴィヨン，エステヌ・スイル，ジョフロワ・ド＝プザ，G. プジョー，ニコラ・モコニュ，セラーのギヨ・ブランシャール，エステヌ・スイルとユーグ・ダヴィヨンは，兵士4人分，6リブラ。Les homes du viconte de Chastelleraut à Vouneul et à Boerles. C'est assavoir Hugues d'Ayron, J. Savion, Estene Suyre, Joffroy de Pouzat, G. Pejaut, Nicholas Maucognut, Guillot Blanchart celer, Estene Suyre et Hugues Davion, pour IIII sergens, VI l.	14	70
16	ランブルのジョー・セネシャル，兵士1人分，30ソリドゥス。Joh. Seneschau de Laymbre, pour I sergent, XXX s.	15	52
17	ギヨーム・ヴェルドワ，J. ド＝ジャズヌイユ，ジョー・ド＝レイは，レピノワの者たちのために，兵士1人分30ソリドゥス。Guillaume Verdoys, J. de Jazeneul, Joh. Lye, pour les homes de l'Espinoys, pour I sergent, XXX s.	16	36
18	P. ジラール，P. コッソン，ギヨーム・グピル，シャラセ（の者たち）のために，兵士1人分，30ソリドゥス。P. Girart, P. Cosson, Guillaume Guoupil, pour Charracé, pour I sergent, XXX s.	17	65
19	アンリ・ド＝アル，兵士1人分，30ソリドゥス。Henrri des Hales, pour I sergent, XXX s.	18	42
20	リグジェ分院の者たち，9リブラ。Les homes du prieur de Leguge, IX l.	19	77
21	フィリップ・ド＝モルチエとその家中の者たち，及びその他のモルチエの住民。同フィリップの財産の一部はフィリポン*・ド＝ティファージュが保有している。アンドレ・バルバンとその家中の者たち，及びその他のモンタミゼの住民，兵士2人分，60ソリドゥス。Phelipes de Mortiers et ses confreres et les autres homes de Mortiers. Phelipon *de Tiffauges tient partie des chouses du dit Phelipes.* André Barbant et ses confreres et les autres homes de Montamiser, pour II sergens, LX s（*1324年リストの書き込みでは，ここの人名はフィリポンではなくジャンである）。	—	1
		—	2
22	サン＝ジョルジュ，フォルジュ，マリにおけるテンプル騎士団のオゾン管区の者たち，及びその場所のその他の者たち，6リブラ。Les homes de la commanderie de la baillie d'Auzon	—	3

第 5 章　ポワチエにおけるコミューヌ権力の拡大過程　　　　　　*161*

	à Saint George et à Forges et à Maris et les autres homes des diz lieux, VI l.		
23	サン=ジョルジュ小教区におけるフォルジュの者たち，及び戦士たち。すなわち，騎士ユーグ殿あるいはその後継者たちは，かつてエムリ・ド=ラ=ジャリのものであったサン=ジョルジュ屋敷のゆえに，兵士1人，30ソリドゥス。Les homes de Forges et les sergens de la parroisse Saint George, c'est assavoir : monseigneur Hugues, chevalier, ou ses hoirs, I sergent, pour leur herbergement de Saint George, *qui fut feu Aymeri de La Jarrie*, XXX s.	―	4
24	同じく，前出のユーグ・ブッフ殿は，トラヴェルセイにおける彼の屋敷とその付属物のゆえに，兵士1人分，30ソリドゥス。Item, le dit monseigneur Hugues Beuf pour son herbergement de Travazay et les appartenances, pour I sergent, XXX s.	―	5
25	サン=ジョルジュのP. ジョランとその家中の者たち。彼の財産は，サン=ジョルジュのP. アルディが保有している。現在はJ. ル=マリが保有している。兵士1人分，30ソリドゥス。P. Jolain de Saint George et ses confreres : ses chouses tint P. Hardi de S. George. *Maintenant tient J. Le Maire*. Pour I sergent, XXX s.	―	6
26	故ギヨーム・ド=フォルジュの後継者たち。彼の財産は，彼の息子エムリ・ド=ラ=シャペルが保有したが，現在はヌイユの判事であるモネが，彼の妻のゆえにそれを保有している。兵士1人分，30ソリドゥス。Les hoirs feu Guillaume de Forges. Ses chouses tint Aimeri de La Chappelle, son fil. Maitntenant tient Monet, juze de Nyeul, pour reson de sa feme. Pour I sergent, XXX s.	―	7
27	ルカ・ド=フォルジュとその家中の者たち，彼のマルエル塔及びフォルジュの屋敷のゆえに，兵士2人。彼の財産は，ピエル・ムネとギヨーム・ド=モンガメが保有している。60ソリドゥス（さらに後代の書き込み有：『コラン・ギシャールが保有している』）。Lucas de Forges et ses pareoners, II sergens pour la tour de Marueil et pour son herbergement de Forges. *Ses chouses tiennent Pierre Muner et Guillaume de Mongamer*. LX s（Tient Colin Guichart）.	―	8
28	ネメ・ド=フォルジュとその後継者たち，兵士1人。Naymer de Forges ou ses hoirs, I sergent.	―	9
29	ネメの息子ムロン・ド=フォルジュは，レニョー・ド=ボワ，P. ポワトヴァン，ユーグ・ド=ラ=コルメール，レニョー・ロゼのために。なぜなら彼はその財産を獲得したからであるが，兵士4人分，6リブラ。Meron de Forges, fil du dit Naymer, pour Regnaut du Boys, P. Poitevin, Hugues de la Cormaillere et pour Regnaut Rozer ; car il aquist les chouses. Pour IIII sergens, VI l.	―	10

1337年リスト（史料f）の条項番号	1337年リスト（史料f）：史料訳と原文	史料dでの対応条項の番号	史料a（1324年リスト）での対応条項の番号
30	ベルゴーと呼ばれる者たち，兵士1人分，30ソリドゥス。Les Berugeaus, pour I sergent, XXX s.	—	11
31	J. ド=ジョネイ，またの名をガレー，兵士1人分，30ソリドゥス。J. de Jaunay, alias Gualer, pour I sergent, XXX s.	—	12
32	ジレ・ド=マリ，兵士1人分，30ソリドゥス。Gilet de Maris, pour I sergent. XXX s.	—	13
33	ムリエールの（森林）管理官であるモンタルジ，兵士1人分，30ソリドゥス。Montargis, sergent de Mouliere, pour I sergent, XXX s.	—	14
34	故J. ド=スールヴィルの後継者，兵士1人分，30ソリドゥス。Les hoirs feu J. de Soule Ville, pour I sergent, XXX s.	—	15
35	J. ド=マリュエル，兵士1人分。マルタン・ル=ノルマンが財産を保有している。現在はエムリ・フロマンが保有している。30ソリドゥス。J. de Marueil, pour I sergent. Martin Le Normant tint les chouses. *Maintenant tint Aymeri Froment*, XXX s.	—	16
—		—	17
36	エロー・ド=マリュエル，兵士1人分，30ソリドゥス，あるいはその後継者。Ayraut de Mareul, Pour I sergent, XXX s., ou ses hoirs.	—	18
37	サン=ジョルジュ小教区民のP. ド=マリュエル，兵士1人分，30ソリドゥス。P. de Marueil, parroissien S. George, I sergent, XXX s.	—	19
38	ディセイ小教区民のフィリップ・ド=マリュエルないしその後継者，兵士1人。現在はムリエール領主のシモン・ブタンが保有している。30ソリドゥス。Philippes de Mareul ou si hoir, parroissien de Diçay, I sergent. *Maintenant tient Simon Butin, mestre de Mouliere*. XXX s.	—	20
39	ディセイの小教区民のレニョー・デュ=パイエないしその後継者。後継者たるポワチエのJ. ド=ラ=クロワとペロー・ド=ボワスが財産を保有している。兵士1人分，30ソリドゥス。Regnaut du Paellé ou si hoir, parroissien de Diçay. Les hoirs *J. de la Croiz de Poitiers et Perrot de Boysse tienent les chouses*. Pour I sergent, XXX s.	—	21
40	イヴォン・ル=フルスタ，兵士1人，30ソリドゥス。Yvons li Fouresters, I sergent, XXX s.	—	22
41	ディセイ小教区民のル=グラストー，兵士1人，30ソリドゥス。Li Grasseteau, parroissien de Diçay, I sergent, XXX s.	—	23
	チボー・フロマン，彼自身のために兵士1人。現在は彼の息		

第5章　ポワチエにおけるコミューヌ権力の拡大過程　　　　　　　163

42	子エムリ・フロマンが保有している。30 ソリドゥス。Thibaut Froment, I sergent pour soy. *Maintenant tient Aymeri Froment, son fil.* XXX s.	—	24
43	ジョアン・スイロー，兵士1人。ポワチエの故P. ショワジの後継者がその財産全体ないし一部分を保有している。30 ソリドゥス。Johan Suyreau, I sergent. Les hoirs feu *P. Choisi de Poiters tienent les chouses ou partie.* XXX s.	—	25
44	P. ド=ラ=ヴァレヌないしその後継者，兵士1人。その子供たちであるフィリポン及びジュアン・ド=ラ=ヴァレヌが（財産を）保有している。30 ソリドゥス。P. de la Varene ou si hoir, I sergent. *Philipon et Juhan de la Varene, ses enffans, tienent.* XXX s.	—	26
45	エレックの判事ギヨーム・ガスタンカとギヨーム・デロン殿は，各々が兵士1人。エレックの他の住民。故P. ショワジの後継者が財産を保有している。4 リブラ 10 ソリドゥス。Le juze d'Ayllec, Guillaume Gastinca, morseigneur Guillaume d'Ayron, checun I sergent, et les autres homes dAyllec. Les hoirs feu *P. Choisi tienent les chouses.* IIII l. X s.	—	27
46	ラ=ラヴァルディエールとブヌイユの住民たち，50 ソリドゥス。Les homes de la Ravardere et de Boneullet, L s.	—	28
47	オーザンヌ川の戦士たち：ギヨーム・ド=シェルヴ殿。現在，その息子のH. ド=シェルヴが保有している。60 ソリドゥス。Les sergens de la ryvere d'Auzarne : monseigneur Guillaume de Cherves. *Maintenant tient H. de Cherves, son fil.* LX s.	—	29
48	チボー・ド=シャルドンシャン，兵士1人，30 ソリドゥス。Thibaut de Chardon Champ, I sergent, XXX s.	—	30
49	ジョフロワ・ド=サルヴェール，兵士1人，30 ソリドゥス。Joffroy de Salevert, I sergent, XXXs.	—	31
50	G. セネシャルとその家中の者たち。現在，エマール・ド=ボーピュイが財産を保有している。兵士1人，30 ソリドゥス。G. Seneschau et ses parçoners. *Maintenant tient Aymar de Beau Puy les chouses.* I sergent, XXX s.	—	32
51	P. アカン殿またはその後継者たち，60 ソリドゥス。Monseigneur P. Aquin ou ses hoirs, LX s.	—	33
52	P. セルジャン・ド=ポンルオーとその家中の者たち，兵士1人，30 ソリドゥス。P. Sergent de Pont Rouau et ses parçoners, I sergent, XXX s.	—	34
53	ジャン・ド=ヴェルヌイユ。現在息子のギヨーム・ド=ヴェルヌイユが保有している。兵士1人，30 ソリドゥス。Jehan de Verneul. *Maintenant tient Guillaume de Verneul, son fil.* I sergent, XXX s.	—	35
54	チボー・ド=クロワトル，兵士1人。Thebaut de Cloistres, pour I sergent.	—	—

164   第Ⅰ部　都市住民―王権関係と都市をめぐる諸権力

1337年リスト（史料f）の条項番号	1337年リスト（史料f）：史料訳と原文	史料dでの対応条項の番号	史料a（1324年リスト）での対応条項の番号
55	ラ=ペールとシンセにおけるレノー・ド=シンセ殿の者たち，60ソリドゥス。Les homes monseigneur Regnaut de Chincé, de la Pere et de Cincé, LX s.	―	37
56	シャスヌイユの戦士たち：エムリ・ガルネ=ド=シャスヌイユ。現在，モンティエルヌフ修道院長の書記官ギヨーム・アルマンと，P. カイエが保有している。彼ら及び他の家中の者たちの負担分として，30ソリドゥス。Sergens de Chasseneul : Aymeri Guarner de Chasseneul. Maintenant tient Guillaume Alemant, clerc l'abbé du Mouster Nuef, P. Cailler, pour euz et pour leurs autres parssoners, XXX s.	―	38
57	P. アフリと家中の者たち，兵士1人，30ソリドゥス。P. Affrey et ses parçoners, I sergent, XXX s.	―	39
58	J. ベルタン。財産の一部はロベール・ル=ロワの後継者たちが保有している。現在G. サルモンがその義務を果たすこととなっている。兵士1人，30ソリドゥス。J. Bertin. Partie des chouses tienent Les hoirs Robert Le Roy. *Maintenant fait le devoir G. Salemon.* I sergent, XXX s.	―	41
59	イレルト・ド=シャスヌイユ，兵士1人，30ソリドゥス。Hilayrete de Chasseneul, I sergent, XXX s.	―	
60	P. オボワン・ド=ラ=ピエル，40ソリドゥス。P. Auboin de la Pierre, XL s.	―	43
61	レノー・ド=クロワトル，兵士2人分，60ソリドゥス。Reinaut de Cloytres, pour II sergens, LX s.	―	45
62	レノー・デ=ローシュ，兵士2人，60ソリドゥス。Regnaut des Roches, pour II sergens, LX s.	―	46
63	シャスヌイユのP. フロジェとボーヌ・アムール，その財産はギヨーム・コワンデ師が保有していた。ロベール・ル=ロワの後継者とJ. ルソー=ド=ルバンテールの後継者，兵士1人，30ソリドゥス。P. Froger et Guillaume Bone Amour de Chasseneul ; ses chouses tient mestre Guillaume Coindé ; les hoirs Robert Le Roy et les hoirs J. Rousseau de Loubantere, I sergent, XXX s.	―	57
64	シャスヌイユとアヴァントンにおけるポワチエ司教に属する者たち，60ソリドゥス。Les homes à l'evesque de Poiters a Chasseneul et à Avanton, LX s.	―	48
65	サン=ジョルジュ近隣のフォンテーヌにおけるギヨーム・ド=バルバストの者たち，30ソリドゥス。Les homes Guillaume de Barbaste, de Fontenes près de S. George, XXX s.	―	49
	フォジェールの5人衆，オザンス領主に属する者たち，マルティニエにおける同領主の者たち，マニエとシャスヌイユの		

第5章　ポワチエにおけるコミューヌ権力の拡大過程　　　　　　*165*

66	小教区民，60ソリドゥス。Cinc homes de Faugeres, homes au segneur d'Auzance et ses homes de Martigné, *parroissiens de Meigné et de Chasseneul*, LX s.	—	50
67	シャルドンシャンのP. マンゴー，兵士1人，30ソリドゥス。P. Mainguo de Chardonchamp, I sergent XXX s.	—	51
68	シャルドンシャンのP. 及びJ. マンゴー，リヴォー川流域の者たち，兵士1人，30ソリドゥス。P. et J. Maguort de Chardonchamp, homes au vallet du Ryvau, I sergent, XXX s.	—	53
69	J. ド=ラ=ヴィルデューとシャルドンシャンのトリニテ女子修道院長の者たち，及び上流域のル・ケルの者たち，ミニエ小教区民。サン・ピエール=ピュエイエ教会参事会が前出のJ師の財産を獲得した。兵士2人，60ソリドゥス。J. de la Ville Dieu et les homes à l'abbasse de la Trenité de Chardonchamp et dessus la Queulle, parroissiens de Meigne. Chapitre S. Pierre Pueillier a aquis les chouses au dit mestre J. II sergens, LX s.	—	54
70	クルーセの住民たち，60ソリドゥス。Les homes de Croucet, LX s.	—	55
71	ラ=セル小教区民のエリオン・デ=ロゼと，ギヨーム・ボネ=デ=トゥシェの後継者たち。H. トマ師が保有している。100ソリドゥス。Helion des Rozers et Les hoirs Guillaume Bonea des Touches, *paroissiens de La Celle*. Mestre H. Thomas tient C s.	—	56
72	ヴヌイユ小教区民のエミリ・シャテ=ド=ナルネ，エミリ・メソー，兵士1人分，30ソリドゥス。Aymeri Chatet de Narnay, Aymeri Maysseau, *parroissiens de Vouneul*, pour I sergent, XXX s.	—	58
73	ド=ラ=セル分院長，故ジョフロワ・モランのものであったマゼイの屋敷のゆえに，兵士1人，30ソリドゥス。Le priour de La Celle pour l'arbergement de Mazay, qui fut Joffroy Morin, I sergent, XXX s.	—	59
74	G. ド=ラ=ローシュ=ス=ヴヌイユ，兵士1人，30ソリドゥス。G. de la Roche souz Vouneul, I sergent, XXX s.	—	60
75	ポワチエのサン・ピエール（司教座）教会参事会は，かつてロティエ・ル=ロンバールのものであったベルナグーの屋敷のゆえに，兵士1人，30ソリドゥス。Le chapitre S. Pierre de Poiters pour l'arbergement de Bernaguoe, qui fut Lotier le Lonbart, I sergent, XXX s.	—	61
76	同様に，同参事会は，J. ディヴァのものであったレ=ペール屋敷のゆえに，兵士1人，30ソリドゥス。Item, le dit chapitre pour la meson des Perers, qui fut J. Dyva, I sergent, XXX s.	—	62

1337年リスト（史料f）の条項番号	1337年リスト（史料f）：史料訳と原文	史料dでの対応条項の番号	史料a（1324年リスト）での対応条項の番号
77	ミニエの小教区民であるジョフロワ・ベルドゥイユ=ド=ランブル、ブレ・ド=ランブルと呼ばれる者、ムロン・ボンサンとその他のランブルの住民。モンティエルヌフ修道院長は同ムロンから財産を保有している。兵士2人分、60 ソリドゥス。Joffroy Berdueil de Laymbre, le dit Bret de Laymbre, *parroissien de Meigné*, Meron Bon San et les autres home de Laimbre ; l'abbé du Monster tient les chouses du dit Meron. Pour II sergens, LX s.	—	63
78	ボヌイユ=マトゥール小教区民及びヴヌイユ=スュル=ヴィエンヌ小教区民たるボワリの国王殿下の属民、60 ソリドゥス。Les homes nostre segneur le roy de Boeries, *parroissiens de Boneul Mathorre et de Vouneuil sus Vienne*, LX s.	—	64
79	サマルヴ小教区民たるムランの住民。Les homes de Moulins, *parroissien de Samarve*.	—	66
80	ポワチエのシャテルニーにおけるポワチエのトリニテ女子修道院長の属民たち、4 リブラ 10 ソリドゥス。Les homes à l'abbasse et au convent de la Trenité de Poitiers de la chastellenie de Poitiers, IIII l. X s.	—	67
81	ブルイユ=マンゴーの住民たち、4 リブラ 10 ソリドゥス。Les homes du Breul Mainguo, IIII l. X s.	—	71
82	ブルイユ=ラベッスの住民たち、4 リブラ 10 ソリドゥス。Les homes du Breul l'Abbasse, IIII l. X s.	—	72
83	メニャルー、ブルイユ=ラベッス及びその周辺におけるラ=ロワイヨー修道院長の属民、60 ソリドゥス。Les homes à l'abbé de la Royau, à Maignalerur, au Breul l'Abbasse et environ, LX s.	—	73
84	ラ=ミロネールとボワ=バストンの住民たち、30 ソリドゥス。Les homes de la Millonere et de Bois Baston, XXX s.	—	74
85	ド=ラ=セル小教区民であるキュイセックの者たち、60 ソリドゥス。Les homes de Escuyssec, *parroissien de la Celle*, LX s.	—	75
86	シャトオ=フロマージュとシャンポーの住民、4 リブラ 10 ソリドゥス。Les homes de Chasteau-Fromage et de Champot, IIII l. X s.	—	79
87	ブランの住民、ギヨーム・ド=ショヴィネの子供たちに属する者たち、60 ソリドゥス。Les homes de Brenc, *homes aus enffans Guillaume de Chauvigné*, LX s.	—	80
—		—	81
	アルノー・プヴロー・ド=ルバンテールの者たち、その他のビュセロールの住民。60 ソリドゥス。Les homes		

第5章　ポワチエにおけるコミューヌ権力の拡大過程　　　　　　　　　*167*

88	Arnaut Pouvereau de Loubantere et les autres homes de Buxerolles, LX s.	—	82
89	ユーグ・カトリヌ・ド=ラ=デネルとその仲間たち，兵士1人，30ソリドゥス。Hugues Katelinea de la Daynere et ses confreres, I sergent, XXX s.	—	83
90	ミショー・ド=ヌユユとセルゼイの住民たち，60ソリドゥス。Michea de Nyeul et les homes de Cerzay, LX s.	—	84
91	ラ=ティファイエールとムリエール近隣のブセック・ド=ラ=ローシュの住民，及びその周辺にいるその他の国王の属民たち。6リブラ。Les homes de la Tuffaillere et de Boucec de la Roche pres de Moulere et les autres homes le roy de environ, VI l.	—	85
92	ポワチエの触れ回り役の長と触れ回り役たち，30ソリドゥス。Le mestre huchour et les huchours de Poitiers, XXX s.	—	86
93	ヌユユ=レスペールの住民たち，60ソリドゥス。Les homes de Nyeul l'Espaier, LX s.	—	88
94	G. ド=マニャック，兵士1人，30ソリドゥス。G. de Meignac, I sergent, XXX s.	—	89
95	ベリュージュの小教区民であるラ=ボルディエールの者たち，60ソリドゥス。Les homes de la Bordillere, *parroissiens de Beruge*, LX s.	—	90
96	リーヴ近隣のサヴィニェの住民たち，6リブラ。Les homes de Savigné près de Ryves, VI l.	—	91
97	ヴヌユ近隣のサブロネールの住民たち，60ソリドゥス。Les homes de la Sablonere pres de Vouneul, LX s.	—	93
98	ブルイユ・ボルダンの住民たち，60ソリドゥス。Les homes de Breul Bordin, LX s.	—	94
99	シセックの小教区民であるラ=ガルヌリの住民たち，60ソリドゥス。Les homes de la Garnerie, *parroissiens de Cissec*, LX s.	—	95
100	アヴァントンにいるギー・ド=ヴェルノ殿の属民たち。現在はG. コワンデ殿の属民である。60ソリドゥス。Les homes monsegneur Guy de Verno à Avanton. Maintenant sunt homes à mestre G. Coindé. LX s.	—	97
101	ヴィルヌーヴの住民たち。60ソリドゥス。Les homes de Ville Neuve, LX s.	—	98
102	ベリュージュの小教区民であるレピヌの住民たち。60ソリドゥス。Les homes de l'Espine, *parroissiens de Beruge*, LX s.	—	99
（合計額）	小計：237リブラ10ソリドゥス。総計：392リブラ10ソリドゥス。Summe：XIxx XVII l. X s. Summe toute：IIIc IIIIxx XII l. X s.	—	（合計人員数）

註：訳文内の下線表示ならびに原文内のイタリック表示については，本章註19を参照。

りと示されているように思われる。

　1337年時点において，コミューヌが周辺地域にも課税権を所持するという点について，王権とコミューヌの間で明確な合意が形成されている反面，周辺住民たちにもその認識が完全に共有されていたかどうかは疑わしい。1337年リストの裏面には，支払い拒否をした人物や猶予を願った人々の記録が書き込まれているからである。

　『(前略)フィリポン・オベールは異議を申し立てたが，しかしながら後で支払ったことを記憶すべきである。ブリュイル・マンゴーのJ.ミルボー，レイモン・ド=ベルロン…(中略)…(以下7人の列挙)…(中略)…及びボノワレの住民たちに，8日の猶予を与えるが，その日に支払いに来なければならず，逃げ出そうとしたら投獄せよ。また，シセーのユーグ・ロワも同様である。同様に，G.デロン殿の代わりにイレール・デロン殿。同様に，テュファイエール，ブセック，ラ=ローシュの住民たち…(中略)…(以下3人の列挙)』[20]。

　1337年リストに添付されて伝来する史料gは，都市内の非コミューヌ員に対して後日行われた追加徴集に関する史料だが，残念ながら，情報は漠然としていて前後関係は不明である。また1337年リストにはもう1通の史料(史料h)が添付されているが，これはコミューヌ負担分として140リブラがメールから国王収入役へ直接手渡されたことを証明しているものである[21]。

　『国王殿下のためにポワトゥーとサントンジュの収入役たる私ルノー・クロルボワが，ポワチエのメールとコミューヌから現金で140リブラを，コミューヌのメールであるギヨーム・ガルガリより受け取ったことを全ての者が知るように。その140リブラは，…(中略)…ピエール・ド=ブリゾルと，ポワチエのセネシャル代行官ギヨーム・ド=ポルタルによって目下の戦争のために…(中略)…上記メールとコミューヌに課せられた支払いの一部としてである』[22]。

　この140リブラを徴集するために，コミューヌ内部での分担や徴収に関わる何らかの書面が作成されたはずであるが，それがまったく伝来していないということは注目に値する。それは，都市内外の非コミューヌ員への課税に関する

書類の伝来状況と対照的である。もちろん，これまで分析してきた E1, E2 の 2 つの史料群が，19 世紀にレデーが目にしたような状態で 14 世紀からずっと保管され続けてきたのかどうかは断言できない。しかし，ポワチエの都市カルチュレール内のコピーや記録簿内の内容摘記という形でしか伝来しない軍事関連史料が多い中，これらが念入りに保管されていたのは間違いない。それは，非コミューヌ地域における自らの軍事的権威を，コミューヌ文書等によって証明することができないコミューヌにとって，証書ではなくとも，これらの書面こそがその証明手段だったからである。

　以上の見解について，いくつか補足を付け加えておきたい。まずは，他都市においてもしばしば見られるようなコミューヌ都市役人と国王の地方役人の人的重なりが，ポワチエにおいてもやはり存在したことである[23]。先に述べたとおり 1324 年リストの作成主体は明らかではないが，少なくとも作成のために必要な情報は王権側とコミューヌ側の双方が共有しており，作成においても何らかの協力関係があったと言えるのではないだろうか。また，コミューヌ関係者は，実際に現場で徴収業務に携わる国王下級役人層の中にも現れる。1329 年，メールの随行要員をポワチエに召集する任務を負うとして名が挙げられている 4 人の国王役人のうち，ロビネ・ル＝コーはもとコミューヌ役人だった人物である[24]（史料 b）。また，1337 年の援助金徴収に際して，非コミューヌ員代表として都市周辺地域住民などの非コミューヌ地域についての負担配分を行うとされた 3 人の中の 1 人であるピエール・パンショーは，1295 年にメールとして現れる人物の名と同一である[25]。本人でないとすれば，おそらく息子であろうか。いずれにしても，コミューヌ役人ないしはその関係者が，国王役人層の中だけでなく，公平を期するために配置されたかに見える非コミューヌ員による負担分配者の中にも現れているのである。

　先に述べたように，コミューヌの軍事的勢力範囲はポワチエのプレヴォ管区とほぼ一致しているが，その領域は都市民による社会経済的影響力が及ぶ範囲ともなっていた可能性が強い。地図 5-2 は，ポワチエの富裕市民が 14-15 世紀に形成した農村財産の分布を示したものであるが，コミューヌによって軍事的負担の分配が行われる地理的範囲と大幅に重なり合っている。この点に関し

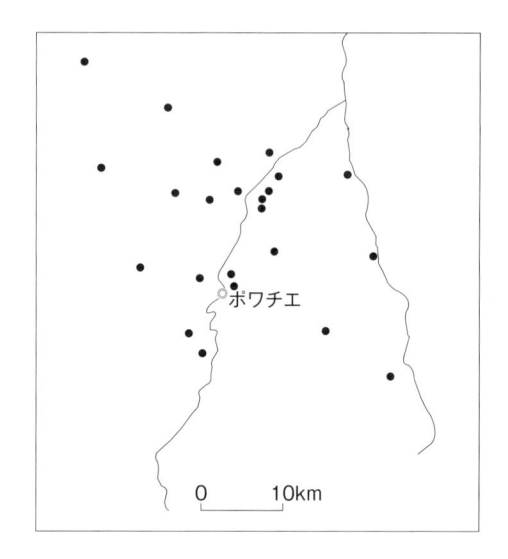

地図5-2 ポワチエ都市民の農村財産（●で示す）の分布（14世紀半ば―15世紀初頭）
Favreau, *La ville de Poitiers à la fin du Moyen Age*, t. 2, p. 620 をもとに作成

　て興味深いのは，1338年に起こったある事件である。この年，王権からの命令によりコミューヌ軍がポンへ出征した際に，コミューヌが『武器も持たず役に立たない農夫ばかり』«gens laboureurs sanz armes, à ce non vallables» を寄こし，裕福な都市民は出征を免除されていたのは許しがたいとして，王権側は都市民の財産没収を宣言した[26]。これに対してコミューヌは，王権に対する500リブラの貸与を約束することによって処罰を免れている。その500リブラの徴収は，『かつてピエール・ド=ブリゾルがとある徴収の際に行わせた方法に則って』«par la maniere que autreffoiz fut ordoné à lever sur certayne finance faicte ou mestre Pierre de Brizoles» ——すなわち1337年リスト方式で——行われることが王権側によって宣言されている[27]。裕福な都市民に償わせることが貸与金の本来の趣旨だったにもかかわらず，周辺住民に負担の大部分を負わせる方式にすり替わっているのは面白い。しかしここで最も興味深いのは，その返済の方法である。500リブラのうち周辺住民が負担する400リブラに関しては，そもそも返済が想定さえされていないのに対し，コミューヌ独自の負担

分とされた100リブラの返済は，ポワチエのプレヴォ管区収入に設定するとされている[28]。つまりコミューヌは，自らの負担分100リブラを，プレヴォ管区の収入——すなわち既に400リブラを負担している領域とほぼ同一の領域から王権が得る経常収入——から取り戻すこととされているわけである。こうした処置の背景に，コミューヌ主導層と国王役人プレヴォの人的重なり合いがあることは容易に推察できる。ここからは，中世後期のポワチエにおいて，軍事・政治・社会経済の3つの分野における都市支配領域の形成過程が互いに強い関連を持ちながら進行した可能性を見て取ることができよう。

おわりに

ポワチエ都市史の先行研究では，コミューヌがその12世紀の発足当初から全都市民に対する軍事防衛面での権威を与えられていたと考えられてきた。しかしながら，第2章で既に明らかにしたように，13世紀半ばにおいてもなお，そうしたコミューヌの権威は全都市民から了解されるに至ってはいなかった。そして，コミューヌの文書庫にE1・E2として保管されている史料群は，14世紀前半のコミューヌが自らの権威確立に向けて努力を重ねていたことを我々に示してくれたのである。

本章での分析からは，市壁内の特権的ブールにまでコミューヌの権力が及び始めるのは，13世紀末から14世紀半ばにかけてであることが明らかとなった。ただしその際には，市内の特権的ブールだけでなく，同時に周辺農村部にまでコミューヌの勢力が及び始めているのである。その際コミューヌが権力伸張の論拠としたのは，国王直属の封臣としてメールが負ったところの，コミューヌ軍を率いて出陣する封臣としての義務に由来する軍の指揮権であった。勢力拡大の手段となったのは，王権から都市への戦費分担の要求がなされるたびに，コミューヌが都市代表として王権との交渉を行って負担額を取り決め，市壁内の特権的ブールのみならず周辺農村地域の住民に対してもコミューヌが主体となって割り当てを行うという手続きをととのえることであった。

こうしたコミューヌの行動の背景にあったのは，14世紀前半に王権から都

市への戦費分担の要求が格段に増加し、その負担を全都市民だけでなく周辺地域住民にも分担させる必要が生じたことだった。その結果、市内の特権的ブール及び周辺地域の住民からは様々な抵抗が起こったが、王権とコミューヌ権力は互いに利害を調整しあいながら、結果としてこれらの抵抗を抑え、14世紀半ばまでには効率的に税を徴収する地域的枠組を作り上げていったのである。

1337年リストで完成を見た援助金分担手続きは、その後幾度か適用されるが、1348年以降、大きな転機を迎える。いよいよ百年戦争の戦火が都市のすぐそばに及ぶに至り、それまでのような遠征義務や、その代納金の工面ではなく、都市防備に集中せざるを得ない事態になってくるのだ。そのために間接税が導入され、同時に都市財政システムもととのっていく。フランス都市史のこの局面については近年急速に研究が進められ、我が国においても花田洋一郎氏の業績がある[29]。ポワチエにおいても、同様の動きの中で間接税が導入されると共に、都市防衛の単位として「ポワチエのシャテルニー」の語が14世紀半ばから現れ、その枠の中で防備のための人員調達や直接税徴収が行われるようになるが、本章は、それに先立つ数十年間の動きを追ったものである。

この時期は、王権が、封建的な軍事奉仕義務の徴収システムから、より一般的な税徴収システムへと整備を進めようとしている時期である。都市代表が地方三部会へと呼び出されるようになり、同時に、金納化された軍事奉仕と戦費分担のための援助金の境界がきわめてあいまいになってくる。

ポワチエのコミューヌ文書庫に伝来する史料E1・E2が示してくれたのは、そうした王権の要求に応えなければならなかった地域において何が起こっていたかを示す一例である。14世紀前半は、これまでのポワチエ史ではあまり注目されなかった狭間の時期だが、都市における社会諸集団間の関係の変化という点から言えば、きわめて重要な時期であったということができるだろう。

註

1) E1—E30は carton 12 に、E31—E64は carton 13 に収められている。
2) Audouin, *Recueil*, t. 2, pp. 7-10. 以下で引用していくこの史料の原文については、巻末史料6を参照。
3) 『前述の巻物に記されたコミューヌに属さない人々に対し、メールとエシュヴァンに

第 5 章　ポワチエにおけるコミューヌ権力の拡大過程　　　　173

よって賦課されたものは全て，国王の側で徴収され取り立てられるのであって，メールとエシュヴァン及びコミューヌは，その金額を上乗せしたり完済させたり補塡したりする義務は負わない』(*Ibid.*)。

4) «Ce sont les homes de la secte de la commune de Poytiers, lesqueux furent adjornez à Poytuers, por la guerre esmeue en Gascoigne entre le roy de France et le roy d'Angleterre.» (Audouin, *Recueil*, t. 1, pp. 373-381.)

5) 特にフィリップ＝オーギュストの記録簿内に伝来する 13 世紀初頭のものは有名である。Giry, A., *Documents sur les relations de la royauté avec les villes en France*, Paris 1885, pp. 43-46.

6) 命令状の発給者はポワトゥーのセネシャルであるピエール・レイモンであり，宛先は『国王役人たるジャン・ド＝ベロンとピエール・ル＝フルニエ，そして以下に記された任務を果たすために国王役人に任ぜられたロビネ・ル＝コーとギヨーム・フェルド——またの名をブリュネ——へ』«à Johan de Berron et Perres Le Fornier, sergens le roy, et à Robinet Le Quot et Guillaume Ferde autrement dit Brunet, sergens de part le roy quant à faire les chouses dessouz escriptes» と記されている。Audouin, *Recueil*, t. 1, pp. 381-383.

7) «A vous et à chascun de vous, ...mandons et commandoms de part le roy ...les personnes nommées et des villages nommez en rolles à cestes presentes noz lettres annexés, lesquex deyvent espiciaument host et chevauchée à nostre seignour le roy en la secte do mayre et de la commune de Poytiers, que il, à cestuy jeudi prochain, soyent à Poiters par devant nous, preys et appareillez en armes, chascun selone son estat, einssi come il est tenuz à faire et à aler aveques les diz maire et commun, ...et les contraignez, le dit jour passé, par prise de cors et de biens estroictement, à aler ob les diz maire et commun» (*Ibid.*).

8) フィリップ＝オーギュストが 1222 年に賦与したコミューヌ文書の第 20 条には，『メールは選出されたなら，余への忠誠の誓いを余へなすために出廷しなければならない。あるいは余が，余のポワチエのバイイにこの忠誠の誓いを受けるよう委任したときは，メールは前述のごとく，余のポワチエのバイイに対し忠誠の誓いをしなければならない』と規定され，第 21 条では『ポワトゥーの都市民は，ポワトゥーに封を保有する余の封臣たちが余に軍役・騎馬役を負うロワール以南の全ての場所において，軍役・騎馬役を余に対して負う』と明言されている（巻末史料 1 参照）。

9) 翌年よりフランス国王フィリップ 5 世（在位 1316－1322）となる。1311 年から 1316 年までポワチエ伯であった。

10) «si burgi Monasterii Novi et Sancti Hilarii Pictavensis necnon plures ville, quas major et communitas Pictavis vobis nominabunt, sunt et ab antiquo conseverunt esse de secta dictorum majoris et communitatis an non» (Audouin, *Recueil*, t. 1, p. 338.)

11) *Ibid.*, pp. 333-334.

12) *Ibid.*, p. 383.

13) «Per mayorem et communiam Pictavenses, pro finatione sua, ne irent hac vice in exercitum» J. Havet, Compte du Trésor du Louvre (Toussaint 1296), dans *Bibliothèque de l'Ecole des chartes*, t. 45, 1884, p. 247.

14) Audouin, *Recueil*, t. 2, pp. 5-6.
15) «la somme... qui ne sont pas de la dicte commune, soient en bours ou hors bours de Poitiers et pour plusieurs autres personnes et villages de hors Poitiers, qui sont et hont acoustumé estre de la suyte du dit mayre et commune» (*Ibid.*, pp. 52-54.)
16) «affin que l'imposicion soit bien et loialment faicte, jusques à la quantité de la dicte dicte somme, et tauxé chascun selon sa faculté.» (*Ibid.*)
17) «Ceu sont les homes, ou leur predecesseurs, qui sunt de la siete de la commune de Poiters, baillez par le mayre de la dicte commune au receveur de Poitou pour le roy nostre seigneur, pour lever et esploiter sus euls les summes qui s'ensseguent pour cause d'une finance ou promesse faicte au roy nostre seigneur, pour sa presente guerre, par le dit mayre, tant pour la dicte commune que pour seuls de la ville de Poiters, suburbes, bours et horsbours, qui ne sunt pas du dit commun, que pour ceuls qui sunt contenuz en cest rolle, à la somme de cinc cens livres...» この記述の欄外に、インクは異なるが同一の筆跡で『1337年、我らの国王殿下の代理官であり書記であるP. ド=ブリゾル殿の面前にて』«en la personne de mestre P. de Brizoles, clerc et commisaire du roy nostre seigneur en l'an mil CCC XXXVII» と書き込まれている（Audouin, *Recueil*, t. 2, pp. 54-61）。
18) 1324年リストの第17項と第81項に該当する内容を持つ項目は、1337年リスト内には見られない。両項目とも、特定の個人または地域住民が個別に負ったと思われる義務に関するものである。
19) 表5-3参照。同表では、1324年リストにおける後代の書き込みがそのまま1337年リストに転記されている部分については、訳文に下線をつけ、原文をイタリックで表示している。
20) «...Memoire que Philipom Aubert c'est opposé, sicome il dit, et pour tant baille... J. Mirebea de Bruyl Mengo, Raymont de Berllon... sont recreu jusques à d'uy en VIII jours et doivent venir celli jour pour paier ou pour eux sauver et eux rendre en prison. Idem, par semblable maniere, Hugues Roy de Cissec. Item, monseigneur Hillaire d'Ayron en lieu de monseigneur G. d'Ayron. Item, les homes de la Tuffaillere, de Boussec et de la Roche...» (Audouin, *Recueil*, t. 2, pp. 60-61.)
21) これらの史料に現れた金額を合計すると、237リブラ10ソリドゥス（都市内外の非コミューヌ員からの徴収分）＋155リブラ（同追徴分）＋140リブラ（コミューヌ負担分）＝532リブラ10ソリドゥスとなり、王権側に約束した500リブラの総額に見合ったものとなる。
22) «Sachent tuit que nous, Regnaut Croleboys, receveur dou roy nostre seigneur en Poictou et en Xanctonge, havons heu et recehu dou maire et dou commun de Poictiers, par la main Guillaume Guargoillea maire dou dou dit commun, sept vins livres tournois monoie courant, pour la partie de la finance qui sur les diz maire et commun ha esté imposée d'une finance faicte ou maistre Pierre de Brizolles... ou Guillaume dou Portal, lieu tenant de monseigneur le seneschal de Poictou... pour cause de ceste presente guerre...» (Audouin, *Recueil*, t. 2, pp. 66-67.)
23) Favreau, *La ville de Poitiers à la fin du Moyen Age*, t. 1, p. 68.

24) 1314 年に «Robinus Le Quot» という人物が，コミューヌの代理人 «procureur» として不動産譲渡の承認を行っている。Audouin, *Recueil*, t. 1, p. 334.
25) Ledain, B., Les maires de Poitiers, dans *M.S.A.O.*, 2ᵉ série, t. 20, 1897, pp. 247-248. また 1308 年にも，同名の人物がコミューヌ役人として現れている。Audouin, *Recueil*, t. 1, pp. 304-305.
26) *Ibid.*, t. 2, pp. 70-72.
27) *Ibid.*, pp. 72-74.
28) *Ibid.*, pp. 74-76.
29) 花田洋一郎『フランス中世都市制度と都市住民』九州大学出版会，2002 年。

第Ⅱ部

都市の経済活動と王権

第6章
ポワチエ流通税表の分析

はじめに

　既に第Ⅰ部第1章で考察したように，フィリップ=オーギュストは1214年文書と1222年文書において，ポワチエに大きな商業的特権を与えた。ところでポワチエ史に関する先行研究においては，ポワチエの商業的機能は低く評価され，ただ周辺農村に対する中心地としての役割が見出されてきたのみであった。それは，ファヴローの著作『中世末期の都市ポワチエ：地域の中心都市』の第5章「14世紀半ばにおける地域の中心都市としての機能」の構成に顕著に現れている。第1節「ポワチエ：政治的中心都市」，第2節「ポワチエ：宗教的中心都市」，第3節「ポワチエ：学問的中心都市」に続く第4節には，ただ「ポワチエと経済生活」のタイトルが与えられて[1]，ポワチエが果たす経済的中心地機能が他の分野に比べて著しく立ち遅れていることが強調されている。水路に恵まれていないことがその最大の理由だとされる[2]が，それでは国王による特権賦与は何ゆえか。本章では，これまで総体的な検討の対象とされることのなかったポワチエの流通税表を分析し，この都市の経済的機能の再評価を試みたい。

　中世都市ポワチエの経済史を研究対象とする際に有利な点は，流通税表の伝来が少ない西フランスにあって，ポワチエはそれが残存している都市の1つであることである。これを活用できれば，政治史に比べて立ち遅れている西フランス中世経済史に少なからず役立つことは間違いない。しかしこれまで，ポワチエの流通税表は一般的な叙述で言及され，若干の検討が加えられることはあったが，本格的な分析対象とはならず，作成年代など重要な点についても見

解の相違が目立つのである。

　いわゆる流通税表は，西欧中世の商業史をはじめ，都市史など広範な分野で古くから利用されてきた。しかし，それらを系統的に集成して史料類型としての特性を見定め，厳密な史料批判を行った上で体系的に分析する試みが始まったのは，比較的最近である。その中心をなしたのがブリュッセル大学のデスピイを中心とする研究グループであり，1970年以来，メロヴィング期から1300年にかけてのセーヌ・ライン間の流通税表に関する研究を，徹底した史料批判に基づいて精力的に進めた。また我が国学界では，従来この史料はほとんど利用されることがなかったが，最近では意欲的な研究が次々に発表されつつある[3]。

　以下ではまず，流通税表研究の現状をデスピイ学派の仕事から探り，それを参考としながら分析を進めてみたい。

第1節　流通税表に関する最近の研究動向
——デスピイ学派の業績を中心に——

(1) 史料批判

　流通税表の定義としてデスピイは，商人，商品，あるいは商業活動について徴収される税額ないし税率が列挙された記録と，非常に広い規定を採用しているが，それは流通税表が一見して明確な史料群を構成してはいないからである。すなわち，残存するテクストの全てが，タイトルとして流通税表という意味の言葉を冠せられて独自の単位であることを主張しているわけではもちろんない。しかもその伝来形態は極めて多様で，文書の一部をなすことが多いとしても，それを取り込んでいる記録自体が，国王や司教の発給した文書から何らかの実務的書類に至るまでの幅を示す。内容的にも，司法や行政など流通以外の規定や文言と混在することもしばしばである[4]。したがって特定の流通税表を検討するには，その伝来形態に充分な注意を払いつつ，その史料範囲を確定することから始めなければならない。

a. 作成主体と作成動機

　デスピイによれば，流通税表作成には税徴収者と被課税者双方からの要請があり得た。徴収側は収入を正当化する必要を感じ，支払側は慣習の成文化による税制の固定を求めたからである[5]。問題は，いずれの要請が起草の契機となったかによって，個々の流通税表の史料的性格がかなり違ってくることである。したがって，起草者とその動機について細心の検討がなされる必要がある。この問題領域が偽文書としての流通税表と，その史料としての使用可能性に連なってくるだけに，ますますそうである。以上の点については，デスピイ自身によるライン地方の2つの有名な流通税表の検討が好例を示してくれる。

　まず，古くから1104年のものとされてきたコブレンツの流通税表は，ハインリッヒ4世がザンクト＝シメオン教会参事会に対して，そこでの流通税所有を確認した文書に含まれている。1950年代にこれが偽文書であると確定された後も，流通税表そのものは史料として用いられ続けていた。デスピイは文書形式学と古書体学からの綿密な検討の上にたち，かつ都市史や教会史などの所見を援用して，この文書が聖職禄の配分をめぐる教会内部の紛争の中で，コブレンツで実際に流通税を徴収していたザンクト＝シメオン参事会によって1155年に作成されたとする。そして，この流通税表は偽文書に入り込んではいても現実を映し出しており，12世紀初頭ではなく中葉以降について使用可能であると結論している。しかも，起草に商人利害が介入していないために事実を被課税者に有利な方向で歪めていることはなく，史料として無制約に使ってよいとするのである[6]。

　ついで，デスピイ／ビレンは，ケルンを舞台に作成され，同じく偽文書でありながら真正文書として用いられ続けていた2通の流通税表を取り上げる。ここでは，間違いなく真正である1203年の流通税表とそれらとの比較から，後者では前者に比べ不自然なほど広範な商人優遇措置が取られていることが，まず指摘される。そして，2通の一方はリエージュとウイの商人，他方はディナンの商人によって，ケルンでの流通税軽減を目的として12世紀末に偽造されたものであり，一方1203年文書は，ケルン大司教が自己の流通税徴収権を正当化すべく作成させたものであったとする。その上で，経済史の史料として使

用可能であるのはただ 1203 年文書のみで，商人の手になる 2 通の文書には，ほとんど利用価値はないと結論するのである[7]。税表の作成が徴収側による場合は現実の流通税徴収状況に近く，商人利害が関わっていれば史料価値が下がるという定式化には疑問の余地が残る。しかし，作成の主体と動機の検討が不可欠だとの主張は，流通税表を取り込んだ文書の真偽に関わりなく，きわめて重要であろう。

b．妥当期間

大部分の流通税表は慣習の成文化として起草されているが，その慣習が成立していた時点は捕捉が困難である場合が多い。従って，流通税表が当事者の記憶による記録の形をとる場合は特に，起草年代から1世代（＝ 30 年）遡って妥当していたとする一般的方法を取らざるを得ない，とデスピイは述べている。ただし，流通税表が徴収権者から商人への特権賦与の形で起草されている場合には，その前に別の税制があり，それに不満な商人層との紛争の結果が流通税表の起草となったことが多く，有効性の起点が文書発給年代となるので特に注意が必要だとする[8]。

次に，流通税表の有効年代の下限については，流通税表が継起的に作成されている場合は明快な解決が可能である。例えば，1155，1209，1275 年起草の 3 通の流通税表が存在するコブレンツについては，前 2 者については，次の税表起草までは有効であったとしてよい。そして，税制改革や貨幣変更など，税表更新を促す状況の検出とその時期との照合などの手続きによって，複数流通税表の継起的有効性を裏付けることができる[9]。しかし大抵の場合は，各々の流通税表に特有な伝来形態や起草動機を見極めつつ，具体的な考察を加えねばならず，一般的に起草年代から 1 世代間とせざるをえないことも多い。

c．記載範囲の部分性

流通税表の証言能力は，それが意図する課税範囲に依存する。デスピイ学派による史料批判では，ひとつの流通税表が特定の定住地ないし地域における商業活動の全体像を示してくれると安易に想定してはならないことが，繰り返し注意されている。

まず，流通税徴収のある地点への固定によって，商品流通の特定部分のみが

捉えられることが多い。例えばヴァランシェンヌでは，エスコー河岸での水路による商品通過を対象とする税表と，陸路による市門での商品通過を対象とする税表が伝来している。この場合，同市を通過する商品流通を全体的に捉えるには，両方の表を組み合わせて検討しなければならない[10]。

　流通税表の部分性は，市場についても明白に現れる。ムーズ商人を対象とするケルンの流通税表のように，年市のみを対象として起草される場合も多い。逆に，クーヴァンの流通税表は，年市・週市以外での通過商業を対象としており，平常であれば通過してしまう商品を都市に留めるため，年市・週市では売買税免除などの方策が取られていたのである[11]。

　ついで，課税対象者の部分性の問題がある。例えば，ケルン年市を訪れるリエージュとウイの商人が負うべき税の一覧[12]からは，その他の商人については何もわからないのは言うまでもない。対象者の限定は，出身地や居住地——流通税徴収場所となる区域の住民は支払いを免除されていることが多かった[13]——によるばかりでなく，特定領主への従属など様々な根拠があったという[14]。多数の免税特権者の存在も忘れてはならない[15]。

　さらに，一定の地理的範囲に複数徴税権者が存在し得たという事情にも留意せねばならない。通例，流通税表は単一の権力によって起草されたから，他の徴税権者たちが統制していた部分は無視される[16]。また，紛争の結果起草された流通税表では——特許状の形式を取っている流通税表には，多かれ少なかれこのような性格が認められる——紛争の対象となった権利以外は記載されないと考えられる[17]。

d．層位と集成

　個々の流通税表が部分性を帯びることが多く，また継起的作成も多かったという事実から，伝来する形態での比較的大規模な流通税表がいくつもの層位からなる集成だという問題が生じてくる。デスピイは，個別的に入念な分析を行えば，どの史料の中にも他のものよりも古い年代を対象とする条項の集まりの存在を認めることができるとして[18]，これがきわめて重大な問題であるとの認識を示しているが，個別研究の中でこの点に関するまとまった検討が行われるには至っていない。むしろこの点では，我が国での山田雅彦氏の研究が先行し

ており，サン=トメールの流通税表を取り上げて具体的考察を加えている[19]。

これに対して，流通税徴収機構での複数の水準に応じて，形態の若干異なった流通税表——例えば徴収権者の権利確保のための記録と徴収現場での必要書類——が作成され，それらが後に単一の表にまとめられて複数層位となる可能性も，すぐに想起されるが，この点もデスピイ学派によっては検討されていない。また，大規模な流通税表への集成の動機と手続きについても，なおまとまった叙述を得ていない。こうして，流通税表の研究者は，研究対象に複数の層位が含まれていないかを問い，それぞれの年代と水準を後代の集成と関連させて検討するという，困難な課題を背負っているのである。

e．規範性

デスピイは流通税表を「理論的記録」«document théorique» と呼び，それが現実に対して一定の意図をもって働きかける規範的性格を強く示したと考えている[20]。そして，こうした性格によって生ずる流通税表の現実からの乖離を，2つの点で捉えている。第1は，流通税表の適用を幅広く行うため，現実に観察される流通経路と品目でなく，想定可能なより大きな範囲を記載してしまう場合。例えばヴァランシェンヌの年市に関する税表は，「この時代この地域で流通し得たものは全て列挙されたものとなっている。この年市が，これらの商品の全てを集めていたという保証は何もない」とビレンは述べている。しかし，こうした指摘が必ずしも具体的分析に反映されているわけではなく，ビレンも年市と週市の比較においては，結局は年市税表の記載のままに，年市に現れる品目がより豊富で奢侈品の比率も高いことと，週市と同じ品目が現れても年市での方が高級であることを読み取り，年市の遠隔地商業的性格を導き出している[21]。

第2は，流通税表作成主体の利害によって，現実の税率や税額に訂正が加えられること。こうした観点が特徴的に現れているのが，aで紹介したデスピイの議論である。すなわち，教会領主によって偽造され，その作成に商人の介入がない文書に含まれる流通税表には現実が映されているとしながら，商人側が作成させた偽文書での税表についてはほとんど信憑性はないとしている。この結論は，徴収権者側の収入増加という面から流通税表の規範性を強調する第1

の主張と矛盾を含むようにも思われるが，ともかく，記録作成者の主観的契機を重視する史料論の最近の傾向と合致した見解なのである。

(2) 流通税と商品流通の実態
a．流通税の諸形態

「中世における商業活動への課税機会は，商品の通過，橋や港など交通手段の利用，商品の積替，倉入，価格の決定，計量，売却，購入，交換，搬入，搬出等に細分化されていた」[22]。このような課税機会に応じて流通税には様々な種類があったが，他に比べて特に大きな意義を持つ税が，流通税表の中でも大きな比重を占めることになる。デスピイは，人と商品の通過に課される税＝通過税《tonlieux de transit》と，市場などでの商品の売買に課される税＝売買税《tonlieux de marché》とが流通税の基本をなすとして，流通税表もごく大まかには，(1)通過税の表，(2)売買税の表，(3)両者を含む表，に分類できるとしている[23]。そして，この2種以外の税目には，流通税表に列挙される項目のごく一部が充てられる場合が多い[24]。こうしてデスピイ学派は，流通税の多様性を強調しながらも，通過税と売買税とを最も重要な形態として，それぞれの性格と役割を明らかにしてきているのである。

中でも最近特に注目された点として，通過税の性格がある。すなわち，エノー，ナミュール，ブラバンなどの流通税表に見られるウィナージュ《winage》の語について，それが，従来一般に了解されていた通過税としての内容だけでなく，上級裁判権力が商品通過に対して保証する安全と保護との代価，すなわち「安全護送税」という性格をも持っており，時にはそれが管轄領域そのものを指すこともあったとされた。さらには，同様の性格は同じく通過税とされてきたフランスのペアージュ《péage》にも見られ，両者の性格はきわめて近いというのである[25]。

さらに，デスピイ学派が通過税と売買税について示してきた認識を，3つの面からまとめておくことにする。第1に，個々の集落の経済発展との関連からは，通過税は水路・陸路といった商業路がそれに果たす意義を，売買税は年市や週市の経済機能を，それぞれ示すこと。第2に，商品流通との関連では，通

過税が遠隔地との関連に傾斜した流通状況を反映しやすいのに対し，売買税は在地での需要・供給の状況を重点的に示すこと。第3に，領主の政策がそれぞれの税額設定に異なった形で現れること。例えば，食料・手工業原料供給を確保するため，特に重要な物資については通過税を高く設定したり，それらを荷下ろしする場合に限り免税したりする[26]が，他方で，売買税は低く設定するのが普通である。このような傾向が顕著に見られるのが年市の場合であり，年市開催時に限り高額の通過税を課す上に，商品をそちらに向けるために，迂回路にも高い通過税を設定することがある[27]。また年市での売買税については，格段に低い税額を設定して商人誘致を図り，特に奢侈品の売買税は完全に免除することが多い[28]。

b．在地流通と遠隔地流通

最近における流通税表の分析によって，個々の集落がその経済構造に応じて，周辺地域及び遠隔地と多様な流通関係を結んでいたことが明らかになっている。まず，遠隔地商業を重視するピレンヌ学説の批判に努めたデスピイ[29]の学派にふさわしく，流通税表を含む史料の検討から，在地流通の意義を読み取ろうとする仕事がある。ヴィゼの年市は，ムーズ川という国際商業路に臨みながらも，サン=ランベール教会領の中心市場に起源を持ち，12世紀初頭までは専ら在地商人を担い手とする市場として，ヴィゼと周辺地域との橋渡しの役目を果たしていた[30]。

同様にフォス=ラ=ヴィルの週市についても，教会所領の中心市場としての起源と在地市場としての機能が指摘されるが，地域一帯の経済的発展の結果，13世紀には当初からの機能に加えて，周辺地域からの原料集荷とそこへの加工品——とりわけ毛織物や亜麻布——配給の場としての機能も備えるようになった経過も，併せて描き出されるのである[31]。そしてこれと対極にあるのが，遠隔地間の商品流通を主として映し出している流通税表の分析であり，典型的には先述のケルンとコブレンツのそれについての論文である[32]。

しかし多くの場合，流通税表から遠隔地商業を描く場合にも，問題の集落が在地市場として果たしていた機能を切り落とすことなく，逆に主として在地流通の場であっても，そこでの流通税表から遠隔地との関係を読み取ろうとして

おり，個々の集落や地域をめぐる経済空間を重層的な関係として捉えようとしている。前者の例がクーヴァンの流通税表の分析で，ムーズ地方からエノー南部へのワイン・塩・ニシンなどの食料供給という，東西方向の地域間商業であったとした上で，年市と週市を遠隔地経済と在地流通の接点として捉えている[33]。

後者の例として，エノー伯領に伝来する流通税表の組織的検討を行ったビレンの研究が挙げられる。これは，ピレンヌ以来郡市が未発達であるとされてきた地域について，遠隔地的関係も含めた商品流通の構造を，陸路による交易の重要性に留意しつつ析出しようとする試みである。特に中心都市ヴァランシェンヌについては，通過税表と売買税表から，在地市場としての機能と周辺地域との密接な相互依存の諸相が解明され，さらに周辺農村の農産物のみならず，毛織物や木工品などもここを通じて地域外へ輸出されていたと指摘される。こうしてビレンは，後進的とされるエノー伯領の諸都市も，在地的商業のみならず遠隔地商業にも支えられていたと結論する[34]。

第2節　ポワチエ流通税表の史料的性格

(1) 物的体裁と刊本

ポワチエ流通税表のオリジナルは現存しておらず，そのテクストは14世紀末のコピーとして，近世の所有者の名をとって「マニュスクリ・サン＝ティレール」（以下では Man. SH と略記）と呼ばれる書冊の第46葉表中程から第51葉裏上部までに伝来している。これは，14世紀末から2世紀以上にわたって書き継がれた，35×28cmの羊皮紙102葉（16折）からなり，現在ポワチエのフランソワ・ミッテラン情報館（旧市立図書館）に ms. 391(51) として所蔵されている。冒頭欄外に15世紀以降の手で『伯役人職の収入』«droicts de prevoustes»と書き込まれており，そこからこの流通税表は一般に「伯役人職の税表」«tarif de la prévôté»と呼ばれている（以下では TP と略記）。

TP の冒頭には『慣習』«costume»の語が大きく記され，以下に本文が93の部分に分けられて続いている。各部分は大文字で始められ，各々の間は約1

行分の間隔がとられているが，89番目と90番目の間にも大きな字で『魚について』《De piscibus》と記されている（図6-1）。しかし1912年及び1923年にTPを刊行したオドゥアンは，マニュスクリにおける区切りが内容と合致していない部分に訂正を加えている。例えば，20番目の部分はワインの売買税に関する規定だが，次の部分の前半はワイン通過についての規定，後半がニンニクと玉ネギの売却についての規定となっている。このためオドゥアンの刊本ではワインについての規定をまとめて第20条とし，ニンニクと玉ネギの規定を第21条としている。このような操作が8箇所で行われたために，オドゥアン版ではTPは全95条項となっている。筆者は刊本とマニュスクリとの校合を行った結果，オドゥアンの読みが正確であることを確認し，また，条項の再編成も当を得たものであると判断したので，以下の分析ではオドゥアン版[35]を用いることとする。

(2) 伝来形態と史料的特長

TPの史料としての特長は，中世盛期ポワチエでの流通状況の全体像を与えてくれる点にあるが，それはこの史料の特有な伝来形態から由来している。

まず，TPを含むMan. SHの性格をめぐっては，リシャールによる検討がある[36]。それによれば，Man. SHは，コミューヌの長であるメールが，都市行政や手工業者団体の諸規約の他，様々な実務的書類をまとめて筆写させた書冊であった。筆写は14世紀末から16世紀半ばまでのおよそ10回にわたっており，その都度新しい折を付け足して行われている。そして冒頭の『ポワチエのコミューヌの慣習，特権及びその他の法令の一覧』《La Table des costumes privileges et autres ordonnances de la commune de Poictiers》の記載が示すとおり，この書冊はメールが職務遂行に当たって留意すべき現定の一覧であり，選出されたメールは就任式で，福音書を引用した第20葉裏から第21葉表を開いてそこに手を置き，その横に記された宣誓文を唱えて，都市慣習の遵守を誓ったという。こうしてMan. SHが，コミューヌの長が知っておかなければならない都市内の慣習を総体的にまとめた，1つの公式文書であったことが明らかになったのである。

第6章　ポワチエ流通税表の分析　　　　　　　　　　　　　189

表6-1　ポワチエ流通税表を含む書冊の当初部分に筆写された諸記録の表

年代	都市文書庫一片史料伝来	Man. SHでのフォリオ番号	表裏	Man. SHでの重複コピー	内容
1335	△	24	r		メール選出に関する条例
1332		25	r		メールへ支払われる報酬に関する法令
1333		25	v		コミューヌ役人の衣類購入費に罰金収入が充てられるとの決定
1333		25	v		コミューヌ会計係の指名と保証金についての記録
1308		26	v		都市会計の監査役の指名
1204	△	27	r		フィリップ＝オーギュスト，ルーアン基本法を送付
1290		27	r		コミューヌの印章についての条例
1222	○	32	r		フィリップ＝オーギュスト，ポワチエのコミューヌに特権を賦与
1199	○	35	r		アリエノール，ポワチエ住民の自由と特権を認める
1199	△	35	v		アリエノール，ポワチエのコミューヌを確認
1286	△	36	v		クラン川の港に関する国王の文書
1369	○	37	v		アキテーヌ君主エドゥアール，コミューヌに対し，シテ域内の全住民への全裁判権を認める
1372	○	38	v		シャルル5世，ポワチエのメールと市政役人の世襲貴族化を認める
1245		40	r	56	パン焼き人に関する法令
1362		41	r	56v	パンの品質と価格に関する法令（他に断片2通）
1288	○	42	v		ポワチエの穀物計量税に関するパルルマンの判決
1196—98		42	v		リチャード，ポワチエの穀物計量税をパン修道院に賦与
1307	△	43	r		穀物計量税をパン修道院と王権が分割所持する旨のパルルマン判決
1307	△	44	r		フィリップ4世，穀物計量税に関する合意内容を確認
1302	△	44	v		パン修道院と王権の間の穀物計量税に関する合意
1304?		45	v		穀物計量枡に関するセネシャルからパン修道院への命令
12C末		46	r		ポワチエの流通税表

1267		52	r		レプラ病院年市裁判権をめぐる紛争の判決
1280頃		54	r		レプラ病院は，年市の全裁判権をコミューヌに売却する
1243		55	r		プレヴォ（国王役人）の都市特権侵害行為を裁いたメールの判決
1307		55	v		ニオール商人の免税特権に関するポワトゥーのセネシャル代理の判決
1332		57	r		あるパン焼き工の違反行為と罰金に関する記録
1370		57	v		パンに関する法令
1307—08		57	v		パンの品質検査についての条例
1377		58	r		パンに関する法令
1230	△	58	v		ポワチエ司教以下都市内に水車を所有する領主たち，共同で粉ひき人に関する規定を定める
1379		58	v		パンに関する法令
1272		59	v		タヴェルニエに関する条例
1284		60	v		呼び回り人 «hucheurs» に関する条例
1308		60	v	61	タヴェルニエに関する条例
1334		61	v		ワインの課税について
1307		62	r		市内でのワイン荷下ろしに関する慣習の違反者リスト
1306頃		63	r		市内でのワイン荷下ろしに関する慣習の違反者リスト
1306頃		64	r		市内でのワイン荷下ろしに関する慣習とその違反について
1272		65	r		ぶどう搾り汁に関する条例
1274		65	r		ぶどう搾り汁に関する条例
1259		67	r		魚屋に関する条例
1298		67	r		魚屋に関する法規をセネシャル（国王役人）が発布する
1345		69	v		古市で魚商たちに対して読み上げられた法令について
1247		70	r		肉屋に関する法令
1245		71	r	71v	肉屋に関する法令

1320以前		72	r	73	毛織物工に関する古い法規
1320		73	r		毛織物工に関する法規
1377		74	r	73v	梳いた羊毛に関する法令
1274		75	r	75v	靴工に関する条例
1399		75	r		剪毛工に関する条例
1276		75	v	76	靴工に関する条例の改正
1283		76	v	77v	鞍工に関する法規
1294		76	v	77v	鞍工の法規を都市当局が裁可
1341		78	v		馬具工に関する条例
1265ないし66		78	v		馬具工に関する条例
1277		79	r	79v	手袋製造人に関する条例
1265?		79	v		帽子製造人に関する条例
1265		80	r		拍車工に関する条例
1277		80	r		綱工に関する条例
1307		80	v		ある綱工の誓約の記録
1333		80	v		錫製品製造者に関する法令
1333		81	r		四旬節年市で行われた錫製品の検品と違反品の差し押さえに関する記録
1325		82	r		肉屋のフックに関する違反の記録
1266		82	v	82v	コミューヌ市政役人のコンフレリについて
1287		82	v		コミューヌ市政役人のコンフレリについて
1348		83	r		市政役人の墓所の燈明について
1347		83	v		市政役人に礼拝堂での奉献を設定したある遺言状の一節
1274		84	v		肉屋，宿屋などに関する条例
1367		84	v		メール，都市警備に関して郊外地住民の義務を定める

＊「都市文書庫一片史料伝来」欄の○はオリジナル，△はヴィディムスまたはコピー・オタンティックなどの形態での伝来を示す。
＊「表裏」欄のrは表，vは裏を示す。
＊重複してコピーされている史料については，「Man. SHでの重複コピー」欄で，その史料が2度目に現れる箇所を示している。

次に，Man. SH の最初のまとまり[37]に収められた諸記録は，表6-1のようである。見られるとおり，これらは12—14世紀末のものであり，古書体学的に見て一挙に筆写されたことは確実であるが，リシャールは，若干の根拠からそれを1390年としている[38]。配列は年代順ではなく，おおよそのテーマ別になっており，都市制度に関わる諸文書，パン屋に関する諸法令，流通に関わるまとまりとして，ポワチエ近郊のシトー派パン修道院が保持する穀物計量税に関する一連の記録とTP手工業者についての諸規定（裁判権などをめぐる紛争の記述とそれに関する判決文など。パン屋に関して一部重複）の順序になっているのである。

特に注目されるのは，Man. SH で TP の直前に筆写されている穀物計量税をめぐる6通の文書である。これらによれば，ポワチエでは平常取引される穀物の32分の1を徴収する権利が，パン修道院に属していた。それが『コミューヌの者であってもなくても』«sive sit de dicta communia» 徴収されたために，コミューヌと同修道院との間に争いが起こっていたが，王権の介入によって，1307年以降同修道院と王権との間で分割されることになる[39]。TP を一見して，そこには穀物取引に関する条項がないことに気付くが，それはこれに賦課される流通税がパン修道院に属していたからだったのである。

この場合は，Man. SH で TP に先行する文書を使用することによって，TP の部分性を補完することができる。Man. SH では，以上の経過を示す判決文などの他に，パン修道院がそもそもこの徴収権を保持する根拠となった，ポワトゥー伯リチャードによる同修道院の1196年の文書までも筆写されている。したがって1390年時点での効力にかかわらず，その時都市当局の手にあった主要な関連書類のほぼ全てを筆写して，Man. SH の原型が作り上げられたと考えられる。その中での流通関係のまとまりで圧倒的な重要性を持っていたのだから，Man. SH に収められた姿での TP は，ポワチエにおける流通状況をある程度まではその全体性において示してくれると言えよう[40]。

(3) 作成主体と史料的制約

しかしながら，TP もデスピイ学派が注目している流通税表の部分性という

制約から完全に免れてはいない。それは主として，伯が自己に属する流通税の記載として TP を作成したためである。TP の場合，作成主体がポワトゥー伯であることは，全体にわたって伯の利益が前面に押し出されているという事実から明らかであり，中世末期のポワチエの市政当事者のつけた表題も，これが伯役人であるプレヴォの管轄に属する税の一覧であるとの認識を示している[41]。

しかし，伯以外に属する流通税が TP でも言及されている点に注意を要する。それは，ギタール領主による蹄鉄売買税の一部（第31条），サン=ニコラ分院による塩売買税（第62・63条），リュジニャン領主による皮革通過税の一部と中古車売買税（第3・67・71条）である。前2者の権限は伯によって直接賦与されており，特にギタール領主のそれは，伯が同家に委任していた市門警護の代償であった[42]。ポワチエ南西に所領を持つリュジニャン領主による流通税徴収権の獲得過程は明らかでないが，TP では伯との税収配分が明示されている。したがって，これらは伯との密接な関連を保ちながら流通税徴収にあたっていたと考えられるが，独立性のより強い別の流通税徴収者もいた。その1つが前述のパン修道院である。しかし，これ以外にも流通に関与していた伯以外の有力領主がいた。ポワチエには中世初期以来，サン=ティレール参事会教会が南部に，また11世紀後期に設立されたモンティエルヌフ修道院が北部に，それぞれブールを保持しており，これらのブールの流通は各々の教会施設によって統制されていた。例えば，女伯アリエノールの1199年の文書は，モンティエルヌフ修道院がブール近くで行われる週市に強い利害を持っていたことを示している[43]。

以上のように，TP には，複数の流通税徴収者の1人が作成主体となったために生じた記載範囲の部分性が認められる。しかし，作成者となったポワトゥー伯は，ポワチエにおける公権力の代表者であり，その流通税徴収権が圧倒的に重要だったことは間違いなく，その記載である TP の部分性も限られたものだったと言える。さらに，流通税の部分性の要因としてデスピイ学派が注目している徴収場所・期間や免除特権享受者についても，それらが TP に特に強く働いているとは思われない。この点からも，TP は，ある程度の全体性を

(4) 複層性と妥当期間

　Man. SH に含まれる形で伝来した TP にも確実に複数の層位が含まれており，それがこの史料の年代決定を著しく複雑にしている。最も明瞭に複数層位の存在を示すのは，第 91 条と第 92 条の間に大きな字で書かれた『魚について』《De piscibus》というタイトルであり（図 6-1 参照），これ以降最後の 4 条が全て魚類の売買税を扱っている事実からも，14 世紀末に Man. SH の当初部分を作成した書記の面前には，おそらく第 1 条―第 91 条と第 92 条―第 95 条との 2 つのまとまりが，判然と区別される姿で存在していたと思われる。さらに，これらのうち第 1 のまとまりの中にも複層性が認められる。すなわち，第 33 条→第 69 条，第 124 条→第 70 条，第 35 条→第 73 条，第 26 条→第 74 条，第 37 条→第 75 条というように，ほぼ連続する 5 条ずつがまったく同じ文言で書かれており，こうした重複条項の存在は 91 条が一挙に起草されたのではないことを示している。ファヴローもこの点に注目し，第 1 条から第 40 条前後までを TP の本来の部分としてそれ以降を追加部分としており[44]，またクラウデも大筋でそうした考え方である[45]。ファヴローは最後の 14 条が売買税のみに充てられている点から，これらもまた独自の単位をなしていて，2 回目の追加により成立したと考えている。こうした論拠を採用すると，売買税のみを扱う条項が連続するのは第 4 条―第 6 条，第 9 条―第 11 条，第 27 条―第 29 条と 3 箇所で検出でき，そこから TP の層位構成がなお複合的だったのではないかと想定される。最後に，第 1 条に登場するヴィゲリウスについては多くの機会に議論されてきたが，ポワチエでは伯役人であるブレヴォの下僚となり，1115―1117 年が最後の言及だとされている[46]。これをそのまま受け入れると，通例 12 世紀後半に位置付けられる TP の中で，この条項だけが際立って古い層位となってしまう。

　このような複層性を前提とすると，TP の年代決定はそれぞれの層位について行われなければならなくなり，それが議論をきわめて複雑にしてきた。TP を 14 世紀[47] あるいは 13 世紀[48] に位置付けた歴史家もいたが，最近ではオドゥ

第6章 ポワチエ流通税表の分析　　　　　　　　　　　195

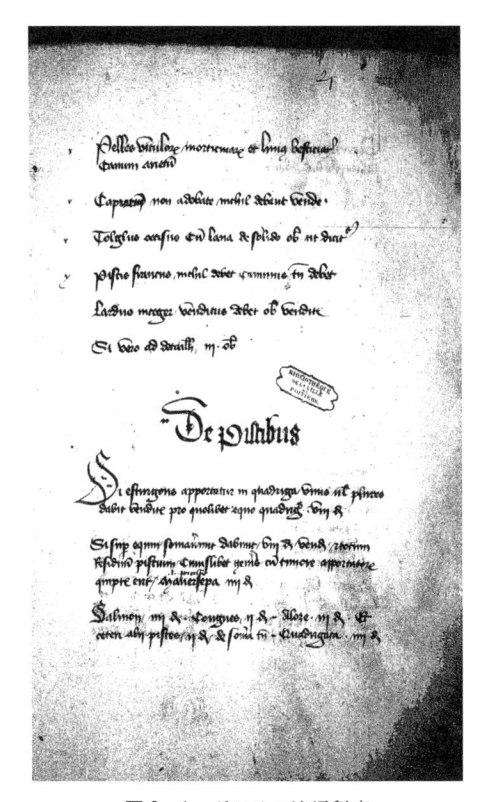

図6-1　ポワチエ流通税表
マニュスクリ・サン=ティレール第51葉表，流通税表第88条から第94条までの部分。第91条と第92条の間に大きく «De piscibus» と記されている。(Médiathèque François-Mitterrand de Poitiers, ms. 391 (51), fol. 51.)

アン，クラウデ，ファヴローが共に12世紀後半説をとっている[49]。しかし，それぞれの論拠はかなり食い違っており，しかも，クラウデとファヴローの年代決定は，明示的には前半の部分に限られているのである。以下では，これらのうち最新のファヴローの説を手掛かりに考察していく。

　ファヴローがTPを12世紀後半に位置付ける大きな根拠は2つある。第1に，おそらくオドゥアン説に依拠しつつ，TPには『コミューヌ』«communua» が数回登場するから，その設立年代である1170年代以降[50]に作

成されたと考えている。第2に，TPではポワチエ都市民を免税とすることが前提となっているが，1222年フィリップ＝オーギュストがポワチエ都市民に流通税免除を確認した際[51]，その地理的範囲を『かつてイングランド王ヘンリーに服従していた全ての地域における』としており[52]，この特権は，ヘンリー2世期（1152—1172年）から存在していたとしている。したがってTPもこの時期以降の成立だというのである。これらのうち第1の論拠は筆者も同意できるが，第2のそれは2つの点から賛成できない。

　まず，TPには都市民からの流通税のそのような全面的免除を示す規定はない。わずかに『ポワトゥー伯の領民ないしコミューヌの者でなければ（以下の税を負うべし）』（第4条）[53]，『ポワトゥー伯の領民でない靴屋は（以下の税を）負うべし』（第18条）という2条項があるのみで，被課税者の出身地はほとんど問題にされていない。逆に，第64条は『都市民であれ外来者であれ，自分で作ったものであれ作らせたものであれ，毛織物を売りに来る全ての者は，縮充所やその他の家で全部売った場合…（中略）…，売買税を1デナリウス負う（後略）』と，ポワチエ都市民に売買税を課すると明言している。

　次に，フィリップ＝オーギュストの1222年文書の扱いに問題がある。これは，フィリップ＝オーギュスト自身が1207年にルーアンに賦与した文書をモデルとしており，特に上掲の箇所は，ルーアン文書からそのまま持ち込まれたものだからである[54]。したがって，この条項はルーアンでのヘンリー2世以来の慣習を示し得ても，ポワチエ都市民に対して既にその時期に流通税が免除されていたことの証拠とはならない。むしろ，これらが間違いなく売買税・通過税を免除されるのは，『ポワチエにおいて余の所領に居住する者，ないしは将来居住しに来る者は，売買税と通過税から完全に免除され自由であること』を認めた，1214年のフィリップ＝オーギュストの文書[55]によってなのである。

　こうして，コミューヌの存在を前提としている点からTPの上限年代を1170年とし得るとしても，ファヴローの見解と異なってむしろポワチエ都市民に流通税を課しているTPに対して，その全面的免除が規定される1214年が下限年代となるのである。

　ところで，こうした年代決定の努力を，TPに想定される複数層位の1つず

第 6 章　ポワチエ流通税表の分析　　　　　　　　　　　　　　　　197

つと結び付けることは，諸層位の区分が確定できないこともあって，きわめて難しい。筆者はむしろ，複数層位の間にある統一性に注目して，これらの大部分が 12 世紀 70 年代からの約 50 年間に起草されたとする，幅広い年代決定を考えたい。クラウデとファヴローのように第 40 条あたりに切れ目を想定するとしても，第 81 条までは，3 種の税目に関する規定が全体にわたって同じように無秩序な並び方をしており，また課税方法にはヴィゲリアの税額が常に通過税・売買税の 4 分の 1 だという統一性がある。また，前半と後半で，同じ品目に異なった税額・税率設定がなされているものはなく，むしろ同じ税額の重複項目があること自体が，もし両者の間に年代の相違があっても，それが極度に大きくはない保証となっている。そしてその最大の幅が，上述の第 4 条から与えられる前半部分の上限年代 1170 年前後と，第 64 条による後半部分の下限年代 1214 年なのである。また，確かに第 82 条以下は売買税のみの規定として，それ以前の部分とは対照的であるが，品目や税額・税率からすれば，第 81 条までとの大きな距離を示すものではない。少なくとも，『魚について』のタイトル以前の第 91 条までは，既述のように，1390 年以前のある時点で第 81 条までと一続きのものとして筆写されており，中世ポワチエの書記もそのように見ていたのである。さらに第 1 条も，続く数条と近い内容であり，ヴィゲリウスの語が，11 世紀以来の系譜を持ち裁判職務に関与する役職としてではなく，TP での税目の 1 つであるヴィゲリアを徴収する者という意味で使われていると理解すれば，12 世紀初頭に位置付ける必要はなくなる。こうして，TP は年代的複層性を示すものの，その主体部分については，1170 年前後からおよそ半世紀間に作成されたものだと言えるのである。

　こうして成立した TP がいつまで妥当したかについては，以上の考察のうちに既に 2 つの材料が含まれていた。一方では，ポワチエ都市民への流通税賦課を認めている TP は，1214 年以降の流通税免除によって，そのままでは通用しなくなったはずである。他方では，Man. SH に収められた TP は，14 世紀末に穀物計量税以外の流通税について都市当局が保管していた記録のほぼ全てを含んでいたのだから，その大半を無効にするような規定は，少なくとも 1 世紀半くらいは作成されなかったと思われる。ここではともかく，作成された流

通税表は少なくとも1世代間の効力は保証されていたというデスピイの議論[56]に依拠して、TPが13世紀中葉までは確実に妥当していたことを確認しておきたい。

第3節　流通税表の分析

(1) TPに現れる流通税の諸形態

TPには、『ポワチエのプレヴォは、盗人（の身体）から発見された教会やコミューヌ員やその他のポワトゥー伯領民の財産を、自らのものとしてはならない』（第41条）のように、流通税とは直接に関係のない伯役人プレヴォの権限を規定した2条項がある。また、『小間物屋は、絹を売る者も売らない者も、月に1オボルス負う』（第128条）と、一種の営業税の規定も1条項ある。これらの条項は全95条のあちこちに位置しており、既述の売買税についてのいくつかのまとまりのように、同じ性格の税目が近い場所に配置される傾向はあるものの、全体としての条項の配列はきわめて雑然とした印象を与える。さらに、『売却された亜麻布と毛織物については、売手は1ソリドゥスについて1オボルスを負う』（第4条）のように、内容的には賦課の仕方が明確でありながら、条項の中に税目が明示されない場合もかなりある。しかしながら、TPにおける税目としては通過税«pedagium»、売買税«venda»及びヴィゲリア«vigeria»の3種が全体にわたって繰り返し現れ、名称としても内容から判断しても、他の税目が登場しないのが特徴である。

これらのうち、単独に規定されるのは通過税が5条、同じく売買税が43条あり、また『トネリコ製鉢は荷鞍1つ分で売買税も通過税も1デナリウス負う』（第77条）のような、通過税と売買税との組み合わせが20条ある。これに対してヴィゲリアは、TPでの税額規定では必ず通過税ないしは売買税に伴って現れるが、このうち通過税に伴うのが19回、売買税に伴って現れるのは8回である。しかもそのうち、『コルドバ皮の4輪車1台分は、通過税が3ソリドゥス、但しヴィゲリアは免除』（第54条）とヴィゲリアのみが免除されている6条項と、ワイン12モディウスについて8デナリウス、24モディウス

について 21 デナリウスの通過税を規定した上で、いずれの場合にもヴィゲリアは 1 デナリウスと定めている第 20 条、なめし皮について通過税 3 ソリドゥス、ヴィゲリア 2 デナリウスを課している第 56 条の例外を除いては、常にこれらの 4 分の 1 の額が課されている。このように TP における税目は、特にデスピイ学派の言う流通税の基本の 2 種、すなわち通過税と売買税の双方を主たる形態とし、これにヴィゲリアが付随する形をとっているのである。そして、このヴィゲリアの語についてはフランス中世史で以前から多くの議論があり、TP におけるその理解も大きな問題を含んでいる。

　ヴィゲリアの語の定義の困難は、フランク期以来の伯役人ヴィゲリウスの職が、先述の如く 12 世紀に消滅するのに対して、もともとその職務権限を指していたと思われる «vigeria»、«vicaria»、«viaria» などの語はその後も存続し、しかも分割と譲渡の対象となっていったことと関係している。既にロットは、カロリング期のヴィゲリアはパーグス管区の下部組織たる管轄区を指していたが、10—13 世紀には、上級裁判権の他にタイユや流通税徴収などの領主諸権を含み、他面で軍役・騎馬役などの封建的義務を上級者に負うような単位となるに至った、と考えていた。より新しい研究としては、ブッサールがヴィゲリアを上級裁判権から切り離し、これを追捕権と定義して、一定領域での特異な形態をとった支配権と考えた。また我が国では、ポワトゥーを対象として検討を行った宮松浩憲氏が、ヴィゲリアは 11 世紀初期までは管轄区として用いられた後、特に 12 世紀以降裁判権との関係を弱め、単なる賦課租としての性格を強めていったと指摘している[57]。

　このように、国制史におけるヴィゲリアの研究からは、それが流通に関係し、また一定の賦課であるとの発言はされてきたが、流通税の一種として検討を受けたことはなかった。最近では、先述のように[58] 通過税の安全護送的性格を主張したジラール゠ダルビサンが、その議論の中でヴィゲリアに言及し、しかも TP から看取されるような性格とはまったく異なった定義付けを前提としているために、議論がさらに複雑になっている。すなわちジラール゠ダルビサンは、ヴィゲリアを「自らの領域内で罪人を追捕する権利」と定義した上で、通過税徴収と引き換えに領主が商人に対して負う安全保証義務の実行にとっ

て，これが不可欠であったと言う。そして，このような通過税徴収権とヴィゲリアとの密接な結び付きこそが，通過税の領域的性格の現れだとするのである。ビアンヴニュのアンジューの流通税についての論文でも，ヴィゲリアについては同様の解釈がとられていた[59]。こうした考え方に立つと，ヴィゲリアは流通税と深い関係を持つ権限ではあっても，流通行為への何らかの賦課ではなく，それが収入をもたらす場合でも，違反者からの罰金収入としてなのである。

　ヴィゲリアの語をめぐって以上のように展開されてきた論議を生かすためには，TPにおいてはむしろヴィゲリアこそ，ジラール=ダルビサンが通過税に対して見出した安全護送的性格を持っていたのではないかと問うてみなければならない。しかし，そのような場合当然問題とされるべき安全保証の地理的範囲について，TPは何も言及していないのである。しかも，前述のように，ヴィゲリアが必ず通過税及び売買税に随伴して規定される中で，商品通過にヴィゲリアが課されるとされる19条項よりも8条項と回数は少ないものの，商品売買にもヴィゲリアが課されることが明言されており，この点からも，ヴィゲリアに安全護送の対価という性格を認めることはできない。いずれにしても，ポワチエにおける流通税としてのヴィゲリア徴収について他の同時代史料はなく，TPに現れるヴィゲリアの性格についてこれ以上立ち入った分析は困難である。ここでは，ポワチエにおいては何らかの事情のもとに，かつてヴィゲリウスに属していた流通に関連する権限が，流通税の一部に対する権利となって存続し，それがTPに記載されるに至ったとの推測にとどめておこう。こうしてTPでのヴィゲリアの性格が解明できないのは，本書の限界の1つとなるが，この税目が通過税と売買税とに付随し，常にそれより税率の著しく低い副次的なものであるから，幸いそのために次項でのポワチエでの商品流通の検討を大きく歪めることはないであろう。

　ヴィゲリアと比べれば，他の2つの税目の内容はずっと明白である。通過税については，TPでは全体で29回言及されている。課税は『4輪車1台分』«quadrigata»，『荷鞍1つ分』«somma»，『1袋』«trossellus»というように，運搬手段を基準としている。またTPでは，都市を通過する場合（→

«transierit»，«transierit villam»，«transierit ultra»）の通過税が8条項で定められており，かなりの商品がポワチエを通過していたことを示している。さらにTP第60条は，『いかなる者も，自己消費のために購入された商品の搬出については通過税を負わない』と規定していることから，通過税は，商品の都市の通過の他に，商品の都市内への搬入と，再売却を目的として買い付けられた商品の搬出を対象としていたと思われる。

　次に売買税を見てみると，その言及は最も多く，51回である。『手袋製造用のなめし皮については，1ソリドゥスにつき1オボルス負う』（第46条）のように，価格を基準とした課税は6回しか見られず，ほとんどが商品の量に応じてかけられている。この場合も商品量の規定には運搬手段が単位として用いられているが，『首にかけただけ』«ad collum»，『運搬人が持ってきただけ』«collifex» という表示も現れている。被課税者としては，『売却された馬について，売手は売買税として4デナリウス負う』（第51条）というように，数回『売手』«venditor» が現れるのみで，多くの場合明示されていない。しかしTP第47条は，『ポワチエ都市内または郊外で商品を売却したものは，誰であれポワチエで売買税を支払う』と一般的に規定しており，これから，おそらく売買税は売手のみが負ったと思われる。またこの条項からは，境界は明示されないながらも，ポワチエの周辺居住地も同一の売買税に服する区域に取り込まれていたことがわかる[60]。

　以上のように，TPにおける流通税は，通過税と売買税の2本の柱にまとめられ，それぞれの内部にも多くの種類が混在している様子はない。デスピィ学派の業績で強調されていた流通税の形態的多様性と対比してみると，TPはかなり簡明な姿を示していると言える。そうした事態の根拠としてまず考えられるのは，既に検討したTPの史料的性格である。すなわち，中世ポワチエの流通税についての諸記録が14世紀末までに集成されたのが伝来する形でのTPであるから，この過程で本来は複雑だった流通税の諸形態が，次第に整理されて書きとめられていった可能性は大きい。しかし同時に，ポワチエにおける伯権力の強さとそのもとへの流通税徴収権の集中も，現実に流通税の形態を整理させる方向に働いたのではなかろうか。もちろんこの集中は，前述のように完

全ではなく, ポワチエには伯以外にも流通税徴収権者がいたし, 流通を統制する他の領主もいた。けれども, サン=ティレール参事会教会とモンティエルヌフ修道院のブールを除けば, ポワチエでの流通はやはり圧倒的に伯によって統制されており, TP にも他の流通税徴収権者が伯に下属する傾向が現れていた[61]。そして, 1137 年以降伯権力は王権によって行使されていたのである。こうした, 公権力的性格の強い勢力による支配が, ポワチエでの流通税を比較的単純な形にまとめた要因であり, また, ヴィゲリアという税目の存在もそれと何らかの関係があるのではないか, と考えてみたい。

(2) TP に現れる商品流通

以下では TP に見られる商品流通の特徴を検討していくが, 表 6-2 は, 前項で検討した 3 つの税目のうち, 通過税と売買税に関連する品目と税額ないし税率の一覧である[62]。この表に見られるように, TP には農産物・水産物, 皮革・金属・木・繊維の加工品と, あらゆる部門の商品が現れている。各部門からの生産物の内容も, かなり充実していると言えるし, 一見して穀物への言及がないことが目につくが, これは先述の如くパン修道院が税徴収にあたっていたので TP には現れてこないのである[63]。一方でパン, 玉ネギ, チーズ, 塩など日常的食料品も豊富で, 言及される多様な繊維製品や皮革類のうちにも, 都市民の日常的消費の対象が含まれていたに違いない。また, 繊維工業関係では原料と製品の両者が登場しているし, 各種の工具・刃物・釘・中古車などの言及は, 金属製品の在地的流通が行われていたとの印象を受ける。しかし他方では, アーモンド, ブラジルスオウ, 香辛料など, 明らかに遠方からもたらされた商品で, かつ奢侈的性格が強いものも見られる。

また税額ないし税率も, きわめて多様である。大多数は貨幣納であるが, 時に塩・鉢・蹄鉄に対するように現物納もある。また, 貨幣納の場合, 商品の一定の量に対して税額を定める従量税が大半を占めるが, 売買税の中には従価税も一部にある。

TP に見られる品目と税額・税率がこのように多様であるだけに, それらを分析して, 商品流通のあり方を再現するには大きな困難がある。さらにそれを

強める要因が2つ加わってくる。第1は，商品流通の方向を具体的に示す記述がTPにはまったく見られないことである。商品産地の指摘が流通税表にあればきわめて有用であろうことは言うまでもない。市門や河岸など通過税の徴収場所の言及も，商品流通の方向を見定めるために使えるだろう。また山田雅彦氏によるサンス流通税表の分析では，水路に関する『河下へ』«avalaige»と『河上へ』«montaigne»の言及，及び陸路に関しては東西方向の都市通過を意味する«long»と，南北方向のそれを意味する«travers»との言及が，有効に利用されている[64]。残念ながらTPにはこうした材料が一切ない。

また，これと同じ性格の困難として，ポワチエ内で商品が売買された場所として極めて重要であったはずの市についてのTPでの情報が，ひどく不充分だということである。中世盛期のポワチエには，聖木曜日の年市[65]，『サン゠ニコラ教会とサント゠ラドゴンド教会の年市』«fera Sancti Nicholai ... et Sancte Radegondi»[66]，『四旬節の年市』«feria ...Pictavi que est in quadragesima»[67]，『新年市』«nove nundine»[68]，及び『旧市』«forum vetus»[69]，『新市』«mercatum novum»[70]と，4年市及び2週市が知られており，市域のあちこちに所在していた。TPで賦課の対象となった売買の一部は，確実にこれらの市で行われている。

例えば，第18条では，『（前略）靴屋は，第1土曜の市では1デナリウス，第2土曜の市では3オボルスを売買税として負う』と規定されている。また第32条に並んだナイフ・斧・鎌などの刃物と，第66条のろう・香辛料は，いずれも『土曜日と祝日には売買税として1デナリウス』が課されており，これらの商品が週市でも年市でも売買されていたことがわかる。さらに，『日曜日に鉄ないし鋼を都市に運んできた者は，都市内で売り尽くさない限り，土曜日まで売買税についてプレヴォを恐れない』とする第26条は，プレヴォの職権濫用防止を意図しているとも，あるいは市以外での商品売却の防止を目的としているともとれるが，ともかく鉄と鋼が週市で取引されていたことは示してくれる。しかしながら，これらの言及の各々が，先に挙げた年市や週市のどれを対象としているのかを見極めるのは非常に難しい。クラウデも，TPに現れる商品取引を，年市や週市，あるいは日市に割り振ることは不可能だとしてい

表6-2 ポワチエ流通税表に現れる品目・税目・税額

① 売買税のみ賦課される品目			
亜麻	首にかけて 1o. 荷 1d. 車 1d.	パン	荷 1d. 車 3d.
麻	首にかけて 1o. 荷 1d. 車 2d.	チーズ	1d.
		魚	荷 2d. 車 4d.
大青	車 2d.	チョウザメ 荷	3d.
茜	運搬人 1o. 荷 1d.	ネズミイルカ	4d.
		サケ	4d.
馬	4d.	アナゴ	2o.
ラバ	4d.	マグロ	1o.
ロバ	1d.	酢 荷	1o.
牛	3d.	鉄	運搬人 1o. 荷 1d. 車 2d.
豚	価格15s.以上のもの 3d. 価格15s.以下のもの 2d.	鋼	地金で 4d. 荷 1d. 車 2d.
羊肉（聖ヨハネスの祝日まで）	1o.	工具	4d.
屠殺羊 1s.につき	1o.	タガ	12d.
脂肪 1s.につき	1o.	ナイフ, 斧, 鎌, 大鎌	1d.
ラード	まるごと 1o. 切り売り 3o.	蹄鉄	1,000個につき 20d. 48個につき1個を現物で
手袋用なめし皮 1s.につき	1o.	中古車	1o.
馬, ラバ, ロバの皮	1o.	桶	フタつき 3d. フタなし 3o.
靴（屋）	第1土曜（の週市） 1d. 第2土曜（の週市） 3o.	杯	2d.
		酒用杯	1d.ないし1d.分の現物
② 通過税のみ賦課される品目			
赤く染めた布	車 3s.	Fragman（金属）	4d.
ハチミツ	車 16d.	鐘	4d.
毛皮	車 3s.*	漁網	荷 4d. 車 3s.
クジラ	車 3s.*		

略号
車→4輪車1台分　　s.→ソリドゥス　　*→ポワチエを通過する場合
荷→荷鞍1つ分　　　d.→デナリウス　　V→売買税
袋→1袋分　　　　　o.→オボルス　　　P→通過税
なお、1ソリドゥス=12デナリウス=24オボルス。

第6章 ポワチエ流通税表の分析

③ 売買税と通過税とが賦課される品目	
ワイン　V ｛車で売却1樽で　2d.　 　　　　　　　1樽　　　　　　4d.　 　　　　P ｛1樽　　　　　　　　16d.　 　　　　　　12モディウスごと　12d.*　 　　　　　　24モディウスごと　24d.*	銅　　V　俵　　　　　　　　4d.　 　　　P　車　　　　　　　　3s.　 塩　　V ｛1頭立て車　　　　3壺　 　　　　　　2頭立て車　　　　6壺　 　　　　　　車で売却-1セクスタリウスにつき 4d.　 　　　　　　店で売却-1セクスタリウスにつき 2d.　 　　　P　馬1頭分　　　　　2d.
玉ネギ　V ｛荷　　　　　　　3o.　 　　　　　　車　　　　　　　3d.	釘　　V　荷　　　　　　　　1d.　 　　　P　荷　　　　　　　　1d.
ニンニク　P　車　　　　　　　3d.	トネリコ製鉢　V　　　　　　1d.　 　　　　　　　P　　　　　　1d.
香辛料　V　1s.につき　　　1o.	羊毛　V　1s.につき　　　　1o.　 　　　P　車　　　　　　　　3s.
ろう　　P　車　　　　　　　3s.	毛織物　V ｛1s.につき　　　1o.　 　　　　　　　縮充場などで売却 1d.　 　　　　　P　車　　　　　　3s.
なめし皮　V　12枚　　　　　3d.　 　　　　　P ｛袋　　　　　　4d.　 　　　　　　　車　　　　　　3s.	亜麻布　V　1s.につき　　　1o.　 　　　　　P　車　　　　　　3s.
コルドバ皮　V　4枚ごとに　4d.　 　　　　　　P ｛袋　　　　　4d.　 　　　　　　　　車　　　　　3s.	櫂　　V ｛荷　　　　　　　　4d.　 　　　　　　車　　　　　　3s. 1d.　 　　　P　荷　　　　　　　　4d.
皮　　V ｛1枚ごとに　　　1o.　 　　　　　10枚ごとに　　4d.　 　　　　P　10枚ごとに　　2d.*　 　　　（うち1d.はリュジニャン領主へ）	
コウイカ　V ｛100杯なら1s.につき 1d.　 　　　　　　1,000杯　　　　4d.　 　　　　　P　1,000杯　　　　4d.*	
ニシン　V　　　　　　　　　3d.　 　　　　P ｛1,000匹　　　　4d.　 　　　　　　1,000匹　　　　4d.*	

④ 免税品目	
ブラジルスオウ イブキゼリ バラ アーモンド 米 乳香	エシャロット 死獣（子牛，犬，羊，山羊他）の生皮 轡，鞍 鉛 塩ウナギ 杯，酒用杯を除く木工品

る[71]。

　第2に，税額・税率の定め方が品目ごとの比較をきわめて難しくしている。前述のように従価税方式が少ないのが最大の理由であるが，TP の従量税方式においては，他の品目については『4輪車1台分』と定められているのに，塩についてだけは『馬1頭立ての4輪車1台分』«quadrigata ad unum equm»,『馬2頭立ての4輪車1台分』«quadrigata ad duos equos»（第43・44条）と区別している。また，なめし皮と銅について登場する『袋』«trossellus»（第25・55条）が同じ物なのかわからない。特に表の欄①に整理した売買税規定には，どれほどの量を課税単位としているのか不明であるもの，曖昧であるものが多い。『馬1頭』«equus»（第51条）など名詞単数形で示されるものはよいが，『羊肉』«cane arietis»（第87条），『アナゴ』«congres»（第94条）など，名詞の単複で判断できないのにまったく量規定を伴わないものがいくつもある。鋼についての『地金で』«soufrea»（第40条）というのも，量規定としては奇妙である。またチーズについては，『チーズを持って来た者』«apportatores caseorum»（第39条）とされるだけで，他の規定がない。

　こうした困難の中で，中世盛期ポワチエでの流通の個々の局面や，特定の税額・税率の政策的意味を具体的に明らかにすることは，筆者の限られた能力による TP の分析によっては不可能であった。そこでここでは，流通税表の研究を通じて，デスピイ学派によっても，我が国の先行研究者によっても重視されている，在地流通と遠隔地流通との絡み合いという大きな観点から，TP を分析することだけを試みてみたい。

　第1に，表の①欄にも見られる，売買税についてのみ税額・税率が定められているかなり多数の品目は，ある共通の性格を示しているように思われる。まず，TP の中で言及される家畜は全てここに一括されているが，家畜はデスピイ学派の業績の中では，絶えず在地流通の対象として取り扱われている[72]。他の食料品を見ると，パン，羊肉，チーズ，ラードという重要な日常品がここに入っている。特にパンについては，おそらく周辺で製造され『外から持ち込まれた』«que venit de foras»（第5・6条）パンについて売買税が課されているだけで，通過税は明確に免除されている。そして，この免除規定は『外へ持

ち出される』«qui portatur foras»（第8条）場合として，ポワチエを通過する場合とは異なった表現を伴っているのである。また原料品については，繊維関係ではここに亜麻・麻が入っているのに羊毛には通過税も課されており，金属関係では鉄・鋼と銅とで同じことが生じている。このように見てくると売買税のみを課されているのは，より在地的に生産されて流通し，より日常的に消費される商品だったと考えてよいであろう[73]。

　これらの商品に課される売買税は低額だったと思われる。前述のようにTP内部での税額・税率の相互比較はきわめて難しい。しかし，これもデスピイ学派が行っている流通税額・税率の高低の判断[74]を参考にすると，馬1頭当たり4デナリウスを始めとする，家畜についての税額は低いと言える。他の品目についても，車当たり課せられる場合でも1ソリドゥスよりは遙かに低く，ともかく②③の商品のように高額をまとめて支払う必要はなかったのである。

　第2に指摘されるのは，こうした在地流通の商品の他の極で，ブラジルスオウ，イブキゼリ，バラ，アーモンド，乳香のような遠隔地から到来する奢侈品のうち香辛料を除く全てが，免税品として④にまとまっていることである。おそらく高価なこうした商品に流通税が課されないことは，一定の政策的配慮を窺わせるが，それはおそらく年市の活性化のためであろう。事実，デスピイ学派の研究の中では，年市を振興するための方策として，様々な商品への流通税が免除，あるいは軽減される例が引かれている[75]。

　第3に，TPに現れる商品流通について特に注意を引くのは，これら2つの極の中間に，通過税のみ，あるいは通過税・売買税の両方を課されるきわめて多彩な商品が見られる点である。ここには，玉ネギ，ニンニクという日常的食料である農産物や，亜麻布，毛織物といったヨーロッパ中世でごく一般的な衣料品，釘や杯といった日常生活に必要な道具類が入っている。『毛皮』«pelliparie»，『なめし皮』«bazanne»，『コルドバ皮』«cordoani»，『皮』«pelles»と訳し分けてみたが，多様な皮革類もある。さらには，明確な遠隔地商品である香辛料も現れる。このことは，④欄に現れた奢侈的免税品よりも必要性が高いと思われるこの商品が，より多くの機会に，少なくともそれを誘致するために流通税を全面免除する必要はないほどに，流通していたことを示

している。それ以上に重要と思われるのは、ワインと塩という、それぞれの必要性は異なっているものの、ともかく日常的に用いられていたはずの食料品が、ここに含まれていることである。これらはいずれも生産地に地理的な偏りがある特産物で、しかも中世盛期には全ヨーロッパ的な流通網が形成されていた[76]。両者ともに中西部フランスで生産されて広く流通しており、殊にワインは大西洋岸からイングランドまでにかけてかなりの規模の流通が見られていた[77]。さらに、コウイカ、ニシン、クジラという海産物も入っている。既に見たように、通過税の課される商品のかなりの部分は、明白にポワチエを通過するものとされていた。こうして、②③の欄に列挙された品目は、一部は在地流通の対象だったと思われるが、同時に少なくとも中西部フランスにおける地域間流通の、場合によってはより広域的な流通の中に入り込んでいたと考えられる。

　これらの商品の性格を厳密に見定めることは不可能に近い。例えば②欄の売買税が課されていない諸品目は、実際にポワチエで売却されることがなかったのか。ポワチエの通過を明確にしているのは毛皮とクジラのみであるだけに、疑問は大きい。しかし、②③欄の商品は、①欄の商品よりずっと車で運ばれることが多く、その中には重量商品も含まれている。そして、ことに車当たりに賦課される通過税の額は、ワインとハチミツの16デナリウスも既にかなり高額であるが、他の9品目については3ソリドゥスにも及んでいる。ここに、こうした額をまとめて支払える専門商人によって担われ、遠隔地流通の一部をなす商業を見ても誤りではなかろう。

　このように、TPに現れる商品流通の特徴は、豊富な在地流通を基礎としながらも、それに接して地域間から遠隔地へと伸びていく流通が広く存在していたこと、しかも、その主力をなす商品が、東方物産を中心とするような奢侈品というよりも、日常生活に密着した商品だったことにあると、結論してよいであろう。

おわりに

　ヨーロッパ学界の中心となって，近年活発となった中世流通税表の研究を支えているデスピイ学派は，史料批判に大きな努力を払っている。その業績では，流通税表作成の主体と動機に綿密な注意を払いつつ妥当年代を限定し，複数層位の検出に努めることが求められていた。そして，何よりもデスピイ学派がこの史料の安易な使用を戒めているのは，それが一定の年代的・地理的枠の中での流通の全体を映し出さないという，そこにしばしば見られる部分性を根拠としてのことであった。

　中世盛期フランス西部から伝来する数少ない例の1つであるポワチエの流通税表を，デスピイ学派の業績に学びつつ検討したところ，幸いこれは部分性という制約をかなりよく免れていることがわかった。それは，都市ポワチエの大半を直接支配する伯権力によって作成され，都市共同体の首長が心得ておくべき都市諸慣習の集成の中に筆写されたという，その特有な伝来のあり方によって，一定の時期におけるポワチエでの流通の相当な部面を対象としていることが確かだからである。この時期をどこにとるかは，やはりこの流通税表にも複数の層位が認められるため，正確に定めることはできなかったが，ともかく，1170年ころから13世紀中葉までという，全体的な妥当時期を考えることができた。

　このように史料批判にかなりよく耐えることができるポワチエの流通税表から，前記の年代幅での商品流通を再現してみようとすると，そこには大きな困難があった。流通の地理的あり方を伝える文言がまったくと言ってよいほどなく，税額・税率の定め方もあまり役に立たなかった。税目がヴィゲリア，通過税及び売買税の3種に整理されているのも，この点では不利に働いたと言える。結局この史料から読み取れたのは，ポワチエでの商品流通が，少額の売買税だけが課される在地的商品と，高額の通過税の対象となりうるより広域的な商品——それらは中西部フランスの全体と，おそらくそれを越えて少なくともイングランドにも及ぶ流通の一部として，ポワチエを通過することも多かった——を主体とし，そして，おそらく年市で無税とされていた遠隔地からの

奢侈品が加わるという，重層的構成を示していたことである。

　最後にこの所見に関して，3点について触れておきたい。第1は，中世都市ポワチエの経済空間について，現在までその地域的性格のみを強調してきた通説の批判である。すなわちクラウデは，ポワチエがローマ期以前から連続して保持していた，周辺地域への中心機能を前面に出しながら，遠隔地との流通についてはほとんど語っていない。さらにファヴローは，ポワチエで開催される年市には遠隔地からの商品が現れるものもあったが，いずれにしてもそれが都市経済に果たした役割は非常に限られるとして，同市の経済機能は，一地方市場としてのそれを超えるものではなかったと強調している[78]。しかしながら，流通税表の分析による12世紀末から13世紀中葉における流通状況の検討は，当時のポワチエが周辺地域に対する商業的中心地としての機能を実際に果たすと同時に，より遠隔地的な交易との密接な結び付きも持っていたことを証明して，こうした通説を相対化する途を開いた。第1章で考察したように，フィリップ=オーギュストがルーアンとポワチエに賦与した文書の系譜と改変が提起する諸問題は，両都市の経済的条件の近似性を示唆するものであった。ポワチエ流通税表の分析結果は，それを充分に裏付けるものだと言うことができる。

　第2は，これと関連して，中世盛期における陸路の再評価である。従来の研究でポワチエをめぐる商業の遠隔地的性格を切り捨てる議論が多かったが，その最大の理由となってきたのは，TPに記載されている運搬手段が全て陸路によるものであることからもわかるように，ポワチエが水路に恵まれていないということである[79]。流通税表の分析による通説の批判は，ポワチエを取り巻く交通の動脈として，陸路を重視する方向に働いてくる。事実，ポワトゥーにおける中世の陸路に関するラ=コスト=メスリエールの研究に示されるように，ボルドーからトゥール・パリ方面へ向かう古来の商業路がポワチエの真ん中を南北に貫いて通っている他に，同市から南西方向へサン=メクサンを通ってニオールへ至る陸路が伸び，しかもその途上にいくつかの通過税徴収地が並んでいたのである[80]。さらに，ポワチエ流通税表の分析は，水路に恵まれない場所でも遠隔地商業が存在し得ることを示すことによって，より一般的にヨーロッ

パ中世における陸路を従来より重視するための，1つの材料となろう。最近は，デスピイ学派の研究においても，ピレンヌによる水路の過大評価への批判として，中世における陸路の重要性が認められてきている[81]。またボーチエも，中世における重量商品の運搬の主体となったのはやはり水路であったとしながらも，同時に，陸路による流域間の接続が，それがかなり長距離に及ぶものであっても，容易に行われていたと強調しているのである[82]。

第3に，在地流通と遠隔地流通との絡み合いという点である。デスピイ学派が流通税表によって検討した中では，ビレンが対象としたヴァランシェンヌが，この点でポワチエと一番よく似ている。ビレンがエノー伯領を研究したのは，従来農業的とされていた地域での流通状況の見直しのためであり，その中心都市であるヴァランシェンヌにもかなりの程度で地域間の，あるいはより遠隔からの商業が入り込んでいると論じられたのであった[83]。したがって，本章でのポワチエ流通税表からの所見は，商工業がそれほど発達していない地域の中心都市での中世盛期の流通状況を，従来より遠隔地商業の影響をもっと大きく評価する方向で見直すのに役立つであろう。そしてそれが，我が国でのなお数少ない流通税表研究[84]と同じように，在地流通と遠隔地流通とを切り離す傾向が強いこれまでの研究史への反省の素材ともなりうるのではないだろうか。

註

1) Favreau, R., *La ville de Poitiers à la fin du moyen âge*, t. 1, Chap. V : Les fonctions d'une capitale régionale au milieu du XIVe siècle (pp. 103-147).
2) *Ibid.*, p. 134.
3) 我が国における流通税表研究として，山田雅彦「13世紀初頭の流通税表に見るサンスの流通構造—シャンパーニュ大市近接地域における都市と農村—」森本芳樹編著『西欧中世における都市＝農村関係の研究』九州大学出版会，1988年，261-309頁。なお，同じ論文集所収の以下の2つの論文も，流通税表の分析を含んでいる。宮松浩憲「中世盛期アンジューのブール—西フランスにおける都市化の様相」(151-205頁)，関哲行「11—13世紀のサンチャゴ巡礼路都市サアグーン」(311-361頁)。また山田氏は，上に掲げたサンスを対象とする研究の後，ヘントやサン＝トメールなどを題材に，徹底した史料批判に基づいた流通税表研究を数多く発表している。山田雅彦「中世サン＝トメールの流通税表—層位学的考察の試み—（上）（下）」『文学部論叢（熊本大学文学会）』33，1990年，105-130頁；37，1991年，129-158頁，同「中世都市ヘントの流通地理—流通税表が語る都市史—」『市場史研究』9，1991年，1-28頁，「中世中期フラ

ンドル伯領における魚介流通—流通税表を素材としてみたスヘルデ河流域部のニシン流通を中心に—」中村　勝責任編集『市と靏』中央印刷出版部，1999 年，367-384 頁。
4) Despy, G., *Les tarifs de tonlieux* (Genicot, L. éd., *Typologie des sources du Moyen Age occidental*, A-IV-1), Turnhout 1976, pp. 14-15.
5) *Ibid.*, pp. 20-21.
6) Despy, G., Pour un «corpus» des tarifs de tonlieux de l'Europe occidentale au moyen âge (Ve-XIIIe s.), dans *Acta Historica Bruxellensia*, II, 1970, pp. 253-287.
7) Despy, G. et Billen, C., Les marchands mosans aux foires de Cologne pendant le XIIe siècle, dans *Ibid.*, III, 1974, pp. 31-61.
8) Despy, *Les tarifs de tonlieux*, pp. 32-33 ; Despy et Billen, Les marchands mosans aux foires de Cologne, pp. 60-61.
9) Despy, Pour un «corpus», pp. 280-281 ; Id. *Tarifs de tonlieux*, p. 34.
10) Billen, C., Pour une utilisation coordonnée des tarifs de winage et de tonlieu du Hainaut (XIIIe siècle), dans *Tonlieux, foires et marchés avant 1300 en Lotharingie* (Actes des 4es journées lotharingiennes, 24-25 octobre 1986), Luxembourg, 1988, pp. 131-157.
11) Despy et Billen, Les marchands mosans aux foires de Cologne, p.31 ; Despy, G. et Rouwez, Ch., Le tarif de tonlieu de Couvin de 1258, dans *Acta Historica Bruxellensia*, III, 1974, pp. 82-83.
12) Despy et Billen, Les marchands mosans aux foires de Cologne, p. 31.
13) Billen, Pour une utilisation coordonnée, pp. 136, 142-143.
14) Despy, *Tarifs de tonlieux*, p. 14.
15) Fanchamps, M.-L., Etude sur les tonlieux de la Meuse moyenne du VIIe au XIVe siècle, dans *Le Moyen Age*, t. 70, 1964, pp. 209-240, 437-467.
16) Billen, Pour une utilisation coordonnée, p. 135.
17) Despy et Billen, Les marchands mosans aux foires de Cologne, p. 60.
18) Despy, *Tarifs de tonlieux*, p. 35.
19) 山田雅彦「中世サン＝トメールの流通税表」(註 3 参照)。
20) Despy, *Tarifs de tonlieux*, pp. 4-45 ; Id., Pour un «corpus», p. 281 ; Id., Recherches sur les tarifs de tonlieux dans le duché de Brabant au XIIIe siècle, dans *Tonlieux, foires et marchés avant 1300 en Lotharingie*, pp. 103-130.
21) Billen, Pour une utilisation coordonnée, p. 144.
22) *Ibid.*, pp. 134-135.
23) Despy, *Tarifs de tonlieux*, pp. 13-16.
24) 例えば，計量税については Billen, Pour une utilisation coordonnée, pp. 144, 146 を，入・出市税については Despy, Recherches … Brabant…, p. 108 を見よ。
25) Girard-d'Albissin, N., Les winages comtaux en Hainaut méridional, dans *Mélanges offerts à M. Arnould et P. Ruelle*, Bruxelles, 1981, pp. 183-208 ; Billen, Pour une utilisation coordonnée, p. 135 ; Despy, Recherces … Brabant…, p. 106.
26) Billen, Pour une utilisation coordonnée, pp. 138, 149.
27) Despy et Billen, Les marchands mosans aux foires de Cologne, p. 44 ; Despy, *Tarifs de tonlieux*, p. 46.

28) Billen, Pour une utilisation coordonnée, p. 146 ; Despy et Rouwez, Le tarif de tonlieu de Couvin, p. 82.
29) それを最もよく表している論考として，Despy, G., Villes et campagnes aux IXe et Xe siècles : l'exemple du Pays mosan, dans *Revue du Nord*, 50, 1968, pp. 145-168.
30) Zoller, Ch., Le tonlicu de Visé du Xe au XIVe siècle, dans *Acta Historica Bruxellensis*, pp. 7-29.
31) Despy, G., Tonlieu et marché à Fosses-la-Ville du Xe au XIIIe siècle, dans *Ibid.*, pp. 85-100.
32) 本節(1)-a. 参照。
33) Despy et Rouwez, Le tarif de tonlieu de Couvin, pp. 65-77, 80-83.
34) Billen, Pour une utilisation coordonée.
35) Audouin, E., Le tarif de la prévôté de Poitiers, dans *Bulletin philol. et hist.*, 1912, pp. 418-422 ; Id. (éd.), *Recueil de documents concernant la commune et la ville de Poitiers*, t. 1, Poitiers 1923, pp. 53-62. この版では条項への区分と番号付けが明確なので，本書でのTPからの引用は，条番号を記し，刊本の頁建の註記は省略する。
36) Richard, A., Le manuscrit 51 de la Bibliothèquede Poitiers a-t-il eu un caractère officiel? dans *B.S.A.O.*, 2e série, t. 3, 1883-1885, pp. 297-306.
37) リシャールによれば，17世紀に改めて行われた製本によって，折の順序が変更され，Man. SH 当初部分の前に最新部分が配列された。Richard, Le manuscrit 51, p. 301. なお，Man. SH 当初部分に筆写されている文書は，Audouin, *Recueil* によって1380年までの部分が刊行されており，本書はこれによった。
38) Richard, Le manuscrit, p. 299.
39) Audouin, *Recueil*, t. 1, pp. 297-299.
40) Man. SH の史料的性格と作成の背景については，拙稿「中世フランスにおける都市カルチュレールの作成と伝来に関する一考察—ポワチエの「マニュスクリ・サン=ティレール」をめぐって—」『西洋史学報（広島西洋史学研究会）』37号，2010年，33-54頁。
41) 本節(1)参照。
42) Fouché, M., Le bourg, la porte et le fief de latour d'Anguitard, dans *B.S.A.O.*, 4e s., t. 6, 1961, p. 232 ; Audouin, *Recueil*, t. 1, pp. 1-4.
43) Villard, F. (éd.), *Recueil des docurrcents relatifs à l'abbaye de Montierneuf de Poitiers* (*A. H.P.*, t. 59), Poitiers 1973, n° 112.
44) Favreau, *La ville de Poitiers à la fin du Moyen Age*, t. 1, pp. 95-96 ; Id., *Histoire de Poitiers*, Toulouse 1985, p. 131.
45) Claude, D., *Topographie und Verfassung der Städte Bourges und Poitiers bis in dus 11. Jahrhundert*, Lübeck et Hamburg 1960, pp. 141-144.
46) Rédet, L. (éd.), *Cartulaire de l'abbaye de Saint-Cyprien de Poitiers* (*A.H.P.*, t. 3), Poitiers 1874, n° 332.
47) Boissonade, P., *Essai sur l'organisation du travail en Poitou depuis le XIe siècle jusqu'à la Révolution* (*M.S.A.O.*, 2-21), t. 1, Poitiers 1899, p. 14.
48) La Coste-Messelière, R., Chemins médiévaux en Poitou, dans *Bull. philol. et.hist.*, 1966,

pp. 322-333.
49) Audouin, Le tarif, pp. 418-419 ; Id., *Recueil*, t. 1, p. 53 ; Favreau, *La ville de Poitiers à la fin du Moyen Age*, t. 1, p. 95 ; Claude, *Topographie und Verfassung*, p. 141.
50) ポワチエでのコミューヌの成立年代とそれをめぐる議論については，本書第1章第1節(1)を参照。Giry, *Les Etablissements de Rouen*, t.1, p. 356 ; Favreau, *La ville de Poitiers à la fin du Moyen Age*, t. 1, pp. 49-53 ; Audouin, E., Les chartes communales de Poitiers et les Etablissements de Rouen, dans *Bulletin philol. et hist.*, 1912, pp. 125-158.
51) Delaborde, H.-F. et al. (éd.), *Recueil des actes de Philippe Auguste*, t. 1, Paris 1916, n° 1803.
52) 巻末史料1参照。
53) 以下で引用するTPの文言と原文については，巻末史料7を参照。
54) *Ibid.*, t. 3, n° 1000 ; Giry, *Les Etablissements de Rouen*, t. 1, pp. 361-362（本書第1章参照）.
55) «ut omnes burgenses, qui manent apud Pictavim in domanio nostro et deinceps in domanium nostrum venient ibidem mansuri, sint inmunes prorsus et liberi a venditionibus et pedagiis.» Delaborde et al., *Recueil des actes de Philippe Auguste*, t. 3, n° 1341.
56) 本章第1節(1)-b.参照。
57) Lot, F., La vicaria et le vicarius, dans *Revue d'histoire du droit*, 17, 1893, pp. 281-301 ; Boussard, J., *Le gouvernement d'Henri II Plantagenêt*, Paris 1956, pp. 311-319. 宮松浩憲「ポワトゥーにおける vicaria と vicarius」『史学雑誌』87-9，1978年，34-59頁。
58) 本章第1節(2)-a.参照。
59) Girard-d'Albissin, Les winages comtaux en Hainaut, pp. 192-193 ; Bienvenu, J.-M., Recherches sur les péages angevins aux XIe et XIIe siècles, dans *Le Moyen Age*, 63, 1957, pp. 238-240.
60) 中世盛期ポワチエでは，郊外地の地理的範囲について明確な規定がないために，例えばジリーは，その存在自体を否定している。Giry, *Les Etablissements de Rouen*, t. 1, pp. 411-412. しかし中世後期についてはファヴローが，軍事と警察に関する限りコミューヌ権力が，古来 Quinta と呼ばれる囲壁外2kmの範囲に及んでいることから，これをポワチエの郊外地としている。Favreau, *La ville de Poitiers à la fin du Moyen Age*, t. 1, pp. 69-78.
61) 本章第2節(3)参照。
62) TPに現れた品目の全てを正確に理解して，現代語訳することはきわめて難しい。通例の中世ラテン語の辞書にまったく登場しない語も出てくるからである。幸いその一部については，TPを刊行したオドゥアンがその見解を示しており，それぞれについて充分の根拠が示されているわけではないが，ここではそれらを採用した。またオドゥアンは，第68条に現れる «fragmen» も意味不明の語であるが，『fragmen の地金』 «soufrea fragminnis» の形で出てきており，第40条では『鋼の地金』 «soflea aceri» が現れることと考え合わせても，これを金属としてよかろうという。Audouin, *Recueil*, p. 59 (note).
63) 本章第2節(2)参照。

64）山田雅彦「サンスの流通構造」，282-284，287-303頁。
65）1081年に伯ギヨームは，ポワチエの司教座聖堂参事会の聖職者に，『聖木曜日に…（中略）…販売する商人から徴収されていた売買税』 « vendam... diei Canae Domini quam...capiebant de mercatoribus vendentibus illa die » を賦与した。Audouin, *Recueil*, t. 1, pp. 11-13.
66）Rédet, L. (éd.), *Cartulaire du prieuré de Saint-Nicolas de Poitiers* (*A.H.P.*, t. 10), Poitiers 1881, pp. 22-23 (1060).
67）Auduin, *Recueil*, n° 19 (1146年), 23 (1187).
68）Laborde, J. de (éd.), *Layettes du Trésor des chartes*, t. 3, Paris 1875, p. 383 (1257).
69）Rédet, Cartulaire Saint-Nicolas, pp. 44-45.
70）Auduin, *Recueil*, t. 1, n° 25 (1199).
71）Claude, *Topographie und Verfassung*, p. 141.
72）Despy, Recherches... Brabant, p. 108 ; Billen, Pour une utilisation coordonnée, p. 143.
73）確かに表6-2の①欄の全ての品目についてそう言えるのかはわからない。靴がここに入っているのに毛皮を含む皮革類が②③に多い点や，工業製品については刃物など①に入っている品目と，②にある鐘と漁網，さらに③にある釘，トネリコ製鉢，櫂の関係について，筆者は何も言う用意がない。
74）例えばデスピイは，ジュナップの農産物市場での，馬1頭4デナリウス，牛1頭1デナリウスといった売買税について，低額であるとの判断を下しているし，ビレンは，ヴァランシェンヌで取引される繊維加工品に，デナリウス単位でなくソリドゥス単位で課税されていることから，これら商品の奢侈的性格と，商人の高い支払能力を読み取っている。Despy, Recherches... Brabant, p.108 ; Billen, Pour une utilisation coordonnée, p. 142.
75）本章第1節(2)-a. 参照。
76）Postan, M. M. and Miller, E. (éd.), *The Cambridge economic history of Europe*, vol. 2, *Trade and industry in the Middle Ages*, London 1987 (2nd ed.), p. 335 ; Bourin-Derruau, M., *Temps d'équilibles, temps des ruptures. XIIIe siècle*, Paris 1990, pp. 100-103.
77）Favreau, R., Le commnerce du sel en Poitou à la fin du moyen âge, dans *Bulletin philol. et. hist.*, 1966, pp. 185-223 ; Id., Aspects de la vie économique dans le Centre-Ouest, dans *Mémoire de la Société archéologique et historique de Charente*, 1971, pp. 511-529.
78）Claude, *Topographie und Verfassung*, pp. 136-145, 182-192 ; Favreau, *La ville de Poitiers à la fin du Moyen Age*, t. 1, pp. 133-147.
79）*Ibid.*, pp. 134, 145-147. ポワチエはクラン川とボワーヴル川という2つの小河川にしか面しておらず，港についても，13世紀までの史料では漁港としての言及しか見当たらない。Audouin, *Recueil*, t. 1, pp. 258-262. マルソニエールも，クラン川の水路としての重要性が増すのは15世紀以降としている。Marsonnière, J.-L. de la, La navigation du Clain, dans *B.S.A.O.*, 2e s., t. 7, 1895-1897, pp. 237-258.
80）La Coste-Messerière, Chemins médiévaux en Poitou, pp. 232-258.
81）Zoller, Le tonlieu de Visé, pp. 27-29 ; Despy et Rouwez, Le tarif de tonlieu de Couvin, pp. 80-83 ; Billen, Pour une utilisation coordonnée, pp. 139-142.
82）Bautier, R.-H., La circulation fluviale dans la France médiévale, dans *Recherche sur*

l'économie de la France médiévale. Les voies fluviales-la draperie. Actes du 112e congrès national des Sociétés Savantes (Lyon, 1987), Paris 1989, pp. 7-36.

83) Billen, Pour une utilisation coordonnée, pp. 133-134, 157.

84) 本章註3に引用した論文を参照。山田雅彦氏のサンス論文は，シャンパーニュ大市の近くに位置する都市サンスの経済の中に，大市を取り巻く遠隔地流通に編入される側面と，在地流通を維持する側面が絡み合っていた状況を明らかにしている。また，宮松浩憲氏と関　哲行氏の論文も，流通税表分析の項で，それぞれの場所でやはり遠隔地流通と在地流通が分かちがたく結び付いていると結論している。

第7章

大西洋ワイン商業の繁栄と都市

はじめに

　ポワトゥー伯領の南西部（オニス・サントンジュ地方）[1]は，イングランドからフランスへの支配権交代の中で政治的には混乱を極めたものの，前世紀に開始された大西洋経由の北部ヨーロッパへのワイン輸出で潤っていた。その中でワイン輸出の基地となったのは，ラ＝ロシェル，ニオール，サン＝ジャン＝ダンジェリなどの王権直属都市であった。

　ワイン商業と中世都市との関わりについては，ワイン輸入地域を対象とする研究に関しては充分な蓄積があると言うことができる[2]。中世盛期においては，ワインは生活必需品としての地位を占めており，しかも生産地が限られているため，北部ヨーロッパの領主層や都市にとって，その確保は非常に重要な課題であった。特に，いわゆるステープル制（ステープル特権を与えられた都市が，その周辺地域も含めてワインの移動を全面的にコントロールするというもの）の実態に関して，その機能や歴史的意義に至るまで，多くのすぐれた研究が発表されてきた。我が国では，田北廣道氏のステープル研究[3]の他，ワイン輸入地域に関する研究として，エノーを対象とした斎藤絅子氏の研究[4]，イングランドを対象とした森本　矗氏の研究[5]，フランドルとアルトワを対象とした山田雅彦氏の研究[6]があり，ドイツについては，輸入と在地産ワインの両方を視野に入れた谷澤　毅氏の研究[7]がある。また財政史の分野では，ワイン流通に課された間接税の重要性を明らかにした花田洋一郎氏の研究がある。

　それに対して，ワインの生産地域についての研究は，いくつかのコロック[8]が行われているものの，相対的に少ない。さらに，生産及び輸出の中心となる

都市とワイン流通との関わりについても，輸入地帯での研究の盛んさに比べれば，非常に少ないと言っていい。そこでここでは，ワイン輸出基地となったポワトゥー諸都市において，都市民がどのようにワインの生産と流通に関わり，王権はどのような役割を果たしていたかを考察する。

第1節　大西洋ワイン商業の展開

　中世盛期のポワトゥー地方の都市商業に関して，もっとも注目すべき現象は，ワイン国際遠隔地商業への参入であろう。12世紀以降，ポワトゥー，特にオニス・サントンジュ一帯で生産されるワインが，大西洋沿岸から海路イングランドやフランドル方面に大量に輸出されるようになる。こうした中，ポワトゥーでは，いくつかの都市が，近隣のワインを集めて輸出する基地として飛躍的に発展していく。中でも国際的な名声を得たのがラ゠ロシェル，ニオール，サン゠ジャン゠ダンジェリの3都市である。とりわけラ゠ロシェルの港は，同時代の年代記などに，フランス王国じゅうで最も美しく強固な港，と繰り返し称賛されている[9]。

　「さまざまなワインの戦い」のタイトルで知られる13世紀のファブリオは，この世で最上のワインはどれか知りたがっている『良き王フィリップ（おそらくはフィリップ゠オーギュスト）』の面前で，様々な産地のワインが，互いに議論しあう様を描いた作品である。約80の産地名を冠したワインが覇を争う中で，『ラ゠ロシェルのワイン』は自らの強みとして，イングランド，ブルターニュ，ノルマンディー，フランドル，ウェールズ，スコットランド，アイルランド，ノルウェー，デンマークの人々に飲ませてやっていることだと述べ，『私こそはクロテンの毛皮（と同じくらい価値がある），なぜならイングランドのお金をごっそりかっさらってくるんだから』と主張する。さらに『サン゠ジャン゠ダンジェリのワイン』も，このファブリオの作者アンリ・ダンドリに，『私の強さにあんたは目をむいたはず，あんまり私の味が濃厚なんで』と主張した[10]。

　『ラ゠ロシェルのワイン』及び『サン゠ジャン゠ダンジェリのワイン』——これらは伯の行政管区の名をとって「ポワトゥーのワイン」と呼ばれることもあっ

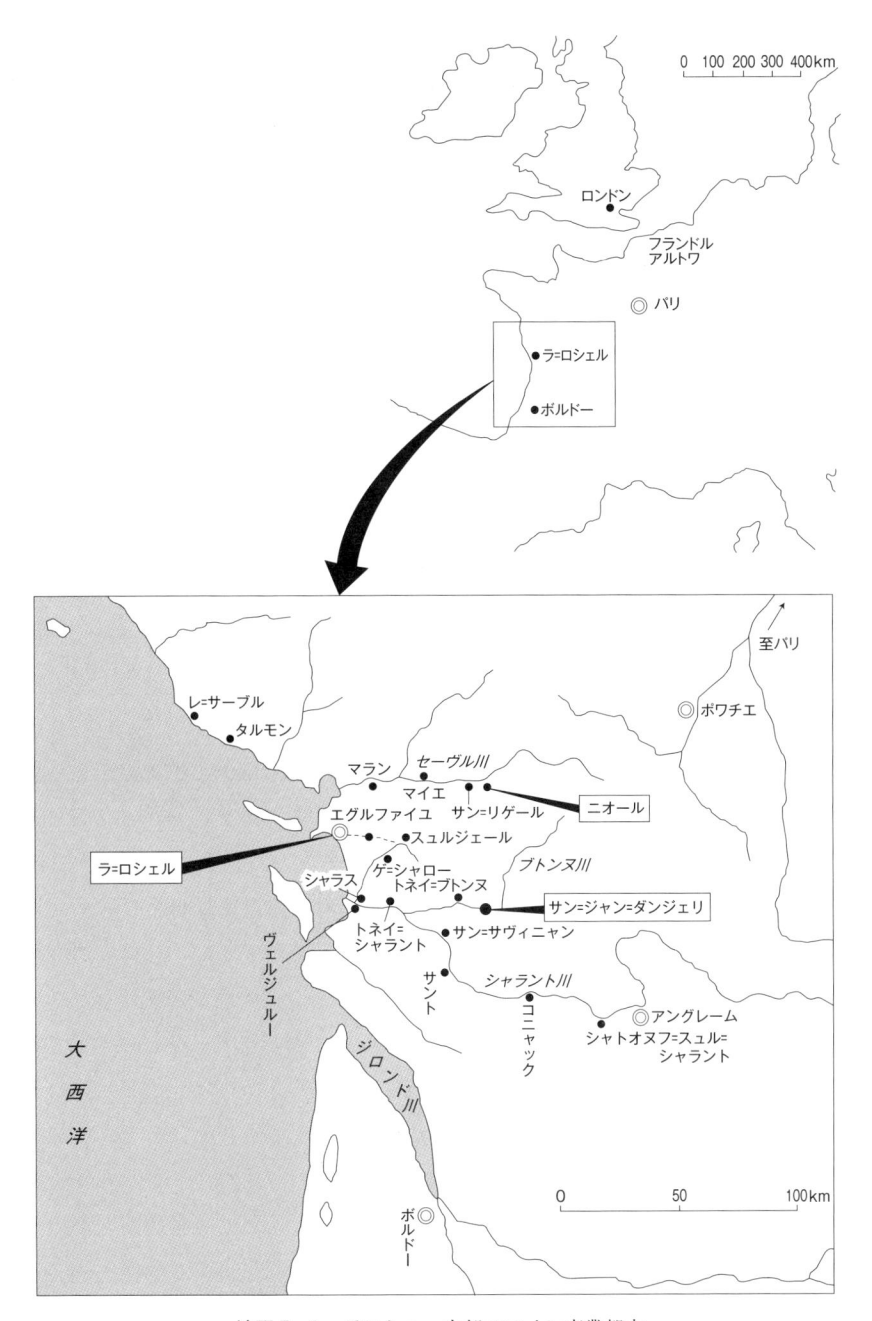

第7章　大西洋ワイン商業の繁栄と都市

地図7-1　ポワトゥー南部のワイン商業都市

た[11]——は，ボルドーのワインに先駆けて大西洋ワイン商業の主役となった。主な顧客となったのは，ワイン生産に適さない北部ヨーロッパ，すなわち，先述のファブリオで『ラ=ロシェルのワイン』が自分の領分だと言っている地域である。

ポワトゥー地方のワインは，ラ=ロシェル，サン=ジャン=ダンジェリ，ニオールなどのワイン商人が直接北方に出向いて売却する場合と，顧客側が船団を作って買い付けに来る場合とがあった。後者の形態をとった輸出については，『ラ=ロシェル及びサントンジュの諸港』で3年間に15万トノーのワインが輸出されたとする1330—1331年の数字がある[12]。帆船の積載量は平均100トノー以下であったから[13]，年に延べ数百隻の帆船がこれらの港を訪れていたことになる。

ルヌアールは，1224年にルイ8世への忠誠誓約を行った住民の一覧表をもとに，ラ=ロシェル住民の出身地に関する研究[14]を行っているが，そこからも，同港がきわめて広範囲の人々を集めていたことがわかる。都市周辺ないしポワトゥー及びサントンジュの出身者が大半を占める一方，全体の3分の1近くの人々が，ブルターニュ，イングランド，アイルランド，ノルマンディー，フランドル，ピカルディー，スペイン，イタリアといった遠隔地の出身であり，また中世の実業家として有名な「カオール人」も定着している。

この国際商業の開始は12世紀とされているが[15]，その直接の要因としては，12世紀のいわゆる「積載量革命」により，海洋用帆船が重量商品の輸送に耐えるようになったこと[16]，あるいは，毛織物をはじめとする北ヨーロッパ商業圏の交易の展開により，イングランドやフランドルなどの地域の購買力がこの頃から充分に高まってきたこと[17]が挙げられる。またボルドーなどに対して有利だったのは，ロワール地方の製塩業を通して，ポワトゥーと北方との間に古来から一定の交易関係が結ばれており，その販路を利用し得たことであったとも言われる[18]。

ところで，中世のワイン商業は，領域領主の保護のもとに特権的商人が行う交易という性格がきわめて強い。ワイン輸出基地ラ=ロシェル，サン=ジャン=ダンジェリ，ニオールがいずれも王権に直属し，コミューヌ特権を与えられた

都市であったことはその表れである。

　例えば，イングランド王ジョンの1204年9月の文書が『余の忠実なるラ=ロシェルの人々及び彼らの子孫たちに対して』«fidelibus nostris hominibus de Rupella et heredibus eorum» 与えている特権は，以下のような内容を含んでいる。

　　『余は彼らに余の領土全体におけるあらゆる種類の自由なる慣習を，都市ロンドンの自由に関する全てを除いた上で，認める』[19]。

　さらに，ジョンが同都市に1205年8月に与えた特権では，『余の領土全体』で免除されるのは通過税である旨が明記されている。

　　『余がこの書状によって余の忠実なるラ=ロシェルの全ての人々及びその子孫に対し，居住に関する税，全てのタイユや賦課，そして都市ラ=ロシェル内であれ余の全領土内であれ，海及び陸地の余の領土に属する全てのものに関する全ての通過税からの免除を与え，譲与し，確認したことを知られたし』[20]。

　同じ頃，1205年12月にジョンによってニオールに与えられた特権の内容もほぼ類似している。

　　『余が，余の忠実なるニオールの人々及びその子孫に，全てのタイユと賦課から，また都市ニオール内及び外の余の全領土における，海上また陸上での全ての通過税からの免除を，ロンドンのあらゆる自由は除き，そして彼らが余に対して負う軍役と騎馬役を留保した上で，この書状によって与え確認したことを知られたし』[21]。

　これらの特権はいずれも，ヘンリー2世，リチャード，アリエノールらによって既に与えられていた特権の確認であることが各々の文書内に記されており，ラ=ロシェルやニオールの商人が既に12世紀半ばから，イングランドを含むプランタジネット家の領土全域での自由な活動を保証されていたことを示している。さらに，ジョンがラ=ロシェル住民に与えた1208年の書状は次のように言う。

　　『神の恩寵によりイングランド国王，アイルランド領主，ノルマンディー公かつアキテーヌ公，アンジュー伯たるジョンから，親愛にして忠実なるラ=ロシェルのメールとコミューヌへ。…(中略)…余の領土内の商人たち

が，その財産及び商品と共に，負われるべき正当な税を支払うことによって，余の全ての領土内を往来できることを認める。その上，余はフランドルのサン=トメール，アラス，ガン，イープル，ブリュージュ，リルの6都市の商人が，彼らが余への忠誠を守る限り，余から同様の安全護送と平和を受け取りつつ，往来できることを望む』[22]。

これは，フィリップ=オーギュストとジョンの間の緊張が高まり治安が悪化する中，プランタジネット家に属する全領土の商人及びフランドルの外来商人が，安全にポワトゥーにワインを買い付けに来ることができるよう，王権が保証を行ったものであろう。

またサン=ジャン=ダンジェリのメールがしたためた1通の書状によれば，同都市の住民は，ポワトゥー伯アルフォンスによって『ブトンヌ川と呼ばれている河川を使って，我々のワインやその他の物資を都市サン=ジャン=ダンジェリから海まで運び，運搬し，持ち運ぶための通行の自由と航行の自由』[23]を認められていた。

ワイン商業において王権の保護と特権の賦与が不可欠なものであった以上，イングランドとフランスの王権がせめぎあう場であったポワトゥーにおいて，政治的な紛争と王権の交替がワイン商業にどのような影響を及ぼしたのかは重大な問題である。この点については，これまで様々な意見が述べられてきた。

まずドサーのように，ポワトゥーがフランスに奪回された後も，イングランドとの商業関係の断絶はなかったと強調する立場がある。ドサーは，フランドル商人が果たした仲介的役割に加え，イングランド国王自身が数々の特例を認めた結果，ポワトゥー商人とイングランドの直接取引が続けられたと言う[24]。しかしながら，ラ=ロシェルがフランス領になった後，ポワトゥー産ワインの主要な市場がイングランドからフランドル方面に徐々にシフトしていったことは間違いないようである。ルヌアールは，そもそもポワトゥー産のワインがイングランドを重要な市場として開拓していった背景に，プランタジネット家の西フランス支配があったことを示唆する一方，フィリップ=オーギュストとルイ8世によるフランス王権のポワトゥー再征服後は，ポワトゥーのワインはイングランド市場を失ったと言う。以降イングランド人は，領土として残された

ギエンヌ産のワインに供給を求める他なくなり，その結果イングランドへのワイン輸出基地として，ラ゠ロシェルに取って代わる形で発展を遂げたのがボルドーであった，と言うのである[25]。

そうなると，たとえ部分的とはいえ，広大なイングランド市場を失ったことがポワトゥー産ワインの交易に打撃を与えたか否かが問題となる。この点についてファヴローは，13世紀以降に急激に拡大するフランドルとの交易がそれを充分に補ったと言う[26]。実際に，13世紀半ばの新たな開墾を示す史料は，この時期にもぶどう畑が拡大し続けていることを示しているし，同じ時期に起草されたオニスの土地台帳にも«noveles»，«noeles»という新しくぶどうが植えられた土地を示す語が数多く現れている[27]。以上のことから，13世紀初めの王権交替は，ポワトゥー産のワイン市場に大きな転換をもたらしはしたが，生産と輸出全体に大きな打撃を与えることはなかったと結論付けてよさそうである。

第2節　都市周辺農村の経済活動と都市―王権関係

(1)　ポワトゥー南部におけるぶどう栽培をめぐって

13世紀には，ラ゠ロシェルを中心とするオニス・サントンジュのワイン輸出業はその絶頂期にあった。オニス・サントンジュから北方へ輸出されていたワインの量は莫大なものであった。正確な数字が史料上に残されるのは14世紀になってからであるが，1330―1331年の記録によれば[28]，「ラ゠ロシェル及びサントンジュの諸港」で3年間に15万トノーのワイン，すなわち年間40万ヘクトリットルを超える量が輸出されている。

ルヌアールによれば，中世のイングランド人やフランドル人は，現代人の3～4倍のワインを飲んだという[29]が，これは茶やコーヒー，ビール，蒸留酒との競合が現れる以前の時代[30]として，むしろ自然なことであろう。また斎藤絢子氏は，エノー地方において，既に12世紀から農民を含む広い層にワイン消費が広まっていたと指摘している[31]。さらに，中世の醸造技術は未熟であったため，ワインの長期保存が難しく，原則的に生産された年のうちに消費され

ねばならなかった。これらの要因が，15世紀頃までのワイン取引量を，現代人が想像するよりも厖大なものにしていたのだ。これだけの輸出が成り立つには，消費側の要因もさることながら，生産地の側も相当の能力を備えていなければならないはずである。

　オニス・サントンジュに一気に拡大したぶどう畑の多くは，「コンプラン契約」により12世紀以降に拡大したものだとされる。コンプラン契約は，共同植え付け契約と訳されることもあるが，耕作者が土地所有者との間でぶどう栽培目的に限定して土地を保有するために行われたものである。ぶどうの植え付けから収穫が可能になるまでの5年間は完全に無税であるが，その後はしぼり汁の一部（6分の1など）を土地所有者に毎年納めることが規定される他，ぶどう畑の手入れに必要な作業内容が非常に細かく定められる。契約は恒久的で，相続が認められた。これは，新たにぶどう畑を創出するケースに非常に適していた契約である[32]。

　しかし，ワイン商業の展開とぶどうの生産力上昇との間の因果関係を明確に示すのは容易な作業ではない[33]。ポワトゥー・サントンジュには，地中海地方やボルドー周辺と異なり，古代以来のワイン生産の伝統はなかったと考えられているだけに，なおさらである。「ラ＝ロシェルのこの成功に我々はやはり茫然とするのであり，12世紀より前にはその存在さえほとんど知られていなかったぶどう畑が，数十年というわずかな間にレ島まで覆ってしまうほどの栽培活動とは，一体いかなるものだったのか」とのラシヴェールの言葉[34]は，歴史家の戸惑いをよく表しているが，それでもいくつかの所説が，大西洋ワイン輸出業の開始と，ポワトゥー（特にオニスとサントンジュ北部）のぶどう畑拡大の関係について提示されてきた。

　かつてロジェ・ディオンは，北方産ワインに対抗すべく，12世紀に大西洋岸地域に新しい商業用ぶどう畑が出現したと述べた[35]が，その後の研究は，総じてポワトゥーの商業用ワイン生産の起源を10―11世紀まで遡らせている。イグネは，サン＝ジャン＝ダンジェリ修道院や，ロワイヤンのラ＝ソーヴ＝マジュール修道院の所領におけるぶどう畑の拡大過程をたどり，それがピークを迎えるのは11世紀であると指摘する。そして，輸出港ラ＝ロシェルの出現より

も以前から，そこに直接に商品提供ができるだけのぶどう畑が充分に展開していたと言う[36]。またドボールも，10―11世紀の修道士たちが，自己消費分をはるかに超えるぶどう畑を蓄積していたと述べる。ただしドボールの場合は，ワイン輸出業の起源自体が（史料上には現れないながらも）11世紀後半まで遡るという見解をとっており，この時期以降のぶどう畑拡大は，在地流通というよりは直接に輸出を指向していたとする[37]。

ワイン輸出基地としてのラ゠ロシェル出現以前から，ポワトゥーが既に充分な生産能力を備えていたとしても，その一方で，ぶどう栽培がオニス・サントンジュ一帯を覆い尽くすに至ったのは，やはり大西洋ルートの開通が決定的な要因となったことも間違いない。13世紀半ば以降のオニス地方で，実際にぶどう畑がどのような人々によって所有され，どのように分布していたかについては，かなりまとまった情報がある。1240年代以降，ポワトゥー伯アルフォンスが行わせた一連の所領調査がそれである。特にラ゠ロシェル周辺のオニス地域については，個々のぶどう畑が，その広さと所有者名と共に列挙された詳細な記録が伝来する。『グラン゠フィエフ゠ドニス台帳』と題されたこの史料を一見すれば，13世紀半ばのオニスが，様々な層の所有に帰するぶどう畑によって，極端に密集し，かつ細分化された状況となっていたことは明らかである[38]。

グラン゠フィエフ゠ドニス台帳からは，オニス地方におけるぶどう畑の所有者として，ラ゠ロシェルの都市民が重要な地位を占めていたことがわかる。そこには大小様々な規模のぶどう畑の所有者として，70人以上のラ゠ロシェル住民が名を連ねているのである[39]。

ワインは中世都市ブルジョワにとって社会的地位を示す象徴的商品であった。中世後期以降になると，ワイン生産が可能な地域においては，自身の所有するぶどう畑でとれたワインを飲むことが，ステータスを示す行為として流行したと言われる。13世紀のラ゠ロシェル都市民の少なくとも一部が，こうした自家消費をはるかに超えるぶどう畑を蓄積していたとみて間違いないだろう。さらに彼ら上層都市民にとって，ぶどう畑は所有財産の中心をなすいわば富の源泉であったことは，都市内の教会施設に伝来する土地取引などに関する史料

(2) ラ=ロシェル周辺農村のぶどう栽培への特化と都市―王権関係

　ここでは，ラ=ロシェル周辺地域の経済状況が，都市―王権関係に及ぼした影響を示すひとつの象徴的な事件を取り上げる。それは，先に第3章第2節でも触れた，1240年代のポワトゥー封臣層によるフランス王権に対する反乱の企てである。これは，はからずも都市ラ=ロシェルが持っていた経済的脆弱さをも露呈したという点でも，きわめて興味深い事件だからである。第3章で既に述べたように，ラ=ロシェル都市民は危険を冒してフランス王権への密告状を送っているが，それは王権の後盾を失い，無秩序状態の中で再び在地領主層による誘拐や略奪といった乱暴な行動にさらされることへの強い危機感ゆえであった。しかしながら，ラ=ロシェル都市民の密告状の中には，書き手の危機感をさらに強めるもう1つの要因が表れている。すなわち，都市ラ=ロシェルを取り巻いていた経済状況に対する都市民自身の認識である。

　『ボルドーの者たちとバイヨンヌの者たちが，ラ=ロシェル港に赴き，ワインしか生み出さないラ=ロシェルにおいては生産されない穀物や，その他の物品が入港するのを妨げ，また都市からワインが積み出されるのも妨げることを。さらに夜を待って，ぶどう圧搾器や酒倉を備えた家々や，ラ=ロシェルの周辺のぶどう畑を――これらは大変な価値のあるものですが――，焼いてしまうというのです』[41]

とある。ここで問題とされるのは，ラ=ロシェルの都市民が，『穀物や，その他の物品』を港からの供給に頼っていたという事実である。こうした事情の下では，実際に港の封鎖が起こった場合，陸路を用いて内陸部に物資供給を仰ぐということになろう。しかしながら，密告状の書き手は次のように続けている。

　『（前略）とかくする間に，（ラ=マルシュ）伯はあらゆる種類のあらゆる穀物を買い集め，自分の所有する城に運びこませています。そして自分の領地から，ラ=ロシェルやその他の場所への穀物の輸送を禁じ，妨げているのです。王妃様，お願いでございます，我らが国王陛下と（ポワトゥー）伯殿は，ただちに彼にそれをやめるように命令なさらねばなりません。な

ぜなら，近隣の地域というものは，互いに依存しあい，食糧を交換しあわねばならないからです。(ラ=マルシュ)伯は，フロントネイ城を驚くほど武装しております。この城は，ニオールからラ=ロシェルへの途上にあるので，フランスまたはフランドルからラ=ロシェルへ運ばれてくる全ての物の出入りを，できるかぎり全て遮断するためなのです。このような方法で，我々の都市は，穀物の供給が断たれることによって，簡単に包囲されてしまうことでしょう。穀物は既にたいへん高価になっており，またさらに高くなっていきそうなのでございます（後略)』[42]。

反乱の指導者であるラ=マルシュ伯ユーグ10世は，既にこの時点から戦時に備えて物資を集めはじめていた。彼はポワトゥーにサン=ジュレ，シェルヴー，ボーセー，プラエク，フロントネイ，リュジニャン，モントルイユ=ボナンなどの所領を有し，また多くの城を持っていた[43]。この中には，北部ポワトゥーの穀物生産が盛んな地域も含まれるが，伯はこうした所領からの穀物の搬出を禁止すると共に，他からも穀物を買い集めていたのである。また，注目すべきは都市ニオールへの言及である。ニオールは，ラ=ロシェルと同じくワイン商業都市であるが，セーヴル川に面し，先に検討した流通税表からも明らかなとおり，同河川流域の穀倉地帯の中心地でもあった。さらに重要なことは，ニオールも，フランス王権直属都市として政治的にラ=ロシェルと同じ立場にあったことである。そして，これら2都市の住民たちが，サン=ジャン=ダンジェリと共に利害関係を共有し，しばしば共に行動していたことは第3章でも触れたとおりである。上掲の史料は，都市ラ=ロシェルが，非常事態が起こり海路も封鎖された場合は，陸路でニオールまで物資供給を仰がねばならないと考えていたことを示唆している。ニオールはラ=ロシェルから約60kmの内陸部に位置し，決して近隣とは言えないが，それよりも近くにあるマラン，モーゼ，スュルジェールなどの集落は全て，反乱計画に与しかねない在地領主層の支配下にあった。そうした状況下で，ラ=ロシェルとニオールを結ぶ陸路が閉ざされることは，都市民にとってまさに「危機」なのであった。

それにしても，この時点でラ=マルシュ伯が遮断しているのはフロントネイ，すなわちラ=ロシェル—ニオール間ではあってもニオールから10kmと，ニオー

ル寄りの地点である。ラ＝ロシェルから50kmの遠方の城を強化されることによって『簡単に包囲されてしまう』ことを心配するとは，年代記などでその城壁の堅固さをしばしば讃えられ，王権によっても軍事的に重要視される都市だけに，我々に奇異な印象を与える。そうした危機感の背景をなしていると思われるのが，都市ラ＝ロシェルを取り巻く周辺農村のあり方ではないだろうか。ラ＝ロシェルを取り巻くオニス地方の農村でまったく穀物生産が行われなかったわけではもちろんない。アルフォンス期に作成されたオニス地域の土地台帳では，穀物の形での現物納賦課租が散見されることからも明らかなように[44]，ラ＝ロシェル周辺では穀物栽培がそれなりに行われていた。しかしながら，都市ラ＝ロシェルの人口を養い，かつ同港に寄港した帆船が帰路積み込んで行かなければならない相当量の食糧[45]までも提供するに充分な量は，到底得られなかったはずである。

　そうした状況は，12世紀以来のワイン国際商業の繁栄と，それがもたらす大きな利益によって促進されて現出したものであった。そしてラ＝ロシェル都市民は同時に都市周辺のぶどう畑の所有者であり，「モノカルチャー」化現象の少なくとも一翼を担った当事者であったと思われるのである。こうした都市経済のあり方は，言うまでもなく政治的危機に際して脆弱である。都市民がその危機的構造を充分認識していたことが，彼らが大きな危険を伴う密告行為をあえて行った理由のひとつとなったのだ。

　次の問題は，ここで露呈した危機的構造に対して，都市民ないしは都市当局が何らかの対策をとったか，とったとすれば何であったかということであろう。それを直接に示す都市関連資料は伝来しないようであるが，この点に関して興味深いのは，反乱計画から38年後の1通の史料である。それは1279年に都市ラ＝ロシェルがフランス王権に宛てた嘆願状[46]であるが，その中の1項目で都市当局は，国王御用馬の維持義務の免除を願い出ている。その理由は，『ラ＝ロシェルの周辺5リューというもの，ぶどう畑しかなく』，彼らは『採草地も牧場も，馬を養うことができるような便利のよい土地も持ってはいない』からであった。5リューという距離は，15世紀のポワトゥー地方の単位で20〜40kmと多少の幅はあるが，いずれにしてもかなりの範囲でやはり『ぶど

う畑しかない』状況は続いているのだ。このことは，1241年の危機が，ぶどう以外の作物が都市周辺で積極的に栽培されるという結果を必ずしももたらさなかったことを示していると言えるだろう。

さらに興味深いのは，彼ら上層市民のうち数人について13世紀に伝来する全所有財産が列挙された史料を見てみると，都市外での不動産所有は，塩田などわずかな例外を除いて，いずれもぶどう畑などのワイン生産に関連するものばかりであって，穀物畑はほぼ現れないということである。オニス地方に穀物栽培が存在した点は先に強調したが，少なくともラ=ロシェル都市民がこれらの穀物畑を積極的に入手していこうとした形跡はまったくない。これは，例えばトゥールーズにおいて，上層市民たちはぶどう畑だけではなく，食糧確保の目的で最も肥沃な穀物畑を積極的に買い取っていった[47]のと対照的である。

その理由の少なくとも1つは，密告状のなかの，『近隣の地域というものは，互いに依存しあい，食糧を交換しあわねばならない』ものだという都市民自身の言葉に示されているのではないだろうか。そこには，中世経済で一般的だったとされがちな自給自足的な考えではなく，むしろ分業的な考えが現れている。しかもそれは，都市的集落とその周辺農村との間の分業というより，さらに広域にわたる地域間分業のそれである。こうした考え方のもとでは，危機管理は，自らの土地で穀物を作るというよりも，より穀物生産に適した条件を備えた地域と密な関係を持ち，供給ルートを確保する方向で行われるほうが自然であろう。さらにそのために不可欠であったのは，平時から交易の権利を保証してくれ，危機に際しても保護を要請できる上級権力・王権とよい関係を保ち続けることであった。13世紀ラ=ロシェルの都市民は，まさにそれを危機対策そのものと認識していたと考えられるのである。

第3節　ラ=ロシェルの都市内ワイン商業

13世紀以降のラ=ロシェルで取引されるワインは，「バンリューのワイン」と「バンリュー外のワイン」とに区別され始める。バンリューは，都市に近接する都市の従属地域を指す語であるが，これは最近研究が盛んに進められてい

るテーマの一つである。多くの都市について，都市が周辺の領主権力ないし領域権力と力のせめぎあいをする中で，中世盛期から後期にかけてバンリューのアウトラインを徐々に固めていく過程が明らかにされてきている。多くの場合，都市従属地域としてのバンリューを我々が識別し始めるのは，まず都市の法が及ぶ範囲として，つまり司法上の支配領域としてであることがほとんどであり，たとえばボシャカがボルドーについて行った研究も，同様のことを明らかにしている[48]。ラ=ロシェルのバンリュー出現の特異性は，何よりも，13世紀後半に都市民のぶどう畑所有が稠密であったゾーンがまず「バンリュー」と呼ばれるようになり，その後14―15世紀にかけて法的に整備されていくという点にある。

同じワイン生産地でありながら，ボルドーとラ=ロシェルのバンリュー出現過程が大きく異なっている点について，トランシャンは以下のように説明する。大司教座都市としてローマ期以来の伝統を持つボルドーは，都市周辺に多くの領主権力がひしめきあっている状況であり，都市当局は従属地域を形成していく上で，まずもって司法上の権限を主張してこれら領主権力と争うことが必要であった。対して新興都市であるラ=ロシェルの場合は，周囲一帯がもともと人口も耕地も少ない地域であったため，都市民による土地取得とぶどう畑整備の過程が先行することが可能であった。その後，都市側の要請によって徐々に郊外地としての法的な整備が進んでいったというのである[49]。

13世紀前半から，ラ=ロシェル都市内ワイン商業で最も重要な慣習となったのが，「収穫期（9月末）から聖アンドレの祝日（11月30日）までの間は産地を問わずワインを市内に受け入れるが，それ以降はバンリューのワインのみに限る」というものであった[50]。「バンリューのワイン」とは，都市民が所有する都市近郊のぶどう畑で生産されたワインを指す語である。この慣習は，ぶどう畑を所有するラ=ロシェル都市民に，1年の大部分において，都市内で自らの商品を独占的に販売することを可能にするものであった[51]。

この慣習は，王権によって賦与されたものというよりも，都市民自身が周辺の領主権力と交渉しながら確立させていったもののようである。1229―1330年，ラ=ロシェル都市当局とラ=マルシュ伯ユーグ10世との間で，『バンリュー

外のワイン』を聖アンドレの祝日（11月30日）までの期間に限って都市内に受け入れることを取り決め，その後，アングレーム女伯らとの間でも同様の合意を取り付けている[52]。

　ワイン生産の基本的な過程は以下のとおりである。収穫は9月末に始まり，都市の鐘楼の鐘でその開始が知らせられる。収穫されたぶどうは，圧搾所 «treuil» と称されるぶどう搾り器や発酵槽を備えた建築物で圧搾，発酵，樽詰めされる。これらの作業の多くについては季節労働者によって行われる一方，圧搾所の大部分は富裕なラ＝ロシェル都市民が所有し，彼らは圧搾の代償を現物で取り立てた。樽詰めされたワインは荷車で都市内へ運ばれ，港で待機している帆船に積み込まれて北方に向かうか，あるいは都市内に多数存在するワイン倉 «celier» と呼ばれる倉におさめられるのである[53]。

　都市当局は，バンリューでのワイン生産と都市内流通を，様々な形態と手段で管理していた。ラ＝ロシェルのバンリュー内での狩猟を制限してぶどう畑を荒らさないよう，近隣領主層と交渉する他，都市とバンリューの道路整備も大切な役目であった。河川路を欠き，陸路でバンリュー産ワインの多くを集めていたラ＝ロシェルにとって，ワインの樽を積んだ荷車が問題なく通れるよう道路を維持することはきわめて重要だったのである。特に都市の門から港を結ぶメインストリートは，荷車の通過を邪魔しないよう厳しく規制された。また中世末の史料であるが，都市内の路地はワインの樽を転がして通れるだけの幅を必ず確保するように，との条例も出されている[54]。

　ラ＝ロシェルではワインの輸出だけでなく，都市内でのワイン消費もきわめて盛んであった。そのことは，以下の2点によく表れている。

　ひとつは，都市内での居酒屋ないし宿屋の多さである。港町であるラ＝ロシェルは，外来者もまた多く，北方からの帆船が入港する季節には乗組員が何週間も滞在した。1,000人以上の都市民の名前をリスト化した1224年の史料では，職業名を伴っている人名のうち，最も多く現れるのが居酒屋経営である[55]。もうひとつの指標は，ワイン倉 «celier» と呼ばれる施設である。都市に伝来する不動産取引関連史料は，富裕な都市民がしばしば港のそばに大規模なワイン倉を所有していることを示している。これらのワイン倉は，港からの積

み出し，すなわち輸出の際に必要となるものであろう。それとはまた別に，興味深いことに，港の立地とは関係なく都市内の至る所に様々な規模のワイン倉が分布している。富裕な都市民は自分自身の石造りの館に付属するワイン倉を所有し，富裕でない者も，小規模なワイン倉を賃借しているのが見られる。ラ＝ロシェルにおいては，小売ワインは市場ではなくワイン倉で売買された。これらワイン倉に関する史料からは，ぶどう畑を所有する都市民たちが，毎年の収穫後に，全てのワインを遠隔地に輸出することなく，かなりの量を取り分け，自家消費用あるいは市内及び地域での販売用として，次の収穫までワイン倉に貯蔵していたことが読み取れるのである[56]。

　市内でのワインの小売もまた，都市当局によって統制されていた。居酒屋経営はメールの許可が必要であり，そこで販売されるワインは，先述の慣習に従い，「バンリューのブルジョワのワイン」であることが義務付けられた。興味深いのは，この慣習は13世紀初めから存在したにもかかわらず，13世紀には規制のための条例はほとんど出された形跡がない一方で，14世紀には2度，15世紀には数えきれないほどの条例が発布され，規制強化へ向かっていくことである。理由は無論，違反すなわち外来ワインを都市内で販売する行為の急増と思われる。規制強化の一環として，居酒屋はワインが間違いなくバンリュー産であることを証明する書き付けを徴税人から受け取り，誰からどれだけワインを買ったかメールに申告する義務を負わされた上，樽には都市及び生産者の印がつけられねばならない，と定められた。さらに数年後には，どの年に収穫されたかわかる印をつけるよう，とさらなる規制強化が行われており，違反が減らなかったことを示唆している[57]。

　この変化の背景として考えられる理由の一つは，ぶどう畑所有状況の変化であろう。バンリューのぶどう畑を対象とするグラン＝フィエフ＝ドニス台帳には，それぞれ13世紀半ば，15世紀後半に作成されたものが伝来するが，その間には驚くほどの変化が見て取れる。13世紀半ばには，70人を超すラ＝ロシェル都市民が所有者として現れ，ぶどう畑の規模も様々であるのに対し，15世紀にはわずか数人の大ブルジョワがきわめて大規模なぶどう畑を所有するようになっているのである[58]。ぶどう畑を持たない市民には，外来ワインを締め出

すことに利益があったとは思われず，その結果違反者の増加につながったのではないだろうか。

 15世紀に「古来の慣習」への違反が急増した理由についてはまた個別の検討が必要となろうが，13世紀においてこの慣習が都市内で問題なく守られていたとすれば，それは，ぶどう畑所有とワイン流通が，様々な層に開かれていたからである。既述のグラン゠フィエフ゠ドニス台帳に限らず，13世紀の土地取引の記録からは，様々な肩書き（職業）を持つ都市民が様々な規模のぶどう畑を所有し，ワイン生産に参入していたことが明らかなのである。

 13世紀において，ラ゠ロシェルのワイン商業はきわめて多くの人に開かれていた。ワインの専門商人が特権的ギルドを形成したイングランドなどとは異なり，生産地であるラ゠ロシェルでは，資金に余裕のあるものは誰でもぶどう畑を所有し，ワイン商業に参入することができた。都市当局によってワインの生産と在地流通は厳しく管理されていたが，少なくとも13世紀においては，そこに利害を持っていたのは富裕層だけではなかった。ワインの生産と流通は，様々な肩書きの幅広い層の人々によって担われていたのである。

おわりに

 大西洋ワイン商業の開始・展開という広域経済の一大変動と，ポワトゥーの地域経済の成長を示す個々の現象との間の因果関係については，まだまだ議論は尽くされていない。しかしながら，ワインをめぐる大西洋ルート開通以前に充分な農村の生産力上昇があったこと，その一方で大規模輸出業の展開が地域経済の再編を促したこと，この2点は共に確認されていると言ってよいだろう。長期的に見るならば，広域経済と地域経済はやはり互いに影響しあいながら同時的変貌を遂げていくのである。

 そして，広域経済と地域経済の結節点である都市にも，様々な変化が現れる。ポワトゥーのワイン商業の基地となったのは，ラ゠ロシェル，サン゠ジャン゠ダンジェリ，ニオールの3都市であった。これらの都市では，様々な国や地方からの人々が流入し，近隣農村から移住してきた人々と共存する。王権

は，遠隔地商業においては強力な保護者として現れる一方で，ワインの生産活動と在地流通においてはあまり姿を現さない。少なくともラ＝ロシェルの伝来史料に現れる限り，都市民は，独自に周辺の領主権力と交渉を行い，効率的なワイン生産と流通に関する慣習を形成していったように見える。

オニス・サントンジュ地方は，ヨーロッパでも最も早期に地域間分業が確立した地域の1つだと言っていいであろう。周辺地域の気候条件が特にぶどう栽培に適していたラ＝ロシェルでは，都市経済のみならず地域経済全体がぶどうとワインに特化する中で，13世紀には都市ブルジョワによる土地投資が一般化し，ぶどう畑の蓄積が進んでいく。地域人口を維持するために必要な食糧は，ブルターニュなど遠隔地から港を介して輸入されていた他[59]，ニオールを中心とするセーヴル川一帯と，さらに内陸に入ったシャテルロー周辺からも[60]，陸路と河川路を経由してラ＝ロシェルに穀物が提供されていた。オニス地方が産する穀物は充分な量ではなかったとしても，ポワトゥー穀倉地帯からの供給，さらにはブルターニュなどの域外穀物の輸入が常時行われていた。こうした穀物流通の多重性及び広域性は，少なくとも平時において，ラ＝ロシェルに穀物の安定供給を保証するものであっただろう。

しかしながら，敵によって港を封鎖されるといった非常事態が予測されるやいなや，ラ＝ロシェル都市民は2つの方向で対策をとることになる。まずは，セーヴル川を介さず陸路経由でニオールからの食糧供給を頼ることである。同じフランス王権直属のコミューヌ都市としての結束がそこに見て取れる。こうした都市民どうしの連携は，ワイン商業を通して行われた国際的な活動の中でも培われたものであろう。またトランシャンは，ラ＝ロシェル，サン＝ジャン＝ダンジェリ，ニオールでは，主要家系の姻戚関係が結ばれるなど，中世後期にかけて指導者層の関係がますます強化されていくと指摘している[61]。

もうひとつは，都市領主であり領域権力でもある王権の保護を乞うことである。伯＝王権は，都市の持つ経済的重要性と共に，その政治的・軍事的重要性も計算した上で行動していた。都市側も，時に王権と緊張した関係に陥ることがあったにせよ，特に在地領主層との紛争に巻き込まれた場合には，必ず彼らを頼っていたのである。

註

1) オニス地方はラ=ロシェル周辺（現在のシャラント・マリチーム県北西部）の一帯を指し，サントンジュ地方はオニスを除くシャラント・マリチーム県一帯とおおよそ一致する。両地域は，1255年にサントンジュ=セネショセ（伯=王権の役人セネシャルの管区）として，ポワトゥー=セネショセから切り離された。
2) ここでは，以下の2つのみ挙げておく。Craeybeckx, J., *Les vins de France aux anciens Pays-Bas. 13-16 siècle*, Paris 1958 ; Sivéry, G., *Les comtes de Hainaut et le commerce du vin : au XIVe siècle et au début du XVe siècle*, Lille 1969.
3) 田北廣道「中世後期ケルン空間における「市場」統合と制度—15世紀ケルン・ノイス間のシュターペル抗争を素材として—」田北廣道編『中・近世西欧における社会統合の諸相』九州大学出版会，2000年，287-320頁。
4) 斎藤絢子「中世エノー地方における日常生活—ぶどう酒の消費と管理—」『明治大学人文科学研究所紀要』35，1994年，276-290頁。
5) 森本 矗「14世紀イングランドのワイン貿易とダラム司教座聖堂付属修道院」『名古屋学院大学論集』1973年，67-146頁。
6) 山田雅彦「中世フランドル南部におけるワイン・ステープルの歴史的意味—13世紀サン・トメールの都市条例を素材として—」加藤哲美編『市場の法文化』国際書院，2003年；同「中世中期サン・トメールの市場をめぐる自由と統制—13世紀ワイン・ステープル市場再論—」『史窓』2008年，33-58頁。
7) 谷澤 毅「中世後期ドイツにおけるワインの流通」『長崎県立大学論集』34-4，2001年，147-174頁。
8) *Le vin au moyen âge : production et producteurs. Actes du 11e congrès des médiévistes, Grenoble 4-6 juin 1971*, 1978 ; Garnot, B. (dir.), Vins, vignes et vignerons en Bourgogne du moyen Age à l'époque contemporaine, dans *Annales de Bourgogne*, t.73, 2001 ; *Vignes, vins et vignerons de Saint-Emilion et d'ailleurs (les 11-12 septembre 1999)*, Talence 2000.
9) Dion, R., Les origines de La Rochelle et l'essor du commerce atlantique aux XIIe et XIIIe siècle, dans *Norois*, t. 3, 1956, p. 37.
10) «La bataille des vins» (Fabliaux et contes des poètes français des XIe, XIIe, XIIIe, XIVe et XVe siècles, Paris 1756), Traduction par Ch. Higounet, Une carte des vins du XIIIe siècle, dans *Actes de l'académie nationale des Sciences, Belles-Lettres et Arts de Bordeaux*, 1980, pp. 23-29, réimprimé dans Id., *Villes, sociétés et économies médiévales*, Bordeaux 1992, pp. 363-369 ; *La Charente-Maritime. L'Aunis et la Saintonge des origines à nos jours*, dir. par J.-N. Luc, Saint-Jean-d'Angély 1981, pp. 156-157.
11) 現在，ポワトゥーの語はヴィエンヌ県，ドゥー・セーヴル県，ヴァンデ県一帯を指すが，中世盛期においては，伯権の強大さを反映して，ロワイヤンからシャテルローにいたる広範囲に対して用いられた。Favreau, *La ville de Poitiers à la fin du Moyen Age*, t. 1, p. 141. したがって当時の史料では，オニス・サントンジュのワインも，「ポワトゥーのワイン」と呼ばれることが多い。
12) Touchard, H., Les exportations françaises vers 1330. L'exemple de La Rochelle, dans *La Revue du Bas-Poitou et des provinces de l'Ouest*, 1965, pp. 119-128.

13) Dion, R., Les origines de La Rochelle, p. 40.
14) Renouard, Y., Le rayonnement de La Rochelle en occident à l'aube du XIIIe siècle, dans *Bulletin philologique et historique (jusqu'à 1610) du Comité du travaux historiques et scientifiques*, 1961, pp. 79-94.
15) Dion, R., *Histoire de la vigne et du vin en France des origines au XIXe siècle*, Paris 1959, pp. 336-364 ; Pirenne, H., Un grand commerce d'exportation au Moyen Age. Les vins de France, dans *Annales d'histoire économique et sociale*, t. V, 1930, pp. 225-243.
16) Contamine, Ph. et als., *L'économie médiévale*, Paris 1995, pp. 234-237.
17) *Ibid.*, p. 248.
18) セーヴル川のすぐ北の地域は，ヨーロッパでも有数の上質な塩の産地で，中世初期から既に修道院を中心に製塩所経営が行われ，ゲルマン人やスカンジナヴィア人が塩の入手のため姿を現していた。Dion, R., *Histoire de la vigne et du vin*, pp. 359-360 ; Favreau, R., Le commerce du sel en Poitou à la fin du Moyen Age, dans *Bulletin philol. et hist.*, 1966, pp. 185-223.
19) «Concedimus etiam eis et confirmamus omnimodas liberas consuetudines per omnes terras nostras, salva in omnibus libertate civitatis London[iensis].» (Pon, G. et Chauvin, Y., Chartes de libertés et des communes de l'Angoumois, du Poitou et de la Saintonge (fin XIIe-début XIIIe siècle), dans *Bonnes villes du Poitou et des pays charentais du XIIe au XVIIIe siècle (Communes, françaises et libertés). Actes du colloque tenu à Saint-Jean-d'Angély, septembre 1999*, éd. par Favreau, R. et al., Poitiers 2002, pp. 25-149, La Rochelle n° 6, pp. 64-67.)
20) «Sciatis nos dedisse et concessisse et presenti carta nostra confirmasse fidelibus hominibus nostris de Ruppella et heredibus eorum quittanciam de festagiis et omnibus aliis talliagiis et exactionibus et de omni pedagio, tam in villa de Ruppella quam alibi per omnes terrras nostras, in terra et in mari, de hiis que pertinent ad domanium nostrum, salvis exercitibus et equitacionibus que nobis debentur.» (*Ibid.*, La Rochelle n° 9, pp. 69-72.)
21) «Sciatis nos dedisse et presenti carta nostra confirmasse fidelibus hominibus nostris de Nyortio et heredibus eorum quitantiam de omnibus tallagiis et exactionibus et de omni paagio, tam in villa de Nyortio quam alibi, per omnes terras nostras, in terra et in mari, salva libertate Lond[onii] in omnibus et salvis exercitibus et equitationibus que nobis debent.» (Ibid., Niort, n° 7, pp. 82-84.)
22) «Johannes, Dei gratia rex Anglie, dominus Hibernie, duc Normanie et Aquitanie, comes Andegavensis, dilectis et fidelibus suis majori et communie de Ruppella... Concessimus etiam et volumus quod mercatores terrarum nostrarum eant et redeant per totam terram nostram con [sic] rebus et mercandisis suis et negociant, faciendo inde rectas et debitas consuetudines. Idem volumus quod facient et sub eodem conductu nostro et in eodem pace nostra eant et redeant mercatores de sex villis Flandrorum, scilicet de Sancto Audomaro, de Atrabato, de Gant[o], de Ypra, de Bruges, de Insula quamdiu fuerint in eo statu quomodo sunt ad fidem nostram.» (Ibid., La Rochelle, n° 10, pp. 72-74.)
23) «...liberum iter seu liberum navigium transeundi et vehendi seu portandi vina nostra et

alia bona per aquam que vocatur Vulturnum a villa Sancti Johannis Angeliacensis usque ad mare...» 1252年、ブトンヌ川に設けられていたトネイ・ブトンヌ分院の水門が、サン=ジャン=ダンジェリ都市民によって破壊されるという事件が起きた。この手紙は、同都市のコミューヌのメールがトネイ・ブトンヌ分院とオニス大助祭に対し、賠償を約束したものである。この史料の一部を刊行したドサーは、アルフォンスによる特権賦与は1251年と推測している。Dossat, Y., Un projet de création de port au confluent de la Charente et de la Boutonne à l'époque d'Alfonse de Poitiers, dans *Bulletin philologique et historique (jusqu'à 1610) du Comité du travaux historiques et scientifiques*, 1966, pp. 95-96.

24) Ibid.
25) Renouard, Le grand commerce du vin au Moyen Age, pp. 8-9.
26) Favreau, R., Un nouveau destin : le grand port français sur l'Atlantique (1224-vers 1330), dans *Histoire de la Rochelle*, dir. par M. Delafosse, Toulouse 1985, p. 31 ; Id., La Rochelle, port français sur l'Atlantique au XIIIe siècle, dans *L'Europe et l'océan au Moyan Age*, Nantes 1988, pp. 56-62.
27) Fournier, P.-F. et Guébin, P., *Enquêtes administratives d'Alfonse de Poitiers*, Paris 1959, pp. 2-3.
28) Touchard, H., Les exportations françaises vers 1330. L'exemple de La Rochelle, dans *La Revue du Bas-Poitou et des provinces de l'Ouest*, 1965, pp. 119-128.
29) Renouard, Y., Le grand commerce du vin au Moyen Age, dans *Revue historique de Bordeaux et du département de la Gironde*, 1952, pp. 5-18.
30) Ph. Wolff, L'approvisionnement des villes françaises au Moyen Age, dans *L'approvisionnement des villes de l'Europe occidentale au Moyen Age et aux Temps modernes (Flaran 5)*, Auch 1985, p. 22.
31) 斎藤絅子「中世エノー地方における日常生活」、276-290頁。
32) Grand, R., Le contrat de complant depuis les origines jusqu'à nos jours, dans *Nouvelle revue historique de droit français et étranger*, 40, 1916, pp. 169-228, 337-382, 555-589；関口武彦「フランス中世におけるコンプラン契約：フランス・ワイン史によせて」『山形史学研究』13/14, 1978年、60-73頁。
33) 例えばパリ地方の商業用ワイン生産の起源については、フルカンがそれを11-12世紀と推測するのに対して（Fourquin, G., *Les compagnes de la région parisienne à la fin du Moyen Age*, Paris 1964, p. 70)、デュルリアは9世紀まで遡らせてよいと言う（Durliat, J., La vige et le vin dans la région parisienne au début du IXe siècle d'après le Polyptyque d'Irminon, dans *Le Moyen Age*, t. 74, 1968, pp. 387-419)。
34) Lachiver, M., *Vins, vignes et vignerons*, Paris 1988, p. 92.
35) Dion, R., *Histoire de la vigne et du vin*, p. 360.
36) Higounet, Ch., Pour une géographie du vignoble aquitain médiéval, dans *Villes, sociétés et économies médiévales*, pp. 371-384.
37) Debord, A., *La société laïque dans les pays de la Charente. X[e]-XIIe siècles*, Paris 1984, pp. 357-358. ラ=ロシェルに先立つ大西洋商業の拠点として想定されているのは、ポワトゥー伯とシャトレヨン領主の勢力争いによって1130年に破壊され、消滅したシャト

レヨン港である (Dion, *Les origines de La Rochelle*, p. 36 ; Contaminne, *L'économie médiévale*, p. 248.)。

38) Bardonnet, Le terrier du grand fief d'Aunis ; Gabet, C., Le grand fief d'Aunis, dans *B.S. A.O.*, 1969, 4e s., t. 9, 1969, pp. 311-314.

39) Bardonnet, Le terrier du grand fief d'Aunis, pp. 146-158.

40) La Du, M.-S., Chartes et documents poitivins du XIIIe siècle en langue vulgaire, n° 327, 331, 333, 336, 345, 346, 351, 352, 356, 357, 368, 370, 372, 407.

41) Ibid., p. 527. 史料原文については，第3章註94参照。

42) «Interim vero omne bladum omnis generis emit comes et posit in castris suis, inhibens et perturbans ne de terra sua apud Rupellam vel alibi bladum defferatur. Quod dominus rex et comes, si vobis, domina, placuerit, debent bene ei mandare ut desistat, cum terre vicine debeant esse participes, et de una ad aliam victualia defferri. Mirabiliter facit comes muniri Frontiniacum castrum suum, quod est in via de Niorto ad Rupellam, ut, si locus fuerit, adventus et exitus Rupelle et rerum omnium que de Francia et Flandria illuc feruntur, si poterit, sic per turbet ; et sic esset villa nostra solummodo pro bladi retencione obsessa; et jam est karum valde propter hoc, et karissirnum exit.» (Ibid., p. 528.)

43) A. Bardonnet (éd.), Le terrier du grand fief d'Aunis, texte français de 1246, dans *Mémoires de la Société des Antiquaires de l'Ouest*, 1874, p. 104.

44) Bardonnet, A., Comptes d'Alfonse de Poitiers. 1243-1247, dans *A.H.P.*, t. 4, 1875, p. 80.

45) トランシャンは，北方に向けて出港する帆船は，商品であるワインの他にも，穀物粉，ビスケット，肉，塩漬魚などの必要物資を補給していく必要があり，その提供も港湾都市に必要とされる重要な能力の1つだったと指摘している。Tranchant, M., *Le commerce maritime de La Rochelle à la fin du Moyen Age*, Rennes 2003, p. 180.

46) Bautier, R.-H., Une requête au roi des maire et échevins de La Rochelle (1279?), dans *Bulletin philologique et historique (jusqu'à 1610) du Comité du travaux historiques et scientifiques*, 1966, pp. 115-129.

47) Wolff, Ph., *Commerces et marchands de Toulouse (vers 1350-vers 1450)*, Paris 1954, pp. 170-187.

48) Bochaca, M., *La banlieue de Bordeaux. Formation d'une juridiction municipale suburbaine (vers 1250-vers 1550)*, Paris et Montréal 1997.

49) Tranchant, M., La constitution de la banlieue rochelaise à la fin du Moyen Age. Formes d'emprise urbaine sur un espace rural, dans *Histoire urbaine*, n° 8, 2003, pp. 23-40.

50) バルボーによれば，ラ＝ロシェルにおいてこの特権が初めて言及されるのは1229-1230年である。Barbot, A., Histoire de la Rochelle, p. 112. また1325年の記録では，前年の悪天候によって都市消費用のワインさえ不足する状態に陥ったため，都市当局が当年に限って従来の特権を返上し，聖アンドレの祝日以降も，バンリュー外産ワイン，すなわちサントンジュ等南方のワインを入市させる許可を王権から得ている。Ibid., pp. 133-134.

51) 類似の独占権は，14世紀のボルドーでも見られるが，近郊外産ワインの持ち込み期間に関してはラ＝ロシェルとは逆の規定がなされている。ここでは，ボルドー近郊産の

ワインがクリスマスまでは独占的に輸出され，それ以降に初めてガロンヌ川上流域産のワインが入市を許された。ルヌアールは，こうした独占のあり方は，ボルドーのブルジョワに対して，確実に自らの所有地の収穫分を売りさばくと共に，上流域産ワインの中継貿易によっても大きな利益を得ることを保証したと言う。Renouard, Y., Le grand commerce du vin au Moyen Age, p. 9 ; Trabut-Cussac, J.-P., Les coutumes ou droits de douane perçus à Bordeaux sur les vins et les marchandises par l'administration anglaise de 1252 à 1307, dans *Annales du Midi*, 1950, pp. 135-150. なお，トランシャンは，ボルドーとラ゠ロシェルの慣習の相違の理由を以下のように説明する。中世のワインは1年もすれば酸化してしまったため，新しければ新しいほど高値で売却することができた。したがって，値が高いうちに在地のワインを独占的に輸出できるボルドーの慣習の方が，都市民にとって圧倒的に有利だったことになるが，これはガロンヌ川下流に位置するボルドーの立地条件においてこそ可能であった。大西洋に直接面し，河川を持たないラ゠ロシェルの場合は，常に近隣小港との競合にさらされていたため，輸出に際してボルドーのような独占権を主張することができず，都市内でのワイン消費における在地産ワインの独占のみで満足するしかなかったというのである。Tranchant, M., *Le commerce maritime de La Rochelle à la fin du Moyen Age*, Rennes 2003, pp. 114-119.

52) Barbot, A., Histoire de la Rochelle, p. 112.
53) Tranchant, *Le commerce maritime de La Rochelle*, pp. 94-97 ; Jourdan, J.B.E., Essai historique sur les vignes et les vins d'Aunis, dans *Revue de l'Aunis et de la Saintonge*, 1866, pp. 257-288.
54) Tranchant, *Le commerce maritime de La Rochelle*, pp. 174-176 ; Favreau, R., La Rochelle, port français sur l'Atlantique au XIIIe siècle, dans *L'Europe et l'océan au Moyan Age*, Nantes 1988, p. 66.
55) Bardonnet, A. (éd.), Le serment de fidélité des habitants de la Rochelle en 1224, dans *Archives historiques du Poitou*, t. 20, 1889, pp. 233-261. 第9章第2節(1)も参照。
56) La Du, M.-S., *Chartes et documents poitevins du XIIIe siècle en langue vulgaire*, 2 vols., Poitiers 1960-1964, t. 1, pp. 317-392 ; t. 2, pp. 112-240, 258-315 ; Favreau, R., Les débuts de la ville de la Rochelle, dans *C.C.M.*, t. 30, 1987, pp. 29-32.
57) Tranchant, *Le commerce maritime de La Rochelle*, pp. 178-180.
58) Gabet, C., Le grand fief d'Aunis, dans *B.S.A.O.*, 1969, 4e s., t. 9, 1969, pp. 320-321, 325-326 ; Tranchant, *Le commerce maritime de La Rochelle*, pp. 80-85.
59) Bardonnet, Comptes et enquêtes d'Alphonse, pp. 133-158.
60) Tarrade, J. (dir.), *La Vienne de la préhistoire à nos jours*, Saint-Jean-d'Angély 1986, p. 118.
61) Tranchant, *Le commerce maritime de La Rochelle*, pp. 116-117.

第8章

都市民の市場運営参加と伯＝王権

はじめに

　中世盛期のポワトゥー伯領では，在地的な商品流通から全ヨーロッパ的な国際商業に至る多様なレヴェルでの交易が展開していた[1]。その中で領域権力者たるポワトゥー伯は，要所に市を設置して必要物資確保の一手段とし，また自ら収益を上げたのみならず，領邦再編政策の一環として，聖俗の領主たちにも市場に関わる様々な特権を分与していった。しかし，設置された各々の市での商業活動が，いかなる人々によってどのように組織されていたのかについてはこれまでほとんど研究がなされておらず，ポワトゥー中世史研究において特に立ち遅れている分野のひとつと言ってよい。本章では，ポワチエとニオールにおける都市民の市場運営の実態を分析し，王権と都市民との市場をめぐる関係を検証してみたい。

第1節　ポワチエにおける商業活動と都市有力市民家系

(1) ポワチエにおける市と流通統制権

　中世盛期のポワチエには，聖木曜日の年市[2]，『サン＝ニコラ教会とサント＝ラドゴンド教会の年市』[3]，四旬節年市[4]，『新年市』[5]，及び『旧週市』[6]，『新週市』[7]と，4年市及び2週市が存在していた。第6章で分析したポワチエ流通税表に現れた多様な商品の少なくとも一部は，これらの市で取引されていたはずである。

　ポワチエ都市民による商品流通の管理のあり方についてまとまった情報を与

えてくれるのが，14世紀末以降に作成された都市カルチュレール「マニュスクリ・サン=ティレール」（第6章同様，Man. SH と略記）である。この史料については第6章でもふれたが，歴代のメールが年1回の代替わりごとに手渡しで引き継ぐべき，いわば都市慣習の集大成としての性格を持つ。特に，都市の経済活動や住民の日常生活に関わる諸記録については，作成当時に都市文書庫にあった関連書類の全てがここに筆写されたと考えられ，食料品や手工業製品の品質と流通のコントロール，また市や流通税に関わる史料が数多く集められている。そこでは，カルチュレールの作成時点で既に効力を失っていることが明らかである規定も，新しい規定と並べて筆写されている。例えば1320年に都市当局が取り決めた毛織物工に関する法規（第73葉）の直前には，「毛織物工に関する古い法規」と題して，それまで有効だった古い法規も筆写されている（第72葉）。野菜に関する条例（1272・1274年），タヴェルニエに関する条例（1272・1308年），肉屋に関する法令（1245・1247年），靴工に関する条例（1274・1276年），馬具工に関する条例（1265または1266・1341年）についても，同様に新旧の規定が並べられている[8]。これは，この書冊を見ることによって法規の変遷を過去まで遡って把握できるようにしたいという作成者の意図の表れと考えられるが，我々にとっても中世盛期の情報を与えてくれるという点で非常に貴重である。

　Man. SH におさめられた商品流通関連諸規定の中には，きわめて簡略化された記述しかなされておらず，起草の経緯にも触れられていないものもある。しかしながら，少なくとも一部については，コミューヌと王権の合意の上で作成されたことが明記されたものが存在し，しかもそれは重要な品目に関する規定に多く見られることは興味深い。

　例えば魚売却に関する法規（1259・1298年）[9]の発行主体は国王セネシャルであり，セネシャルは冒頭で『公共の利益と共同の合意のために，賢き人々の助言によって』[10]以下の法規を認めた，と宣言する。その後，魚の都市内への搬入時間と搬入場所，都市役人による魚の数量と種類の検査，取引場所と取引時間，売れ残った魚の処理，再販売のために都市外へ持ち出される魚の買い付け，傷んだ魚を売った者への罰則などが詳細に定められる。また各条項では多

第8章　都市民の市場運営参加と伯＝王権　　　243

くの場合，都市商人と外来商人，郊外域での転売を目的とする買い付け人を対象とする規則がそれぞれ定められている上，外来商人が都市商人に販売を委託する際の諸規定も現れるなど，多様な形態での取引が存在したことを示している。

　大西洋から100km以上の距離があり，しかもそのかなりの部分は陸路を使わなければならないという条件にもかかわらず，13世紀のポワチエの魚市場が，大量の海産魚を集めて消費するとともに，地域一帯に配分する集散機能を担っていたことは，中世における高い輸送機能を証明するものであろう。それと同時に，この複雑化した魚の取引を監視・管理する責任を，国王の下級役人である国王プレヴォと都市当局＝コミューヌが共同で担っていたことをこの史料は示している。それが具体的に表れるのは罰金徴収に関する文言においてであり，規定に違反した者が都市住民であればコミューヌが，外来者であれば国王プレヴォが罰金を徴収すると定められている。

　また，都市内の居酒屋営業に関する1272年の規定の冒頭では，国王セネシャル代理と国王プレヴォが列席する前で，メール及びコミューヌ市政役人によって発布された[11]と述べられており，さらに史料の最後では，違反者は60ソリドゥスの罰金を負い，半分は国王へ，半分はメールとコミューヌのものになると定められている。この規定と深い関係があると考えられるのが，ワイン流通に関してポワチエ都市民が所持していた独占権，すなわち売却目的で都市内にワインを荷下ろしする外来者は必ず都市住民の仲介を経なければならないという，フィリップ＝オーギュストによって1222年に賦与された特権[12]である。1306年の史料[13]は，外来者によってポワチエ都市内に荷下ろしされたワインの摘発が定期的に行われ，差し押さえられたワインは国王とコミューヌによって半分ずつに分けられたことを教えてくれる。この史料には，違反者のリストと共に，違反行為がいつどこで摘発されたかの記録も添付されているが，摘発場所として，『旧市で』«au Marché Viel»，『ジュベール橋で』«apud pontem Joberti»，『パイユ通りそばにある故トマ・フーセのものだったワイン倉で』«en la roche qui fut feu Thomas Fousser, pres de rue de Pailhe» など都市内の様々な場所が示されていることは興味深い。つまりこれらのリストは，外

部から都市内に商品が搬入される橋の上や市だけでなく，都市内の方々で個人や団体が所有するワイン倉にいたるまで，ワイン荷下ろしに対する監視活動が行われていたことを示しているのである。上述の史料は，残念ながら日常の監視活動がどのように組織され実施されていたのかを示すものではない。しかしながら，『非常に長い間，時のセネシャルとプレヴォによって，また前述メールとコミューヌによって，ポワチエの都市に居住しない者から，ポワチエの都市内に荷下ろしされたワインを差し押さえ，半分を国王によって，他の半分をメールとコミューヌ自身によって（分けられるべく），違反料として取り上げ没収する権利を用いまた利用してきた』[14]という史料中の文言は，コミューヌと国王役人たちが共同で監視を行っていた可能性も示唆していると言えよう。

ポワチエ都市民に認められた独占権を背景に，それに違反する外来者を取り締まり，没収された商品をコミューヌと王権との間で山分けするという特別な慣習があったワイン流通に限っては，コミューヌと国王役人たちの利害は一致していたと思われる。しかしながら，他の大部分の商品流通に関しては，先の魚流通に関する規定に見られるように，両者は互いに権限を分割し合っていた。中世盛期ポワチエにおける市場と流通の管理には，「都市の者はコミューヌによって，それ以外の者は国王プレヴォによって管理される」という大原則が見て取れる。国王プレヴォによる外来者の管理や監視に関する史料として，Man. SH におさめられている 1307 年の記録を見てみよう。

『ポワチエのプレヴォであるユーグ・モワスィーが，商人でありニオールのコミューヌの者であるジャン・ベルサイユに対し，許可を得るためにプレヴォに呼びかけることなく毛織物を陳列台に並べ，また荷を作ったかどで，罰金を取り立てようとした。この件について，プレヴォ側は 60 ソリドゥス 1 デナリウスの罰金に値すると主張するのに対し，商人の側は，自らはニオールのコミューヌの者であり，そしてニオールのコミューヌの者たちはこの都市（ポワチエ）においてであれ国王の領土内の他の場所においてであれ，売ったり買ったりする際に完全に免税されているのだから，何も支払う必要はないし，何も違反はしていないと申し立てた。…（中略）…（ポワトゥーのセネシャルの補佐役である）ギヨーム゠レキュイエによって，

第 8 章　都市民の市場運営参加と伯＝王権　　　　245

その商人は解放された者であるのだから，何の違反も行っておらず，罰金として何も負わないと言明され，認められた」[15]。

　ここで言及されている毛織物の陳列台が，ポワチエで開催されるどの市のものなのかは不明だが，ニオール住民が王権から与えられていた免税特権が，自らが居住する都市内だけではなく，他の王権直属都市で行った商活動でも適用されたということをこの史料は示している。それと同時にここで明らかとなるのが，免税特権を持たない商人すなわち大部分の外来商人は，陳列台に商品を並べたり荷造りをする際に，自発的に『許可を得るためにプレヴォに呼びかけ』，おそらく何らかの支払いをしなければならなかったことなのである。

　それにしても，外来者の違反行為は国王プレヴォが取り締まり，都市住民の違反行為はコミューヌが取り締まるという原則は，単純なようで実態はなかなか複雑だったのではないだろうか。例えば，先述の魚売却に関する史料に現れているように，外来商人が都市商人に商品を委託するケースは多く存在したと思われるが，そうした活動はどちらの権力が主体となって管理したのか。多くの紛争を引き起こす要因となったであろうことが容易に想像できる。Man. SH に集められた商品流通に関する諸規定には，起草に関して王権の関与の形跡がないものも多く，コミューヌが独自で定めた規定も数多かったと推測される。先の魚売却関連規定に関しても，『賢き人々の助言によって』という冒頭の文言は，規定の具体的内容がコミューヌによって起草されたことを示すと考えることも可能であろう。しかし，それを徹底し，市場利用者全員に遵守させるためには，外来者を管理する国王プレヴォとの協力関係が不可欠であった。1295年，1311年，1317年と，メールとコミューヌの商品流通に関する権限を侵害せぬよう，国王がプレヴォに対して命令していることからも[16]，両者が常に良好な協力関係を保つことは容易ではなかったと推測される。

　さらにポワチエの場合，強力な教会ブールの存在が状況を一層複雑にする。モンティエルヌフ修道院とサン＝ティレール教会が，それぞれのブール内での流通を独自に管理していた[17]ことは既に述べた。興味深いのは，旧市や新市といった都市内の市場を訪れたブール住民の売買行為に対して，コミューヌではなく国王プレヴォが流通税徴収権も含めた様々な権限を行使していたことを示

す 1232—1240 年の記録[18] である。「都市住民以外の者 «dez estrangers» の売買行為は国王プレヴォによって管理される」という上記の大原則に照らす限りにおいて，13 世紀半ばの国王プレヴォはブール住民を「都市住民」として扱おうとしていなかったことになる。しかも上述の史料は，国王プレヴォの越権行為を調査すべくルイ 9 世によって派遣された国王監察使に対し，ポワチエ都市住民が申し立てた事項の記録であって，国王プレヴォの行為は住民側と何らかの紛争を引き起こしていたことが明らかなのである。

　こうした分断状況はいつまで続いたのだろうか。第 5 章で明らかにしたように，特に 13 世紀末から 14 世紀前半にかけて，ブールや周辺農村に対するコミューヌの権威は，軍事防衛に関するメールの指揮権を背景に飛躍的に伸長する。都市内での経済活動に関するコミューヌの権威もまた拡大し，それは何よりも百年戦争開始直後に認められた間接税徴収権として現れることになる。都市が徴収する間接税はバラージュ «barrage» と呼ばれ，使途が都市防備強化に特定された目的税である。1347 年以降，この税の徴収権賦与によって，ポワチエのコミューヌは，都市だけでなくシャテルニー全域[19]で行われる売買について 1 リブラにつき 6 デナリウスを徴収する権利を得ることになる[20]。これは，ブールだけでなく近隣農村住民の商業活動全般にコミューヌの権威を何らかの形で及ぼすこととなったはずであるが，その結果，都市内の商品流通のあり方にいかなる具体的変化が現れたかを示す史料は非常に少なく，現時点では結論を出すことができなかった。ここでは，13 世紀のコミューヌは，都市住民の日常生活に管理責任を負っており，その立場から商品の品質と流通に関する具体的な規定を定める権利を持っていたことと，ただしそれを遵守させ，罰金を徴収する権利に関しては，王権と複雑な形で分割し合っていたことを確認しておきたい。

(2) ポワチエ有力市民家系と商業活動

　ポワチエにおける商品流通管理への都市民の参与は，上に述べたような都市当局＝コミューヌによる統制だけではなかった。以下に述べるような，ポワチエの有力家系のひとつであるベルラン家と四旬節年市をはじめとする 2 つの年

市との間に見られる関係は，きわめて特徴的なものである。

ポワトゥー伯リチャードが，ジョフロワ・ベルランという男へ賦与した特権について述べた1187年の文書は以下のように言う。

『余が，ジョフロワ・ベルランとその子孫に，以下のことを与え，譲与したことを現在及び未来の全ての者が知るように。すなわち，四旬節に行われるポワチエの年市に来る全ての商人は，フランスそしてフランドルの布地，また全ての毛織物，毛皮，灰色の織物，絹織物を，彼らの建物ないしはそれに付属した場所において売却するよう，そして前述の品々が他の場所で売られることのないように。また，ジョフロワ・ベルランまたはその子孫，そして前述の建物を所持し所有する全ての者は，商人たちに，その建物を，またはその歩廊を賃貸して，そこで可能なかぎりの収入を受け取るように』[21]。

ここでの「ジョフロワ・ベルランの所有する建物」は，都市中心からやや南部，サン＝ニコラ教会の向かいに位置していた[22]。アンリ・ローランは，ここでの『歩廊』«porticus» について，屋根付きで商品陳列台が並ぶ施設，すなわちフランス語でのギャルリー（＝アーケード）であるとし，取引の場兼倉庫の役割を果たす建物へとつながるとしている[23]。この建物がレ＝アルと呼ばれるものであるが，中世ポワトゥーでは «cohus»，«cohua» と呼ばれることも多い。

上掲の史料内でジョフロワ・ベルランは肩書きなしで現れているが，彼の身分を示すのが，これに先だつ1169—1173年，イングランド王妃アリエノールが同じジョフロワ・ベルランに対して特権を賦与した文書である。

『（前略）私が，ジョフロワ・ベルランとその子孫に，売買税・通過税における，またその他の全ての財産における——ただし軍役・騎馬役とタイユは除く——彼の全ての自由と，自由なる慣習的権利を認め，現書状によって確認したことを知らしめる。また彼は，プレヴォのためにも，また誰か他のバイイのためにも，軍役・騎馬役に赴くことはない。ただセネシャルのためにである場合にのみ，例外である。さらに彼は，何事かのゆえに，それが私の主人（ヘンリー2世）または私自身，または私のセネ

シャルによらぬ限り，誰かある者や，他のバイイによる召喚にこたえることはない』[24]。

売買税と通過税の免除が主たる内容であること，またタイユを負うとされていることから，彼は貴族ではなく，プランタジネット家に対して何らかの特別な奉仕をした都市民であったと推測される。また，先のリチャードからの特権が賦与された1187年は，リチャードが十字軍出発のために資金を集めていた時期にあたることからも，おそらくベルランはイングランド王権に対して金銭的な奉仕を行ったのではないかと推測できるのである。

それと引き換えにリチャードが与えた特権は，四旬節年市に来る全ての外来商人が，必ずベルラン家の所有する建物ないしはその付属施設で取引を行わなくてはならないというものであった。ベルランは，彼らに売り場を賃貸することによって自由に利益を上げることを認められたのである。13世紀頃から，徐々にポワチエの有力都市民の家系が姿を現し始めるが，ベルラン家も，ガルニエ家，ラ＝シャリテ家，グロッサン家，ベルナール家などとならび，メールを輩出する有力家系となっていく[25]。

さらに，ベルラン家が四旬節年市から得ていた収入は，単なる売り場賃貸料にとどまらなかったことを示唆するのが，1347年フィリップ6世の文書である。

『聖ドニの祝日の後の月曜とさらに1週間後の月曜の，7日の間隔をおいた2日間において，前述（ポワチエ）都市近郊で開催されるのが習慣となっていたドルメン年市と呼ばれる年市では，そこで取引を行うために来る商人たちが，宿泊したり，雨天のときに商品を保管したりするための場所を見つけることができなかったのであるが，余（フィリップ6世）は，この年市が今後は聖ドニの祝日の後の月曜に始まる3日の間，レ＝アルと呼ばれ，四旬節年市が開催されるのが慣わしとなっているところの，彼（ベルラン）の施設において開催されることを命ずる』[26]。

ここで『ドルメン年市』と呼ばれている年市は，13世紀後半から史料中に出現する[27]が，都市東の近郊にある高台に位置し，上掲の史料が示すとおり10月に開催されていたものである。さらに1347年の国王文書は以下のように

続ける。

　『そしてさらに，彼（ベルラン）は，先述の四旬節の年市で彼が得ていると同様の利益と報酬をそこでも獲得し，所持することができるように。すなわちそれは宿料 «hostelage» であり，その宿料と引き換えに，ベルランは先述の年市が行われる場所の店舗や品台をよい状態に維持することが望まれる。余はその他の全ての利益と報酬を手にする。現在のところそれらは年に25リブラしかもたらさないが，ゆくゆくは，毎年60リブラ前後を余にもたらすことになるであろう』[28]。

　この史料からは，四旬節年市は14世紀の時点でなおもベルラン家の所有する施設内で行われていることがわかる。国王の命令は，それまで郊外で行われていた10月年市をここに移動させ，そこに集まる商人たちからも，ベルラン家が四旬節の年市において得ているのと同じ収入と報酬を認めるというものであった。その収入としてここで挙げられているのが『宿料』«hostelage» である。その内容は，前掲1187年のリチャードによる特権賦与文書に明言されている，商人たちへの売り場の賃貸料と内実は同じものであった可能性もあるだろう。しかし，『宿料』の語を文字通りにとれば，外来商人への宿泊施設提供の代償をも含んでいるようにも思われる。

　年市という，遠来の商人が多数集まる場においては，彼らに宿泊場所を提供することもまた大きな利益を生み出していた。それをよく示しているのが，シャンパーニュ大市開催都市のひとつプロヴァンの例である。1137年，ブロワ伯チボー2世がサン=マルタンの年市における特権をプロヴァンの古市地区の住民たちに認めた際，『プロヴァンの古市の人々に，サン・マルタンの年市を，セネシャルのジラルドスの塔から余の塔まで，かつてあらゆる所で全ての職人商人が店を出し，宿泊するのが慣わしであったように，与え，永遠に譲与する』と述べると共に，『ただしアラスとフランドルの人々は，彼らの商品の全てと共に，オージスの息子ゴスベルトゥスと「金持ちのブルディヌス」が居住するのが常であった通りに宿泊するであろう。また以上のことに余は，余が全ての宿泊の代価の半分と，年市を今撤去しようとしている場所で余が徴収するのが慣わしであった全ての慣習的諸権利や収入を所持するという条件を付加

する』[29]と付け加えている。

　この史料が示しているのは、領域権力者が「ある年市を特定地区の住民に賦与する」と表現する場合、それは年市に来る外来商人が「その場所で店を出し、宿泊する」ことを意味し、かつそれに伴う様々な報酬を受け取る権利を彼らに認めることをも意味しているという例である。『宿料』の内容については、さらに外来商人と在地商人の間の折衝を介助する仲介料としての性格をも持つに至っていた可能性も考えられよう。

　1187年のリチャードの文書は、ポワチエの四旬節年市に集まる商人たちが運ぶ商品の筆頭に『フランスそしてフランドルの布地』を挙げている。フランス、すなわちパリを中心とする地域とポワチエは、ガロ＝ローマ期以来の幹線道路で結ばれており、商人たちは陸路で来た可能性が高い。他方フランドルの商品については、ニオールまたはラ＝ロシェル経由で、大西洋からもたらされたと考えられる。この点について興味深いのは、1207年に、『ポワチエのイレール・ベルランがラ＝ロシェルに所持している』財産に関して、イングランド王ジョンがラ＝ロシェルのメールに対して何らかの命令を与えていることだ[30]。その財産の内容はわからないが、四旬節年市の開催場所の所有者であるベルラン家が、ポワトゥーを大西洋に結びつける海港都市ラ＝ロシェルと密接な関連を持っていた事実は、ポワチエが従来考えられてきたよりも広域的な商業活動とのつながりを強く持っていたことをここでもまた裏付けているのではないだろうか。

　いずれにしても、ベルラン家が年市から引き出す利益は、取引が行われる場所、あるいはその周辺の地所の所有権に基づくものであった。流通税徴収権などの統制権によらないこうした形での市場運営の参加のあり方もまた、中世都市の住民と市場にとって重要な役割を果たしていたと考えられるのである[31]。以下では、もう1つの事例として、やはり王権に直属するコミューヌ都市であったニオールの例を検討していく。

第2節　ニオールにおける市場移転と都市民

(1) 史料——ニオール都市民から伯への嘆願状——

　バルドネは、『ポワトゥー歴史古文書集』第2巻の「雑録」«miscellanées»の中で、1通のオリジナル史料を、簡単な内容摘記と「1255年頃」との推定年代のみを付して刊行している[32]。13世紀のニオール都市民が伯に宛ててしたためたこの書簡は、これまでの研究ではコミューヌ権力と都市領主との対立という文脈の中で捉えられてきたが、実はポワトゥーの都市民による市場運営への参加の一形態を具体的に描きだしてくれる数少ない史料のひとつである。以下はその全文の試訳である。

　『我々、ニオールの週市と年市からの収入と年収入が属しているところのニオールの者たちは、ポワトゥー伯殿——その上級所有権は安泰であるところの——には、前述の週市と年市を別の場所へ移動させることもそれらを所有することも許されてはいなかったのだと申し立てます。なぜなら、前述の週市と年市があった場所と敷地とは、ずっと前から、自由かつインミュニテを与えられたものとして、そこで週市と年市が行われるべく、現世の君主様によって、我々の祖先と彼らの子孫とに譲与されていたからです。そしてその君主様は、それらのうちにおいて、防御と保護の権利、及び売買税と通過税の他は、何ものをも自らに留保なさらなかったのです。そして、前述の週市と年市のそれ以外の収入を、我々の祖先そして彼らの後は我々に引き渡し譲与なさいました。我々はこのことを、世間の評判や我々の執行及び用益によって、または我々による所持が非常に長い間持続的かつ平和的に続いたという事実によって、いつでも証明してみせる用意がございます。と申しますのも、なにぶん非常に遠い昔のことですので、証人をたてて証明してみせるのは不可能だからです。そして我々の祖先と彼らの子孫である我々とは、きわめて長い間、すなわち高名なるイングランド王ヘンリー様の時代から今日に至るまで、この市において継続的に用益を行い、平和裡に利益を得てきたのです。もし、君主様の譲渡によってこれが行われなかったとすれば、このようなことを行うのは全く不

可能であったことでしょう。なぜなら，前述の週市と年市があった場所にそれらを設置すること，及び，先に述べましたように，我々の祖先と彼らの子孫である我々に前述の週市と年市からの利益を譲与することができたのは，ただ1人君主様のみであるからです。それというのも，もしもそうでなかったとすれば，つまりこれが君主様の御同意なさるところでなかったとするなら，我々や我々の祖先が，かくも長い間，前述の週市と年市から前述の収入を受け取り続けることはできなかったはずではありませんか[33]。

　実際，我々の祖先，そして彼らの後継者である我々は，当時ポワトゥーの領主であられた高名なるフランス王フィリップ様の治世にも，それだけでなく彼の御治世よりもずっと以前から今日に至るまで，平和と平穏のうちに，この市において用益，所持，収入を得てきたのです。また，もしも誰かが，前述の週市と年市が伯殿のものであったと，そして伯殿はその故にそれらをご自分の望まれる所へ移すことができたのだと言うとすれば，なるほど伯殿に属していたものに関する限り，また売却税・通行税に関する限り，さらに安全護送に関する限り，それが伯殿のものであるというのは本当です。しかし，そのうちで前述の週市と年市とが行われているところの土台と敷地と，その上に建てられた建物とは，我々自身のもの，かつ自由なものだったのでございまして，それらから，またその賃貸収入から生ずるものは全て，先に述べました君主様からの譲与によって，あるいは我々の平和的かつ長期間の所持や万人に認められるところの規定や慣習によって，我々のものだったのです。かくのごとくして，我々の祖先たちと我々とは，平和と平穏のうちにそれらを所持し，享受し，用益したのですが，歴代のポワトゥーの領主様方とそのバイイたちの御承知の上でのことでございました。なぜなら，その方たちがそれを知らずにいるということなどは不可能なことだったからです。そして伯殿が，自身のご意志によって，前述の週市と年市とを他の場所へ，つまりそれらが現在ある所へ移しあるいは移させたので，我々は年に300リブラの損害を被っております。それについて，我々のうち誰でもひとりひとりがかつて得ていたところの

第 8 章　都市民の市場運営参加と伯＝王権　　　253

ものに従って，我々に対し賠償がなされることを我々は望みかつ要求いたします。その最大の理由は，前述の伯殿はその新任の折，つまり彼が伯になられたときに，また良き記憶の残るお父上はその御存命中に，そして現在統治しておられる兄上様もまた，御厚意によって，我々がかの高名なるイングランドの王ヘンリー様とリチャード様の治世において所持していたと同じだけの全ての用益，慣習，自由，獲得物とを確認し譲与なさっていたからで，それは我々が書状によって証明することのできるところです[34]。

　同様に教会人，司祭，聖職者であるところの我々も，以下のものについて我々に賠償がなされるように要求いたします。すなわち，死にゆくニオールの人々によって，毎年彼らの命日を挙行するために，またミサを挙げるために，ずっと以前から我々に行われてきた年収入として設定された遺贈についてでございます。その遺贈は，彼らによって，前述の週市と年市のうちに設定されていて，年 40 リブラの収入に達していたもので，我々はそれを，ずっと以前から今日に至るまで，前述の週市と年市について所持し徴収してきていたものです。以上のものを，我々は，前述の金額において懇願する次第です』[35]。

　中世盛期のニオールには，聖アンドレ年市（11 月）と，おそらく木曜日に開かれていた 1 週市が存在したとされるが，それらの起源はいずれも不明である[36]。

　上の史料で「伯殿」と呼ばれているのは，文書の伝来状況と本文中に含まれる情報から[37]，兄聖ルイからポワトゥー伯領を託されて 1241 年から 1271 年まで統治を行った親王アルフォンスとみて間違いない。また，ここで問題となっている年市と週市の移転前の開催地は，13 世紀後半に起草された貢租台帳で『旧市場』«Veil Marché» と呼ばれている都市北部の広場であろう[38]。伯が市の移転を命じた先として考えられるのは，13 世紀半ばの史料が，城と港の傍ら，すなわち都市の中心部に新設されたことを示している『取引所』«cohua ; coua» である。1259 年春の伯会計簿には，伯のセネシャルから「ニオールの取引所を建設する工事人へ」80 リブラが支払われたことが示されており，また同年秋にも支払いが行われている。そして早くも 1261 年には，『新市場』

«Neuf Marché» として史料中に現れることととなる[39]。したがって，上に訳出した嘆願書で問題になっているのは，ニオール都市民が古来所有権を所持していた地所の商業施設から，伯自身が自らの費用で建設させた伯直属の取引所へと，週市と年市の開催地の移転を命じ，それによって都市民が損害を被ったという事情なのである。

(2) ニオールの市場と都市民

　従来のニオール史研究においては，上掲の史料から，都市の自由と特権を脅かす封建勢力に団結して立ち向かう市民勢力の姿を見て取るのが普通であった[40]。つまりそこでは，移転前の週市と年市での収入はコミューヌ当局が所持していたものと解釈され，しかもその特権の起源は1199年の同都市へのコミューヌ賦与と結び付けられているのである。その理由のひとつは，上の嘆願状で都市民たちがその主張の拠り所としていつでも提示できるといっている伯アルフォンス自身，彼の父ルイ8世，彼の兄聖ルイの確認状の内容であろう。彼らがここで指していると思われる文書は今も何らかの形で伝来するが，例えば聖ルイのものは次のように言う。『（前略）余は，余が忠実にして親愛なる余のニオールのブルジョワたちに，彼らがコミューヌを，ニオールにおいてコミューヌに属しているところの諸自由，また彼らがイングランド王ヘンリーとリチャードの時代において所持していた用益，自由なる慣習，自由及び獲得物と共に所持すべく認可したことを知らしめる（後略）』[41]。

　確かにこれは，王権から都市住民全体への賦与という形を取る紛れもないコミューヌ文書であって，従来先の嘆願状が「コミューヌの自由」と結び付けられて解釈されてきたのも，まさにそのゆえであったと思われる。しかし果たして本当にそうだったのだろうか。都市民の嘆願状を読みなおしてみると，市での収益権を所持し運営していた主体として都市当局を考えることには，疑問を差しはさまざるを得なくなってくる。

　まず，都市民が市の移転によって被ったとされる300リブラの損害賠償は，彼らのうち『誰でもひとりひとりがかつて得ていたところのものに従って』なされるように要求されている。ここでの『彼ら』，すなわちこの嘆願状を発し

た主体は，バルドネによる内容摘記で示されるような「都市の（全）ブルジョワ」とは考えがたい。なぜなら，史料冒頭では『我々，ニオールの週市と年市からの収入と年収入が属しているところのニオールの者たちは…（中略）…申し立てます』と限定的な表現が用いられているからである。その上それは，この頃のポワトゥー地方で都市当局から伯権力への書状において一般的に用いられる『都市のメールとコミューヌ «major et communia» は…（中略）…申し上げます』という冒頭文言と著しく異なっていることにも注意したい。

さらに，同史料に含まれる聖職者の申し立ても意味深長である。彼らは末尾の部分にいささか唐突に現れ，都市民に便乗する形で賠償を要求しているのだが，そこでは，死に臨んだ都市民が，市場での収益を命日の年祈禱を挙げる費用に充てるべく教会に寄進しており，その合計は40リブラに達していたと言明されている。このような年祈禱のための寄進は，言うまでもなく個人が各々行うものであり，ここからも，週市と年市からの都市民の収益権は，ひとりひとりの取り分がはっきりわかるようなシステムのもとにあったことが明らかなのである。

上の嘆願状で，旧来の『週市と年市があった場所と敷地』を都市民に賦与したのはイングランド王ヘンリーであることが示唆されているが，その文書は伝来せず，当初において彼が誰を対象にして特権を賦与したのかは確定できない。しかし，少なくとも13世紀後半のこの時点においては，ニオールの市からの収益権は，都市当局ないし都市の全ブルジョワに属していたのではなく，都市民の一部によって分割された状態にあったと見て間違いはあるまい。そしてその一部都市民とは，彼らの収入内容が『週市と年市とが行われているところの土台と敷地と，その上に建てられた建物…（中略）…から，またその賃貸収入から生ずるもの』全てとされていることからも，旧来市の開催地とされていた地区に，地所や家などの不動産を所有していた人々と考えられるのである。

1260年の伯アルフォンスの会計簿はニオールでの売買税・通過税収入240リブラと共に，同都市の取引所からの収入分として，『商品陳列台賃貸料』«locatio stallorum» 2リブラと，『売場確保料』«jalonagium» 16リブラを挙げている[42]。売買税・通過税収入は，市の移転以前から伯権に留保されていたか

ら，移転によって新たに伯のものとなったのは，取引所からの収入分とされたものであるはずである。これらは2リブラ・16リブラと少額だが，ニオールの取引所はおそらくこの前の年に着工したばかりで，このときはまだ建設中であったはずであり，その機能を未だ充分に発揮していなかったためであろう。先の嘆願状で都市民が市の移転のために被ったとしている損害は300リブラであったが，この額は，ニオールのプレヴォ管轄区全体及び取引所からの伯の全収入として先の会計簿から算出できる325リブラ16ソリドゥスと比べても遜色ないものである。都市民がかなりの誇大申告を行っている可能性は考慮するとしても，市の移転に伴い種々の賃貸料が伯のものとなることによって，伯権が将来にわたって見込んでいた増収は相当なものであったといえるだろう。

　しかしながら，伯が自ら出費してニオールの取引所を建設させたのは，年市や週市を移転させて旧市場の住民が得ていた不動産賃貸収入を奪うためだけではなかったはずである。新しい取引所は，都市の傍らを流れるセーヴル（＝ニオルテーズ）川から市内に食い入っている港に隣接していることに注意せねばならない（地図8-1参照）。ニオールは，11世紀以降に都市的発展がはじまる比較的新しい都市であるが，その商業的機能が大きな重要性を持ってくるのは，64km離れた大西洋岸でラ＝ロシェルが飛躍的な発展を始めるのと同じ12世紀以降である。この頃からニオールは，13世紀末—14世紀初めにかけて，セーヴル川流域一帯で生産されるワイン，羊毛，小麦を集めてイングランド，フランドル，スペインなどへ輸出し，海外からも手工業原料を中心とする様々な物品を輸入して周辺地に供給する集散地としての機能をととのえていく[43]。ニオールがこのような商業的繁栄を享受した最大の理由は，政治的背景を別にするならば，何といっても，セーヴル川に面するという恵まれた立地条件を利用して，ポワトゥーの農業生産中心地と大西洋をリンクし得たということであろう。取引所が建設された1259—1260年は，まさにニオールがその港を中心として商業の規模を拡大し，機能を充実させていった時期にあたるのである。伯は，港から交通至便な，しかも最新の商業施設で市を開催させることによって，さらに多くの商人を集め，様々な流通税収入をも含む市場収益を増大させる意図を持っていたことであろう。先に掲げた1260年の会計簿以降，会計簿

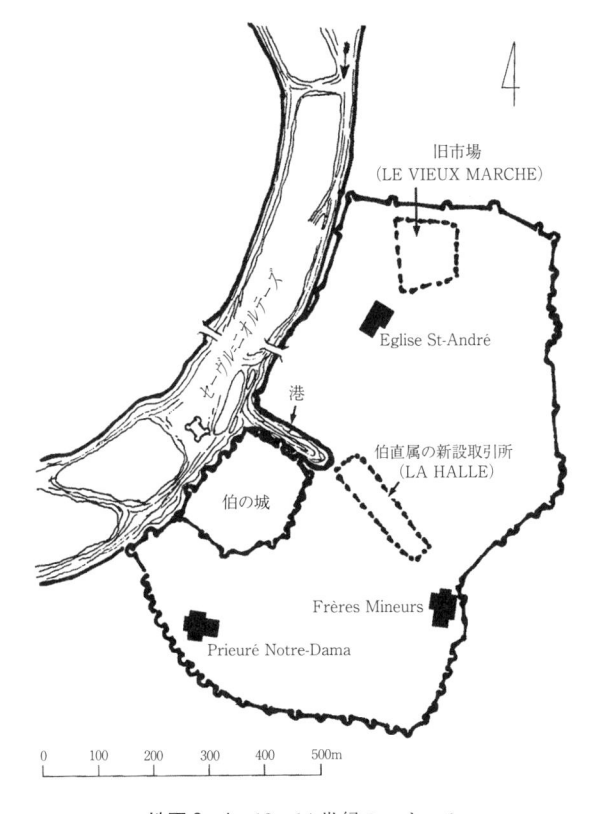

第8章　都市民の市場運営参加と伯＝王権　　257

地図8-1　13―14世紀のニオール
Clouzot, H. (éd.), Cens et rentes dus au comte de Poitiers à Niort au XIIIe siècle, dans *M.S.A.O.*, 2e s., t. 26, 1904, pp. 415-485. plan より筆者作成

の記述は簡略化されてしまい，取引所がその後もたらした収益の詳細は残念ながらわからない。しかし1293年の国王会計簿では，ニオールのプレヴォ職収入と取引所収入の合計は660ソリドゥスと，1260年時に比べ倍増している[44]。そして1354年の史料では，ニオールの取引所は，フランス王国で最も大規模で最も美しい取引所だと述べられるまでに至るのである[45]。

　先の嘆願状において，ニオールの都市民が，その冒頭では市を移転させる権利は伯にはなかったのだと言い切りながらも，その嘆願の中身は結局賠償問題

に終始し，市を元の場所に戻すようにとは決して要求していないことは注目に値する。もしも彼らが，不動産所有者であるだけでなく，同時にまた商業にも直接携わる人々であったとするならば，彼ら自身の商業活動にとって，都市のはずれにある従来の商業施設よりも，立地のよい新しい取引所は魅力的だったはずである。そうであるならば，伯が命じた市の移転は，都市民が純粋な商取引から得ていたものに関するかぎり，彼らの利益にまた合致するところでもあったのだといえる。実際，1261―1271年頃の起草とされる貢租台帳は，新取引所建設の後10年ばかりの間に，既に一部の都市民がその近辺に移動して新たに家を構えたらしいことを示唆している[46)]。この後も，商業の中心が都市中央部に移動するにつれ，さらに多くの都市民がこちらに集まり住むようになったのではないかと推察されるのである。

おわりに

13世紀半ばまでのポワトゥーでは，市場に関わる諸権利のうち売買税・通過税などの流通税徴収権は，少なくとも史料上に現れる限り，都市当局が手にすることはない。しかしながら，ここで考察したポワチエとニオールの事例からは，市場の管理や運営に関して都市住民が重要な役割を果たしていたことが明らかである。ポワチエの場合は，コミューヌが都市住民の経済生活や消費物資の管理の責任を負っており，市場での取引や商品の品質管理に関する法規も，コミューヌが主体となって作成していた。しかしながら，少なくとも一部の商品，とりわけ魚やワインなど重要性が高い商品に関しては，法規の作成自体に王権が関与しているのが見られる。そして，ポワチエの市場においては，都市民はコミューヌによって，それ以外の者は国王役人によって管理統制されるのが原則となっており，非常に複雑な状況であったということができる。

さらに，都市民による市場運営参加に見られるもうひとつの重要な形態は，不動産の所有を通してのそれである。ポワチエにおいては，有力家系であるベルラン家が所有する施設で年市が開かれ，ベルラン家は売り場賃貸料をはじめとする様々な利益を上げていた。ニオールにおいても，伯の命令により1259―

第 8 章　都市民の市場運営参加と伯＝王権

1260 年に市の移転が行われるまでは，市の開催される地所の所有権を拠り所として，都市住民もまた年市や週市に集まる人々に商業施設を提供するという重要な役割を果たしていたのである。

註

1) Favreau, R., Aspects de la vie économique dans le Centre-Ouest, fin XIIIe-début XIVe siècle, dans *Mémoire de la Société historique et scientifique des Deux-Sèvres*, 1971, pp. 511-529.
2) Audouin, *Recueil*, t. 1, pp. 11-13.
3) Rédet, L. (éd.), *Cartulaire du prieuré de Saint-Nicolas de Poitiers* (*A.H.P.*, t. 10), Poitiers 1881, pp. 22-23.
4) Audouin, *Recueil*, n° 19, 23.
5) Laborde, J. de (éd.), *Layettes du Trésor des chartes*, t. 3, Paris 1875, p. 383.
6) Rédet, *Cartulaire Saint-Nicolas*, pp. 44-45.
7) Audouin, *Recueil*, t. 1, n° 25.
8) 以上の諸規定に関しては，第 6 章の表 6 - 1 を参照。
9) Audouin, *Recueil*, t. 1, pp. 258-262.
10) «pour le communal prouffit et du communal assentement, ou le conseil des sages hommes».
11) Audouin, *Recueil*, t. 1, p. 126.
12) 巻末史料 1 参照（第 12 条）。
13) Audouin, *Recueil*, t. 1, pp. 292-293.
14) «par tant d'exploitz et de si long temps que il faut, que li seneschal ou li prevost qui par le temps ont esté et li dit mayre et commune ont usé, exploicté à saisir, lever et prandre les vins deschargiez en la ville de Poictiers, comme forfaiz la moitié au roy et l'autre moitié au mayre et à la commune à leur propre» (Audouin, *Recueil*, t. 1, p. 292.)
15) «Hugues Moyseas, prevost de Poictiers, se effoesast et voulcist traire en amande à Jehan Belleseille, maerchant et juré de la commune de Nyort, pour ce que ledit marchant avoit lyé les draps et fait son fardeau sans appeller et sans licence du prevost, pour ce que le prevost disoit qu'il estoit cheuz en amande de soixante sols et un denier, le dit marchant disoit qu'il ne devoit de rien et qu'il ne s'estoit en rien meffait, comme il fust de la commune de Nyort, lesquiex sont frans et quiptes vendans et achaptans queque soit en ceste ville et en plusieurs autres lieux ou domayne du roy, pour quoy il disoit qu'il ne devoit de rien amander. ... A la parfin fut dit et recordé par le dit Guillaume Lescuyer... que li marchans ne s'estoit de riens meffait, et qu'il ne [deust] rien et n'estoit de rien cheu en amande nulle, comme il fust franche personne.» (Audouin, *Recueil*, t. 1, pp. 313-314.)
16) Audouin, *Recueil*, t. 1, pp. 251-253, 310-311, 344.
17) 第 2 章第 2 節参照。
18) B. Ledain, Enquête ordonnée par le roi Saint Louis en 1247 en Poitou et Saintonge, dans

A.H.P., t. 25, 1895, pp. 277-286. この史料は，サン=ティレールやモンティエルヌフのブール居住者も含めた人々から，当時のプレヴォが様々な徴収を行っていたことを示している。

19) ポワチエのコミューヌの勢力範囲としての「シャテルニー」の語は 14 世紀に現れ，その範囲はメールが軍事的指揮権を行使した範囲とほぼ一致する（第 5 章，地図 5 - 1 参照）。

20) ポワチエにはバラージュ関連史料として 9 通が伝来する（Audouin, *Recueil*, t. 2, pp. 117, 141, 149-150, 150-151, 152-153, 160-161, 179-180, 259-262, 269-271）。バラージュ徴収権認可は，王権からメール（市長）に対してまず 3 箇月間認められ，その満了が迫ると 2 年間延長，さらにまた一定の金額上限を定めて期間延長というようにあくまで臨時的な形式をとった。具体例として，ここでは国王代理ジャック・ド=ブルボンが 3 年間の徴収を都市に認めた 1347 年の手紙（*Ibid.*, p. 117），やはり国王代理シャルル・デスパーニュが 700 リブラ分の徴収を認可した 1353 年の手紙（*Ibid.*, pp. 149-150）を挙げておく。

21) «...Notum sit omnibus, tam presentibus quam futuris, quod ego dedi et concessi Galfrido Berlandi et heredibus suis, quodo omnes mercatores, qui ad feriam de Pictavi, que est in quadragesima, venerint, vendant pannos de Francia et de Flandria, omnes pannos laneos et varium et grisum et cembelinos et pannnos siricos in domibus suis et in pertineneiis domorum, nec alibi sint ausi vendere hec supradicta ; et ipse et heredes sui et omnes illi qui domos predictas habebunt et possidebunt, locent illas et porticus domorum mercatoribus, et accipiant inde preciu, quantum habere poterunt.» (Audouin, *Recueil*, t. 1, pp. 40-42.)

22) *Ibid.* つまり，「旧市」と呼ばれていた広場にも近い。当時の建物は現存しないが，その場所は現在もレ=アルと呼ばれている。

23) Laurent, H., *Un grand commerce d'exportation au Moyen Age. La draperie des Pays-Bas en France et dans les pays méditérranéens (XIIe- XVe siècle)*, Paris 1935, pp. 271-272.

24) «...Sciatis me concessisse et presenti carta confirmasse Gaufrido Berlandi et heredibus suis in perpetuum omnes libertates et liberas consuetudines suas in vendis et empcionibus et pedagiis et in omnibus aliis rebus, excepto exercitu et expeditione et talliata ; nec pro preposito vel pro aliquo alio ballivo nisi pro solo senescallo in expedicione vel exercitu eat ; neque alicui ballivo nostro de aliquo respondeat, nisi domino meo regi et michi et senescallo nostro...» (Audouin, *Recueil*, t. 1, pp. 39-40.)

25) 1216-1221 年に，おそらくジョフロワの息子であるイレール・ベルランがメールを務め，1256-1257 年にも，同名のイレール・ベルランがメールに選出されている。Ledain, B., Les maires de Poitiers, dans *M.S.A.O.*, 2e s., t. 20, 1897, pp. 224-225, 232. また 1321 年以降，エルベール・ベルランが騎士階級を与えられることによって，同家は貴族化した。Guérin, P., *Recueil des documents concernant le Poitou contenus dansa les registres de la Chancellerie de France*, t. 2 (*A.H.P.*, t. 13), n° 230.

26) « nous li vuellens octroier que une foire appellée la foire de la Pierre-levée, qui a acoustumé estre tenue par deux jours, sept jours entre deux, c'est assavoir le lundi emprès la feste sainct Denys et le lundi ensuyvant après, en lieu forain près de ladicte

ville, où les gens qui y viennent marchander ne trouvent où habiter ne recueillir leurs denrées en temps de pluye, soit doresnavant tenus chascun an par troys jours continuelz et commancée le lundi après la sainct Denys, en son herbergement de Poictiers applé les Halles, ouquel herbergement la foire de mi-careme est et a acoustumé estre tenue...» (Rédet, M., Mémoire sur les hâlles et les foires de Poitiers, dans *M.S.A.O.*, 1e s., t. 12, 1845, pp. 90-91.)

27) Audouin, *Recueil*, t. 1, pp. 188, 189-190.

28) «...et qu'il en puisse prandre et avoir telz prouffiz et emolumentz qu'il prent en ladicte foire de mie-quaresme, c'est assavoir l'ostelaige tant seulement, pour lequel hostelage il luy convient soustenir en estat les maisons et estaulz où ladicte foire se tient, et nous tous les autres prouffiz et emolumens, qui aussi nous vaudroient bien on temps advenir chascun an soixante livres ou environ, et à présent ne nous valent que vingt-cinq livres...» (Rédet, Mémoire sur les hâlles et les foires, pp. 90-91.) この史料の前半部分で，この特権賦与の理由は，百年戦争の中で，ベルラン家がその前の年に被った被害を補填することであると述べられている。

29) «reddo et imperpetuum concedo feriam sancti Martini hominibus de veteri foro Pruvini, a turre Girardi senescalli usque ad meam turrem, sicut antiquitus esse solebat circumquaque diffusa et collocata de omnibus ministerialibus»; «excepto hoc quod homines de Arras et de Flandria hospitabuntur in rua illa cum omnibus mercibus suis, in qua Gosbertus, fillius Augis, et Burdinus dives manere solebant. Hoc autem ea conditione facio quod habeam medietatem preciorum omnium hospiciorum et omnes alias consuetudines et redditus meos sicut solebam habere in loco illo de quo feriam istam removeo.» Laurent, H., Choix de documents inédits pour servir à l'histoire de l'expension communale des Pays-Bas en France au Moyen-Age (XIIe-XVe siècle), dans *Bulletin de la Commission royale d'Histoire*, vol. XCVIII (1934), pp. 335-416, 341-343.

30) «... Herebis Berlandis de Pictav. tenuit in Rupella...», *Rotuli litterarum clausarum*, p. 91a.

31) 花田洋一郎氏もまた，プロヴァン都市当局が作成した非訟業務記録の分析から，同都市のかなりの住民が賃貸や宿泊業務を行い，外来商人と接触していた可能性がきわめて大きいと結論付けている。花田洋一郎『フランス中世都市制度と都市住民』九州大学出版会，2002年，85-89頁。

32) "Plainte des bourgeois de Niort au sujet de la translation des foires et marchés de cette ville en un autre emplacement, faite à leur prejudice par ordre du comte de Poitou", éd. Bardonnet, A., dans *A.H.P.*, t. 2, 1873, Miscellannées : I, pp. 285-287.

33) «Dicimus nos de Niorto, quorum erant proventus et redditus mercati et nundinarum de Niorto, quod non licuit domino comiti Pictavensi, salva sua reverencia, dictum mercatum nec nundinas predictas alias transferre nec sibi appropriare, quia locus et platee ubi erant nundine et mercatum predictum ab antiquo fuerunt antecessoribus nostris et heredibus eorundem concesse a principe terre libere et immunes ad faciendum ibidem mercatum et nundinas, et nichil in eisdem sibi retinuit princeps nisi deffencionem et tuicionem, et vendam et pedagium et alios proventus dicti ipsos dimisit et concessit : quod parati sumus probare tam per famam publicam et per explecta nostra et usus

nostros quam per longissimam possessionem nostram continuam et pacificam, cum pro diuturnitate temporis aliter per testes probari non possit, et antecessores nostro et nos post ipsos hoc mercato usi fuimus continue et explectavimus pacifice per longissimus tempus, videlicet a tempore Henrici illustris regis Anglie usque ad hec tempora : quod fieri non posset nisi connessione principis hoc factum fuisset ; quia solus princeps mercatum et nundinas predictas constituere potuit in loco ubi erant, et concedere antecessoribus nostris et nobis post ipsos proventus mercati et nundinarum predictarum, prout superius expressum ; quia aliter proventus mercati et nundinarum predictarum non potuissemus percipere vel habere nec nos nec antecessores nostri per tantum tempus nisi hoc principi placuisset.»

34) «Et etiam antecessores nostri et nos post ipsos tempore domini Philippi, illustris regis Francie, tunc domini Pictavie, et per multa tempora ante ipsum et postea usque modo pacifice et quiete. Et si dicatur quod mercatum et nundine predicte erant domini comitis et ideo potuit et transferre ubi voluit, verum est quod sue erant quantum ad ea que ibidun percipiebat, videlicet quantum ad vendam et pedagium et quantum ad deffencionem. Fundamenta vero et loca et edificia supra posita, in quibus fiebant nindine et mercatum, nostra erant propria et libera, et quicquid ex eis et ex loquacione eorum proveniebat nostrum erat, tam ex concessione principis, ut supra dictum est, quam ex longissima possessione nostra pacifica et continua, et prescriptione et consuetudine approbata. Et sic possedimus et usi fuimus et explectavimus antecessores nostri et nos pacifice et quiete, scientibus dominis Pictavie et baillivis eorum qui antiquitus fuerunt usque ad hec tempora, quia hoc ignorare non potuerunt. Et quia dominus comes ex sua voluntate dictum mercatum et nundinas de novo alias transtulit seu transferri fecit, videlicet in loco in quo modo sunt, nos dampnificati sumus in trecentis libris quolibet anno, de quibus supplicamus et petimus nobis fieri emendam, videlicet cuilibet nostrorum secundim quod ibidem habebat ; maxime quia dominus comes predictus in novitate sua, quando factus fuit comes, et pater suus bone memorie dum viveret, et frater suus qui modo regnat, confirmaverunt et concesserunt antecessoribus nostris et nobis sui gratia omnes usus nostros et consuetudines et libertates et donaciones prout eas habebamus et tenebamus temporibus domini Henrici et domini Ricardi, illustrium regum Anglie : quod probare possumus per litteras eorumdem.»

35) «Similiter nos religiosi et presbiteri et clerici petimus nobis emendam fieri super annuis legatis nobis a decedentibus sive morientibus de Niorto diu est factis, pro anniversariis faciendis quolibet anno pro eis, et missis celebrandis, que legata nobis fuerunt assignata ab eisdem in foro et nundinis supradictis usque ad quadraginta libras annui redditus, quas per longa tempora habuimus et percepimus in mercato et nundinis predictis usque modo, et hec petimus racionibus supradictis.»

36) Favreau, R., Niort au Moyen Age, dans *Histoire de Niort des origines à nos jours*, sous la direction de Combes, J., Poitiers 1987, p. 96 ; Clouzot, H., Cens et rentes dus au comte de Poitiers à Niort au XIIIe siècle, dans *Mémoires de la Société des Antiquaires de l'Ouest*, 2-27, 1903, pp. 415-485. なおニオール都市民の嘆願状では，旧市場で開催されていたと

される年市と週市を指すのに，前者は常に複数形 «nundinae» が用いられ，後者については単数形 «mercatum» と複数形 «meracati» が不規則に入り混じっているが，この問題について筆者は今のところ何も言う用意がない。

37) この史料は Arch. Nat. J190b, Poitou I, n° 72 として，伯アルフォンスの一連の行政関連書類の間に伝来している。
38) Clouzot, Cens et rentes dus au comte de Poitiers à Niort, art. 214, 231, 235, 238, 263, 294 (pp. 474-475, 477, 480).
39) Bardonnet, A., Comptes et enquête d'Alphonse, comte de Poitou, 1253-1269, dans *Archives Historiques du Poitou*, t. 8, 1879, pp. 17, 29 ; Breuillac, E., Les anciennes halles de Niort, dans *Bulletins de la Société de statistique, sciences, lettres et arts du département des Deux-Sèvres*, t. 4-6, 1887, p. 518.
40) Favreau, Niort au Moyen Age, p. 56 ; Clouzot, Cens et rentes dus au comte de Poitiers à Niort, pp. 449-450.
41) «...notum facimus quod nos concessimus dilectis et fidelibus Burgensibus nostris Niorti, ut habent Communiam cum libertatibus ad Communiam pertinentibus apud Niortum, et usus suos, et liberas consuetudines suas, et libertates, ac dotationes quas habuerunt et tenuerunt temporibus Henrici et Richaridi quondam Regum Angliae...» (Augier, Ch. éd., *Trésor des titres justificatifs des privilèges et immunités, droits et revenus de la ville de Niort*, 2e éd., Niort 1866, p. 14).
42) Bardonnet, A., *Hommages d'Alphonse, comte de Poitiers, frère de Saint Louis. Etat du domaine royal en Poitou (1260)*, Niort 1872, p. 105.
43) 当時ニオールの名を国際的に知らしめていたのは，何といってもワイン輸出業であり (Dion, R., *Histoire de la vigne et du vin en France des origines au XIXe siecle*, Paris 1959, p. 361) グージェによるニオール商業史研究も，とくにその輸出の中心地としての機能を強調している (Gouget, A., *Mémoires pour servir à l'histoire de Niort, I. Le commerce*, Niort 1863, pp. 7-9)。しかし 1285 年起草の流通税表 (Augier, *Trésor des titres justificatifs des privilèges et immunités*, pp. 169-170) は，当時のニオール港に様々な国や地方からの輸入品が陸揚げされていたことを示している。
44) Fawtier, R., et Maillard, Fr., *Comptes royaux (1285-1314)*, t. 1, Paris 1953, p. 363.
45) Guérin, P., *Recueil des documents concernant le Poitou contenus dans les registres de la Chancellerie de France*, t. III (*Archives Historiques du Poitou*, t. 17), Poitiers 1886, pp. 177-178.
46) Clouzot, Cens et rentes dus au comte de Poitiers à Niort, art. 62, 63, 77 (pp. 465-466).

第9章

ラ=ロシェルの都市内商業と伯=王権

はじめに

　大西洋沿岸都市ラ=ロシェルは，ポワトゥー伯権を引き継いだプランタジネット家によって1170年代にポワトゥー地方で最初のコミューヌ都市としての資格を与えられた。ルイ8世の攻略により1224年にフランス王権の支配下に入った後は，対イングランド政策の「鍵」として重要な役割を担うこととなる[1]。この章では，父親ルイ8世の遺言によってポワトゥー伯の位を与えられ，1241年から1270年までの間ラ=ロシェルを統治した親王アルフォンスの時代に起きた，伯の取引所 «hales», «cohua» をめぐる事件を手がかりに，13世紀ラ=ロシェルの都市内商業のあり方にせまってみたい。既に第7章第3節において，ラ=ロシェル都市内のワイン流通が都市当局によってどのように統制されていたかを考察した。本章で対象となるのは，ワイン以外の物資の流通である。その中で，華やかなワイン遠隔地商業を重視するあまり，ラ=ロシェルと周辺地域との間に存在していたはずの多様な消費物資の流通をほとんど無視してきた先行研究に修正を加えるとともに，伯=王権が都市の商業活動にどれだけの統制力を行使しえたかを考察する。

第1節　ラ=ロシェルの伯取引所の建設とその廃止

(1) 伯取引所に関する伝来史料

　ラ=ロシェルの伯取引所に直接関連する史料は全部で6通伝来する。まず，それらの内容を概観し，取引所の建設から廃止・破壊に至る事実経過を追って

みよう。最初の史料は，その建設費用の一部が記録された1261年の伯会計である。『ラ=ロシェルの取引所の壁を作った石工への支払い残余分』，『柱の下部の堀（溝？）を作るための石の代価と石工の賃金』，『天窓2つの鉄細工』，『12箇所の横開き窓』，『建物のうち海に面した側の2つの風見鶏』，『屋根用薄板で屋根をふく親方』，『小部屋の区画の基礎』，『中庭に敷石をはる敷石はり人』といった記述[2]から，海に面した，石造りのかなり大規模な建築物であったことがわかる。

翌年1262年夏，アルフォンスは，『ラ=ロシェルの取引所について，なぜ商人たちはそこに来ないのか，どういった人間が介入しているのか（調査せよ）』[3]との短い命令を監察使に発している。そして同年の10月，アルフォンスがセネシャル（伯役人）ジャン・ド=スールに宛てた書状から事件の詳細がわかる。

『貴殿（ジャン）の手紙により余が知らされたことについて，つまり貴殿がラ=ロシェルの余の取引所を請負わせることができないということであるが，それは貴殿が余にそれを建設させるよう進言したときには言ってこなかったことである。余はよく覚えているが，貴殿はその取引所が完成した暁には莫大な利益を余にもたらすと，余に何度も申したはずである。したがって余は，その取引所が，大きく美しく，町方にあり，海に面していると聞き及んでいるにもかかわらず，それにふさわしいだけの，建設費用よりもっと多くの利益をもたらさぬということに，非常に驚いている（後略）』[4]

と失望と叱責の言葉を連ね，『熱心に，勤勉に，熱意を持って』«curieuz, diligenz et ententiz» 事態を解決するようジャンに命じている。また同じ書状の中で，伯はジャンが打開策として提案してきた秤の移転について疑問を呈すると共に，それよりも彼が怠慢なく職務を遂行していれば取引所から利益は上がるはずだ，と述べているのだ。

このあと，史料には5年近い空白がある。その間にジャン・ド=スールは死去するが，1267年7月，アルフォンスは，十字軍の軍資金準備のため，2人の使節を所領内に巡回させる。伯が彼らに発した命令は，

『もしそれが適当と判断される場合は，ラ=ロシェルの人々及びその他の者たちと共に，その都市の伯取引所について交渉し，もしも彼らが商品を彼らの施設で売却するのを許可してやるならば——このことは既に言われているように，伯の意思に反してはできないはずのことなのだが——，その件について正当なる手段によってできるだけうまく解決されるよう，上手に交渉するように。また，ジャン殿とリシャール師（＝2人の使節）は，彼らが伯の許可なしに彼らの施設で商品売却をしないよう禁じることが伯にとって可能かどうかをつかんでくるように』[5]

というものであった。この時点でも伯取引所に『商人が来ない』状態が続いていたのか，ある程度は来ていたのか，ここからははっきりと読み取れない。しかし，十字軍出発という差し迫った必要がある中で，伯が金銭を代償とした妥協の方向に動いていることは確かであり，やはり取引所をめぐる事態はあまり改善されていなかった可能性が高い。

この交渉の結果を示していると思われるのが，同年11月の『コミューヌ（都市当局）とジュレたち』«major et jurati communie de Ruppella» の書簡である。彼らは，『ラ=ロシェルの取引所がその場所から永久に取り去られ，海であれ陸であれ，ラ=ロシェルの周囲半リュー以内に再びそれが建てられることがない』[6]との伯の『我々への寛大な処置』«liberalitate quam nobis fecit» の故に，トゥール貨6,000リブラを伯に支払うことを約束している。また，彼らは同じ日にもう1通の書簡を作成し，『取引所がかつてあった敷地』«platea hale seu cohua site fuerant» について，3つの通りを設けること，そこに建物が建てられても建てられなくても，1ブラス毎に年12デナリウスの租税を伯に支払うことを約束している[7]。おそらく，この年の7月以降，交渉が成立した時点で伯取引所は都市民によってただちに破壊され，11月には既に存在しなかったのだろう。

アルフォンスが1267年7月に巡回させた監察使たちは，十字軍のためにどれだけの援助金を出せるか，ラ=ロシェルだけでなくポワトゥーとサントンジュの諸都市と交渉する責を負わされていた。この時ポワチエが約束した500リブラ，サン=ジャン=ダンジェリの1,000リブラと比べても，やはりラ=ロ

シェルの 6,000 リブラはきわ立って高い。1267 年 11 月時点でのサントンジュ全体の援助金合計は 10,410 リブラであり，その大半をラ＝ロシェルからの援助金が占めたことになる[8]。このことは，当時のポワトゥー伯領内諸都市で，ラ＝ロシェルが群を抜いて繁栄していたことを示すと同時に，都市民が伯取引所の廃止にいかに固執していたかをも示している，と言っていいだろう。

さて，この事件に言及している先行研究はいくつも存在する[9]が，なぜ商人たちが伯取引所に来なかったのか，当時の都市内商業をめぐる状況の中で説明しようと試みているのが，ボーチエの説を利用したファヴローである。彼は，1260 年代と 1280 年代の間にラ＝ロシェル港の根本的な機能転換があったと想定し，伯取引所をめぐる事件もその中に位置付けて理解している[10]。まずは，ラ＝ロシェル港の機能変化についてファヴローが依拠しているボーチエの説を紹介してみよう。都市当局から国王に宛てられた 1279 年のものと思われる 1 通の嘆願状が伝来するが，その中にはバラストに関する要請が含まれている。それによれば，従来ラ＝ロシェルにやってくる帆船は，船体の安定のために積み込んできた小石などのバラストを，港入り口近辺の海中に投棄する慣わしで，それは都市囲壁の補強と波の衝撃からの保護に役立つのみならず，都市内の道路舗装にも用いられていた。ところが，国王の役人であるプレヴォが，港を空船で出港していく帆船に，バラストを港内で積み込むことを許可しているために，都市囲壁が傷付けられて危険であり，役人にそれをやめさせてほしい，という内容である。この史料からボーチエは，従来は空船で到着し，積荷を積んで出航していく船が多かったものが，この時点では積荷を積んで到着し，空船で出港する船の方が多くなっていることを読み取る。そして，この時点で，ラ＝ロシェルはワイン輸出港としての存在から，輸入と周辺地域への配給を担う存在に変化しているのだ，と指摘する[11]。

ファヴローは，このボーチエの説を援用しつつ，1280 年代以降のラ＝ロシェルの商業は多様化し，港から様々な物資がもたらされ，その物資の一部は後背地に向けて販売されるようになった，と述べる。しかし 1260 年代のラ＝ロシェルはそうではなく，都市民の商業上の利益はただワイン輸出のみに集中しており，しかも，ワインの保管と取引には，都市民自身が所有するワイン倉

«celliers» が使われていた。伯取引所が建設されたのはそうした時期で，取引所に対する需要がまったく存在しなかったのだ，という。すなわち，伯の事業は 20 年も先走ったものであって，ワイン輸出に特化していた都市内商業の実情に合わなかったことが失敗の理由だ，という説明である。以下では，このファヴロー説を手がかりに，伯取引所の廃止の意味を再検討していくこととする。

(2) 『なぜ商人たちは伯取引所に来ないのか』

　ファヴロー説は，そもそも伯が取引所を建設させるにあたり，それが担うべき機能として期待していたのは，港からもたらされる様々な物資の一時保管と取引を主体としたものであったことを前提にしている。ここで，もしもファヴローの言うように 1260 年代のラ=ロシェル商業がワイン輸出のみに特化していたのであれば，むしろ伯は当のワイン輸出をこそ，取引所に担わせようとしていたのではないかと問うてみなければならないだろう。しかしながら，いくつかの理由からそれは否定すべきであるように思われる。第 1 は，ワイン輸出は季節的にきわめて限られた活動だということである。中世のワインは醸造技術が未熟であったため，生産されたその年のうちに，できるだけ早く消費されなければならなかった。新しければ新しいほど価値が高かったのである。ワイン買い付けの船団は，オニスでのワイン醸造が終わる 10 月末に合わせてラ=ロシェル港に現れた[12]。10 月後半から 11 月にかけて行われるワイン輸出のためだけに，壮麗な取引所を年中維持するのはいかにも無駄であろう。したがって，伯側の思惑としては，この繁忙期だけはワイン輸出のために取引所を用いるとしても，それ以外の時期，すなわち 1 年の大部分については，ワイン輸出以外の目的のために使用させる予定だった，とする方が妥当だろう。

　第 2 は，前章で見たとおり，秤の移転が問題になっていることである。伯取引所に商人が来ないことに頭を痛めたジャン・ド=スールが，強制のための手段として思いついたのが，都市民が自分たちの施設に当時置いていた秤を取引所に移転させることであった。当時のラ=ロシェルで，どのような商品が秤による計量の対象になっていたかを示す史料は伝来しない。他都市の例を見て

も，重量単位で取引されていた商品は，羊毛や糸，染料，金属などの手工業原料，建築材料，香辛料，さらに穀物，魚，肉，乳製品などの日常的な食料品まで，実に多様である。しかし，ここで重要なのは，ワインの売買は大口の取引であれ小売であれ，常に容積単位で行われていたということだ。すなわち，ジャンの提案は，伯側が取引所で行わせようとしている活動にとって，ワイン以外の商品が重要な意味を持っていたこと，あるいは少なくとも，ワイン取引のみがその対象ではなかったことを示していると言ってよい。

その一方で，アルフォンス自身が，『取引所が，大きく美しく，町方にあり，海に面している』[13]というのに商人が来ないとは信じられないと言っていることは，取引所に課せられた使命が港の存在と不可分だったことを示している。したがって，伯が取引所を建設させるにあたり，港からもたらされる物品を中心とする様々な物資の取引を念頭においていた，というファヴローの前提は，蓋然性が高いとしてよいだろう。ここで問い直したいのは，1260年代のラ＝ロシェル都市民の商業的利害が専らワイン輸出のみに存立し，その後の20年間で根本的な変化が起こった，とする論旨である。無論，ファヴローは1260年代以前のラ＝ロシェル港でまったく輸入が行われなかったと考えているわけではなく，特に穀物に関しては，港からの供給が既に12世紀から始まっていたと指摘している。しかし他方で，都市民が伯の取引所に「興味を持たなかった」とし，それをもってこの時期の港の機能がいまだ多様化していなかったことの証としていることも間違いない。こうした関連付けについて，2つの点から疑問が提起されよう。

ひとつは，そもそも需要が存在しないところに伯が大規模な予算を投入して取引所を建設させるだろうかという，むしろ素朴な疑問である。確かに，伯に対して取引所建設を強く勧めたジャン・ド＝スールはシャルトル近辺出身の騎士であり，在地の事情にさほど通じていなかったかもしれない。しかし，進言の際に彼が『（取引所の）完成の暁には莫大な利益をもたらす』[14]と確信していたのは確かであり，そこには何らかの根拠があったのではないだろうか。ボーチエが指摘するように1279年時点で輸入が輸出を上回るようになったとしても，それは単に量の問題で，それ以前にラ＝ロシェルがかなりの量の物資を輸

入していたことを否定するものではない。

　もうひとつは，前章で考察したラ=ロシェルの取引所をめぐる一連の史料で，『彼ら（＝都市民）の施設』が何度も言及されていることである。伯はジャン・ド=スールへの叱責の中で，もし彼がもっと熱心に任務を遂行しさえすれば，商人たちは『彼らが慣れ親しんでいる都市内の別の建物に来るがごとく』[15] 伯取引所に来るはずである，と言っている。また，秤に関するジャンからの提案については，『現在のところ都市民たちは秤を彼らの施設内に所持しているので』[16] 強制的な移転は問題を長引かせるのでためらわれる，とも言っている。そして1267年，伯は十字軍戦費調達のために派遣する監察使に，もし伯が『ラ=ロシェルの者たちに，商品を彼らの施設で売却することを認めてやるならば』[17] 見返りにどれだけの援助金が引き出せるかを交渉するように命じている。さらに，取引所廃止と引き換えに6,000リブラの支払いを約束した都市当局の書状では，『商人たちは往時慣れ親しんでいた以外の場所で商品を売却することをもはや強制されない』[18] ことに対し，伯に感謝の言葉を述べているのだ。こうした史料の文言からすると，伯取引所の建築目的と都市内商業の実情との間に，ファヴローが言うような根本的な齟齬があったようには思われない。事件は単に需要がなかったから商人が来なかったというような性質のものではなく，都市民たちが所有する別の施設がその時点で既に存在し，そこで取引が行われ続けたことを意味しているように思われる。伯取引所は，都市民主導の意図的なボイコットに遭った，と見るべきなのだ。

　そうだとするならば，都市民の施設とはどのようなものだったのだろうか。上記の史料の記述で使われる用語は『彼らの建物』«leur mesons»，『彼らが慣れ親しんでいる都市内の別の建物』«autre meson de la ville ou ausint bien»，『彼らの施設』«leur osteus» など，単数の場合も複数の場合もあり，それが特定のひとつの場所を示しているのかどうか定かではない。

　さらに，13世紀のラ=ロシェル都市内商業に関連するきわめて重大な問題がある。ファヴローが，13世紀前半のラ=ロシェルを対象とした他の論述の中で，「ラ=ロシェルには週市も年市も存在しない」と断言していること[19] である。実際，権力による市の設置文書や確認文書が伝来しないのは間違いないよ

うであるが，本当にこの時期のラ=ロシェルには定期市が存在しなかったのだろうか。実は，この市の問題は，伯取引所をめぐるラ=ロシェルの事件と直接に関わる可能性を含んでいる。アルフォンスは，ラ=ロシェルだけでなく他のいくつかの都市にも自らの出費で取引所を建設させているが，その中でもニオールやサン=ジャン=ダンジェリなどについては，先に見たとおり，伯取引所の完成後，そこで年市と週市が開催されていることが明らかだからである[20]。

　一般的に見ても，王権など領域権力が多かれ少なかれ大規模な取引所を新たに建設させる場合，その前後に定期市の移転が行われている例は多い。パリの取引所——いわゆる「パリのレ=アル」——の建物を作らせたフィリップ=オーギュストも，ほぼ同時期にそこにサン=ラードル年市を移転させている[21]。さらにこのサン=ラードル年市に関して注目されるのは，普段はパリの他の場所に保管されている『国王の秤』«Poids-le-Roi»が，年市の期間中のみ取引所に移される，という規定[22]である。これは，先述のジャン・ド=スールがラ=ロシェルの秤について提案していることと類似しているように思われる。

　これらのことは，ラ=ロシェルにおいてもやはり市の移転が問題になっていた可能性を示唆するが，その一方で，ラ=ロシェルの伯取引所に関連するどの史料も，年市や週市に直接言及していないことも事実である。まずは，13世紀ラ=ロシェルに関連する他の史料を可能な限り網羅的に追跡し，当時の都市内商業のあり方を示してくれる情報を拾い出してみるべきだろう。その中から，都市民たちが伯の意思に反して商品の売却を続けた『彼らの施設』とはどのようなものだったのかを考える手がかりを得たい。

第2節　伯取引所廃止の背景

(1) 『都市民自身の商業施設』とは

　中世盛期までの都市ラ=ロシェルに関する史料は乏しいと言われることがある。事実，宗教対立の動乱後の1628年に都市文書庫がパリに移され，その後1737年に焼失したことは，都市当局伝来の情報をひどく少なくする結果になっている。焼失前の史料を使ってまとめられたコピー集や年代記がいくつか

伝来する[23]が，中世盛期までの情報は限られている。いずれにしても流通税表など市内の商業活動を直接示してくれる史料はなく，都市内で徴収される通過税や売買税などについての情報が乏しい。さらに職業団体についても，それに言及する史料は15世紀以降にしか現れないのである。

こうした中，13世紀ラ=ロシェルに最も数多く伝来する史料は，テンプル騎士団，サント=カトリーヌ分院，施療院などの教会施設伝来のもの[24]である。この史料群は，都市民自身の都市内外の不動産に関する情報を豊富に含んでいる。都市民と教会施設の間の，あるいは都市民間の不動産の取引が描写され，または結婚や遺言に際して都市民の財産が列挙されているものが数多く存在する。このグループに加えて，1224年以前はイングランド王権の，それ以降はフランス王権の文書庫伝来の史料群がある。先に分析した伯取引所に直接関わる史料は全てこのグループに属するが，この中には，王権から都市民に与えられた市内の商業施設やその用益権などの情報を含む史料もまた見出されるのだ。

まず，13世紀都市民の職業について，ラ=ロシェルには大変珍しい史料が1通伝来する。都市支配権がプランタジネット家からカペー家に移行した1224年に，都市民がルイ8世に対して行った忠誠誓約に添付された延べ1,747人分の人名リスト[25]がそれである。既にルヌアールが，このリストから地名を含む567の人名を抽出して出身地の研究を行っている[26]が，同史料には，彼が対象としなかった職業を含む245の人名も現れている。

これを見てみると，最も多数の人名の中に現れているのが，居酒屋経営（22人）である。ついで魚屋が19人，大工が17人，綱工が16人の順で続く。大工 «carpentarius» には，その内訳はわからないながら，家を作る者だけでなく造船に携わる者が含まれると思われ，綱工が際立って多いのも，船や港湾に関連した業務を想定させる。また，ワイン関連の業務として樽工が7人，樽のタガ工が2人現れている。さらに，職業名ではなく出身地から得られる情報ではあるが，カオールの出身であることを示す名が5人，ロンバールの語を伴う名も1人現れている他，ユダヤ人であることが明記されている者も3人見られる。これらは，金融業との関連を思わせるものである。3人の造幣人も現れて

いるが，これはラ=ロシェルに13世紀前半までおかれていた造幣所と関連があるはずだ。また，ラ=ロシェル港の「国際的」な役割を裏付けるように，遠隔地からの商品を扱う毛皮商（9人），香料商（6人）の数も目立って多い。同じく奢侈品関連業として，金銀細工師の11人という数も目を引く。

他方，一般の中世都市に共通して見られる職業についても，そのほとんどが現れている。先に挙げた魚屋19人の他，靴屋11人，刃物屋8人，パン屋8人，油商7人，理髪師7人，鉄鍛冶6人，パン焼き人6人，穀物小売商4人，小間物屋4人，肉屋3人の他，仕立屋，衣類商，洗濯屋，石工，鞍具屋，蹄鉄屋，木箱工，荷車工，荷車運搬人，刃物研ぎ屋などである。

無論，これが1224年当時の都市民の職業の全体像にそのまま当てはまるとは言えない。名前として父祖の職業名を受け継いだだけで，本人がその職種に従事しているとは限らない場合も考えられるし，何よりも，人名リストの総数のうち職業名を伴うのは約18％に過ぎない。ヴォルフも指摘するとおり[27]，ワイン商人が特権的ギルドを構成したイングランドやフランドルとは異なり，生産地には「ワインの専門商人」と呼ばれるものは存在せず，一定規模以上のぶどう畑を所有する都市民は誰でもそれに携わっていた。したがって，ワイン輸出によって富をなしていることが他の史料から明らかである上層都市民たちも含め，「ワイン商人」という肩書き自体が史料中に見受けられないのである。しかしながら，1224年の人名リストは，13世紀前半のラ=ロシェルで，ワイン商業に限られない多様な商活動が既に充分に展開していたことを示していることは間違いない。

次に，教会施設伝来の史料群を分析してみよう。まず，そこに現れる都市内の通りの名は，上述の人名リストと同じく，多様な商業活動の存在を示唆している。すなわち，毛皮商通り，穀物卸売所通り，穀物小売商通り，鍛冶屋四つ角，鍋屋通り，刃物商通りなどである。その他にも，『金銀細工師の店に至る角』，『臓物屋に至る通り』などの表現が現れる。

先述のとおり，この史料グループから得られる最も貴重な情報は，都市民が実際に所有し，取引する不動産に関するものである。実のところ，数百通にわたるこれらの史料を一見してまず印象付けられるのは，彼らの不動産財産に占

めるぶどう畑の圧倒的な重要性である。都市民たちが市外に所持する不動産はオニス全域に広がっているが，塩田など若干の例外を除き，ほぼ全てがぶどう畑，ないしはぶどう搾り器やぶどう栽培人の居住する建物など，ワイン製造に関わるものであると言ってよい。こうしたぶどう畑の重要性は，ファヴローが指摘するとおり，都市内に各教会領主，あるいは個々の都市民の所有するワイン倉 «celer» が数多く見られることにも現れている。すでに第7章第3節でも触れたように，それらは港のそばにはもちろん，市内全域にわたって分布しているが，このことは，ラ＝ロシェルではワインの生産と輸出だけでなく，都市内消費もまたさかんであったことを示している。

しかしながら，市民が都市内に所有する商業施設は，ワインに関連するものばかりではない。13世紀ラ＝ロシェルの都市内不動産関連史料の全体を概観してみると，港のそばのペロー地区南西部と，やはり海に面したサン＝ソヴール橋そばに，商業関連施設が集まっていることがわかる。その中でも重要だと思われるもののひとつは，品台 «bancs» である。これは，露店や屋台などで，商品を陳列するために設置されている石や木の台のことである[28]。トゥールーズでも品台での営業は重要な位置を占めていた。様々な商品のための品台があったが，特に肉屋は店舗ではなく露天の品台のみで営業しており，肉屋と衣類商の品台が集まる広場では週3回の市がたったという[29]。

ラ＝ロシェルにおいては，ペロー地区南西部に，プチ＝バン «Petits Bancs» と呼ばれる，品台の集まった一画があったことがわかる。興味深いのは，それが都市民の個人所有と都市当局コミューヌによる経営の両方が関与する場であったと思われることである。それを伝えるのは，ラ＝ロシェル都市民ジャン・エムリが，『ダーム（貴婦人）』・マリーとの結婚によってもたらされた嫁資を列挙した1261年の史料[30]である。マリーは1199年に市長（メール）であったギヨーム・ド＝モンミライユの孫娘であり，大商人ロベール・ド＝ラ＝フェルテの娘であった。当然のことながら，広大なぶどう畑とそこからの収入が列挙されているが，それと並んで，都市内の商業施設に彼女が所持していた権利もまた重要であったことがわかる。プチ＝バンについては，都市が彼女に7リブラ半の貢租を支払い，また，プチ＝バン内にあるワイン倉については，その半分は

彼女が直接所有するが，残りの半分は賃貸に出している。プチ゠バンにおいて，どのような商品が，どのように売買されていたかを詳細に語る史料は残念ながら伝来しない。しかし，プチ゠バンの周辺には，『魚が売られる場所』，『魚が売られる施設』，『金銀細工師の店』，『肉屋』，『水車及びパン焼き釜』など，様々な施設が寄り集まっていたことが史料から読み取れ，その一帯に都市内の商業活動が集中していたことは間違いない。さらに，プチ゠シャンジュと呼ばれる両替商が集まって営業する一画もまたそこに見られることは，プチ゠バンが港を介した商活動と密接な関係を持っていることを示している。さらに，先のマリーの嫁資一覧の中にも，プチ゠シャンジュでの『両替商の台のひとつ』が見られ，都市民自身が少なくともその一部を所有していたことがわかる。

また都市内には，都市民が所有するプチ゠バン以外の品台も存在した。1232年に，ラ゠ロシェルの伯城代アモリ・ド゠ヴィレールは，彼が所有する品台のひとつからの収入をテンプル騎士団に寄進している。その品台は，刃物の品台が集まっている中にあり，『故ジャン・ド゠ラ゠シャリテのものであって，トマ・ド゠サン゠ジャンの品台の前に位置し，ギヨーム・ド゠メートル゠ドゴンの品台に接している』[31]。ここからは，多くの商人の品台がひしめいている様子が想像される。

さらに，品台と並んで注目されるのは，『プラース』«places» である。通常，不動産関連史料においてこの語が用いられるときは，建物の敷地を指すことが多く，ラ゠ロシェルにおいても，『ぶどう畑とその敷地』，『家とその敷地』の表現が見られる。しかし，それとは性質が異なると思われる『プラース』の語が史料中に数多く見出される。例えば，1243年の史料は以下のように言う。

『私ラ゠ロシェル都市民ピエール・グリゴワールは，ペロー地区にあり，トマ・ド゠フジェールのプラースと，ジャン・ロヴィランの息子が保有するのが習慣となっているプラースとの間に位置している私のプラースから，ラ゠ロシェルの都市の貢租の慣習に従って獲得される，現金で30ソリドゥスの貢租収入を，永遠に獲得され，所持され，利益を引き出されるべく，同都市の都市民ジャン・ド゠モーゼに対して売却したことを，この書状を見たり聞いたりすることになる全ての人々に知らしめる……』[32]。

ここでも，前掲の品台に関連する史料と同じく，売却対象となっているプラースの位置を示すために両隣のプラースの所有者ないし保有者の名が挙げられており，プラースが細分化されて賃貸されていることを示している。しかも，おそらく家の敷地としてではなく，それ独自で価値を持つものであると考えられるのだ。こうした形でのプラースの言及が見られるのは，『港のパン焼き釜の裏手にあるプラース』や，『港へと至る曲がり角にあるプラース』など[33]，港へのアクセスが容易な場所に集中している。1253年にテンプル騎士団から寡婦とその息子に譲渡された，都市内から港に出るために囲壁に開けられた抜け穴 «posterne» に接しているプラース[34] も同様である。ここで思い起こされるのは，やはり港町であるボルドーで，馬やロバをつなぐ場所や荷物の一時保管場所として用いられる空き地が特に『プラサス』«plassas» と呼ばれていたことだ[35]。こうしてみると，ラ゠ロシェルにおけるプラースは，港を出入りする船からの荷物の積み下ろしと大きな関連を持っていたのではないかと考えられるのである。

　また，プラースが商品売却の場でもあったことを示しているのが，1266年の史料である。その中では，『今から長い年月を遡る昔』，ラ゠ロシェルの都市民である理髪師ギヨーム・ル゠ブルトンが，プチ・シャンジュの裏の『魚が売られているプラース』をテンプル騎士団から譲与され，そこに『建物 «maison» を作った』ことが回顧されている[36]。

　さらに港の周りには，プラースと共に，«escrenie», «escrenes», «estrenes» の群が見られる。マルシュゲイは，これを『店舗』«boutiques» と訳している[37] が，おそらく立派な建物ではなく，小屋や屋台のようなものだろう。全般的に，先述の魚が売られる施設も含め，『布地が売られる «maison»』など，定まった商品を扱う店舗は『建物』«maison» の語で示されているのに対し，«escrenie» は用途が示されることがない。例えば，先述のダーム・マリーの嫁資一覧（1261年）の中では，『港のパン焼き釜の裏手にあるプラースと小屋の群』からの収入4リブラ，という形で現れている。おそらくこれらは，必要に応じて荷物置場にもなり，何らかの商品の取引の場にもなるようなものではなかったかと推測されるのである。

(2) ラ=ロシェルの都市内商業と伯権

　前項で分析したとおり，13世紀のラ=ロシェルでは，都市民が所持する商業施設を場として，ワイン取引以外の商業活動もまた充分に展開していた。史料からは，これらの商業施設と，テンプル騎士団との深い関連が読み取れる。一般に，テンプル騎士団は海を志向し，好んで港町に拠点を築いていったことが知られる。テンプル騎士団はラ=ロシェルに1139年以前に定着し，有力な修道院や参事会教会を欠くこの都市で，最も勢力のある教会組織となった。彼らの都市内財産は，イングランド王権からの賦与によって，市中心部から港にかけて形成されていたものである。これらの一部が都市民に譲渡または貸与される形で，商業施設が形成されていったものと思われるが，この点については，フランス王権文書庫に写しの形で伝来する1通の史料がさらに興味深い情報を提供してくれる[38]。イングランド王権からテンプル騎士団に与えられた財産の中でも，『王妃の水路』«Besse-a-la-Raine»と呼ばれるペロー地区と海をつなぐ水路は特に重要度の高いものだったが，これの一部が，1250年2月にテンプル騎士団から3人の都市民に対して譲渡されたことをこの史料は示している。そこでは，水流に関する権利だけではなく，沿岸部の権利も一緒に，『その水路内の大小の船に荷積み・荷下ろしするべく』，毎年一定額の支払いと引き換えに譲り渡されているのだ。また，受け取り手として名前が挙げられている3人の都市民は，1229—1230年の市長ギヨーム・アルベール，1227—1228年の市長ジロー・アルベール，そして1249—1250年，すなわち契約が結ばれた時点で市長職にあったジラール・ヴァンダーの，いずれも市政の中枢にすわる上層市民であることが興味深い[39]。

　しかしながら，13世紀のラ=ロシェル都市民が持っていた商業施設の全てがテンプル騎士団から譲与されたのではなく，その少なくとも一部については，イングランド支配期に王権から直接賦与されたものだと見て間違いないだろう。リチャードがポワチエの富裕な商人ジョフロワ・ベルランに与えた四旬節年市に関する特権[40]にも現れているとおり，イングランド王権は，ポワトゥー地方において，しばしば都市当局ではなく特に忠実な個人を対象に商業的特権を与える政策を行った。1261年のダーム・マリーの嫁資一覧中，彼女がプチ=

バンに所持していた権利は，祖父ギヨーム・ド=モンミライユに由来することが示されている。彼はプランタジネット家に重用された役人ロベール・ド=モンミライユの家系の者であり，王権と直接深い関わりを持っていた。おそらく，プチ=バンについても，王権に奉仕する中で彼に賦与されたものと推測されるのだ。また1212年，ジョンは，『忠実なる』ピエール・ド=ファイに，両替商の営業場所を選定するに当たっての，何らかの権利を与えているが，この人物もまた元市長職にあった有力都市民の1人である[41]。さらに1215年に，ジョンはある特定の人物がイングランド王権側につくか否か次第で，ラ=ロシェルの品台 «bancus» からの習慣的賦課 «consuetudines» の受け取り手を決定するようにとの命令を発している[42]。この命令の前後関係は不明だが，特にイングランド支配末期の政治的混乱が著しかったラ=ロシェルにおいて，王権への忠誠を克ち得るために商業的特権を賦与するという手段が，あるときは場当たり的とも見える形で行使されたことを示している。おそらくこうした状況は，ラ=ロシェル都市民の中でも特に財力を持つ者にとって，都市内の商業施設に所持する権限を拡大する機会になったと思われるのである。

　さて，このように盛況を示していた商業活動は，週市・年市という形で制度化されてはいなかったのだろうか。前述のとおり，ファヴローはこの点を否定的に考えているが，それは「（都市ラ=ロシェルについて）強調すべきことのひとつは，取引所・週市・年市の不在である。ワインに一極集中したその経済において，重要な役割を果たしていたのはワイン倉であった」[43]という断言に明白に現れているように，ワイン取引を中心としてみるそのラ=ロシェル商業の理解の仕方によっている。確かに，市場に関する言及は13世紀ラ=ロシェルの史料にはほとんどないが，それでも『ラ=ロシェルのマルシェにある建物』（1221—1222・1256年），『マルシェ通りの布地が売られる建物』[44]（1286年）とあるのを忘れてはならない。制度化された市場の言及がこれほど少ない原因は，それが存在しなかったからでは決してない。それは，前述のように都市伝来史料の大半が失われたためばかりではなく，豊富に史料を伝来させている教会施設のいずれもが，一定区域の裁判権などは保持しておらず，市場の開設者たるほどの有力な存在ではなかったためではないだろうか。

このように，都市民が広く所有する商業施設を場として，おそらく定期市を含む形で制度化された商業活動がラ＝ロシェルで行われていたことを前提とすれば，取引所建設に関わる伯の意図もまた明らかになってくるように思われる。ここで想起されるのは，やはりワイン輸出基地であり，ラ＝ロシェルときわめて似た状況にあったと思われる近隣のニオールの例である。そこでは，前述のように同じアルフォンスによる取引所の建設が，港から離れた場所で行われていた年市・週市の強制的な移転を伴っていたことが，都市民からの嘆願状から詳しく知られるのだ[45]。ラ＝ロシェルでも，おそらく同様の事態が意図されていたのではないか。そのことは，取引所建設が失敗であったことを認める伯の言葉のうちに，都市民は『伯の意思に反してはできないはずのこと』なのに，彼らの施設で商品売却を続けているという点が強調されていることにも現れている。取引場所の決定権を伯自身が持っているという考え方のもとに，アルフォンスが市の移転を図った可能性が大きいのだ。

　市場に直接言及する史料がほとんどないという状況の下で，今後この問題にさらにアプローチする場合，2つの点に注目していきたい。

　ひとつは，ラ＝ロシェルを直接に取り巻くオニス地方の農村の生産活動の解明である。第7章で分析したとおり，13世紀のラ＝ロシェル都市民は，都市周辺ではぶどうとワイン以外のものは生産されないという認識を持っていた。オニス農村がラ＝ロシェルに穀物をはじめとする生活物資を充分に提供できなかったのはほぼ間違いないとしても，その「モノカルチャー化」は，農村自体がラ＝ロシェル港を介した生活必需品の提供に頼らざるを得ない状況まで進んでいたのだろうか。そうだとすれば，ラ＝ロシェルの港と市場の役割は，都市住民への物資供給のためだけでなく，周辺農村にとっても不可欠なものであったことになる。

　もうひとつは，ラ＝ロシェル港と近隣小港の関係の追究である。ラ＝ロシェルは，河川路を欠くのみならず，オニス周辺を塩田や沼沢地で囲まれ，陸路にも恵まれていなかった。さらに，近隣のラルー領主が所有する港に関連する1通の史料からは，13世紀前半に，ラ＝ロシェル都市民が近辺の海を小型の船で動き回って商業活動を行っていたことがわかる[46]。ポワトゥー・サントンジュの

沿岸には，小規模港がいくつも存在したことが知られるが，これらの港から，ラ=ロシェルにどのような物資がもたらされていたのだろうか。先述のとおり，イングランドやフランドルへのワイン輸出は限られた季節の活動だった。おそらく，一部の上層都市民を除いた一般のラ=ロシェル商人にとって，1年の大部分における日常の商活動は，こうした小港を対象としたむしろ地味なものだったのでは，と推測されるのであり，取引所をめぐる確執の充分な解明も，そのいっそうの検討によって果たされるはずである。

おわりに

　中世盛期には，様々な主体による多かれ少なかれ大規模な商業施設の建設が数多くの都市で行われたが，必ずしもそれらの全てが当初の計画どおりに成功したとは限らない[47]。ラ=ロシェルの場合は，そこに伯が建設させた『大きく美し』い取引所に商人が来ることなく，廃止に追い込まれた。それは，都市民が取引所に興味を持たなかったからではない。彼らは，取引所が担うはずであった活動から，きわめて重要な利益を得ていた。伯の史料に現れる『都市民自身の商業施設』«leur mesons»，«leur osteus» とは，港周辺に形成された，商取引の場である品台や『魚が売られる施設』などの店舗，あるいは船から下ろされる商品を一時保管する役割をも担うプラースや『小屋』なども含んだ集合体であったと考えられる。都市民たちはそこで独自の秤を持って商取引を行っていた。コミューヌは，プチ=バンについてその所有者に毎年決まった額を支払うなど，何らかの形でその運営に関わっていた形跡があり，また個人所有の店舗を買い取ったという記録も時折見られる[48]。その関与の内容やそこに見られた経済政策については，残念ながら都市当局に伝来する史料の大半が失われている現状においては分析困難とせざるを得ない[49]。むしろ，ここでの分析で浮かび上がってきたのは，個々の都市民の役割である。都市指導層の大部分は，確かに大規模ぶどう畑経営と遠隔地へのワイン輸出によって富をなしたことが明らかであるが，都市内の商業施設の所有と経営にもまた参与し，品台やプラースを賃貸して利益を上げていた。彼らコミューヌ指導層がそこに強い

利害を持っていたからこそ，伯取引所の廃止と引き換えに，6,000 リブラという大金がコミューヌから支払われたのである。しかし，そこに利害を持っていたのは富裕層だけではない。都市内の商業施設の取引には，様々な肩書きの者が現れる。特に，理髪師の1人が魚の露天取引の場を手に入れ，屋根を築いたとの記述は，商業施設への投資が幅広い層の個人によって担われていたことを示しているだろう。アルフォンスによる伯取引所への商業機能移転の失敗は，当時のラ゠ロシェル商業がワイン取引に一極集中していたことを示すのではなく，逆に，その機能と担い手が共に充分多様化していたことの証であったと思われるのである。

伯アルフォンスは，ラ゠ロシェル港を中心に展開していた多様な商業を直属の取引所に取り込み，利益を上げようと考えた。しかしながら，そこでは既に，イングランド支配期以降少しずつ形成されていた商取引の機構が完成していた。しかもそれは，都市民個人，コミューヌ，テンプル騎士団など，様々な主体が譲与や貸与を繰り返しつつ作り上げてきたかなり入り組んだ機構であったと思われる。アルフォンス自身が，前任者から引き継いだ何らかの権力をそこに所持したことは間違いないが，少なくとも，そこでの日常的な取引活動を恣意的に統制することはもはや不可能になっていたのである。

註

1) ラ゠ロシェルの歴史を扱った研究として，ここでは以下のもののみ掲げておく。Delayant, L., Histoire des rochelais, 2 vols, La Rochelle 1870 ; Musset, G., La Rochelle et ses ports, la Rochelle 1890 ; Trocmé, E. et Delafosse, M., Le commerce rochelais de la fin du XVe siècle au début du XVIIe, Paris 1952 ; Delafosse, M., La Rochelle, ville océane, La Rochelle 1953 ; Favreau, R., Les débuts de la ville de la Rochelle, dans *Cahiers de civilisation médiévale*, 1987, pp. 3-32 ; Id., La Rochelle, port français sur l'Atlantique au XIIIe siècle, dans *L'Europe et l'océan au Moyan Age (Société des historiens médiévistes de l'enseignement supérieur)*, Nantes 1988, pp. 49-76 ; Tranchant, M., *Le commerce maritime de La Rochelle à la fin du Moyen Age*, Rennes 2003.

2) «Lathomo qui fecit muros halarum de Rupella, de residuo» ; «Pro fossis faciendis sub columpnis dictarum halarum, pro lapidibus et lathomis » ; « pro ferraturis duarum fenestrarum lucannes » ; «pro quadam duodena fenestrarum colleises » ; « pro duobis giroelis, in domo ex parte maris» ; «pro magistro qui tegit dictas halas de adesia» ; «pro fossatis privatorum faciendorum » ; « Pavatori qui pavavit curiam » (Musset, G., Les

第 9 章　ラ=ロシェルの都市内商業と伯＝王権　　　　　　　　　　　　*283*

comptes d'Alfonse de Poitiers, dans *Recueil de la Commission des arts et monuments historiques de la Charente-Inférieure*, t. 14, 1897-1898, pp. 113-114, 120-121.)

3) «De halis de Rupella, quid sit in impedimento quare non inhabitant mercatores, et quibus mediantibus?» Fournier, P. et Guébin, P. (éd), *Enquêtes administratives d'Alfonse de Poitiers*, Paris 1959, p. 128.

4) «Seur ce que nous avon entendu par vos lettres que nous ne poez affermer nos hales de la Rochelle, ce ne nous deites vous pas quant vous nous loastes que nous les feissiens, mes vous nous deites moult de foiz, si comme nous nous recordon, qu'elles nous vaudroient noult se elles estoient fetes. Pour laquel chose nous nous merveillons moult que elles ne nous valent, comme les dites hales soient fetes, si comme nous avona entendu, granz et belles et soient assises en bone ville et seur la mer, pour quoi li marcheant devroient mielz et plus seurement venir en icelles halles...» Molinier, A. (éd.), *Correspondance administrative d'Alfonse de Poitiers*, 2 vols, Paris 1894, t. 2, n° 1864, pp. 430-431.

5) «Delechief que il treitent o ceus de la Rochele et à autres genz, s'il voient que bien soit, des hales monseigneur le conte de ce liu, et pour soufrir de vendre les marchaandises en leur osteus, qu'il ne pucent fere sanz la volenté monseigneur le conte, si comme l'en dit, et la graigneur que l'en pourra trere de ceste chose en boene maniere, qu'ele soit trete. Et apraignent missires Jehans et mestre Guichart, savoirmon se misire li coens puet deffendre qu'il ne vendent les marchaandises en leur osteus sanz la volente monseigneur le conte.» *Ibid.*, n° 96, pp. 61-62.

6) «de halis seu cohuaamovendis perpetuo de loco in quo apud Ruppellam edificate fuerant, nec de cetero in villa de Rupella vel infra dimidiam leugam circunquaque Ruppellam tam per mare quam per terram edificandis» *Ibid.*, n° 111, pp. 70-71.

7) *Ibid.*, n° 110, pp. 69-70.

8) Boutaric, E., *Saint Louis et Alfonse de Poitiers*, Paris 1870, pp. 285-288.

9) Dossat, Y., Un projet de création de port ; Musset, *La Rochelle et ses ports*, pp. 30-31 ; Delayant, *Histoire des rochelais*, p. 53 ; Petrowiste, J., *A la foire d'empoigne : foire et marchés en Aunis et Saintoge au Moyen-Age*, Toulouse 2004, pp. 203-204.

10) Favreau, La Rochelle, port français, pp. 64-65.

11) Bautier, R.-H., Une requête au roi des maires et échevins de la Rochelle (1279?), dans *Bulletin philol. et hist.*, 1966, pp. 115-129.

12) Trocmé et Delafosse, *Le commerce rochelais*, p. 106.

13) 本章註 4 参照。

14) 同上。

15) «comme en une autre meson de la ville ou ausint bien»（同上。）

16) «comme li bourjois aient tenu iceli pois en leur mesons ça en arriere»（同上。）

17) 本章註 5 参照。

18) «cumpellendis mercatoribus quod vendant merces suas alibi quam consueverint temporibus retroactis»（本章註 6 参照。）

19) Favreau, Les débuts de la ville de la Rochelle, p. 23.

20) 本章第1節参照。
21) Jourdan, A., La ville étudiée dans ses quartiers : autour des Halles de Paris au Moyen Age, dans *Annales d'histoire économique et sociale*, t. 7, 1935, pp. 285-301.
22) Depping, G.-B., *Règlements sur les arts et métiers de Paris rédigés au XIII° siècle*, Paris 1837, pp. 442-443.
23) その中で最も重要なものとして，Barbot, A., Histoire de la Rochelle, éd. Aussy, D., dans *Archives historiques de la Saintonge et de l'Aunis*, XIV, 1886, pp. 1-316.
24) La Du, M.-S., *Chartes et documents poitevins du XIII° siècle en langue vulgaire*, 2 vols., Poitiers 1960-1964 ; Richemond, L. -M. de (éd.), Chartes de la commanderie magistrale du Temple de la Rochelle (1139-1268), dans *Archives historiques de la Saintonge et de l'Aunis*, I, 1874, pp.21-50 ; Marcheguay, P., Chartes de Fontevraud concernant l'Aunis et la Rochelle, dans *Bibliothèque de l'Ecole des Chartes*, 4ᵉ série, t. 4, 1858, pp. 132-170.
25) Bardonnet, A. (éd.), Le serment de fidélité des habitants de la Rochelle en 1224, dans *Archives historiques du Poitou*, t. 20, 1889, pp. 233-261.
26) Renouard, Y., Le rayonnement de la Rochelle en Occident à l'aube du XIII° siècle, dans *Bulletin philologique et historique*, 1961, pp. 79-94.
27) Wolff, Ph., L'approvisionnement des villes françaises au Moyen Age, dans *L 'approvisionnement des villes de l'Europe occidentale au Moyen Age et aux temps modernes (Flaran 5)*, Auch 1985, p. 23.
28) Leguay, J.-P., *La rue au Moyen Age*, Rennes 1984, p. 127.
29) Wolff, Ph., *Commerces et marchands de Toulouse (vers 1350- vers 1450)*, Paris 1954, pp. 515-516.
30) La Du, *Chartes et documents poitevins*, t. 1, n° 215, pp. 330-338.
31) «....li quans bancs fut fahu Johan de la Charité, et est davant le banc Thomas de Saint Johan et se tient au banc Willaume de M[aistre] Dogon ...» *Ibid.*, t. 1, n° 201, pp. 310-311.
32) «Ge Pere Grigoire, borgeis de la Rochele, fois a ssaveir a toz ceaus qui ceste presente chartre veiront e oiront que ge ai vendu e otreié e livré a Johan de Mausé, borgeis de la Rochele, .xxx. solz de cens de la moneie qui sera prise censaus por la vile de la Rochele sus ma place que ge ai ou Parroc —— e se tient d'une part a la place Thomas de Faugeres e d'autre part a la place que li enfant Johan lo Vilain solejent tenir —— a tenir e a aveir e a espleiter durablement...» *Ibid.*, t. 2, n° 324, p. 121.
33) *Ibid.*, t. 1, n° 215, p. 332 ; n° 116, pp. 195-197.
34) *Ibid.*, t. 2, n° 328, pp. 126-128.
35) Etienne, R. (dir.), *Histoire de Bordeaux*, Toulouse 1990, p. 105.
36) La Du, *Chartes et documents poitevins*, t. 1, n° 116, pp. 195-197.
37) Marchegay, Chartes de Fontevraud, p. 136.
38) Laborde, J. de (éd.), *Layettes du Trésor des chartes*, t. 3, n° 3850, p. 96.
39) ラ＝ロシェルのテンプル騎士団は，自らも近隣農村にぶどう畑を所有し，イングランドにワイン輸出を行うなど，商業活動から直接の利益を得ていたことが知られている（Dossat, art. cit., p. 98 ; Demurger, A., *Vie et mort de l'ordre du Temple*, Paris 1985, p. 141）。彼らが都市内に与えられていた商業施設のどれだけを，どのような動機で都市

民に譲与したかについては，改めて検討される必要があろう．
40) Audouin, *Recueil*, t. 1, pp. 40-42.
41) Duffus Hardy, Th. (éd.), *Rotuli litterarum clausarum in turri Londinensi asservati*, I, London 1833, p. 129b.
42) *Ibid.*, p. 220b.
43) Favreau, Les début de la ville de la Rochelle, p. 23.
44) La Du, *Chartes et documents poitevins*, t. 2, n° 369, pp. 228-230 ; n° 407, pp. 307-315.
45) 本章第1節参照．
46) Bardonnet, A. (éd.), Comptes et enquêtes d'Alphonse, comte de Poitou, 1253-1269, dans *Archives historiques du Poitou*, t. 8, 1879, pp. 133-158.
47) 例えば，ランのコミューヌによる取引所建設は，司教座教会の反対に直面した．Saint-Denis, A., *Apogée d'une cité. Laon et le laonnais aux XIIe et XIIIe siècle*, Nancy 1994, pp. 361-362. また山田雅彦氏は，フランドル伯がサン=トメールに建設させたギルドホールに関する実に興味深い事例を紹介している．山田雅彦『中世フランドル都市の生成─在地社会と商品流通─』ミネルヴァ書房，2001年，279頁．
48) Barbot, Histoire de la Rochelle, pp. 107, 117.
49) ミュッセは，15世紀のラ=ロシェル港の埠頭が，都市民たちの家や店舗や倉庫で占拠されるに至っていたこと，そのため商品の運搬や船の接岸に支障をきたし，都市当局が15世紀末よりこれらを個人から買い取って管理に乗り出すことになった経緯を語っている．ここにはラ=ロシェルにおける商業施設管理の転換点が現れているようにも見える．Musset, *La Rochelle et ses ports*, pp. 24-29.

結　　章

　13世紀初頭，イングランド王権から西フランスの領土を獲得したフィリップ＝オーギュストは，その広大な領土を保全するために都市民による忠誠を特に重視する政策を採った。このとき王権と都市民を結び付ける格好の媒体となったのは，11世紀以来フランスの各地で出現していたコミューヌと呼ばれる都市制度である。コミューヌとは，都市住民が相互扶助の誓約と共に作り上げた共同体であるが，その目標は結成の状況によって都市ごとに様々であった。西フランスにおいては，ヘンリー2世らプランタジネット王権によって都市法エタブリスマン・ド＝ルーアンが10以上の共同体に賦与され，コミューヌ制度を王権への忠誠を確保する組織として利用していく素地が既に存在していた。フィリップ＝オーギュストはこれを最大限に利用して，コミューヌ都市を王領の周縁に配置して敵対的な既存諸勢力への牽制役として位置付け，他の封臣と同等の軍役を課しつつ都市政策の一環として組み込んだのである。
　本書第Ⅰ部では，フランス王権がポワトゥー伯領諸都市に注いだ期待が，フィリップ＝オーギュスト期以降のさらなる王権伸長のプロセスの中でどのように変化していったのかをまず検証し，またその変化に直面した都市がいかに対応したかを，ポワチエを主たる対象として可能な限り都市内部や地域の社会的側面にまで踏み込んで解明することを目指した。王権が王国諸地域との連携を重視しはじめ，都市をそれぞれの地域の中核と見定めて協調システムを築いていく過程が，近年理論的には注目を浴びているにもかかわらず，これまでの研究史においてこうした視点からの実証的検証はなお少なく，ポワトゥー諸都市についてはまったく欠落していると感じたからである。
　第1章及び第3章では，各都市において中世盛期までに形成されていた様々

な絆の中に，王権はどのようにして新たな関係を作り出していったのかを，ポワチエ，シャトオヌフ＝レ＝トゥール，ラ＝ロシェルを対象に検討した。フィリップ＝オーギュスト期以降13世紀半ばまでのフランス王権がポワトゥー諸都市に期待したのは，地域全体の政治的安定がいまだ不確かな状況において，何よりもまず軍事力と経済力を持った都市民が王権に捧げる忠誠そのものにあった。本書で明らかになったのは，カペー王権による対都市政策が各々の都市を取り巻く社会経済的・政治的状況によりまったく異なる様相を見せたことである。コミューヌとして組織され，王権と直接の関係を結んでいこうとしている都市民勢力は，都市周辺を取り巻く地域の諸権力，あるいは都市に内包される在地諸権力に対して競合関係にあった。王権はこうした微妙な勢力バランスを考慮に入れつつ，王領保全と都市支配という自らの目的に最も適した形で都市民との間に新たな関係を築く必要があったのである。

　ルイ9世の時代になると，フランス王権はいっそうの伸長と安定を見せる。ポワトゥー伯領においては，1242年の世俗領主層の大反乱とその鎮圧以降フランス王権の支配が確立し，ルイ9世と王弟アルフォンスによって統治機関の整備が進められる。13世紀後半以降のポワトゥー都市と王権との関係に見られた最大の変化は，財政面における都市の積極的利用である。第4章では，この時期の王権が都市を財政的に利用していく手段であった援助金徴収を取り上げた。十字軍遠征のための莫大な軍資金を調達するために伯アルフォンスが行わせた交渉の手続きは，「封建王政」の特質を明確に示すものであった。援助金の交渉は封建的臣下である聖俗領主層，コミューヌ都市などを対象にそれぞれ個別に行われており，伯＝王権はあくまで封建法の枠内にとどまりながらも最大の収入を引き出そうとしているからである。しかしながら，援助金提供に関して伯が最も期待をかけていたのが何よりも都市であったのは明白であり，「良き都市」という呼称が出現するのも援助金の交渉の過程においてであった。そして，伯＝王権と封建的関係を持つコミューヌ都市にとどまらず，利用価値を認められた非コミューヌ都市もまた「良き都市」と呼ばれるようになっている。こうした変化は，都市民全般に対する伯＝王権の一層の信頼の拡大を示すと共に，王権から都市へかけられる期待が，フィリップ＝オーギュスト期のよ

うな有力な都市民の「忠誠」にとどまらず，より目に見える形での貢献——金銭の提供——へと変化していっている事態を示すものと考えられる。そしてこの流れは，封建的な徴収システムからより一般的な税徴収システムへと整備が進む13世紀後半—14世紀前半にかけて，なお一層加速することとなる。

　第2章と第5章においては，上記の第1章及び第3章と第4章に対応する2つの段階にそれぞれ応じて，王権から都市に対する要求とその変化に直面した都市側の対応について，都市における社会諸集団の関係に生じた変容と共に，ポワチエを対象として解明することを試みた。古来の有力な教会施設を数多く擁するこの都市では，コミューヌとフランス王権の直接的関係が結ばれた13世紀初頭時点で，既にいくつかの教会施設支配領域＝ブールを内包しており，フィリップ＝オーギュストはそれらの領域にコミューヌ勢力が及ばぬように配慮していた。コミューヌは伯＝王権の都市内直轄領の領民を主体として形成されており，有力教会施設の領民はそれぞれの領主の支配下にとどまったのである。

　この構図は13世紀半ばにおいても基本的に変わりないが，一部の小規模ブールでは着実に変化が起こっている。サント＝クロワ修道院ブールやテンプル騎士団都市館など，かつては教会領主が裁判権を所持していた都市内領域において，その領主裁判権と独立性がコミューヌ役人と伯＝王権によって否定されはじめるのである。このとき，これらの小規模ブールが既に独立性を失っていることを証明するために，国王への軍役奉仕や金銭負担などといった都市住民の諸義務を，これらの都市内領域の人々も現実に負担しているという証言が法廷で行われていることは興味深い。伯＝王権がコミューヌを介して要求するこれらの義務を，可能な限り多くの住民に負担させようという意図がここには既に表れている。しかしながら，伯＝王権自身ときわめて密接な関係があったサン＝ティレール参事会教会及びモンティエルヌフ修道院のブールは，13世紀半ばの時点ではなお強い独立性を保ち続けており，そこでの住民による国王への奉仕義務も，コミューヌとは別個の形で独自に負われていた。コミューヌは全都市民に対する権威を確立するには到底至っていなかったのである。この時代の伯＝王権は，有力教会施設の果たす様々な役割を依然必要としており，コ

ミューヌ市政役人たちもそうした事情を充分に理解していたからであった。

　ポワチエの社会諸集団の関係に大きな変化が現れるのは，13世紀末から14世紀前半にかけてである。このとき，コミューヌの権力は特権的ブールをも含めた都市内全域に及び始めるだけではなく，程度の差こそあれ周辺農村部にまで拡がり始める。王権から都市へ財政上の要求がなされる都度，コミューヌが都市代表として王権との交渉を行って負担額を取り決め，市壁内の特権的ブールのみならず周辺農村地域の住民に対してもコミューヌが主体となって割り当てを行い始めたのである。こうしたコミューヌの行動の背景にあったのは，王権から都市への金銭的要求が格段に増加し，その負担を全都市民だけでなく周辺地域住民にも分担させる必要が生じたことだった。都市内の特権的ブール及び周辺地域の住民から起こった抵抗も王権とコミューヌ権力の協力関係によって抑えられ，14世紀半ばまでには効率的に税を徴収する地域的枠組が作り上げられていったのである。

　本書第Ⅱ部では，王権が何よりも重視した都市の「豊かさ」を支えた都市民の経済活動に，王権はどのようなスタンスで向き合い，またどこまで関与しえたかという問題を検討した。

　中世盛期のポワトゥー諸都市の商業的・経済的発展は間違いない。大西洋ワイン商業によって名声を得た大西洋沿岸近接地域のポワトゥー諸都市だけでなく，従来の研究において一地方市場としての商業的役割しか持たないと主張されてきた内陸部ポワトゥー都市ポワチエにおいてもまた，それは疑いのないところである。第6章では，ポワチエ流通税表の分析から，中世盛期のポワチエが周辺地域に対する商業的中心地としての機能を実際に果たすと同時に，より遠隔地的な交易との密接な結び付きも持っていたことを証明した。

　第7章では，ワイン輸出産業の基地であったラ=ロシェル，ニオール，サン=ジャン=ダンジェリ3都市の経済活動に王権がいかなる保護を与えていたかを分析した。ここでは，領域権力による安全護送が，彼らの活動を実に念入りに保護していたことがまず明らかとなった。中世盛期から末期にかけては既に生活必需品となっており，かつ産地が限定されるワインは，王権のみならず各地の領主権力が手を尽くして確保すべき物資であった。この点から供給者たる都

市民側の立場はきわめて強かったが，都市民は，時に王権と緊張した関係に陥ることがあったにせよ，最終的には安全護送を保証する王権の庇護を必要とすることを常に自覚していたのである。

　第8章及び第9章では，ポワチエ，ニオール，ラ＝ロシェルにおける都市民の市場運営参加の実態を分析し，都市領主でもある王権がそれにどのような形で関与していたかを検証したが，それは，ポワトゥー諸都市における都市内商品流通管理のあり方についてこれまでの研究でほとんど語られることがなかったからである。ことにポワトゥー諸都市には，王権と都市民との商品流通をめぐる関係で重要な契機である間接税徴収権が中世後期以降にならなければ与えられないことに加え，特にラ＝ロシェルなど南部ポワトゥー都市については華やかなワイン輸出業のみが注目されて，日常の消費物資流通そのものが研究対象となってこなかった。本書での分析から，ポワトゥー諸都市では都市民自身による商業活動の管理が，実に多様な形態で行われていたことが明らかとなった。ポワチエにおいては，コミューヌ＝都市当局が王権と結び付きながら都市内市場の運営や商品流通の管理を行っていた。コミューヌは，商品の品質と流通に関する具体的な規定を定める権利を持っていたが，少なくとも13世紀において，魚やワインなど一部重要品目に関する規定については王権が起草・発布の段階から関与していた上，取引の場で実際に規定を遵守させて罰金を徴収する権利についても，王権とコミューヌは非常に複雑な形で権限を分割し合っていた。さらにポワチエの年市では，王権と深く結び付いた一部有力家系が独占的に年市の管理を行っていた。同じように不動産所有権を拠り所とした市場運営参加はニオールにおいても見られるが，ここでは市の開催される地所を所有する都市民と聖職者からなる集団が，売場賃貸などの活動を通じて商業活動の運営に参与していた。こうした形態での住民による市場運営は，おそらくは一定規模以上の都市の多くにおいて，広く見られた現象ではないかと思わせる。ラ＝ロシェルにおいても，都市指導層にとどまらない幅広い社会層に属する都市民が，個人として都市内商業施設の所有と運営に広く参加していたのである。

　フィリップ＝オーギュスト期までは，王権から都市の商業活動への積極的な

関与は，慣習の成文化ないし新たな特権賦与を主体としていた。これらの特権は，都市民の忠誠をかち得るためのいわば代償という側面を有しており，都市民自身による都市内流通管理への参加をむしろ強化したはずである。ポワトゥー諸都市における都市民の市場管理も，少なくとも一部については，この時期の特権賦与の結果であったことは間違いない。アルフォンス期になると，新たな特権賦与は行われなくなる代わり，自らの予算で取引所を建設して市の移転を図るという，これまでにはない積極的な政策が現れる。アルフォンスの事業は，伯領全域を見渡した経済活動振興策の一環だったというよりも，むしろ十字軍出征や行政機関整備などのために増加し続ける支出を賄うため，伯領内で貨幣収入増が望める箇所を虱つぶしに探しつつターゲットを見定めていった結果だったと言える。アルフォンスによる取引所建設と市の移転は，ニオールやサン=ジャン=ダンジェリを始めとする大部分の都市においては成功したようである。しかしながら，一部の都市，特にラ=ロシェルにおいては，都市民による日常の流通活動を都市領主たる王権が統制することはもはや非常に困難になっており，この試みは失敗に帰する。

　ここで重要なのは，多額の予算を投じるだけの価値ある富の源泉を，この時期の伯=王権が都市に見出し始めていることそのものであろう。第Ⅰ部と第Ⅱ部の全体を通して見えてきたのは，第Ⅰ部での制度史的なアプローチと，第Ⅱ部での市場や都市経済を中心としたアプローチの双方で，軌を一にする王権の政策の変化が見て取れるということである。アルフォンスが試みたような形での伯=王権による都市内商業への直接介入は，この後行われた形跡がない。しかしながら，王権からポワトゥー伯領諸都市への財政上の要求は，第Ⅰ部で検討したような援助金ないし軍事費用の分担の要求へと形を変え，増加し続けていくことになるのである。そして，こうした政策転換の画期，すなわち都市—王権関係の画期となるのは，ポワトゥーの場合においては13世紀半ばから14世紀初頭にかけて，とりわけ13世紀後半であるということができるだろう。特にポワチエにおいては，このプロセスは都市と周辺部における社会諸集団の関係に重大な変容をもたらす。13世紀半ばまでの同都市は，裁判制度や経済活動の両面において，コミューヌ・王権・複数の教会領主が，それぞれに空間

的・人的な支配を行っており，その勢力範囲はきわめて複雑に絡み合っていた。13世紀末以降，ポワチエのコミューヌの権力は，上述の王権からの要求を受け取って地域全体に分担させるという役割を担うことによって，特権的ブールをも含めた都市内全域へ，さらには周辺農村部にまで拡大することとなったのである。

　ポワトゥーにおける都市―王権関係の特質は，フランス王権が早期に浸透し，安定した王国北部と，なお政情不安定な王国南部との狭間で，王権が都市に対し，コミューヌとしての制度と性格を保ちながら早期に「良き都市」としての役割を求め始めたという点に見て取れるのではないだろうか。コミューヌ制度を介した都市―王権関係とは，王権が新たに勢力を拡大しようとする地域，ないしは支配下におさめて間もない不確定な地域において，都市を既存の諸勢力への対抗拠点としようとする王権側の意図を反映した結託の関係である。同じくイングランド王権からフランス王権へと支配権が移行し，エタブリスマン・ド＝ルーアンという同一の都市法によって組織だてられていたノルマンディー諸都市の多くでは，14世紀初めまでにコミューヌ制度は消滅する。直接のきっかけは富裕ブルジョワと民衆の間の紛争であったにせよ，廃止の一因は，フランス王権の権威が素早く浸透したノルマンディーでは対抗拠点としてのコミューヌの意義が既に薄れていたことにあろう。ポワトゥーでは，フィリップ＝オーギュストの征服後も，とりわけアキテーヌと隣接する西南部においてフランス王権とイングランド王権の双方が領有権を主張するという事態が長く続いた。その意味で，都市の対抗拠点としての役割は北部諸都市よりも長期にわたって求められ続けたことになる。

　特にポワトゥー北部は，西南部ほどの不安定さはなく政情は安定していたものの，王国内でフランス国王の軍事力が直接及ぶ北部一帯からは外れ[1]，その境界に位置するという微妙な地理的位置にあった。ポワチエのメールが強大な軍事権を与えられた理由のひとつはここにあろう。国王の封臣としてのコミューヌの意義が，ポワトゥー北部ではとりわけ長く続いたのである。13世紀後半の王権の政策転換は，都市に「良き都市」としての役割，すなわち地域における国王行政の代理人と財政的援助者としての役割を課すことになる。い

わば「点」から「面」への移行であるが，ポワチエでは，コミューヌという制度を持ったまま，しかも国王の直属封臣としての権限——軍事的指揮権——を有効に利用しながら，地域一帯への影響力を強めていく。

ポワトゥー西南部諸都市，とりわけフランス王権にとって唯一の大西洋岸港湾都市となったラ=ロシェルの場合は，王権にとっての軍事的価値はさらに大きかった。コミューヌ制度が存続しただけではなく，ポワチエでそうだったように，都市内行政をめぐる国王役人との小さな紛争を繰り返す必要すらなかったようだ。そしてラ=ロシェルもまた「良き都市」として，地域一帯のワインが生み出す大きな富によって国王財政に寄与していくのである。

以上のように本書は，中世盛期ポワトゥーの諸都市と王権との関係という大きなテーマのうち，ごく一部にアプローチできただけである。しかし各章で取り上げた個々の問題は，従来の研究で手薄であった分野に狙いを定めて選択されたものであり，それぞれを解明することによって研究史の不足を何ほどか補足しつつ，近代国家形成の端緒に当たる時期の王権と都市の関係を，相互依存として再構成していくという課題にいくらかは寄与できたと信じている。その意味で本書は，さらにこうした検討を積み重ねていく長い過程の一里塚に過ぎないことを自覚しつつ，稿を閉じたい。

註

1) 高山　博氏は，王国北部のバヤージュ地域と，南部のセネショセ地域の最大の違いを，国王の軍隊の守備範囲にあったか，その外にあったかであるとする。北部のバイイたちは自らが軍事力を持つ必要はなく，財務・司法に特化することが可能であったのに対し，国王の軍事力が及ばない南部のセネシャルたちは，軍事も含めた全ての分野の機能を担う必要があり，それが両者の職務の様々な相違を生み出していると言う。高山　博「フィリップ 4 世（1285—1314 年）治世下のフランスの統治構造—バイイとセネシャル—」『史学雑誌』101-11，1992 年，1-38 頁。

巻末史料

史料1　ポワチエ1222年文書とルーアン1207年文書での対応及び変更条項

Giry, A. *Etablissements de Rouen*, 2 vols., Paris 1883-1885, t. 2, pp. 151-154（ポワチエ1222年文書）；pp. 56-63（ルーアン1207年文書）

　左欄では，ポワチエ1222年文書の全文を条項順に掲げている。それぞれの条項について，ルーアン1207年文書での対応関係にある（あるいは類似の内容を含んでいる）条項をその右側に記した。また，ルーアン文書に含まれる内容がポワチエに賦与される際，重要な変更を加えられたと思われる部分をゴシック体で示している。

ポワチエ1222年文書	ルーアン1207年文書における対応条項
神聖にして不可分なる三位一体の神の御名において。アーメン。神の恩恵によりフランス国王たるフィリップ。	神の恩恵によりフランス国王たるフィリップ。余が，親愛にして忠実なる余のルーアンの都市民たちに，彼らの慣習と自由を以下に記された内容で認可したことが知られるように。
第1条　余が，**良き平和のため**，余の親愛なるポワチエの都市民たちに，**教会と，そこに土地と法廷と裁判権を所持している者たちの権利を除き，ポワチエの囲壁内における**コミューヌを認可し与えたことを，現在生きる者そして未来に生きる者の全てに知られんことを。	第3条（前半）　彼らが，**かつてイングランド国王リチャードが彼らに認めた境界内において，コミューヌと郊外地とその境界内での彼らの裁判権を，そこに土地を持つ領主たちの権利を除き**，所持することを認める。
第2条　余は，かつてイングランド王ヘンリーに服従していた全ての地域における商品取引に関して，余に属する限りのものを彼らから免除する。ただしエヴルー伯領内及びパシー，ノルマン=ヴェクサン内，ユーグ・ド・グルネイの所領内，ポン・ド・ラルシュからフランス王領にいたるまでは除く。	第1条　余は，かつてイングランド王ヘンリーに服従していた全ての地域における商品取引に関して，余に属する限りのものを彼らから免除する。ただしエヴルー伯領内及びパシー，ノルマン=ヴェクサン内，ユーグ・ド・グルネイの所領内，ポン・ド・ラルシュからフランス王領にいたるまでは除く。
第3条　余は，相続，動産，ポワチエにおいて行われた商取引に関する裁判権を彼らが所持することを認可する。ただし，そこに土地を持つ全ての領主たちの法廷は除き，**領主たちはポワチエの都市内において彼らが所持する自らの属民についての法廷と裁判権を持つ。**	第3条（後半）　相続，動産，ルーアンとバンリューにおいて行われた商取引に関する裁判権を彼らが所持するように。ただし，そこに土地を持つ領主たちの法廷は除く。**領主たちは，都市内にいる自らの属民についての法廷を，証人に対する調査より前の段階まで所持する。しかし**

巻末史料　　　297

| | ながら，証人に対する調査はコミューヌにおいて行われる。 |

（ポワチエ文書では削除）←―――――

第4条　彼らのコミューヌに属する事件，すなわち彼らどうしの間で起きた事件については，余の法廷に属するものを除き，彼らの管轄であることが記憶されるように。

第4条　ポワチエにおいて負われた負債については，もしポワチエ都市民が債務者をポワチエにおいて発見したなら，彼が馬から下りた瞬間から，彼が負債を認めるかあるいは否認するまで，メールは彼の所持金及び馬具を差し押さえることができる。ただし，その者が余の命令によってポワチエに来ている場合，また従軍中の場合，**余の家中の者である場合は**除外する。もし彼が負債を認めたなら，彼は定められた日にコミューヌの法廷に出廷しなければならない。もし彼が否認したなら，係争は余のバイイに委ねられる。バイイは定められた期日に負債者が出頭することを確認し，彼の前でそれを裁くであろう。もし負債者ないしポワチエにおいて何らかの取引契約を結んだ者が定められた日にポワチエに来なかったならば，彼が余の裁判権と権限のうちに属する者である場合は，**余のポワチエのバイイは**，ポワチエに来ることの保証と義務をその者に強要し，またこのことに関する余のバイイの法廷に現れるよう強要するであろう。

第5条　ルーアンにおいて負われた負債については，もし債務者をルーアンにおいて発見したなら，彼が馬から下りた瞬間から，彼が認めるかあるいは否認するまで，メールは彼の所持金及び馬具を差し押さえることができる。ただし，その者が余の命令によってルーアンに来ている場合，また従軍中の場合は除外する。もし彼が負債を認めたなら，彼は定められた日にコミューヌの法廷に出廷しなければならない。もし彼が否認したなら，係争は余のバイイに委ねられる。バイイは定められた期日に負債者が出頭すること，彼の面前で裁きが行われることの保証を彼から受け取る。もし負債者ないしルーアンにおいて何らかの取引契約を結んだ者がルーアンに来なかったならば，彼が余の裁判権と権限のうちに属する者である場合は，**余は**，その者がルーアンに赴き余のバイイの前での法廷に現れるよう強制するであろう。

第5条　いかなるポワチエの都市民も，自白した，あるいは告発された，あるいは逮捕されたところの盗人や贋金造り，または法の外に置かれた誰かのために，証人として召喚されることはない。

第6条　いかなるルーアンの都市民も，自白した盗人，あるいはその他の罪において告発されたり逮捕された盗人や贋金造り，または法の外に置かれた誰かのために，証人として召喚されることはない。

第6条　これに対し，全ての合法なる人々及び合法なる証人は，他のポワトゥーの人々と同じく，（ポワチエ都市民によって）召喚に応えられるであろう。

第7条　これに対し，全ての合法なる人々及び合法なる証人は，他のノルマンディーの人々と同じく，（ルーアン都市民によって）召喚に応えられるであろう。

第7条　ポワチエの都市民は，城においても他の場所においても，牢獄内の囚人を監視することを強制されない。ただし，彼らが都市民によって捕えられた場合は，囚人は，余のバイイに引き渡されるまで，都市民によって監視される。	第8条　ルーアンの都市民は，城においても他の場所においても，牢獄内の囚人を監視することを強制されない。ただし，彼らが都市民によって捕えられた場合は，囚人は，余のバイイに引き渡されるまで，都市民によって監視される。
第8条　その上，彼らのうちいかなる者も，貨幣の見張りや，副伯ないしその他の全ての余の役人のための見張り役を強制されることはできない。**ただし彼らがそこに持っている封のゆえにそれを負う場合と，そうした義務を生じさせる財産を持っている場合を除く。**	第9条　その上，彼らのうちいかなる者も，貨幣の見張りや，副伯ないしその他の全ての余の役人のための見張り役を強制されることはできない。
第9条　余は同都市民に，慣習によるタイユを余に支払うことを強制しない。ただし彼らが自発的に支払いに同意した場合を除く。	第10条　余は彼らに，慣習によるタイユを余に支払うことを強制しない。ただし彼らが自発的に支払いに同意した場合を除く。
第10条　その上，余の必要のためにポワチエの居酒屋で入手されるワインは，他の者に売却されると同じ市価で入手される。居酒屋以外で入手されるワインについては，4人の合法なる都市民によって，保証と制約のもとに見積が行われ，その価格が支払われる。	第12条　その上，余の必要のためにルーアンの居酒屋で入手されるワインは，他の者に売却されると同じ市価で入手される。居酒屋以外で入手されるワインについては，4人の合法なる都市民によって，保証と制約のもとに見積が行われ，その価格が支払われる。
第11条　その上，商品を携えて余の領土内に来た前述の都市民は，**かつてのイングランド王ヘンリーに属していた地域において余に属する全てのものに関する限り**，前記において例外とされた場所を除き，商品を小売であれそれ以外の形態であれ合法的に売却すること，荷積み・荷下ろしすること，望む場所に搬入・搬出することを，平穏と平和のうちに行うことができる。	第13条　その上，商品を携えて余の領土内に来た前述の都市民は，前記において例外とされた場所を除き，商品を小売であれそれ以外の形態であれ合法的に売却すること，荷積み・荷下ろしすること，望む場所に搬入・搬出することを，平穏と平和のうちに行うことができる。
第12条　いかなる者も，ポワチエに居住するのでなければ，ポワチエの酒倉や店舗に，再び売却するためにワインを荷下ろししてはならない。**しかし余は，余自身及び余の軍隊の必要のためにワインを荷下ろしすることができ，また余の物資**	第15条　いかなる者も，ルーアンに居住するのでなければ，ルーアンの酒倉や店舗に，再び売却するためにワインを荷下ろししてはならない。

を新しくするためにワインを再売却することができる。

第13条 海路ポワチエにもたらされた商品に関しては、いかなる外来者もポワチエ都市民の仲介なしに、それらを転売するために買い付けてはならない。もしそれをした外来者があったならば、その違反の故に、商品の半分は余のものとなり、残りの半分はポワチエ都市民のものとなる。

第14条 いかなるポワチエの都市民に対しても、彼の意思に反して、結婚に関して余は強制することができない。

第15条 同様に、彼らの何人たりとも高利貸行為のために、彼自身も、そして彼の死後はその子孫も、譴責されたり裁かれたりしないことを余は望む。

第16条 その上もし、**コミューヌの者**の誰かが余の監獄に幽閉されたり、修道院に逃げ込んだり、何らかの違法行為による罰を避けて逃亡したなら、裁判が行われるまで、メールが彼の動産を差し押さえることを余は希望する。それについての明細票の1通は余のバイイが持ち、もう1通はメールが持つ。もし彼が有罪とされたなら、彼の動産は余のものとなる。

第17条 メールは、全ての**コミューヌの者**を召喚し、彼らを裁く権利を持つ。いかなる者もメールとその役人の立ち会いのもとでなければ彼らを捕えることはできない。ただし事件が**ポワトゥー伯に属すべき裁判**に属する場合を除く。この場合、コミューヌの者に関する裁判の執行に際し、もし要請があったなら、メールはバイイに助力せねばならない。

第18条 余のマレシャルの仲介を通してでなければ、彼らは、ポワチエに宿泊することを望む者に対し拒絶することはできない。ただし、その者が法に反する者

第19条 海路ルーアンにもたらされた商品に関しては、いかなる外来者もルーアン都市民の仲介なしに、それらを転売するために買い付けてはならない。もしそれをした外来者があったならば、その違反の故に、商品の半分は余のものとなり、残りの半分はルーアン都市民のものとなる。

第21条 いかなるルーアンの都市民に対しても、彼の意思に反して、結婚に関して余は強制することができない。

第22条 同様に、彼らの何人たりとも高利貸行為のために、彼自身も、そして彼の死後はその子孫も、譴責されたり裁かれたりしないことを余は望む。

第25条 その上もし、**メールの裁判権に属する者**の誰かが余の監獄に幽閉されたり、修道院に逃げ込んだり、何らかの違法行為による罰を避けて逃亡したなら、裁判が行われるまで、メールが彼の動産を差し押さえることを余は希望する。それについての明細票の1通は余のバイイが持ち、もう1通はメールが持つ。もし彼が有罪とされたなら、彼の動産は余のものとなる。

第26条 メールは、**その裁判権に属する**人々の全召喚権を保持し、その者たちを裁判に召喚する。いかなる者もメールとその役人を介してでなければ彼らを捕えることはできない。ただし事件が**決闘裁判**に属する場合を除く。この場合、コミューヌの者に関する裁判の執行に際し、もし要請があったなら、メールはバイイに助力せねばならない。

第27条 余のマレシャルの仲介を通してでなければ、彼らは、宿泊を望む者に対し拒絶することはできない。ただし、その者が違法行為をした場合、及び彼らが

であった場合，及び彼らが宿泊を拒絶するための合理的な原因を提示できた場合を除く。 | 宿泊を拒絶するための合理的な原因を提示できた場合を除く。

第19条 ポワチエの都市民は，毎年1回メールと12人のエシュヴァンと12人のジュレを選出しなければならない。それらの者は，余の前あるいは余のバイイの前で余と余の命と余の名誉と余の身体と余の権利を忠実に守ることを誓う。この選挙は今まで行われていたのと同じときに行われなければならない。 | →（ルーアン文書には対応条項なし）

第20条 そしてメールは選出されたなら，余への忠誠の誓いを余へなすために出廷しなければならない。あるいは余が，余のポワチエのバイイにこの忠誠の誓いを受けるよう委任したときは，メールは前述のごとく，余のポワチエのバイイに対し忠誠の誓いをしなければならない。 | →（ルーアン文書には対応条項なし）

第21条 前述のポワチエの都市民は，ポワトゥーに封を保有する余の封臣たちが余に軍役・騎馬役を負うロワール以南の全ての場所において，軍役・騎馬役を余に対して負うことが知られるように。 | →（ルーアン文書には対応条項なし）

第22条 自由と，前述の都市民に対しこれまで述べてきたインミュニテを，彼らが余と余の後継者たちとのつながりを保持する限り，そして彼らが余と余の後継者たちに忠実である限り，盗み，殺人，流血，誘拐についての余の裁判権と，余の法廷とを留保した上で，認めるものである。 | 第24条 殺人または四肢切断もしくは他の流血裁判権を除いて，ルーアン都市内及び郊外地において，全ての法廷と全ての犯罪を，そこに土地を所有する領主の権利によって要求されない限り，ルーアンの特権によって彼らが掌握することを認める。

以上のことが永遠の効力を持つために，余の印璽の権威と以下に記した署名の力を持って確認する。アネーにおいて，主の化肉より1222年目，余の治世の44年目。余の法廷において，以下に署名し捺印した者たちが出席。内膳頭なし。掌酌なし。秘書長バーソロミュー署名。司馬マトゥー署名。文書局長欠員の年。 | 以上のことが上に記されたごとく永遠に続くために，余自身の権利と余の教会の権利を除いて確認する。パシーにおいて，1207年。

史料原文

In nomine sancte et individue Trinitatis. Amen. Philippus Dei gratia Francorum rex.

P1. Noverint universi, presentes pariter et futuri, quod, **pro bono pacis**, concedimus et donamus dilectis nostris burgensibus Pictavensibus **communiam infra muros Pictavenses, salvo jure ecclesiarum et dominorum qui terras ibi habent, et curias et justiciam.**

P2. Concedimus eis etiam quitanciam, quantum ad nos pertinet, de propriis mercaturis suis per totam terram quam Henricus, quondam rex Anglie, tenuit, preterquam in comitatu Ebroycensi et in Vulcassino Normannie, et preterquam apud Paciacum, et, preterquam in terra Hugonis de Gornayo, et preterquam apud Pontem Archie, et superius versus Franciam.

P3. Concedimus eciam eis ut habeant placita de hereditatibus et catallis suis et convencionibus factis apud Pictavis, salvis curiis dominorum qui ibi terras habent ; **qui domini habent curias et justiciam hominum suorum in civitate Pictavensi tenendas.**

P4. Super debitis mutuatis apud Pictavis, si cives Pictavenses debitorem infra Pictavis invenerint, ex quo de equo suo debitor descenderit, catallum et

Philippus Dei gratia Francorum rex. Notum, etc., quod nos dilectis et fidelibus nostris civibus Rothomagensibus consuetudines et **libertates suas concedimus sicut inferius continentur.**

R3（前半）. Concedimus eciam quod ipsi habeant **communiam et banleugam ad metas quas Ricardus quondam rex Anglie eis concessit et justiciam seam infra metas, salvo tamen jure dominorum qui ibi terms habuerint.**

R1. Concedimus siquidem eis quitanciam de hiis que ad nos pertinent de propriis mercaturis suis, per totam terram quam Henricus quondam rex Anglie tenuit, preterquam in comitatu Ebroicensi et in Vulquasino Normanno et apud Paciacum et in terra Hugonis de Gornaco, et preterquam a Ponte Arche superius versus Franciam.

R3（後半）. Et habeant eciam placita de hereditatibus et catallis suis et convencionibus factis Rothomagi et infra banleugam, salvis curiis dominorum qui ibi terms habuerint. **Qui domini habent curias hominum suorum in villa tenendas, usque ad recognicionem. Recognicio autem fiet in communia.**

R4. Recordacionem quoque tenebunt de hiis que pertinent ad communiam suam, videlicet de hiis que facta fuerint inter eos, salvo nobis placito ensis.

R5. Super debitis mutuatis apud Rothomagum, si debitorem infra Rothomagum invenerint, es quo de equo descenderit, catallum vel hernesium harnesium suum per majorem, propter debitum suum, arrestare poterunt, quousque recognoverit debitum vel negaverit, nisi tamen ita sit quod per submonicionem nostram illuc venerit, vel in exercitum, **vel nisi de familia nostra** sit. Quod si debitum cognoverit, in communia de eo jus fiet ad diem ; si vero illud negaverit, jus de eo fiet coram ballivo nostro apud Pictavis, et ballivus noster de eo securitatem accipiet ad diem veniendi et jus ibi coram ipso faciendi. Et si debitor, vel ille qui convencionem fecerit Pictavis, non venerit Pictavis ad diem, si in justicia et potentate nostra sit, **ballivus noster** compellet securitatem inde receptam ad veniendum Pictavis et super hoc juri parendum coram ballivo nostro Pictavensi.

P5. Nullus civium Pictavensium potest appellari ab aliquo latrone, confesso vel convicto, vel deprehenso, vel falsonario, vel ab aliquo qui legem non habeat.

P6. Contra omnes legitimos homines et legales testes respundebunt sicut alii de Pictavia.

P7. Preterea, Cives Pictavenses cogere non poterimus ad custodiendum prisones in carcere, nec alibi, nisi tantummodo quousque illos tradiderint ballivo nostro, si eos ceperint.

P8. Nullum insuper ipsorum cogere poterimus ad custodiendum monetam vel vicecomitatum, vel aliud ministerium nostrum, **nisi id facere debeat ratione feodi quod inde teneat, vel aliquid habeat propter quod debeat ad hoc compelli.**

suum per majorem, propter debitum, arrestari poterit, quousque illud cognoverit vel negaverit ; nisi tamen ita sit quod per summonicionem nostram illuc venerit velin exercitum eat. Quod debitum si cognoverit, in communia de eo jus faciet ad diem ; si vero illud negaverit, jus iude faciet coram ballivo nostro apud Rothomagum, et ballivus noster de eo securitatem accipiet ad diem veniendi et jus ibi coram ipso faciendi. Et si debitor, vel ille qui convencionem Rothomagi fecerit, Rothomagum non veniret, si in justicia et potestate nostra esset, compellemus ipsum ut Rothomagum veniret et super hoc juri pareret coram ballivo nostro Rothomagensi.

R6. Nullus civium Rothomagi potest appellari ab aliquo latrone confesso, vel aliquo crimine convicto vel deprehenso, vel falsario, nec etiam ab aliquo qui legem non habeat.

R7. Contra omnes legitimos homines et legales testes respondebunt, sicut alii de Normannia.

R8. Preterea cives Rothomagi cogere non poterimus ad custodiendum prisones nostros, nec in carcere nec alibi, nisi tantummodo quousque illos tradiderint ballivo nostro, si eos ceperint.

R9. Nullum insuper ipsorum cogere poterimus ad custodiendam monetam, vel vicecomitatum, vel aliud ministerium nostrum.

P9. Nec nos cogemus eosdem cives ad reddendum nobis talliam per consuetudinem, nisi sponte sua nobis dare voluerint.

P10. Preterea, vinum, quod apud Pictavis in tabernis capietur ad opus nostrum, ad forum capietur quo aliis vendetur. Illud autem quod non erit in taberna, per quatuor legitimos homines civitatis super fidem et sacramentum eorum appreciabitur, et precium inde redditur.

P11. Preterea, cives predicti cum mercaturis suis, de quocumque loco venientes in domania nostra, poterunt eas licite vendere ad detallium vel alio modo et eas chargiare et dechargiare, portare vel reportare ubicumque voluerint pacifice et quiete, quantum ad nos pertinet, **in tota terra quam Henricus, quondam rex Anglie, tenuit, preterquam in terris quas superius excepimus.**

P12. Nullus nisi manens fuerit apud Pictavis poterit dechargiare vinum in cellario, vel in domo apud Pictavis, propter illud revendendum ; **sed nos poterimus ibidem vina dechargiare ad opus nostrum et garnisionum nostrarum et facere revendi vina garnisionibus pro renovando.**

P13. De mercaturis que de ultra mare veniunt apud Pictavis, nullus extraneus poterit emere ad revendendum nisi per cives Pictavenses. Quod si quis fecerit, medietas mercature erit nostra, et altera medietas civium Pictavensium, pro forisfacto.

P14. Item, nullum de civibus Pictavensibus cogere poterimus ad contrahendum

R10. Nec eos cogemus ad reddeudum nobis talliam per consuetudinem, nisi sponte sua nobis dare voluerint.

R12. Preterea, vinum, quod apud Rothomagum in taberna capietur ad opus nostrum, ad forum capietur quo aliis venditur. Illud autem quod non erit in taberna, per quatuor legitimos homines civitatis, super fidem vel sacramentum eorum, appreciabitur, et precium inde redditur.

R13. Preterea, predicti cives cum mercaturis suis quecumque fuerint, venientes in domaniis nostris, poterunt eas licite vendere ad detallium vel alio modo, sicut voluerint, pacifice et quiete, et eas chargiare et dischargiare, et portare et reportare ubicumque voluerint, **preterquam in illis terris quas supra excepimus.**

R15. Nullus nisi manens fuerit apud Rothomagum poterit dischargiare vinum in cellario vel in domo apud Rothomagum propter illud revendendum.

R19. De mercaturis que de ultra mare venerint apud Rothomagum, nullus extraneus poterit emere ad revendendum nisi per cives Rothomagi ; quod si quis fecerit, medietas mercis erit nostra et altera medietas civium Rothomagi pro forisfacto.

R21. Item, nullum de civibus Rothomagi cogere poterimus de eis maritandis nisi matrimonium, nisi de voluntate sua.

P15. Volumus etiam quod nullus eorum posit reptari de usura, nec jureia fiat super eum, vel super heredes ejus post mortem suam.

P16. Preterea, si **quis de communia** fuerit in prisonia nostra vel monasterio, vel se absentaverit pro aliquo delicto, volumus quod major custodiat catalla ejus in manu sua, et ballivus noster inde habeat quoddam scriptum et major aliud, donec judicetur ; et si da[m]pnatus fuerit, catalla erunt nostra.

P17. Item, major habebit omnes submoniciones **hominum communie sue**, et illos habebit ad jus ; nec aliquis in eos manum apponat, sine majore vel serviente suo, nisi **hoc sit pro placito quod pertineat ad comitem Pictavensem** ; et tunc ballivo nostro debet major auxilium impendere ad justiciam faciendam de hominibus communie, si fuerit exinde requisitus.

P18. Item, non, nisi per marescallum nostrum, poterunt cives predicti volentibus hospitari apud Pictavis denegare hospicia, nisi ipsi eis forisfecerint, vel nisi cives racionabilem causam ostenderint quare id facere non debeant.

P19. **Cives Pictavenses singulis annis eligere debent majorem et duodecim scabinos et duodecim juratos, qui omnes jurabunt coram nobis vet ballivo nostro quod fideliter custodient nos et vitam nostram et honorem nostrum et membra nostra et jura nostra. Et her electio fiet in termino quo solet hactenus fieri.**

de voluntate sua.

R22. Volumus eciam ut nullus eorum possit retari de usura, nec jurea fiet super eum, vel super heredes ejus post mortem suam.

R25. Preterea, si **quis de ballivia** majoris fuerit in prisonia rostra vel in monasterio, vel se absentaverit pro aliquo delicto, volumus quod major custodiat catalla ejus in manu sua et ballivus noster inde habeat quoddam scriptum et major aliud, donec judicetur ; et si dampnatus fuerit, catalla ejus rostra erunt.

R26. Item, major habebit omnes summoniciones **hominum ballivie sue**, et illos habebit ad rectum, nec aliquis in eos manum apponet sine ipso vel serviente suo, nisi **sit de placito ensis** ; et ad hoc ballivo nostro debet major auxilium impendere ad justiciam faciendam de ballivia sua.

R27. Item, non nisi per marescallum nostrum poterunt vetare advenientes ad hospitandum, nisi ipsi eis forifecerint, vel nisi cives rationabilem causam ostenderint quare id facere non possint.

P20. Et quando major electus fuerit, veniet ad nos fidelitatem prenotatam nobis facturus ; vel si mandaverimus ballivo nostro Pictavensi ut fidelitatem ejus recipiat, major tenetur facere fidelitatem coram ballivo nostro Pictavensi, sicut predictum est.

P21. Preterea, sciendum est quod cives predicti nobis debent exercitum et equitacionem ultra Ligerim, in omnibus locis in quibus homines nostri de feodis Pictavie nobis debent exercitum et equitacionem.

P22. Libertates autem et inmunitates premissas civibus predictis concedimus quandiu nobis et heredibus nostris adherebunt et quandiu nostram et heredum nostrorum observabunt fidelitatem, salva nobis justicia latronis, homicidii, sanguinis, raptus et multri et salvo conductu curie nostre.

Quod ut perpetue stabilitatis robur obtineat, presentem paginam sigilli nostri auctoritate et regii nominis karactere inferius annotato confirmamus. Actum Aneti, anno dominice incarnationis Mo CCo vicesimo secundo, regni veto nostri quadragesimo quarto. Astantibus in palacio nostro quorum nomina supposita sunt et signa. Dapifero nullo. Buticulario nullo. Signum Bartholomei camerarii. Signum Mathei constabularii. Data vacante (*Monogramme*.) cancellaria.

R24. Concedimus quoque quod ipsi teneant, per libertatem Rothomagi, omnia placita et omnes mesleias infra Rothomagum et infra banleugam Rothomagi, in quibus mors vel mehaigne vel placitum ensis non appendet, et si illa placita non fuerint secuta per vadium belli, salvo sicut dictum est jure dominorum qui ibi terras habuerint.

Quod ut perpetuum robur obtineat, ea, sicut superius continentur, **salvo jure nostro et salvo jure ecclesiarum nostrarum** confirmamus. Actum Paciaco, anno Domini millesimo ducentesimo septimo.

史料2 サント゠クロワ女子修道院ブールの裁判権をめぐる紛争。
伯側の証人による証言の記録（1243―1245年）

Audouin, E., *Recueil de documents concernant la commune et la ville de Poitiers*, t. 1, n° 48, pp. 90-97.

　以下は，サント゠クロワ女子修道院長がブール内において要求している裁判権について，ポワトゥー伯の側に立って出廷した証人たちの記録である。

1. 『ピエール・ル゠ベール（がバイイであった）時にポワチエのメールであったギヨーム・グロッサンによって，以下のことが証言された。すなわち，前述ピエールが，シトレーの塔を倒すため，伯に軍役と騎馬役を負う全ての者を彼に従わせて出征させた折に，証言中の彼自身はポワチエのコミューヌを率いたのだが，その際，女子修道院長が裁判権を所持すると主張しているブールの中で女子修道院のそばに居住している，サント゠クロワ女子修道院長の領民であるジャン・ジャンセイが，国王の要請に応じて，彼と共に騎兵として参加したのを見た。また証人は，（同ジャンが）都市の諸費用の分担分として彼の穀物を差し押さえさせたのだが，それは彼の任期においてはいかなる抵抗もなく平和裡に行われたのである。また，同ブールの裁判権はポワトゥー伯のものに間違いなく，女子修道院長は前述ブールの誰をも解放できないし，したこともない。また，ブールの全ての者はポワトゥー伯によって裁かれるのである，と。
2. P. ガルニエは，同ブールの女子修道院長の領民であるジャン・ジャンセイが，ポワチエの歴代メールの面前にしばしば呼び出され，彼らに対して債務その他の事柄について，自身はサント゠クロワ女子修道院長の裁判権に服するのだと主張することなく，またメールから彼に対して強制力を加えられることなく，自発的にメールの呼び出しに応じていたのを見たと証言した。そして，彼は女子修道院長が同ブール内に裁判権またはフランシーズを所持しているとは考えず，それは伯殿のものに違いない，と。
3. イレール・フーシェによって，P. ガルニエの証言と全面的に同一内容のことが証言され，それに付け加えていわく，ジャン・ジャンセイが，国王の招集に応じてシトレーの塔を倒すため，彼（イレール）とコミューヌと共にやって来たのを見た。したがって，女子修道院長は係争中のブール内で裁判権もフランシーズも所持しておらず，それは伯殿のものに違いない，と。
4. ピエール・ド゠ラ゠シャリテが証言していわく，彼がメールであった年（1241年），現在も国王であるルイ王の時代に，女子修道院長が裁判権を所持すると主張しているブールの中で女子修道院のそばに居住している，サント゠クロワ女子修道院長の領民であるジャン・ジャンセイが，彼の任期中は国王のコミューヌによって裁かれており，都市の諸費用を正しく支払っていたのを見た。また，彼の1年分

の支払額は12デナリウスだった。また，彼（ピエール）より前の歴代メールの任期中に，同ジャンは平和裡に彼らによって裁かれていた。したがって証人は，女子修道院長は係争中のブール内で裁判権もフランシーズも所持しているとは思わず，それは伯殿のものに違いない，と。

5. ミシェル・バジョンが証言していわく，当時ポワチエの領主であったフィリップ王の時代に，ギヨーム・ケンドロス，ギヨーム・サルペ，サンサール・ペレリウム，ジャン・ラベンダリウム，ジャン・レクランシエ，バルテルミー・ペリパリウム及びその妻の父ジラール，彼らサント＝クロワ女子修道院長の従属民であり，女子修道院長が裁判権を持つと主張しているブールの中で寝起きしている者たちが，彼らの身体及び財産に関して，国王のメールとコミューヌによって裁かれるのを見た，と。また，彼らが監視役につき，都市費用の中で彼らが負うべき額を支払うのを見た。彼（証人）がこのことを知っているのは以下の理由である。彼の父はフィリップ王の時代に，5年間あるいはそれ以上にわたって都市ポワチエの12人コンセイエの1人であったが，彼が（息子）ミシェルを，市門や四辻に監視役を配置すべく，彼自身に代わって行かせたのである。そして父の死後は，証言中の彼自身が都市コンセイエの1人となり，その者たちが平和裡に裁かれているのを見た，と。そして彼らの任期中，当時の女子修道院長が，同ブールの中で何らかの裁判権やフランシーズを要求するのを見たことも聞いたこともない。女子修道院長がそれを所持するはずはなく，それはポワトゥー伯に属するのだ，と。

6. ジョフロワ・ピグリスと共にポワチエのプレヴォであったブランダンによって，以下のことが証言された。サント＝クロワ女子修道院長の者たちが，布地2巻を盗んだ1人の女を捕えたが，審理はブランダン自身が行って判決を言い渡し，その女のほおに焼きごてで焼印を押させた。そのブールの中の全ての者は，コミューヌに属さない全ての者は彼自身と同僚たちによって，コミューヌに属する者はメールとエシュヴァンによって裁かれた。女子修道院長は同ブールに裁判権もフランシーズも所持しないのであって，それは伯殿に属する，と。

7. ピエール・バタールによって，前の証人ミシェル・バジョンによって証言されたと同一の内容が証言された。さらに彼は，ギヨーム・ケンドロス，ギヨーム・サルペ，サンサール・ペレリウム，ジャン・ラベンダリウム，ジャン・レクランシエ，バルテルミー・ペリパリウム及びその妻の父ジラール，彼らサント＝クロワ女子修道院長の従属民であり，そのブールの中で寝起きしている者たちが，マレシャルのアンリがフィリップ王のためにラ＝ロシェルへと率いた軍隊に赴くのを，またニオールへの出征の折にも，またルイ王がラ＝ロシェルを攻略した折はラ＝ロシェルへの出征にも，参加したのを見た，と言った。

8. ポワチエのメールのジョフロワ・ダローンの書記であったフィリップ・ラルシェが証言していわく，都市のメールとエシュヴァンとプリュドンムたちは，都市ポワチエにおいてフィリップ国王の領主権と裁判権の下にある者たちに対して，と

ある徴収の割り当てを行ったが，女子修道院長が裁判権を持つと主張しているブールの中に居住するギヨーム・ケンドロスには10ソリドゥスを定め，割り当てた。定められた期日に10ソリドゥスが支払われなかったため，メールは証人（ジョフロワ）自身と，コミューヌの役人であるP. マルタンに委任し，彼ら2人は前述ギヨームの穀物を，ギヨーム自身及び女子修道院長の抵抗を受けることなく差し押さえ，メールに提出したのである。女子修道院長が彼女のブールであると言っているその場所において，何らかの裁判権やフランシーズを所持しているのを証人は見たことがないし，問題となっている同ブールの中にいる人々を，軍役，騎馬役，監視役，都市の諸費用から，また同都市のメールやプレヴォの法廷に応えないですむように，解放してやることができるとは思わないと証言した。

9. ユベール・バルブリオーによって以下のことが証言された。同都市のプレヴォであったジャン・ド＝ギャラルドン――父のほう――が，サント＝クロワ女子修道院長の従属民の誰かの財産を，差し押さえさせて用益させなかった。そのことはブールの中で耕作する者たちに損害を与えたが，女子修道院長またはその代理の者に賠償が行われることはなかった。同ブールの中で女子修道院長は裁判権もフランシーズも所持しておらず，それはポワトゥー伯のものである，と。

10. ジャン・ゴレイが証言していわく，問題となっている同ブールの中で寝起きしているジャン・ジャンセイが，当時ポワチエのメールであったP. ド＝ラ＝シャリテの面前にて，他の領主権（の下にあるのだと）の主張をすることなく，債務や喧嘩などの事件について答えているのを見た。そして問題となっているブールの中では伯殿がフランシーズと領主権を持っているのであって，そこでは伯殿のワインの計量枡及び穀物の計量枡が広く用いられているのである，と。

11. ピエール・ド＝ニオールが証言していわく，マレシャルのアンリが国王の軍隊をラ＝ロシェルに率いたときに，問題となっている同ブールの女子修道院長の従属民であるギヨーム・ケンドロス，サンサール，バルテルミー・ロング＝バルブ，ジラールが，国王の招集に応じて軍役に赴いたのを見た。そして行軍中も彼らはいたし，上述の4人はルイ王によるラ＝ロシェルへの出征のときも出発していくのを見た。ブールの穀物の計量，ワインの計量，裁判権について，同証人は，前述の証人であるジャン・ゴレイと同一の証言を行った。

12. 20年間にわたってポワチエのプレヴォの官吏であったオーディンによって，以下のことが証言された。問題となっている同ブールに居住する全ての者は，その動産，債務，身体，その他サント＝クロワ女子修道院長から与えられた所有財産以外のことに関する事柄について，コミューヌに属さない者はプレヴォによって，そしてコミューヌに属する者はメールとエシュヴァンによって裁かれる。（後略）

13. 1年間プレヴォ職にあったフィリップ・シェリスによって，前の証人オーディンが証言したこととまったく同一のことが証言された。

14. 3年間ポワチエのプレヴォ職にあったジャン・ド＝ギャラルドンによって，以下

のことが証言された。彼はある巡礼から所持金を盗んだある女を捕えたが，その女はサント=クロワ女子修道院長がブールを所持していると言っている場所の中のジャン・ド=ヴォワゼルの家の中に，6スチエあるいはそれ以上のカラス麦を所持していた。そこでプレヴォは女子修道院長あるいは他の誰かの抵抗を受けることなく，平和裡にそのカラス麦を運び出させ，手元にとどめたのである。そして証人は女子修道院長はこのことをよく知っていたと考えている。そして彼の任期中，彼は盗みやそうした諸事件について，コミューヌに属さない者を裁き，罰金を徴収し，そしてそのブールの中で売買が行われる際には，彼に属する税を徴収していたし，そのブールの中では伯のワインと穀物の計量枡が広く用いられている，と。
15. ピエール・シェリスは，ジャン・ド=ギャラルドンによって証言された内容と同一の証言を行った。
16. 最後の証人エリオンは，かつて4年間ないしそれ以上サント=クロワ女子修道院長のポワチエ都市内外所領のプレヴォであった者だが，彼によって以下のことが証言された。問題となっているブール内の全ての者は，彼の任期中には，女子修道院長と彼自身の面前で，コミューヌに属さない者はポワチエのプレヴォによって，コミューヌに属する者はメールとエシュヴァンによって裁かれた。そのブールの中では伯のワインと穀物の計量枡が広く用いられていた。もしその場所において誰かが売ったり買ったりしたなら，税はポワトゥー伯のものだった。女子修道院長が，彼女が与えた財産に関すること以外は，裁判権を持っているのを見たことはないし，女子修道院長のプレヴォであった彼自身も，そのブールの誰かを裁いたこともなく，その場所を彼はブールとは呼ばないのである，と。

史料原文

Hee sunt rubrice testium productorum ex parte comitis Pictavensis super justitia quam petit abbatissa Sancte Crucis in burgo.

1. Per Guillermum Grossin, qui fuit major Pictavensis tempore Petri Le Ber, probatur quod predictus Petrus fecit quod omnes qui debent exercitum et equitatum comiti, sequerentur eum apud Chitre, causa fundendi turrem, et ipse qui loquitur duxit communiam Picravensem, et vidit Johannem Genquoi, hospitem abbatisse Sancte Crucis et mansionarium juxta abbatiam in illo burgo, in quo petit abbatissa jusuticiam, venire cum eo in illo equitatu ad clamationem regis, et quod fecit blada sua capi pro assisia missionibus ville, et explectavit pacifice in suo tempore sine aliqua contradictione, et quod justicia illius burgi debet esse comitisPicravensis, et quod abbatissa nullum debet franchire de dicto burgo nec unquam fecit, et quod omnes de burgo debent se justiciare per comitem Pictavensem.
2. Item, per P. Garnier probatur quod vidit Johannem Gencai, hospitem abbatisse in

illo burgo, citari sepe coram majoribus Pictavensibus et respondere coram eis de debitis et rebus aliis sine avoare se justizare per abbatissam Sancte Crutis, et sponte respondebat coram majoribus nec aliqua vis fiebat ei a majoribus, nec credit quod abbatissa habeat justiciam in illo burgo vel franchisiam, sed credit quod debeat esse domini comitis.

3. Item, per Hylarium Fouchier probatur idem per omnia, quod probatur per P. Garnier predictum, et addit quod vidit Johannem Gencai venire cum eo et communia pro clamacione regis, causa precipitandi turrem de Chientre ; et dicit quod abbatissa non debet habere justiciam vel franchisiam in burgo, de quo est contencio, sed debet esse domini comitis.

4. Item, per Petrum de Caritate probatur quod vidit in quadam anneta, qua fuit major, tempore regis Ludovici, qui nunc est, Johannem de Gencai, hospitem abbatisse Sancte Crucis, manentem prope abbatiam in illo burgo, in quo abbatissa petit justiciam, jusizare in tempore suo per communiam regis et persolvere decenter de misionibus ville, et fuit pars sua de anneta XII denarii ; et vidit tempore aliorum majorum, qui fuerunt ante ipsum, dictum Johannem justizare se pacifice per eos, nec credit quod abbatissa habeat justiciam vel franchisiam in dicto burgo, sed debet esse domini comitis Pictavensis.

5. Item, per Michaelem Bagions probatur quod vidit, tempore regis Philippi, qui tunc erat dominus Pictavensis, Guillimum Cendros et Guillelmum Sarpe et Sansart Perrerium et Johannenm Lavendarium et Johannem Lesclanchier et Bartholomeum Pelliparium et Girardum, patrem uxoris dicti Bartholomei, hospites abbatisse Sancte Crucis, levantes et cubantes in burgo, in quo abbatissa petit justiciam, justizare se per majorem et communiam regis de corporibus et opibus suis, et vidit eos facere eschauguiete et ponere suum decens in misionibus ville ; et hoc scit quia pater suus, qui fuit quinque annis vel amplius unus ex duodecim consiliariis ville Pictavensis tempore regis Philippi, et mittebat ipsum Michaelem pater suus, ut divideret gentes, et pro ipso poneret ad portas et ad quadrivia, et post mortem patris sui fuit par ville ipse qui loquitur, et vidit ipsos justizare pacifice, nec audivit nec vidit quod tempore illo abbatissa, que tunc erat, peteret aliquam justiciam in dicto burgo vel franchisiam, nec quod debeat habere, sed pertinet ad comitem Pictavensem.

6. Item, per Brandinum, qui fuit cum Gaufrido Pigris prepositus Pictavensis, probatur quod gentes abbatisse Sancte Crutis ceperunt unam latronam, que furata fuerat duos pannos ; idem Brandinus ivit quesitum eam et pannos et duxit et fecit eam coqui de quadam clave in maxilla ; et dicit quod omnes illi de illo burgo, qui non stabant de communia, justizabant se de omnibus per ipsum et socium suum, et illi qui stabant de communia per majorem et eschevinos ; et dicit quod abbatissa non

habet justiciam nec franchisiam in dicto burgo, sed est comitis Pictavensis.

7. Item, per Petrum Bastart probatur illud idem, quod probatur per Michaelem Bagions predictum, testem precedentem, et dicit quod Guillermus Cendros, Guillermus Sarpe, Sansart Perrerius, Johannes Lavendarius, Johannes Lesclanchier et Bartholomeus Pelliparius et Girardus, pater uxoris dicti Bartholomei, hospites abbatisse Sancte Crutis, levantes et cubantes in dicto burgo, fuerunt cum et in exercitu apud Rupellam, quem marescallus Henricus duxit pro rege Philippo, et in exercitu apud Niorz, et in exercitu apud Rupellam, quando rex Ludovicus cepit eandem.

8. Item, per Philippum Larquers, qui fuit clericus Gaufridi Dalone, majoris Pictavensis, probatur quod major et eschevini et probi homines de villa fecerunt quandam assisiam super eos, qui erant in dominio et justicia regis Philippi in villa Pictavensi, et ponere et assedere super Guillermum Cendros X solidos, qui erat mansionarius in illo burgo, in quo petit abbatissa justiciam, et ideo quia non reddidit ad diem predictos X solidos, major misit istum qui loquitur et P. Martin, servientem de communia, qui ceperunt blada dicti Guillermi sine contradictione ejusdem Guillermi vel abbatisse, et tulerunt majori, nec vidit quod abbatissa faceret aliquam justiciam vel franchisiam in illo loco, quem vocat burgum suum, nec credit quod possit franchire aliquem hominem, qui stet in burgo illo, de quo est contentio, de exercitu, de equitatu, de guez, de missionibus ville, et quod non respondeant in curia majoris vel prepositi ejusdem ville.

9. Per Hubertum Barberiau probatur quod Johannes de Galardone senior, qui erat prepositus ejusdem ville, cepit res et explectavit cujusdam hospitis abbatisse Sancte Crucis, qui percusserat quemdam hominem de cultro in illo burgo, sine restauratione, quam haberet abbatissa vel alius pro ea ; et dicit quod abbatissa non habet justiciam nec franchiam in dicto burgo, sed est comitis Pictavensis.

10. Item, per Johannem Gorray probatur quod vidit coram P. de Caritate, tunc majore Pictavensi, Johannem de Gencay, cubantem et levantem in illo burgo, de quo est contentio, respondere coram dicto majore de debito et melleia, sine avoare alterius dominium, et dieit quod in illo burgo, de quo est contentio, dominus Pictavensis habet franchiam et dominium, et ibi currunt mensure vini domini comitis Pictavensis et mesure bladi.

11. Item, per Petrum de Niorz probatur quod mareschallus Henricus duxit exercitum regis coram Rupella, et vidit Guillelmum Cedros, Sansart, Bartholomeum Longue Barbe et Girardum, hospites abbatisse in illo burgo, de quo est contentio, ire in illum exercitum pro citatione regis, et presens fuit quando moverunt, et vidit illos quatuor supradictos ire in exercitu regis Ludovici apud Rupellam ; de mensuris bladi et vini et de justicia burgi, cujus sit, idem dicit, quod Johannes Gorray

predictus et precedens testis.

12. Item, per Odinum, qui fuit per XX annos serviens, perpositorum Pictavensium, probatur quod omnes illi qui erant mansionarii in illo burgo, de quo est contentio, justizabant se de mobilibus suis et debitis et factis corporum et aliis rebus, exceptis horretagiis, que movent ab abbatissa Sancte Crucis, et dicit quod per prepositum illi, qui non erant de communia...

13. Item, per Philippum Cheris, qui tenuit preposituram uno anno, probatur illud idem per omnia, quod probatur per Odinum, testem precedentem.

14. Item, per Johannem de Galardon, qui fuit prepositus tribus annis Pictavensis, probatur quod cepit quandam latronam, que furata fuerat denarios cuidam peregrine, et illa latro habebat sex sextarios avene vel amplius in domo Johannis de Voisele, in illo loco, ubi abbatissa Sancte Crucis dicit quod habet burgum. Item prepositus fecit portare et remansit in pace sine contradictione abbatisse vel aliqujus alterius; et credit quod abbatissa hoc bene scivit, et in suo tempore jutizavit de clamoribus et questibus illos qui non erant de communia, et levavit emendas et, quando vendebant vel emebant in illo burgo, habebat coustumam suam, et currebant in dicto burgo mensure vini et bladi comitis.

15. Item, per Petrum Cheris probatur idem per omnia, quod probatur per Johannenm de Galardone.

16. Item, per Elions, ultimum testem, qui fuit prepositus abbatisse Sancte Crucis de terra Pictavensi et extra per quatuor annos et amplius, probatur quod omnes homines de burgo, de quo est contentio, justiciaverunt se in tempore suo, ad visum abbatisse et sui, per prepositum Pictavensem illi qui non erant de communia et illi erant de communia per majorem et eschevinos. Et currunt mensure comitis de vino in illo burgo et de blado. Et, si aliquis vendat vel emat in illa terra, costuma erit comitis Pictavensis. Nec unquam vidit quod abbatissa habere justiciam nisi de heritagiis, que movent ab ea, nec ipse, qui erat prepositus abbatisse, justiciavit unquam ullos de illo burgo, nec dicit quod sit burgum.

史料3 シトー派パン修道院長とポワチエのサン゠ティレール参事会教会学校長によって行われた，ポワチエのテンプル騎士団都市館をめぐる紛争についての調査の記録（1252年）

Bardonnet, A. (éd.), Comptes et enquêtes d'Alphonse, comte de Poitou, 1253-1269, dans *Archives historiques du Poitou*, t. 8, 1879, pp. 126-133.

　　　　　　　テンプル騎士団の側に立って出廷した証人たち。
　テンプル騎士団の従属民であるジャン・ド゠フォルジュは，宣誓して質問に答えて言った。すなわち，テンプル騎士団の修道騎士たちとポワトゥー伯殿の間で問題となっている館は，かつてソロネーのものであり，ソロネーは同館を，全ての慣習的賦課や権威の執行から免れたものとして所有していた。ソロネーが同館において何らかの裁判権を行使するのを見たり聞いたりしたことがあるかと尋ねられ，彼は然りと答えた。…（中略）…その裁判は同館の中で行われたのかと尋ねられ，彼は否と答えた。ソロネーは，前述の館を前述の修道騎士たちに，彼自身が所持していた全ての領主権と共に，何物も自らに留保することなく譲渡したのかと尋ねられ，そうだと思うと答えた。同館がテンプル騎士団の修道騎士たちの手に渡った後に，強盗や殺人や，その他の裁判権に係属する何らかの事件が館の中で起こったのを見たり聞いたりしたことがあるかと尋ねられ，否と答えた。しかし，テンプル騎士団の役職者であるギヨーム・ド゠ソネーヨが，1人はマテュー・ド゠マロリョ，もう1人はジャン・ド゠マロリョと呼ばれるフォルジュの2名の者を裁くためにその館の中で法廷を開いたのを見た，とも言った。判決に従って決闘が同館の中で行われたのかと尋ねられ，否と答えた。前述の館の中に居住する者は，前述の修道騎士たちによって，あるいはポワチエのバイイまたはプレヴォなど伯権によって裁かれるのを見たり知ったりしたかと尋ねられ，何も見なかったし何も知らないと答えた。その他の全ての質問に対しては，何も知らないと言った。
　モンタミゼの司祭であるアンドレは，司祭の言葉を通じて，問題になっている館の中で，ソロネーの時代に強盗・殺人・あるいはその他の裁判権に係属する何らかの事件が起こり，それらの事件についてソロネーが，ないしテンプルの修道騎士たちが所有するようになった後にはテンプルの修道騎士たちが領主として審理するのを見たことがあるかと聞かれ，否と答えた。しかしながら，6年ばかり前にフィリップ・シュヴァリエが同館の従属民であるゴドフロワ・ド゠サント゠クロワに対して同館で売却されるワインの売買税を要求したのを見た，またこのことについて同館のテンプルの騎士たちの面前で長い間審理が行われたのだが，前述フィリップが要求していたものを得たかどうかについては知らない，と言った。同館の従属民がポワトゥー伯のバイイによって裁かれるのを見たかと尋ねられ，否と答えた。

伯殿の側で出廷した者たちは以下のとおりである。

ポワチエのキーヴィスである妻帯者イレール・フーシェは，宣誓して質問に答えて言った。ポワチエのプレヴォの誰かが，問題となっている館の者の誰かを，暴行したことを理由に捕えたと言われているのを聞いた。質問されたその他の全ての事柄については，何も知らないと答えた。

ポワチエのキーヴィスである妻帯者ギヨーム・モレイユは，宣誓して質問に答えて言った。ギヨーム・アシャール・ド＝シャテルローが問題となっている館の中に居住しているのを見たことがあり，また彼が他のコミューヌ誓約者と同じようにポワチエのコミューヌのメールの命令に服しているのを見たと言った。また，前述ソロネーあるいはテンプル騎士団員の誰かが，前述の館における裁判権を行使していたかどうかと訊ねられ，何も知らないと答えた。

ポワチエのキーヴィスである妻帯者フィリップ・ラルシェは，宣誓して質問に答えて言った。問題になっている館の中にレジノー・ゴーダンが居住しているのを見たことがあり，同レジノーが貧しく高齢であったこと，そのために都市の分担金の徴収が差し控えられるのを見たと言った。また，その館の中にギヨーム・アシャールが居住していたのを見たことがあり，ギヨーム・ブーヴァンとコミューヌ書記であるジョフロワが，同ギヨームからタイユのために担保を差し押さえさせたと言われているのを聞いたこと，そしてそれがポワチエのメールに引き渡されたと聞いたと言った。また，同館の中にジョフロワ・ド＝サント＝クロワが居住しているのを見た，そしてポワチエのメールが同館の中で，都市の分担金のために担保を差し押さえさせたのを見たこと，そしてこのジョフロワが彼に担保が返還されるよう懇願したが，同メールがそれを返還したかは知らない。そして同ジョフロワは担保の返還のために何度もテンプル騎士団の修道士を同伴させたが，返還されたのは見ていない，と。また，同館の中でとある盾持が，ギド・ド＝ルペフォルティ殿の鉄の半長靴を盗み，ギド殿の配下によって，盗品と共にポワチエのプレヴォの所へ連行されるのを見た，しかし，その従者がどうなったかについては知らない，と。また，テンプル騎士団員たちが同館の中で裁判権または領主権を所持していたり行使したりするのを見たことは決してない，前述のテンプル騎士団員たちは，フォルジュの管区において所持しているのと同じだけの権利を，前述の館において所持していると言っているが，彼らが何らかの裁判権を行使しているのを見たことはない，と言った。その他についても訊ねられたが，何も知らなかった。

我々には，これらの証人たちによって，問題の館においてテンプル騎士団員たちが何らかの裁判権を享受していることが証明されたとは言えないように思える。

史料原文

  Johannes de Forgis, homo mansionarius Templi, juratus et requisitus, dixit quod illa domus, de qua agitur inter fratres milicie Templi ac dominum comitem Pictavensem, fuit Soroneti, qui eam domum habebat liberam ab omni consuetudine et exactione. Requisitus utrum vidisset vel scivisset quod idem Soronetus posset in illa domo aliquam justiciam explectare, dixit quod sic...Requisitus utrum ipsis redditum fuisset in dicta domo judicium, dixit quod non... Requisitus utrum dictus Soronetus dedisset predictam domum dictis fratribus cum omni dominio quod ibidem habebat, nichil sibi retinendo, dixit quod credit. Item requisitus utrum scivisset vel vidisset quod, postquam dicta domus devenit ad manum fratrum Templi, aliquis casus in dicta domo evenisset latrocinii, homicidii vel alicujus casus ad justiciam pertinentis, dixit quod non ; verumptamen dixit quod vidit quod frater Guillelmus de Sonayo, magister Templi, tenuit placitum in dicta domo de duobus hominibus suis de Forgis, quorum unus vocabatur Mateus de Marolyo, et alius Johannes de Marolyo, et judicatum fuit inter ipsos duellum in predicta domo.Requisitus utrum factum, propter quod judicatum fuit inter ipsos duellum, in predicta domo evenerat, dixit quod non, quia ipsi super quibusdam hereditatibus se ad invicem appellabant. Requisitus utrum vidisset vel scivisset quod illi qui mansionarii erant in predicta domo, ex parte dictorum fratrum, per dominum comitem, vel per ballivum, vel per prepositum Pictavensem in aliquo explectarentur, dixit quod non vidit nec scivit.Super omnibus aliis requisitus, dixit se nichil scire.

  Andreas, cappellanus de Monte-Tamizer, in verbo sacerdotis requisitus utrum in domo de qua agitur, tempore Soroneti predicti, homicidii vel aliquem casum evenisse latrocinii, murtri, homicidii vel alicujus casus ad justiciam pertinentis, super quo dictus Soronetus, tamquam dominus, vel dicti fratres, postquam eam habuerunt, tamquam domini cognovissent, dixit quod non ; verumptamen dixit quod a sex annis circa vidit Philippum Chevaler qui petebat a Gaufrido de Sancta-Cruce, mansionario in dicta domo, vendam vini quod vendebatur in ipsa domo coram fratribus Templi, set nescit utrum dictus Philippus obtinuit quod petebat vel non.Requisitus utrum mansionario dicte domus vidisset a ballivis domini comitis Pictavensis explectari, dixit quod non.

      Pro parte domini comitis producti sunt isti :

  Hylarius Fulcherii, civis Pictavensis, uxoratus, juratus et requisitus, dicit quod audivit dici quod quidam prepositus Pictavensis ceperat quemdam hominem in domo de lua agitur, propter injuriam quam ipse fecerat. Super aliis articulis omnibus requisitus dicit se nichil scire.

  Guillelmus Moreil, civis Pictavensis, uxoratus, juratus et requisitus, dicit quod vidit Guillelmum Acuchardi de Castro-Esraudi manentem in domo de qua agitur, et quod faciebat et obediebat mandatis majoris comunie Pictavii, sicuti alii jurati comunie faciunt. Item requisitus utrum dictus Soronetus et Templarii aliquid ad justiciam pertinens ecplectassent in dicta domo, dicit se nichil scire.

　Philippis Arquerii, civis Pictavensis, uxoratus, juratus et requisitus, dicit quod vidit Reginaldum Gaudin manentem in domo de qua agitur, et quod ipse Reginaldus pauper erat et senex, et propter hoc pepercerunt ei de asizia ville. Item vidit in eadem domo Guillelmum Bouvins et Gaufridus, clericus comunie, ceperunt vel capi fecerunt gagia dicti Guillelmi pro talliata, ut dicebant, et majori Pictavensi tradiderunt. Item vidit in eadem domo Gaufridum de Sancta-Cruce manentem, et quod major Pictavensis capi fecerat gagia sua pro asizia ville, in eadem domo, et quod dictus Gaufridus instanter petebat sibi gagia deliberari, set nescit utrum dictus major deliberaverit; et quod idem G. multociens secum adducit fratres Templi pro gagiis deliberandis, et non vidit deliberari. Item vidit quemdam garciferum qui furatus fuerat calligas ferri domini Guidonis de Rupe-Forti in eadem domo, et adductus fuit a gentibus dicti Guidonis ad prepositum Pictavensem cum furto; quid factum fuit de ipso garcione nescit. Item decit quod numquam vidit ipsos Templarios habere seu exercere justiciam vel dominium in domo predicta; sed tamen dicti Templarii dicebant se tantum juris habere in dicta domo quantum habebant in ballia de Forgis, set nunquam vidit ipsos aliquam justiciam explectare. Requisitus de aliis, nichil scit.

　Videtur nobis quod per dicta istorum testium non sit probatum quod Templarii usi fuerint aliqua justicia in dicta domo, de qua agitur.

史料4　サン＝ティレール参事会教会ブールをめぐる内部紛争に対する仲裁判決（1257年8月16日）

J. de Laborde (éd.), *Layettes du Trésor des chartes*, t. 3, Paris 1875, pp. 370-372.

　現書類を目にする全ての者たちへ。オルレアンのサン・テニャン教会の財務役人であるジャン・ド＝ゴメーより、挨拶を送る。
　最初に、ポワチエのサン＝ティレール参事会教会ブールの上級裁判権を、全ての権限と領主権と共に、先述教会の財務係のみに属するものと決定する。しかし、同教会の参事会または参事会員たちのプレヴォは、先述ブールの公道において、強奪やそれに類似する犯罪を犯した者を捕えることができるが、それは領主としてではなく、被害者としてである。また同参事会または参事会員たちのプレヴォは、捕えられた者たちを、その者がどんな理由で捕えられた場合であっても、彼らが現在所持しておりあるいは所持するのが慣わしであるところの牢獄に、逮捕の瞬間から2日

間だけとどめることができ，それに続く3日目に，逮捕時に彼が所持していた全ての品と共に，ただちに前述教会財務係のセネシャルに返還し，罰すべき内容に従って前述の犯罪人の咎を裁きかつ罰して審理すべく，引き渡すべし。ただし，前述参事会の牢獄での2日間の生活に要した費用は，セネシャルと教会財務係によって，没収された所持品の中から，参事会のプレヴォに支払われる。

　前述ブールにおけるバン及びバン布告，監視役と見張りの配置，公道の裁判権と領主権，ワイン計量とタヴェルナについての裁判権を，ただ教会財務係のみに属すると決定する。

　以下のごとく決定し，平和と調和の善のために命ずる。参事会は，彼らの貢租地の中で，また彼らの貢租民に対して，貸し借り，口論，喧嘩，揉め事，その他何であれ小さな苦情に関わることに関して，裁判権と審理の権利を所持する。そして，参事会の貢租民どうしの間の流血の裁判権と審理権について，軽い傷が与えられた場合で，それが何らかの種類の武器を用いて与えられたのではないものについては，参事会がそれを所持する。しかし，前述の犯罪については流血裁判権があるのだが，それ以上の事件については彼らの裁判上の権限は決して及ぶことはなく，その全てについて教会財務係の裁判権を保全する。

　前述の参事会員たちは，彼自身の家の中で，彼ら自身のワインについてなされるタヴェルナについての裁判権を所持する。また同参事会員たちは，彼ら自身のワインの売却については，望むときにワインの計量枡を所持し，これについては売買税を支払わない。また，同参事会員たちは，彼ら自身のワインを，財務係のバンに妨げられることなく，望むだけ何度でも売却できる。しかし，もし参事会員たちが再売却すべくワインを買うとき，あるいは他人のワインを売却するとき，前述教会財務係はそのワインについて，彼が前述ブール内で参事会の保有民の家の中で所持すると同じように，彼の売買税とタヴェルナについての裁判権を所持する。また，教会財務係のワインのバンの期間中は，参事会員たちはワインを売却できない。

　また，前述ブール内におけるワイン及びその他の売却用の物品の売買税について以下のように決定する。もし，参事会の保有民が，彼の売買税の支払いを望まず，それを負うべきときに教会財務係またはそのセネシャルへの支払いをしなかったなら，このセネシャルは，その参事会の保有民の持ち物を要求し，没収することができる。

　また以下のことを決定する。教会財務係のセネシャルは，セネシャルが選出されるごとに，参事会に対して，故意に参事会の貢租民たちをわずらわせたり，彼らを，故意に不正に悩ませたりしない旨，参事会において誓約を行う。同様に参事会のプレヴォは，プレヴォとなるたびごとに，教会財務係またはその代理人に，教会財務係自身の館において，教会財務係の権限に対して故意に悩まされることがない旨誓約を行う。

史料原文

Universis presentes litteras inspecturis, magister Johannes de Gomet, capicerius Beati Anyani Aurelianensis, salutem in Domino.

In primis, pronunciamus altam justiciam burgi Beati Hylarii Pictavensis, cum omni jure et dominio, ad solum thesaurarium dicte ecclesie pertinere ; capitulum vero ejusdem ecclesie vel prepositus capituli poterit capere latrones et consimiles malefactoles in via publica burgi predicti, non tanquam dominus, set sicut quilibet alienus. Poterit eciam idem capitulum vel ejusdem capituli prepositus captos quacumque occasione ab eisdem in sua prisione, quam modo habent vel habere consueverunt, per duas dies a tempore captionis tantummodo detinere, et inmediate die tercia subsequenti restituere et reddere seneschallo thesaurarii predicti, cum omnibus rebus circa eum inventis tempore captionis, ad cognoscendum de delicto dictorum malefactorum judicando et puniendo, secundum quod fuerit puniendi, salvis tamen expensis a captis factis pro victu in prisione dicti capituli per dictas dies, a senescallo et thesaurario ex rebus captorum preposito capitili persolvendis.

Item, pronunciamus bannum et preconizationem banni, excubias et positiones excubiarum, justiciam et dominium vie publice, mensuras vini et justiciam tabernarum in burgo predicto ad dictum solum thesaurarium pertinere.

Item, pronunciamus et pro bono pacis et concordie ordinamus quod capitulum in censivis suis et in censuales suos jusiciam et cognitionem habeat super minimis injuriis, debitis contractibus, conviciis, rixis, melleis et quibuslibet simplicibus clamoribus, et eciam justiciam et cognitionem sanguinis inter ipsos censuales capituli ex levi lesione facti, non interveniente vel faciente aliquo genere armorum, ita quod ad majora quam ad predicta, sanguinis justicia sit, eorum jurisdictio nullatenus extendatur ; set super onmibus majoribus jusiciam thesaurarii reservamus.

Habebunt eciam dicti canonici justiciam tabernarum in propriis domibus eorundem factarum de propriis vinis suis. Poterunt eciam dicti canonici capere mensuras vini ubi voluerint ad propria vina sua vendenda, nec de hiis solvent vendas. Poterunt eciam vendere dicti canonici vina sua propria, non obstante banno thesaurarii, quociescumque voluerint. Si vero dicti canonici emerent vina ad revendendum, vel si vina venderent aliena, thesaurarius supradictus habebit de illis vinis vendas suas et eciam justiciam tabernarum, sicut haberet in domo mansionarii capituli, in burgo predicto, nec ista eciam licebit canonicis [vendere] durante banno vini thesaurarii.

Item, de vendis vini et aliarum rerum venalium in predicto burgo, que ad dictum thesaurarium pertinent, pronunciamus hoc modo, videlicet quod, si homo mansionarius capituli vendas suas reddere noluerit, nec eciam tempore quo illas debuerit, thesaurario vel ejus seneschallo reddiderit, idem seneschallus se poterit vendicare et capere de rebus illius mansionarii capituli.

Item, pronunciamus quod seneschallus thesaurarii, quocies creatus fuerit seneschallus, faciet juramentum capitulo et in capitulo, quod non gravabit scienter homines censuarios capituli nec eosdem scienter molestabit injuste ; et similiter prepositus capituli, quocies fiet prepositus, vel aliquis gerens vices capituli, jurabit thesaurario vel ejus mandato, in domo ipsius thesaurarii, quod nichil contra jus thesaurarii scienter attemptabit.

Datum Turonis, anno Domini Mo CCo quinquagesimo septimo, in crastino Assumptionis Beate Marie Virginis.

史料5　ニオールのメールとコミューヌからヘンリー3世への嘆願状（1220年7月頃）

Shirley, W.-W. (ed.), *Royal and other historical letters illustrative of the reign of Henry III : from the originals in the Public Record Office*, 2 vols., London 1862-1866, t. 1, n° 174.

　最も卓越した領主であるヘンリー様、神の御加護によりイングランド国王、アイルランドの領主、ノルマンディー公、アキテーヌ公、アンジュー伯である御方に、その忠実なる臣下であり全てにおいて身を捧げているニオールのメールとコミューヌより、挨拶と忠実なる奉仕を。

　以下のようなことを陛下にお伝えしたいと存じます。すなわち、我々とラ＝マルシュ伯との間で取り決められた、定められた期日までの休戦協定にもかかわらず、同伯は、彼の騎士を使って我々を彼のあらゆる封から締め出し、さらに休戦期間は終わっていないというのに我々（の都市）の傍らに要塞を設置したのです。このように同伯が我々を圧迫し続けているため、我々は穀物・ワイン・木材などの我々に必要な物を、あなた様のニオール城の内に搬入することが不可能ですし、あえてすることもできません。また、同伯は大通りや小道を監視させているので、スカロン・ド＝ロシュフォール殿や、その他のポワトゥーの封臣の領民たちも、小麦など我々に必要な物を運んで来ようとしないのです。さらには同伯は、あなたご自身の領土を自らの封土なのだと申しています。

　それ故我々は、膝を屈め涙を流しながら、我々に可能な限りのあらゆる方法で陛下に懇願いたします。何卒、臣下への慈悲として、急いで我々に助けをいただきますよう。幾度となくお約束いただいたように、我々とあなた様のポワトゥーの領土を、迫ってくる大きな危険から守ることのできる行政官をどうか我々にお送りいただきますよう。

史料原文

Excellentissimo domino suo Henrico, Dei gratia illustri regi Angliae, domino

Hiberniae, duci Normanniae et Aquitaniae, comiti Andegaviae, sui fideles et devoti in omnibus major et communia de Niorto salutem, et fidele servitium.

Excellentiae vestrae declarare cupimus quod cum treuga inita esset inter nos et comitem Marchiae usque ad terminum denominatum, ipse comes per quendam militem suum nos ab omnibus feodis suis diffidavit, et circa nos munitiones suas posuit, termino vero treugae nondum accesso, et ita nos tenet oppressor, quod bladum, nec vinum, nec lignum, nec nobis necessaria infra castrum vestrum Niorti mittere nec possumus nec audemus, quia vias et caminos ita facit custodiri quod homines domini Scalonis de Rupeforti et aliorum baronum Pictaviae blados nec nobis necessaria nobis ferre non sunt ausi ; et vestrum proprium de suo feodo dicit esse.

Idcirco majestatem regiam flectis genibus et fusis lacrymis rogamus, et omnibus modis quibus possumus, quatenus pietatis intuitu nobis festinatum exhibere auxilium dignemini, talem gubernatorem nobis transmittantes, sicut multotiens promisistis, qui nos et terram vestram Pictaviae a tanto imminente periculo valeat observare.

史料6　ポワチエのコミューヌが国王に約束した軍事援助金の徴収方法に関する国王収入役の手紙（1329年5月24日）

Audouin, E. (éd.), *Recueil de documents concernant la commune et la ville de Poitiers*, t. 2 (*A.H.P.*, t. 46), Poitiers 1928. n° 283, pp. 7-10.

　現書状を目にすることとなる全ての人々へ、最も卓越したフランス国王であるフィリップ殿のポワトゥー＝セネショセにおける収入役たるジャン・ド＝プロボランが挨拶を送る。私は先述の国王陛下より、以下のごとき内容の書状を受け取った（1329年4月29日のフィリップ6世の命令状）。
　この書状の持つ権威により、さらには私の職務が責を負っている国王の権限によって、私は以下のことを決定し、取り決めた。国王の前掲書状の中に言及されていた戦争と出征への援助金として徴収され取り集められるはずの貨幣の額が、ポワチエのコミューヌのメールとエシュヴァンによって私に示された。そこで私は、その総額を彼らから取ろうと努めたのであるが、メールとエシュヴァンはそれに反対して以下のように述べ、主張した。すなわち自分たちは、その総額を支払うべく義務付けられていたことはなかったし、もしそうであったとしても、それは彼らの特権の内容に反し、彼らの都市の習慣と慣行に反することなのである、と。というのもその慣行によって、今まで以下のことが保証され、守られてきたと言うのである。すなわち、戦争あるいは他の公的な必要のための援助金への同意または賦課が、ポワチエの都市民たちあるいは周辺の集落や領域に対して要求されるたびに、その援助金あるいは貢献の支払いの負担に同意するかどうかは、コミューヌの人々やコミューヌに属さないポワチエのプレヴォテの人々についてだけでなく、ブールある

いは都市裁判領域内，あるいは郊外地にいるその他の全ての都市民や，さらには都市外の集落の人々についても——これらの人々についてメールとエシュヴァンは，彼らの随行要員で，公的な全ての事柄に義務を負い貢献すべきものだと言っている——，メール及びエシュヴァンによって協議され，認められるのである。そしてメールとコミューヌによって，彼ら自身についても，前述の他の人々についても，国王役人と協議し同意された金額について，コミューヌの者たちだけでなく他の者たちについても，メールとエシュヴァンによって合法的だと思われる方法で負担の分配が行われるのが常だったと言うのである。さらに，メールとエシュヴァンによってコミューヌに属さない者たちについて決定された負担の分配は，国王役人たちによって徴収され取り立てられるのであって，メールとコミューヌはその総額を完済させる義務を負うことはない旨，複数の書面や書き付けや証拠を，彼らの主張の裏付けとして示しつつ，また取り立てに伴って様々な拒絶や面倒があったことの，あるいはこの地域の無力や貧困さについても申し立てつつ，主張したのである。

　前述のメールとエシュヴァンは，彼ら自身及びコミューヌ，プレヴォテ，ブール，都市裁判領域，そして郊外地に生活するその他の人々について，また巻物に記された都市外の集落と人々について，国王陛下に対してもその代理たる私に対しても，——私はできる限り彼らの特権の効力が続くようにと配慮するのだが——，この度は，戦役の援助金総額としてポワトゥー貨400リブラを気前よく認めた。それは，コミューヌにだけでなく前述の巻物に記された全ての他の者たちにとっても，国王殿下と国のために役立つと見られるような仕方で，メールとエシュヴァンによって賦課されるべきものである。その定まった金額の一部は巻物に記された者たちが別個に支払うこととし，そのことは協約の中に明白に記される。そして私は，前述の400リブラが，支払いと引き渡しと納入において，メールとコミューヌによって前述の人々と地域に課され，引き出され，受け取られるようにと，国王収入役の印璽を押した書き付けに総額を記してメールとコミューヌに渡した。その金額が，彼ら自身によってコミューヌの者たちに賦課され，徴収されて，国王殿下の代理たる私に支払われるだろう。さらに前述の巻物に記されたコミューヌに属さない人々に対し，メールとエシュヴァンによって賦課されたものは全て，国王の側で徴収され取り立てられるのであって，メールとエシュヴァン及びコミューヌは，その金額を上乗せしたり完済させたり補填したりする義務は負わない。以上の承認内容を，収入役たる私は認めたが，それは，国王殿下及びパリ会計院の役人方の意志を曲げることなく，そのいずれもの損害はないものと確認してのことである。

史料原文

　Universis presentes litteras inspecturis, Johannes de Probolant, receptor pro illustrissimo principe domino Fhilippo, rege Francorum, in senescallia Pictavensi, salutem. Litteras dicti domini regis recepimus, formam que sequitur continentes : (Mandement de Philippe VI du 29 avril 1329).

Quarum [cum] auctoritate litterarum, et alias ex potestate regia ad nostrum officium pertinente, diceremus et proponeremus quod pro subsidio guerre et exercitus, de quibus mentio habetur in litteris regiis predictis, tradita fuerat nobis certa summa pecunie levanda et exigenda a majore, scabinis et communia Pictavensibus, quam summam ab ipsis exigere nitebamur, dictis majore et scabinis dicentibus et proponentibus ex adverso quod ipsi numquam se obligaberant ad dictam summam reddendam et solvendam nec dictam impositionem, si facta fuerit, concesserant, asserentes insuper quod, si dicta impositio dicte summe facta fuit, quod hoc fuit injuste et contra tenorem privilegiorum suorum et contra usus et consuetudines ipsorum et villae sue, quibus cavetur et est hactenus observatum quod, quotienscumque petitur subsidium vel financia pro guerris seu aliis necessitatibus publicis a civibus Pictavensibus et a villis et territoriis circumvicinis, financia seu acordum ipsius subsidii seu prestationis contributionis concordatur et conceditur per majorem et scabinos predictos et cum ipsis, tam pro communia sua quam pro personis de prepositura Pictavensi, que non sunt de dicta communia, quam pro omnibus aliis civibus Pictavensibus in burgis, justiciis ipsius civitatis et in suburbiis degentibus, quam pro villis et personis de extra civitatem, quas dicti major et scabini asserunt esse de secta sua et impositione et contributione in omnibus rebus et negociis publicis, et, acordo et financia per ipsos majorem et communiam tam pro se quam aliis supradictis cum gentibus regiis factis, imponitur et imponi consuevit per ipsos majorem et scabinos de summa dictorum acordi et financie tam super illos de communia sua quam super alios, prout legitime eisdem videbitur faciendum, que impositio per ipsos facta super illos, qui non sunt de dicta communia, levari et explectari consuevit per gentes regias, absque eo quod ipsi major et communia ipsam perficere teneantur, plures litteras, instrumenta et munimenta ad eorum intentionem fundendam pretendentes, pluresque alias excusationes et gravamina, debilitatem ac penuriam patrie allegantes.

Tandem dicti major et scabini, pro se et sua communia et aliis de prepositura, burgis et justiciis ipsius civitatis et in suburbiis degentibus, quam pro villis et personis de extra civitatem in rotulo, domino regi et nobis pro ipso, non infringendo privilegia sua que, quantum possumus, eisdem reservamus in suo robore duratura, hac vice concesserunt graciose, pro omni subsidio dicti exercitus, quater centum libras monete currentis Pictavis, imponendas per dictos majorem et scabinos suos, tam super illos dicte comunie sue quam super omnes alios in dicto rotulo contentos, prout sibi pro utilitate domini regis et patrie videbitur expedire, hoc acto et espresse in pactum deducto quod certe summe pecunie, ad quas finaverant separatim quidam de contentis in dicto rotulo, quas summas eisdem majori et communie tradidimus in quadam cedula sub sigillo receptorie nostre, super dictis personis et locis, per ipsos majorem et communiam imponatur, deducetur et accipietur in solutum, deductionem et solutionem dictarum quater centum librarum. Illud vero, quod per ipsos imponetur super illos de dicta communia, per ipsos levabitur et nobis pro domino rege respondebunt. Quicquid autem per dictos majorem et scabinos imponetur super illos in dicto rotulo contentos, qui non sunt de dicta communia, per manum regiam levabitur et explectabitur, absque eo quod dicti major et scabini et sua communia facere valere, perficere aut supplere teneantur. Quam concessionem nos ditus receptor admisimus, retenta voluntate domini nostri regis et dominorum magistrorum camere compotorum suorum Parisiensium super hiis et sine prejudicio cujuscumque partis.

史料7　ポワチエの流通税表（12世紀後半―13世紀前半）

Audouin, E. (éd.), *Recueil de documents concernant la commune et la ville de Poitiers*, t. 1 (*A.H.P.*, t. 44), Poitiers 1923, pp. 53-62.

慣習

第1条　羊毛，羊毛ないし亜麻の織物，ろう，香辛料，毛皮，クジラ，羊毛糸，何であれ4輪車が都市を通過するなら，通過税を伯に対して3ソリドゥス，ヴィゲリアをヴィゲリウスに対して9デナリウス負う。

第2条　漁網の4輪車1台分は伯に対して通過税を3ソリドゥス，しかしヴィゲリアは負わない。

第3条　都市を越えて通過していく皮革10枚，通過税を伯に対して1デナリウス，リュジニャン副伯に1デナリウス。

第4条　売却された亜麻布と毛織物については，ポワトゥー伯の領民ないしコミューヌの者でなければ，また市場に全てを持ってきて売り尽くさなければ，売手は1ソリドゥスについて1オボルスを負う。

第5条　外から持ち込まれたパンの荷鞍1つ分は，売買税1デナリウスを負う。

第6条　パンの4輪車1台分は，売買税3デナリウスを負う。

第7条　イブキゼリ，バラ，アーモンド，米，首飾り，うるし，香は，通過税も売買税も負わない。

第8条　外に持ち出されるパンについては，通過税を負わない。

第9条　櫂の荷鞍1つ分は，売買税4デナリウスを負う。

第10条　櫂の4輪車1台分は，3ソリドゥス1デナリウス。

第11条　脂肪がポワチエにおいて卸で売却されるとき，1ソリドゥスにつき1オボルス。

第12条　赤染布の4輪車1台分は，通過税を3ソリドゥス，ヴィゲリアを9デナリウス。

第13条　大青の4輪車1台分は，売却されるときは売買税を2デナリウス。通過税については，もし通過するなら何も負わない。

第14条　麻の荷鞍1つ分は，1ソリドゥスにつき1オボルスの売買税，運搬人が運んできたものは1人につき1オボルスを負う。

第15条　コウイカ1,000杯が売却されたら売買税を4デナリウス負う。もし都市を越えて4輪車で運ばれたら，100杯ごとに通過税を4デナリウス，ヴィゲリアを1デナリウス負う。

第16条　コウイカ100杯が売却されたら売買税を1ソリドゥスごとに1オボルス負う。もし都市を通過したら，100杯ごとにヴィゲリアを1オボルス負う。

第17条　ニシン1,000杯につき，売買税を4デナリウス負い，通過税については，もし通過するなら4デナリウスとヴィゲリアを1デナリウス。

第18条　ポワトゥー伯領の領民でない靴屋は，第1土曜の市では1デナリウス，第2土曜の市では3オボルスを売買税として負う。

第19条　酢の荷鞍1つ分は，売買税を1オボルス。

第20条　ワイン1樽につき，売買税を4デナリウス，ヴィゲリアを1デナリウス負う。12モディウスのワインが通過するときは8デナリウス，24モディウスが通過するときは12デナリウス，そしていずれの場合もヴィゲリアを1デナリウス負う。

第21条　獣の背にのせて引かれてきた玉ネギとニンニクは，売買税を3オボルス，ヴィゲリアを1オボルス。

第22条　聖ヨハネの日後の新エシャロットは，何も負わない。

第23条　ニンニクと玉ネギの4輪車1台分は，売買税4デナリウスとヴィゲリアを1デナリウス負う。

第24条　鉄の荷鞍1つ分は，売買税を1デナリウス。4輪車1台分は2デナリウス。鉄と鋼を運んできた者は，全てを売り尽くさずに都市内にとどまり続けるのでなければ，土曜の夕刻までプレヴォを恐れないでよい。

第25条　なめし皮の1袋につき，売買税を4デナリウス，なめし皮の4輪車1台分は通過税3ソリドゥスとヴィゲリアを9デナリウス負う。

第26条　日曜日に鉄ないし鋼を都市に運んできた者は，都市内で売り尽くさない限り，土曜日まで売買税についてプレヴォを恐れないでよい。

第27条　鉄の運搬人1人分につき，売買税を1オボルス。

第28条　蹄鉄用木枠，金床，金敷，*odilia*（詳細不明）や類似の細工物が売却されるときは，共通に売買税4デナリウス。

第29条　蹄鉄用木枠が単独で売却されるときは4デナリウス，金床は4デナリウス。

第30条　馬の蹄鉄1,000個につき，ギタール領主へ蹄鉄20個を負う。

第31条　同様に，外来者については蹄鉄12個につきギタール領主へ蹄鉄1個を負い，ポワトゥー伯へは何も負わない。

第32条　鎌，ナイフ，斧，大鎌，その他の刃物の売り手は，土曜日と祝日には売買税として1デナリウスを負う。

第33条　鉛は何も負わない。
第34条　鐘、通過税を4デナリウス、ヴィゲリアを1デナリウス。
第35条　ブラジルスオウは売買税も通課税も何も負わない。
第36条　釘の荷鞍1つ分、ないし荷駄を連れた者は、れんが細工用の釘や同様のものについても、売却したら売買税を1デナリウス負う。もし通過したら、通過税を1デナリウス負う。
第37条　大きな丸い枠（タガ）の4輪車1台分は、売買税を12デナリウス。
第38条　小間物屋は、絹を売る者、売らない者ともに、月に1オボルスを負う。
第39条　売るためにチーズを持って来た者は、15個につき売買税1デナリウスを負うが、チーズ2個については何も負わない。
第40条　鋼の地金は、売買税1デナリウスを負う。
第41条　ポワチエのプレヴォは、盗人から発見された教会やコミューヌ員やその他のポワトゥー伯領民の財産を、自らのものとしてはならない。
第42条　漁網と櫂の荷鞍1つ分は、通過税を4デナリウス負うがヴィゲリアは負わない。
第43条　馬2頭立ての4輪車1台分の塩につき、通過する前に売買税として塩6壺。
第44条　馬1頭立ての4輪車1台分につき、塩3壺。
第45条　都市外に塩を運び出す馬は全て通過税2デナリウスを負う。ロバも同様。
第46条　手袋製造用のなめし皮については、1ソリドゥスにつき1オボルス負う。
第47条　ポワチエ都市内または郊外で商品を売却したものは、誰であれポワチエで売買税を支払う。
第48条　ニンニクと玉ネギの4輪車1台分は通過税3デナリウス、ヴィゲリア1デナリウスを負うが、15以上を持ち去るのでなければ、それまでは免税である。
第49条　亜麻の4輪車1台分は、売買税2デナリウス。
第50条　年市から帰っていく4輪車及び荷駄を伴う者は、それぞれの通過税を負う。
第51条　売却された馬について、売り手は売買税として4デナリウス負う。
第52条　騾馬、4デナリウス、ロバ、1デナリウス。
第53条　4輪車で売却されるワイン1樽につき、売買税2デナリウス、ヴィゲリアを1オボルス。
第54条　コルドバ皮の4輪車1台分は、通過税3ソリドゥス。ヴィゲリアは負わない。
第55条　コルドバ皮の袋につき、通過税を4デナリウス。
第56条　なめし皮の4輪車1台分は通過税を3ソリドゥス、ヴィゲリアを2デナリウス負う。
第57条　なめし皮の袋につき、通過税を4デナリウス、ヴィゲリアを1デナリウス負う。

第58条　コルドバ皮4枚につき，売買税を4デナリウス。
第59条　なめし皮12枚につき，売買税を3デナリウス。
第60条　いかなる者も，自己消費のために購入された物については通過税及びヴィゲリアを負わない。
第61条　何も背に乗せていない荷駄は，通過税を負わない。
第62条　塩が4輪車の上で売却される場合，1セクスタリウスごとにサン=ニコラ教会に対して売買税4デナリウス，ヴィゲリア1デナリウスを負う。
第63条　塩屋で売却される塩については，ヴィゲリアは負わないが，1セクスタリウスについて売買税3デナリウスを前述の教会に対して負う。売り手が1セクスタリウスを持っていない場合は，前述の教会に対して1デナリウスだけを負う。
第64条　都市民であれ外来者であれ，自分で作ったものであれ作らせたものであれ，毛織物を売る全ての者は，縮充所やその他の家で全部売った場合，または年市に持って行くのでなければ，売買税を1デナリウス負うがヴィゲリアは免除。
第65条　亜麻と亜麻布を首にかけた分については，売買税を1オボルス，動物の背にのせたものは1デナリウス，4輪車にのせたものは2デナリウス負うが，ヴィゲリアは負わない。
第66条　ろうと香辛料は，土曜日と祝日には売買税として1デナリウスを負う。ただしリブラ単位で売却するのでなければである。売り手がリブラ単位で売却する場合，リブラ単位で売却された全てについて，1ソリドゥスにつき1オボルス負う。
第67条　車軸つきで売却される古い4輪車は，リュジニャン領主に売買税1オボルス。古い車輪そのものについては，何も負わない。
第68条　*flagmen*（詳細不明）の地金は，通過税4デナリウス，ヴィゲリア免除。
第69条　鉛は何も負わない。
第70条　鐘，通過税を4デナリウス，ヴィゲリアを1デナリウス。
第71条　馬，ロバ，騾馬の皮については，いずれもリュジニャン領主に1オボルス負う。
第72条　誰であっても，他の者が彼に対して負う猶予期間つきの契約を，プレヴォの面前で結ぶことができるし，彼が望む限り，プレヴォの同意を得ずに契約を行ってもプレヴォを恐れることはない。しかしながらプレヴォが望んだ場合には，当事者の双方ないし一方は，契約を結ぶ相手と示談をしない旨プレヴォに対し約束すべし。
第73条　ブラジルスオウは売買税も通課税も負わない。
第74条　釘の荷鞍または荷駄を連れた者は，売却した場合は売買税1デナリウスを負う。通過したならば，通過税1デナリウスを負う。
第75条　大きな丸い枠（タガ）の4輪車につき，売買税を12デナリウス。
第76条　ろくろ製品は，鉢と杯を除いて無税。
第77条　トネリコ製鉢は荷鞍1つ分で売買税も通過税も1デナリウス負う。

第78条　杯は荷鞍1つ分で2デナリウス負い，酒用杯は荷鞍1つ分で1デナリウス，ないしは価値に応じた杯を現物で負う。

第79条　4輪車にのせられたハチミツないしワインの樽は，通過税を16デナリウス，ヴィゲリアを4デナリウス。

第80条　ヴィゲリアは，誰に対してであれ強制されるのではなく，喜捨の心をもって支払われるべきことが知られるように。

第81条　フタつきの桶は売買税を3デナリウス，フタなしの桶は3オボルス。

第82条　売却される魚の荷鞍1つ分は，売買税を2デナリウス。

第83条　魚の4輪車1台分は，4デナリウス。

第84条　10枚の牛皮を丸めたものは4デナリウス，1枚の皮が売却されるなら1オボルス。

第85条　肉屋の品台で売却される屠殺牛は，売買税3デナリウスを負う。

第86条　15ソリドゥス以上の価値のある豚は3デナリウスを負う。15ソリドゥス以下の値がつく価値のものは，売買税を2デナリウス。

第87条　羊肉については，四旬節から聖ヨハネの日までは売買税1オボルス負うが，聖ヨハネの日以降は何も負わない。

第88条　死んだ子牛の皮，同様に犬，雄羊，山羊などのなめしていない獣の皮は，何も負わない。

第89条　羊毛がついたままの屠殺された羊は，言われているように，1ソリドゥスにつき1オボルス。

第90条　免税の魚は何も負わないが，それ以外の一般魚は税を負う。

第91条　丸ごと売られるラードは売買税を1オボルス負う。切り売りされる場合は3オボルス。

第92条　魚について。1匹または複数のチョウザメが4輪車で運ばれるなら，4輪車を引く馬の頭数にかかわらず，売り手は8デナリウスを負う。

第93条　もし馬の背にのせて運ばれるなら，売買税を8デナリウス負う。また，チョウザメも含む全ての種類について，運ばれてきた魚の売れ残りは廃棄されるように。

第94条　ネズミイルカ，4デナリウス。サケ，4デナリウス。アナゴ，2デナリウス。アローズ（サケの仲間），3デナリウス。その他の種類の魚は2デナリウス，荷鞍1つ分が同じだけ。4輪車1台分は4デナリウス。

第95条　マグロは4輪車1台分で売買税1オボルスを負う。塩ウナギは何も負わない。

史料原文

COSTUME

1. De quadrigata lane, pannorum laneorum aut lineorum, cere, piperis, pelliparie,

balene, filati lane, de qualibet quadrigata, si transierit villam, debent de pedagio tres solidos domino Pictavensi et quelibet IX denarios de vigeria vigerio.
2. De quadrigata sagini, tres solidos de pedagio domino Pictavensi, sed non debent vigeriam.
3. Tacra coriorum transiencium ultra debet unum denarium domino Pictavensi de pedagio et unum denarium domino Lesigniaci.
4. De pannis lineis et laneis venditis reddit venditor de solido obolum, nisi fuerit de dominio domini Pictavensis vel de communia, vel integrum venditum fuerit et in mercato non fuerit apportatum.
5. Summa panis reddit de venda unum denarium, que venit de foras.
6. Quadrigata panis debet tres denarios de venda.
7. Ciminum, rose, aminadale, ris et colores, cimatque, thus nichil debent de pedagio neque vendam.
8. Nec panis qui portatur foras debet pedagium.
9. Soma remigii debet quatuor denarios de venda.
10. Quadrigata remigii, tres solidos cum uno denario.
11. Sagimen, quando venditur Pictavis in grosso, de solido obolum.
12. Quadrigata grane scartate debet III solidos de pedagio et IX denarios de vigeria.
13. Quadrigata gaisde, quando venditur, debet II denarios de venda, de pedagio nichil si transierit.
14. Somma varencie debet I denarium de venda, collifex obolum.
15. Miliare sepiarum venditum debet IIII denarios de venda, et si portantur ultra villam in quadriga, miliare debet IIII denarios de pedagio et I denarium de vigeria.
16. Centum sepiarum venditum debet de solido obolum vende, et si transierit ultra, centum debet obolum de vigeria.
17. Miliare arencorum debet IIII denarios de venda, et de pedagio, si transierit, IIII denarios et de vigeria I denarium.
18. Sutores qui non sunt in dominio Pictavensis domini deberit de venda in mercato, primo sabbato I denariurn, in secundo sabbato debent III obolos.
19. Somma acceti debet de venda obolum.
20. Dolium vini debet de venda IIII denarios, de vigeria I denarium. Et quando transit ultra XII^{cim} modios, debet octo denarios, et quando transit ultra XXIIII^{or} modia, debet XII denarios et debet tantum modo I denarium de vigeria.
21. Cepe et allea, que super animal adducuntur, debent III obolos de venda et obolum de vigeria.
22. Nove escallone post festum beati Johannis nichil debent.
23. Quadrigata alleorum et ceparum debet IIII denarios de venda et I de vigeria.
24. Somma ferri debet I denarium de venda. Quadrigata debet II denarios et ille qui

adducit ferrum et acerum, die qua venerit, non timet prepositum usque ad vesperum die sabbati, dum tamen moretur in villa nec totum vendiderit.

25. Trossellus eris debet IIII denarios de venda, quadrigata eris III solidos de pedagio et IX denarios de vigeria.
26. Illi qui adducunt ferrum vel acerum die dominica non timent prepositum de venda usque ad diem sabbati, nisi infra totum vendiderint.
27. Collifex ferri debet obolum de venda.
28. Si operarii, encluma, martelli et odilia fabrice simul vendantur, communiter debent IIII denarios de venda.
29. Operarii per se venditi debent IIII denarios et encluma IIII denarios.
30. Miliare clavorum ad equos debet XX^{ti} clavos domino Guitardo.
31. Similiter duodecim ferri ad equos debent unum ferrum domino Guitardo de hominibus forensibus et nichil debent domino Pictavensi.
32. Venditor serparum, cultrorum, securium, faucillarum et aliorum secantium debet unum denarium de venda die sabbati vel die ferie.
33. Plumbum nichil debet.
34. Timpanum, IIII denarios de pedagio et I denarium de vigeria.
35. Bresil nichil debet, nec vendam neque pedagium.
36. Somma seu somerii clavorum et ad lateram et ad hujus, si vendatur, debet tantum I denarium de venda si transitum fecerit, de pedagio debet I denarium.
37. Quadrigata costarum ad cerculos grandes debet de venda XII denarios.
38. Mercerius qui vendit sericum et qui non vendit, reddit obolum mense.
39. Apportatores caseorum venalium debent unum denarium in quindena de venda, sed de duobus caseis nichil debetur.
40. Soflea aceti debet unum denarium de venda.
41. Prepositus Pictavensis nichil habet de rebus ecclesie vel juratorum communie aut aliorum in dominio domini Pictavensis, que super latronem inveniantur.
42. Somma sagini, remigii, debet IIII^{or} denarios de pedagio sine vigeria.
43. Quadrigata salis ad duos equos debet sex ollas vende ante quam transeat.
44. Quadriga ad unum equm debet III ollas salis.
45. Quisque equs qui portat sal extra villam debet duos denarios de pedagio. Et azinus.
46. Pelles albe, de quibus fiunt cirotheque, debent de solido obolum.
47. Quicumque vendiderit merchandiziam apud Pictavis vel infra banlegam reddet apud Pictavis vendam.
48. Quadrigata alleorum et ceparum debet III denarios de pedagio, I denarium de vigeria, et est quipta per quindenam, nisi plus apportaverit.
49. Quadrigata lini, II denarios de venda.

50. Quadrigata et somerii reddeuntes de nundinis debent pedagium suum.
51. Equus venditus debet IIII^{or} denarios, venditor scilicet, de venda.
52. Mulus, IIII^{or} denarios, et asinus I denarium.
53. Dolium vini venditum in quadriga, II denarios de venda, obolum de vigeria.
54. Quadrigata cordoani, III solidos de pedagio sine vigeria.
55. Troussellus cordoani debet IIII^{or} denarios de pedagio.
56. Quadriga bazanne debet III solidos pedagii et II denarios de vigeria.
57. Troussellus bazanne, IIII^{or} denarios pedagii et I denarium de vigeria.
58. Quatuor pelles cordoani, IIII^{or} denarios de venda.
59. Duodena bazanne debet III denarios de venda.
60. Nullus reddit pedagium aut vigeriam de aliquo empto ad usum suum.
61. Bestia vacua non debet pedagium.
62. Modus salis qui venditur super quadriga debet IIII^{or} denarios ecclesie beati Nicholai de sextario de venda et I denarium de vigeria.
63. Modus qui venditur in sauneriis non debet vigeriam, sed debet de venda III denarios predicte ecclesie de sextario, nisi venditor habuerit sextarium, quia tunc non debet ille nisi unum denarium ecclesie predicte.
64. Omnis homo, civis vel forensis, qui vendiderit pannum suum laneum, quem fecit vel fieri fecit, si vendiderit in pareria vel in domo alia illum integrum vel in foro non detulerit, debet I denarium de venda sine vigeria.
65. Linum, canabe ad collum debent obolum et super bestiam I denarium et super quadrigam II denarios de venda sine vigeria.
66. Cera, piper debent I denarium de venda die sabbati vel die ferie, dumtaxat libra integra non vendatur. Si vero vendiderit venditor libram integram, de illa integra et de qualibet libra vendita integra debet de solido obolum.
67. Quadriga vetus vendita cum axe debet domino Lezigniaci obolum de venda. Rote veteres per se nichil debent.
68. Souflea flagminnis, IIII denarios de pedagio sine vigeria.
69. Plumbum nichil debet.
70. Timpanum, IIII^{or} denarios de pedagio et I denarium de vigeria.
71. Pellis equi, pellis asini, pellis muli, quelibet debet obolum domino Lesigniaci.
72. Quilibet potest ponere in respectu sacramenta que debita sunt ei ab aliquo coram preposito, quantum voluerit, sine licentia prepositi, nec timet inde prepositum ; verumtamen, si prepositum voluerit, facient eidem fidem ambo vel alter litigancium quod non composuerit cum altero qui debebat ei sacramentum.
73. Bresil non debet vendam neque pedagium.
74. Somma seu somerius clavorum et ad hujus, si vendatur, debet tantum I denarium de venda. Si transitum fecerit, de pedagio debet I denarium.

75. Quadrigata costarum ad cerculos grandes debet de venda XII denarios.
76. De opere ad tornum nichil debetur, preterquam de scutellis et ciphis.
77. Somma tantum scutellarum de fraxino debet I denarium de venda aut pedagio.
78. Somma tantum ciphorum debet II denarios et poculorum mile debet I denarium vel ciphum ad valorem.
79. Dolium mellis seu vini in quadriga, XVI denarios de pedagio et de vigeria IIII denarios.
80. Item sciendum est quod vigeria, de quibuscumque rebus non debetur, misericorditer dubitatur.
81. De cubello cum duobus fundis, de venda III denarios, et cuba III obolos.
82. Somma piscis vendita, II denarios de venda.
83. Quadrigata piscis, IIII^{or} denarios.
84. Tacra, id est X pelles boum, IIII^{or} denarios ; vendita pellis, I obolum.
85. Bos occisus venditus ad carnificeriam in bancis debet III denarios de venda.
86. Porchus, qui valebit plus quam XV solidos, debet III denarios. Si minus XV solidis coustaverit vel valebit, II denarios de venda tantum.
87. De carne arietis, a Pasca usque ad festum beati Johannis, obolum vende, et a festo beati Johannis ulterius nichil debet.
88. Pelles vitulorum norticinorum et hujus modi bestiarum, canum, arietum, caprarum, non adobate nichil debent vende.
89. Tolglus occisus cum lana, de solido obolum, ut dicitur.
90. Piscis francus nichil debet, communis tantum debet.
91. Lardus integer venditus debet obolum vende. Si vero ad detailhum, III obolos.
92. De piscibus. Si esturgons apportatur in quadriga, unus vel plures, dabit venditor pro quolibet equo quadrige VIII denarios.
93. Si super equm somaverunt, dabunt VIII denarios vende, et totum residuum piscium cujuslibet generis cum sturione apportatorum quiptum erit.
94. Manersepa, IIII denarios. Salmon, IIII denarios. Congues, II denarios. Aloze, III denarios. Et ceteri alii pisces, II denarios, de somma tantum. Quadrigata, IIII denarios.
95. Quadrigata tunni debet obolum vende. Anguilhe salate nichil debent.

史料・文献目録

略号一覧

Annales E.S.C. : *Annales. Economies, Sociétés, Civilisations.*
A.H.P. : *Archines historiques du Poitou.*
Bulletin philol. et his. : *Bulletin philologique et historique (jusqu'à 1610) du Comité des travaux historiques et scientifiques.*
C.C.M. : *Cahiers de civilisations médiévales.*
B.S.A.O. : *Bulletin de la Société des Antiquaires de l'Ouest* (1947年以降 *Bulletin de la Société des Antiquaires de l'Ouest et des musées de Poitiers* に誌名変更).
M.S.A.O. : *Mémoires de la Société des Antiquaires de l'Ouest.*

I 史料 Sources

[1] 手稿史料 Sources manuscrites

ポワチエ／フランソワ・ミッテラン情報館

Archives communales de Poitiers.
　　E：gouvernement militaire.
　　I：charges imposées par souverain.
Bibliothèque municipale.
　　Collection Dom Fonteneau, t. 10, 11, 19.
　　ms. 385(36)：inventaire des archives de la ville de Poitiers en 1506 (copie).
　　ms. 391(51)：Statuts des corps de métiers et autres pièces concernant Poitiers.

ヴィエンヌ県古文書館

　　G591：Bourg de Saint-Hilaire. Droits et revenus du chapitre à Poitiers, 876-1186.
　　G592：Bourg de Saint-Hilaire. Droits et revenus du chapitre à Poitiers, 1215-1399.
　　1H2：Abbaye Saint-Jean-de-Montierneuf de Poitiers.
　　2H1：Abbaye Sainte-Croix de Poitiers.
　　2H2：Abbaye de la Trinité de Poitiers.

[2] 刊行史料 Sources imprimées

A．中世史全般もしくはフランス中西部以外の地域史の関連史料
　　Histoire générale et régions autres que celles du Centre-Ouest
BOUQUET, M. et al., *Recueil des Historiens des Gaules et de la France*, t.1-19,

1869-1880.
DELABORDE, H.-F. et al. (éd.), *Recueil des actes de Philippe Auguste*, 4 vols., Paris 1941-49.
DEPPING, G.-B., *Règlements sur les arts et métiers de Paris rédigés au XIIIe siècle*, Paris 1837.
DUFFUS HARDY, Th. (éd.), *Rotuli litterarum clausarum in turri Londinensi asservati*, I, London 1833.
ESPINAS, G. (éd.), *Recueil des documents relatifs à l'histoire du droit municipal en France des origines à la Revolution, Artois*, 3 vols., Paris 1934-1943.
FAGNIEZ, G. (éd.), *Documents relatifs à l'histoire de l'industrie et du commerce en France*, I, Paris 1898.
FAWTIER, R. et MAILLARD, Fr., *Comptes royaux (1285-1314)*, t. I, Paris 1953.
FOSSIER, R. (éd.), *Chartes de coutume en Picardie XIe-XIIe siècle (Collection de documents inédits sur l'histoire de France*, 8-10), Paris 1974.
HAVET, J. (pub. par), Compte du trésor du Louvre (Toussaint 1296), dans *Bibliothèque de l'Ecole des chartes*, t. 45, 1884, pp. 237-299.
LAURENT, H., Choix de documents inédits pour servir à l'histoire de l'expansion communale des Pays-Bas en France au Moyen-Age (XIIe-XVe siècle), dans *Bulletin de la Commission royale d'Histoire*, 98, 1934, pp. 335-416.
Ordonnances des rois de France de la troisième race, 22 vols., Paris 1723-1847.
PERRIN, Ch.-Ed. (éd.), Catalogue des chartes de franchises de la Lorraine antérieures à 1350, dans *Annuaires de la Société d'histoire et d'archéologie de la Lorraine*, 33, 1924, pp. 269-413.
SHIRLEY, W.-W. (éd.), *Royal and other historical letters illustrative of the reign of Henry III : from the originals in the Public Record Office*, 2 vols., London 1862-1866.
TEULET, A., LABORDE, J. de, BERGER, E., DELABORDE, F. (éd.), *Layettes du Trésor des chartes*, 5 vols., Paris 1863-1909.
VERLINDEN, Ch. et BUNTINX, J. (éd.), *Privilèges et chartes de franchises de la France*, 2 vols., Bruxelles 1959-1961.
VIEILLARD, J. (éd.), *Le Guide du pèlerin de Saint-Jacques de Compostelle* (2e édition), Mâcon 1950.

B. ポワトゥー，オニス・サントンジュ，アンジュー，トゥーレーヌ地方の関連史料
    Poitou, Aunis et Saintonge, Anjou, Touraine
ADEMAR DE CHABANNES, *Chroniques*, éd. Jules Chavanon, Paris 1897.
AUDOUIN, E., Le cartulaire municipal de Poitiers dit Manuscrit d'Auzance, dans *Bulletin philol. et his.*, 1918, pp. 147-160.

AUDOUIN, E. (éd.), *Recueil de documents concernant la commune et la ville de Poitiers*, 2 vols. (*A.H.P.*, t. 44, 46), Poitiers 1923-1928.

AUGIER, Ch., *Trésor des titres justificatifs des privilèges et immunités, droits et revenus de la ville de Niort (Niort, 1675)*, 2e éd. par BARDONNET, A., Niort 1866.

AUSSY, D. d' (éd.), *Registres de l'échevinage de Saint-Jean-d'Angély (Archives historiques de la Saintonge et de l'Aunis, t. 24)*, Paris et Saintes 1895.

BARBOT, A., Histoire de la Rochelle, éd. Aussy, D., dans *Archives historiques de la Saintonge et de l'Aunis*, t. 14, 1886, pp. 1-316.

BARDONNET, A. (éd.), Le terrier du grand fief d'Aunis, texte français de 1246, dans *M.S.A.O.*, 1ère s., t. 38, 1874, pp. 55-296.

BARDONNET, A. (éd.), Comptes et enquêtes d'Alphonse, comte de Poitou, 1253-1269, dans *A.H.P.*, t. 8, 1879, pp. 1-160.

BARDONNET, A., *Hommages d'Alphonse, comte de Poitiers, frère de Saint Louis. Etat du domaine royal en Poitou (1260)*, Niort 1872.

BARDONNET, A., *Niort et la Rochelle de 1220 à 1224. Notes et documents*, Niort 1875.

BARDONNET, A. (éd.), Le serment de fidélité des habitants de la Rochelle en 1224, dans *A.H.P.*, t. 20, 1889, pp. 233-261.

BRIQUET, A., Enquêtes faites en Aunis par ordre d'Alphonse vers 1260, dans *A.H.P.*, t. 7, 1878, pp. 148-189.

COUZOT, H. (éd.), Cens et rentes dus au comte de Poitiers à Niort au XIIIe siècle, dans *M.S.A.O.*, 2e s., t. 26, 1904, pp. 415-485.

CROZET, R. (éd.), *Textes et documents relatifs à l'histoire des arts en Poitou*, (*A.H.P.*, t. 53), Poitiers 1942.

DIILAY, M. (éd.), *Les chartes de franchises du Poitou, (Catalogue des chartes des franchises de France, 1)*, Paris 1927.

FOURNIER, P. et GUEBIN, P., *Enquêtes administratives d'Alfonse de Poitiers*, Paris 1959.

GABET, C., Le droit de pacage en Aunis, dans *Bulletin philol. et his.*, 1967, pp. 121-127.

GUERIN, P. CELIER, L.(éd.), Recueil des documents concernant le Poitou contenus dans les registres de la Chancellerie de France, *A.H.P.*, t. XI, 1881, t. XIII, 1883, t. XVII, 1886, t. XIX, 1888, t. XXI, 1891, t. XXIV, 1893, t. XXVI, 1896, t. XXIX, 1898, t. XXXII, 1903, t. XXXV, 1906, t. XXXVIII, 1909, t. XVI, 1919, t. L, 1938, t. LVI, 1958.

GUERIN, P. (éd.), Documents extraits des registres du trésor des chartes relatifs à l'histoire de la Saintonge et de l'Aunis, dans *Archives historiques de la Saintonge et de l'Aunis*, t. 12, 1884, pp. 11-447.

LAIR, A. (éd.), Fragment inédit de la vie de Louis VII, dans *Bibliothèque de l'Ecole des chartes*, t. 34, 1873, pp. 583-596.

LA DU, M.-S., *Chartes et documents poitevins du XIIIe siècle en langue vulgaire*, 2 vols.,

(*A.H.P.*, t. 57, 58).

LEDAIN, B., *Histoire d'Alphonse, frère de Saint Louis et du comté de Poitou sous son administration (1241-1271)*, Poitiers 1869.

MARCHEGUAY, P., Chartes de Fontevrauld concernant l'Aunis et la Rochelle, dans *Bibliothèque de l'Ecole des Chartes*, 4e série, t. 4, 1858, pp. 132-170.

MOLINIER, A., *Correspondance administrative d'Alfonse de Poitiers*, 2 vols., Paris 1894.

MONSABERT, dom P. de (éd.), *Chartes de l'abbaye de Nouaillé de 678 à 1200* (*A.H.P.*, t. 49), Poitiers 1936.

MUSSET, G., Les comptes d'Alfonse de Poitiers, dans *Recueil de la Commission des arts et monuments historiques de la Charente-Inférieure*, t. 14, 1897-1898.

PROUST, H., Les revenus et les dépenses de l'hôtel de ville de Niort avant 1789, dans *Mémoires de la Société des statistiques et sciences, lettres et arts du département des Deux-Sèvres*, t. 5, 1888, pp. 115-436.

RÉDET, L. (éd.), *Documents pour l'hitoire de l'église de Saint-Hilaire de Poitiers*, 2 vols. (*M.S.A.O.*, 1ère s., t. 14, 19), Poitiers 1849, 1852.

RÉDET, L. (éd.), *Cartulaire de prieuré de Saint-Nicolas de Poitiers* (*A.H.P.*, t. 1), Poitiers 1872.

RÉDET, L. (éd.), *Cartulaire de l'abbaye de Saint-Cyprien de Poitiers* (*A.H.P.*, t. 30), Poitiers 1874.

RICHEMOND, L.-M. de (éd.), Chartes de la commanderie magistrale du Temple de la Rochelle (1139-1268), dans *Archives historiques de la Saintonge et de l'Aunis*, t. 1, 1874, pp. 21-50.

SALMON, A. (éd.), *Recueil de chroniques de Touraine*, Tours 1854.

VILLARD, F. (éd.), *Recueil de documents relatifs à l'abbaye de Montierneuf de Poitiers (1076-1319)* (*A.H.P.*, t. 59), Poitiers 1973.

II 事典・目録

LIEVRE, A.-F. et MOLINIER, A., *Catalogue général des manuscrits des bibliothèques publiques de France. Départements*, t. 25 *(Poitiers)*, Paris 1894.

MONSABERT, dom P. de, Etat sommaire des fonds concernant l'histoire monastique conservés dans la série H des Archives départementales de la Vienne, dans *Revue Mabillon*, t. 7, 1911-1912, pp. 77-119, 244-280, 329-372, 431-458 ; t. 8, 1912, pp. 43-76, 253-287.

RÉDET, L., Inventaire des archives de la ville de Poitiers, partie antérieure à 1790, dans *B.S.A.O.*, 2e s., t. 5, 1882.

III 研究文献 Bibliographie

【欧文文献】
A. 中世史全般もしくはフランス中西部以外の地域史の関連文献
Histoire générale et régions autres que celles du Centre-Ouest

ALLEMAND, C., Taxation in medieval England : The exemple of murage, dans *Villes, bonnes villes, cités et capitales. Etudes d'histoire urbaine (XIIe-XVIIIe siècle) offertes à Bernard Chevalier*, Tours 1989, réimp. 1993, pp. 223-230.

ARNOUX, M. et THEILLER, I., Les marchés comme lieux et enjeux de pouvoir en Normandie (XIe-XVe siècle), dans FLAMBARD HÉRICHER, A.-M. et al. (dir.), *Les lieux de pouvoir au Moyen âge en Normandie et sur ses marges*, Caen 2006, pp. 53-70.

ARNOUX, M., L'evenement et la conjoncture. Hypotheses sur les conditions economiques de la conquete de *1204*, dans FLAMBARD HÉRICHER, A.-M. et al. (dir.), *1204. la Normandie entre Plantagenêts et Capétiens*, Caen 2007, pp. 227-238.

ARNOUX, M. et FLAMBARD HÉRICHER, A.-M. (dir.), *La Normandie dans l'économie européenne (XIIe-XVIIe siècle). Colloque de Cerisy-la-Salle (4-8 octobre 2006)*, Caen 2010.

AUGUSTIN, J.-M., L'aide féodale levée par Saint Louis et Philippe le Bel, dans *Mémoires de la Société pour l'histoire du droit et des institutions des anciens pays bourguignons, comtois et normands*, t. 38, 1981, pp. 59-81.

BALDWIN, J.-W., Qu'est-ce que les Capétiens ont appris des Plantegenêts? dans *C.C.M.*, t. 29, 1986, pp. 3-8.

BARTHELRMY, D., Rénovation d'une seigneurie : Les chartes de Crécy-sur-Serre en Laonnois (1190), dans *Bibliothèque de l'Ecoles des chartes*, t. 143, 1985, pp. 237-274.

BARTHELRMY, D. et al., *Les pouvoirs locaux dans la France du centre et de l'ouest (VIIIe-XIe siècles) : Implantation et moyens d'action*, Rennes 2005.

BAUTIER, R.-H., Les Lombards et les problèmes du crédit en France aux XIIIe et XIVe siècles, dans *Rapporti culturali ed economici fra Italia e Francia nei secoli dal XIV al XVI : Atti del colloquio italo-francese (Roma, 1978)*, Rome 1979, pp. 7-32.

BAUTIER, R.-H., La circulation fluviale dans la France médiévale, dans *Recherches sur l'économie de la France médiévale. Voies fluviales — la draperie (Actes du 112e congrès national des Sociétés Savantes, Lyon 1987)*, Paris 1989, pp. 7-36.

BAUTIER, R.-H., *Etudes sur la France capétienne : de Louis VI aux fils de Philippe le Bel*, Hampshire (Variorum repri.) 1992.

BILLEN, C., Pour une utilisation coordonée des tarifs de winage et de tonlieu du Hainaut (XIIIe siècle), dans *Tonlieux, foires et marchés avant 1300 en Lotharingie*

(Actes des 4es journées lotharingiennes, 24-25 octobre 1986), Luxembourg 1988, pp. 131-157.

BISSON, T.-N., Consultative Fanctions in the King's Parlements (1250-1314), dans *Speculum*, vol. 44, 1969, pp. 353-373.

BISSON, T.-N., The Problem of Feudal Monarchy : Aragon, Catalonia, and France, dans *Speculum*, vol. 53, 1978, pp. 460-478.

BOCHACA, M., *La banlieue de Bordeaux. Formation d'une juridiction municipale suburbaine (vers 1250 –vers 1550)*, Paris et Montréal 1997.

BONVALOT, E., *Le Tiers Etat d'après la charte de Beaumont et ses filiales*, Paris 1884.

BORRELLI DE SERRES, L.-L., *Recherches sur divers services publics du XIIIe au XVIIe siècle*, 3 vols. (t. 1 : *Notices relatives au XIIIe siècle* ; t. 2 : *Notices relatives au XIVe siècle* ; t. 3 : *Notices relatives aux XIVe et XVe siècles*), Paris 1895-1909.

Beaumont et les franchises municipales entre Loire et Rhin. Huit centième anniverssaire de la charte de Beaumont-en-Argonne 1182 : (Actes du Colloque de Nancy, 22-25 septembre 1982), Nancy 1987.

BOULET-SAUTEL, M., L'émancipation urbaine du centre de la France, dans *Recueils de la société Jean Bodin*, t. 6, Bruxelles 1954, pp. 371-406.

BOULET-SAUTEL, M., La formation de la ville médiévale dans les régions du centre de la France, dans *Recueils de la Société Jean Bodin*, t. 7, Bruxelles 1975, pp. 357-370.

BOURGIN, G., *La commune de Soissons et le groupe communal soissonnais*, Paris 1908.

BOURIN-DERRUAU, M., *Temps d'équilibres, temps des ruptures. XIIIe siècle*, Paris 1990.

BOUSSARD, J., *Le gouvernement d'Henri II Plantegenêt*, Paris 1956.

BROWN, E.A.R., Taxation and Morality in the Thirteenth and Fourteenth Centuries : Conscience and Political Power and the Kings of France, dans *French Historical Studies*, vol. 7, 1973, pp. 1-28.

BUISSON, L., Saint Louis et l'Aquitaine, dans Id., *Lebendiges Mittelalter*, Köln et Wien 1988, pp. 251-269.

BULST, N., DESCIMON, R., GUERREAU, A. (textes réunis par), *L'Etat ou le roi : les fondations de la modernité monarchique en France (XIVe-XVIIe siècles)*, Paris 1996.

CARPENTIER, E. et LE MENE, M., *La France du XIe au XVe siècle. Population, société, économie*, Paris 1996.

CHAPIN, E., *Les villes de foires de Champagne des origines au début du XIVe siècle*, Paris 1937.

CHEDEVILLE, A., *Chartres et ses campagnes du XIe siècle au XIIIe siècle*, Paris 1973.

CHENON, E., *Histoire générale du droit français public et privé des origines à 1815*,

Paris 1926.
CHERUEL, A., *Histoire de Rouen pendant l'époque communale*, Rouen 1843.
CHEVALIER, B., *Les bonnes villes de France du XIVe au XVIe siècle*, Paris 1982.
CONTAMINE, Ph., BOMPAIRE, M., LEBECQ, S., SARRAZIN, J.-L., *L'Economie médiévale*, Paris 1993.
CONTAMINE, Ph. et GUYOTJEANNIN, O. (dir.), *La guerre, la violence et les gens au Moyen Age, t. 2 : Guerre et gens (Actes du 119e Congrès national des sociétés historiques et scientifiques, Amiens 1994)*, Paris 1996.
CONTAMINE, Ph., KERHERVE, J., RIGAUDIERE, A.(dir.), *L'impôt au Moyen Age. L'impôt public et le prélèvement seigneurial fin XIIe – début XVIe siècle (Colloque tenu à Bercy les 14, 15 et 16 juin 2000)*, 3 vols. (t. 1 : *Le droit d'imposer* ; t. 2 : *Les espaces fiscaux* ; t. 3 : *Les techniques*), Paris 2002.
CONTAMINE, Ph., *Guerre, Etat et société à la fin du Moyen Age : Etudes sur les armées des rois de France (1337-1494)*, 2 vols, Paris 2003.
CONTAMINE, Ph., *La Guerre au Moyen Age*, Paris 2003.
CREYBECKX, J., *Les vins de France aux anciens Pays-Bas. 13-16 siècle*, Paris 1958.
DEMURGER, A., *Vie et mort de l'ordre du Temple*, Paris 1985.
DEPT, G., Les marchands flamands et le roi d'Angleterre (1154-1216), dans *Revue du Nord*, t. 12, 1926, pp. 303-324.
DESPORTES, P., *Reims et Remois aux XIIIe et XIVe siècles*, Paris 1979.
DESPY, G., Villes et campagnes aux IXe et Xe siècles : l'exemple du Pays mosan, dans *Revue du Nord*, t. 50, 1968, pp. 145-168.
DESPY, G., Pour un «corpus» des tarifs de tonlieux de l'Europe occidentale au moyen âge (Ve-XIIIe s.), dans *Acta Historica Bruxellensia*, t. 2, 1970, pp. 253-287.
DESPY, G., Recherches sur les tarifs de tonlieux dans le duché de Brabant au XIIIe siècle, dans *Tonlieux, foires et marchés avant 1300 en Lotharingie (Actes des 4es journées lotharingiennes, 24-25 octobre 1986)*, Luxembourg 1988, pp. 103-130.
DESPY, G., Tonlieu et marché à Fosses-la-Ville du Xe au XIIIe siècle, dans *Acta Historica Bruxellensia*, t. 3, 1974, pp. 85-100.
DESPY, G. et BILLEN, C., Les marchands mosans aux foires de Cologne pendant le XIIe siècle, dans *Acta Historica Bruxellensia*, t. 3, 1974, pp. 31-61.
DESPY, G. et Rouwez, Ch., Le tarif de tonlieu de Couvin de 1258, dans *Acta Historica Bruxellensia*, III, 1974, pp. 82-83.
DION, R., *Histoire de la vigne et du vin en France des origines au XIXe siècle*, Paris 1959 (Flammarion 1977).
DOEHAERD, R., Un paradoxe géographique : Laon, capitale du vin au XIIe siècle, dans *Annales. Economies, Sociétés, Civilisations*, t. 2, 1950, pp. 145-165.
DUBOIS, H., Le commerce et les foires au temps de Philippe Auguste, dans *La France*

de Philippe Auguste — Le temps des mutatuions. (*Colloques internationaux CNRS*, 602), pp. 689-709.

DURLAT, J., La vigne et le vin dans la région parisienne au début du IXe siècle d'après le Polyptique d'Irminon, dans *Le Moyen Age*, t. 74, 1968, pp. 387-419.

DUVAL-ARNOULD, L., Le vignoble de l'abbaye cistercienne de Longpont, dans *Le Moyen Age*, t. 74, 1968, pp. 207-236.

ETIENNE, R. (dir.), *Histoire de Bordeaux*, Toulouse 1990.

FANCHAMPS, M.-L., Etude sur les tonlieux de la Meuse moyenne du VIIe au XIVe siècle, dans *Le Moyen Age*, t. 70, 1964, pp. 209-240, 437-467.

FAVIER, J., Finance et fiscalité au Bas-Moyen-Age, Paris 1971.

FIETIER, R., *La cité de Besançon de la fin du XIe au milieu du XIVe siècle. Etude d'une société urbaine*, 3 vols., Paris et Lille 1978.

FOSSIER, R., Le roi et les villes de Picardie (XIIe-XIIIe siècles), dans *Mondes de l'Ouest et villes du monde (Mélanges Chédeville)*, Rennes 1998, pp. 627-635.

FOURQUIN, G., *Les compagnes de la région parisienne à la fin du Moyen Age*, Paris 1964.

GARNOT, B. (dir.), Vins, vignes et vignerons en Bourgogne du Moyen Age à l'époque contemporaine, dans *Annales de Bourgogne*, t. 73, 2001.

GENET, J.-Ph. et LE MENE, M. (éd.), *Genèse de l'état moderne : prélèvement et redistribution (actes du Colloque de Fontevrauld), 1984*, Paris 1987.

GENESTAL, R, *Le rôle des monastères comme établissement de crédit*, Paris 1901.

GIRARD-D'ALBISSIN, N., Les winages comtaux en Hainaut méridional, dans *Mélanges offerts à M. Arnould et P. Ruelle*, Bruxelles 1981, pp. 183-208.

GIRARDOT, A., *Le droit et la terre. Le Vermandois à la fin du Moyen Age*, 2 vols., Nancy 1992.

GLENISSON, J. et HIGOUNET, Ch., Remarques sur les comptes et sur l'administration financière des villes françaises entre Loire et Pyrénées (XIVe-XVIe siècles), dans *Finances et comptabilité urbaines du XIIIe au XVIe siècle (Colloque international, Blankenberge 6-9 IX 1962)*, Bruxelles 1964, pp. 31-67.

GLENISSON, J., Les enquêtes administratives en Europe occidentale aux XIIIe et XIVe siècles, dans *Histoire comparée de l'administration (IVe-XVIIIe siecles) : actes du XIVe colloque historique franco-allemand, Tours, 27 mars-1er avril 1977* München 1980, pp. 17-25.

GUENA, Y. (dir.), *Château et territoire : limites et mouvances*, Presses Univ. Franche-Comté, 1995.

GUILHIERMOZ, P., *Enquêtes et procès, Etude sur la procédure et le fonctionnement du Parlement au 14e siècle*, Paris 1892.

GUILHIERMOZ, P., *Essai sur l'origine de la noblesse en France au Moyen Age*, Paris

1902.

HENNEMAN, J.-B., Nobility, Privilege and Fiscal Politics in Late Medieval France, dans *French Historical Studies*, 13-1, 1983, pp. 1-17.

HENNEMAN, J.-B., Financing the Hundred Years' War : Royal Taxation in France in 1340, dans *Speculum*, vol. 42 , 1967, pp. 275-298.

HENNEMAN, J.-B., *Royal Taxation in fourteenth Century France*, Princeton 1971.

HIGOUNET-NADAL, A., *Périgueux aux XIVe et XVe siècles. Etude de démographie historique*, Bordeaux 1978.

HOLT, J.-C., Aliénor d'Aquitaine, Jean sans Terre et la succession de 1199, dans *C.C. M.*, t. 29, 1986, pp. 95-100.

JORDAN, W. Ch., Communal administration in France, dans *Revue belge de philologie et d'histoire*, t. 59, 1981, pp. 292-313.

JOSET, C.-J., *Les villes au pays de Luxembourg*, Bruxelles et Louvain 1940.

JOURDAN, A., La ville étudiée dans ses quartiers : autour des Halles de Paris au Moyen Age, dans *Annales d'histoire économique et sociale*, t. 7, 1935, pp. 285-301.

LACHIVER, M., *Vins, vignes et vignerons*, Paris 1988.

LANGLOIS, Ch.-V., *Saint Louis, Philippe le Bel, les derniers Capétiens directs : 1226-1328*, Paris 1978.

LAURENT, H., *Un grand commerce d'exportation au Moyen Age. La draperie des Pays-Bas en France et dans les pays méditérranéens (XIIe- XVe siècle)*, Paris 1935.

LE GOFF, J., Saint Louis, Paris 1996（ジャック・ル・ゴフ，岡崎　敦他訳『聖王ルイ』新評論，2001年）.

LEGUAY, J.-P., *La rue au Moyen Age*, Rennes 1984（ジャン・ピエール・ルゲ，井上泰男訳『中世の道』白水社，1991年）.

LEGUAY, J.-P., *Terres urbaines : Places, jardins et terres incultes dans la ville au Moyen Age*, Rennes 2009.

LE MENE, M., *L'économie médiévale*, Paris 1977.

LORCIN, M.-T., Le vignoble et les vignerons du Lyonnais aux XIVe et XVe siècles, dans *Le vin au moyen âge : production et producteurs. Actes du 11e congrès des médiévistes, Grenoble 4-6 juin 1971*, 1978, pp. 15-52.

LOT, F., *La vicaria et le vicarius*, dans *Revue d'histoire du droit*, t. 17, 1893, pp. 281-301.

LOT, F. et FAWTIER, R. (dir.), *Histoire des institutions françaises au Moyen Age*, t. I : *Institutions ecclésiastiques*, t. II : *Institutions royales*, t. III : *Institutions seigneuriales*, Paris 1957-1962.

LUCHAIRE, A., *Les communes françaises à l'époque des Capetiens directs*, Paris 1890.

MARIOTTE-LOBER, R., *Ville et seigneurie. Les chartes de franchise des comtes de Savoie, fin XIIe sièle-1343*, Annecy et Genève 1973.

MAUDUECH, G., La «bonne» ville : origine et sens de l'expression, dans *Annales E.S.*

C., 1972, pp. 1441-1448.

MOLLAT, M. (dir.), *Histoire de Rouen*, Toulouse 1979.

MUNDY, J.-H., *Society and Gouvernment at Toulouse in the age of the Cathars*, Toronto 1997.

PERRIN, Ch.-Ed., Chartes de franchises et rapports de droits en Lorraine, dans *Le Moyen Age*, t. 52, 1946, pp. 11-42.

PERRIN, Ch.-Ed., Les chartes de franchises de la France. Etat des recherches. Le Dauphiné et la Savoie, dans *Revue historique*, 88-1, 1964, pp. 27-54.

PETIT-DUTAILLIS, Ch., *Les communes françaises*, Paris 1947.

PETIT-DUTAILLIS, Ch., *La monarchie féodale en France et en Angleterre*, Paris 1950.

PIRENNE, H., Un grand commerce d'exportation au Moyen Age : les vins de France, dans *Annales d'histoire économique et sociale*, t. 5, 1933, pp. 225-243.

PROU, M., *Les coutumes de Lorris et leur propagation aux XIIe et XIIIe siècle*, Paris 1884.

RENOUARD, Y., Le grand commerce du vin au Moyen Age, dans *Revue historique de Bordeaux et du département de la Gironde*, t. 1, 1952, pp. 5-18.

RENOUARD, Y., *Histoire médiévale d'Aquitaine : études. : 2, vins et commerce du vin de Bordeaux*, Paris 1968, rééd. Monein 2005.

RIGAUDIERE, A., Qu'est-ce qu'une bonne ville dans la France du Moyen Age? dans Id., *Gouverner la ville au moyen âge*, Paris 1993, pp. 53-112.

RIGAUDIERE, A., *Pouvoirs et instituitons dans la France médiévale. t. 2 : Des temps féodaux aux temps de l'Etat*, Paris 1994.

RIGAUDIERE, A., Aide aux quatre cas, coutume, droit féodal et droit écrit : Robert de Balsac et ses hommes de Saint-Chamant (1487-1489), dans PAVIOT, J. et VERGER, J. (textes réunis par), *Guerre, pouvoir et noblesse au Moyen Age. Mélanges en l'honneur de Philippe Contamine*, Paris 2000, pp. 605-618.

RUSSON, M. et al., *Les côtes guerrières : Mer, guerre et pouvoirs au Moyen Age (France - façade océanique XIIIe-XVe siècle)*, Rennes 2004.

SAINT-DENIS, A., *Apogée d'une cité. Laon et le laonnais aux XIIe et XIIIe siècle*, Nancy 1994.

SADOURNY, A., Les Rentes à Rouen au XIIIe siècle, dans *Annales de Normandie*, t. 21, 1971, pp. 99-108.

SAYOUS, A., Les mandats de Saint-Louis sur son trésor et le monument international des capitaux pendant la septième croisade (1248-1254), dans *Revue historique*, t. 167, 1931, pp. 254-304.

SCHNEIDER, J., Les origines des chartes de franchises dans le royaume de France (XIe-XIIe siecles), dans *Les libertés urbaines et rurales du XIe au XIVe siècle (Colloque international Spa 5-8 IX 1966)*, Bruxelles 1968, pp. 29-50（山田雅彦訳

「フランス王国におけるフランシーズ文書の起源―11-12 世紀―」森本芳樹編
『西欧中世における都市と農村』九州大学出版会, 1987 年, 123-163 頁).
SCHNEIDER, J., Les villes du royaume de France au temps de Saint Louis, dans
 Comptes rendus des Séances de l'Académie des inscriptions et belles-lettres, nouv.
 sér. t. 7, 1971, pp. 45-49.
SCHNEIDER, J., Problèmes d'histoire urbaine dans la France médiévale, dans *Actes
 du 100ᵉ Congrès national des sociétés savantes*, Paris 1977, pp. 137-162.
SIVERY, G., *Les Capétiens et l'argent au siècle de Saint Louis : essai sur
 l'administration et les finances royales au XIIIᵉ siècle*, Villeneuve-d'Ascq 1995.
STEPHENSON, C., Les «aides» des villes françaises aux XIIᵉ et XIIIᵉ siècles, dans *Le
 Moyen Age*, t. 34, 1922, pp. 274-328.
STRAYER, J.R., Consent to Taxation under Philip the Fair, dans STRAYER, J.R. et
 TAYLOR, Ch. H., *Studies in early French Taxation*, Cambridge 1939, pp. 11-14.
STURLER, J. de, A propos de commerce du vin au Moyen Age, dans *Le Moyen Age*,
 t. 57, 1951, pp. 93-128.
THIERRY, A., Premier fragment du recueil des monuments inédits de l'histoire du
 Tiers Etat. Tableau de l'ancienne France municipale, dans *Oeuvres complètes de
 Augustin Thierry*, t. 5, Paris 1860.
TURLAN, J., *La commune et le corps de la ville de Sens (1146-1789)*, Paris 1942.
VAILLANT, P., La politique d'affranchissement des comtes de Savoie (1195-1402),
 dans *Etudes historiques à la mémoire de N. Didier*, Paris 1960, pp. 315-323.
VANDERKINDERE, L., Un village du Hainaut au XIIᵉ siècle. La loi de Prisches, dans
 Mélanges P. Frédéricq, Bruxelles 1904, pp. 213-227.
VAN CAENEGEM, R. et MILIS, L., Edition critique des versions françaises de la
 "Grande Keure" de Philippe d'Alsace, comte de Flandre, pour la villie d'Ypres,
 dans *Bulletin de la Commission royale d'histoire*, 147, 1981, pp. 1-44.
VERCAUTEREN, F., Les libertés urbaines et rurales du Xᵉ siècle, dans *Les libertés
 urbaines et rurales du XIᵉ au XIVᵉ siècle. Colloque international Spa 5-8 IX 1966*,
 Bruxelles 1968, pp. 13-25.
VERHULST, A., L'organisation financière du comté de Frandre, du duché de
 Normandie et du domaine royal français du XIᵉ au XIIIᵉ siècle, dans *L'impôt dans
 le cadre de la ville et de l'Etat (Colloque international, Spa 1964)*, Bruxelles 1966,
 pp. 29-43.
VERHULST, A., Un exemple de la politique économique de Philippe d'Alsace :
 fondation de Gravelines (1163), dans *C.C.M.*, t. 10, 1967, pp. 15-28.
VERRIEST, L., *Le régime seigneurial dans le comté du Hainaut du XIᵉ à la Révolution*,
 2 vols., Bruxelles, 1916-1917.
VERRIERST, L., La fameuse charte ―loi de Prisches. Ancien Hainaut― Anno 1158,

dans *Revue belge de philologie et d'histoire*, 2, 1923, pp. 327-349.

Vignes, vins et vignerons de Saint- Emilion et d'ailleurs (les 11-12 septembre 1999), Talence 2000.

WALREAT, M., Les chartes-lois de Prisches (1158) et de Beaumont-en-Argonne (1182). Contribution à l'étude de l'affranchissement des classes rurales au XIIe siècle, dans *Revue belge de philologie et l'histoire*, 23, 1944, pp. 127-162.

WOLFF, Ph., *Commerces et marchants de Toulouse (vers 1530-vers 1450)*, Paris 1954.

WOLFF, Ph., L'approvisionnement des villes françaises au Moyen Age, dans *L'approvisionnement des villes de l'Europe occidentale au Moyen Age et aux temps modernes (Flaran 5)*, Auch 1985, pp. 11-31.

WOLFF, Ph., Les hôtelleries toulousaines au Moyen Age, dans *Bulletin philol. et his.*, 1961, pp. 189-205.

WOOD, Ch.-T., *The French Apanages and the Capetian Monarchy 1224-1328*, Cambridge 1966.

ZOLLER, Ch., Le tonlieu de Visé du Xe au XIVe siècle, dans *Acta Historica Bruxellensia*, t. 3, 1974, pp. 7-29.

B. ポワトゥー，オニス・サントンジュ，アンジュー，トゥーレーヌ地方の関連文献
Poitou, Aunis et Saintonge, Anjou, Touraine.

AUDOUIN, E., Les chartes communales de Poitiers et les établissements de Rouen, dans *Bulletin philol. et his.*, 1912, pp. 74 et 125-158.

AUGERON, M. et al., *La Violence et la Mer : Dans l'espace atlantique (XIIe-XIXe siècle)*, Rennes 2004.

AURELL, M., La cour Plantagenêt (1154-1189) : entoutrage, savoir et civilité, dans Id. (dir.), *La cour Plantagenêt (1154-1204). Actes du colloque tenu à Thouars du 30 avril au 2 mai 1999*, Poitiers 2000.

AURELL, M., *L'Empire des Plantagenêt*, Paris 2004.

AURELL, M. et BOUTOULLE, F. (textes réunis par), *Les seigneuries dans l'espace Plantagenêt (c.1150-c.1250). Actes du colloque international organisé par l'Institut Ausonius (Université de Bordeaux/CNRS) et le Centre d'Etudes Supérieures de Civilisation Médiévale (Université de Poitiers/CNRS), les 3, 4 et 5 mai 2007 à Bordeaux et Saint-Emilion*, Pessac 2009.

BARBIER, A. Une enquête au bourg Saint-Hilaire de Poitiers en 1422, dans *B.S.A.O.*, 2e s., t. 6, 1892-1894, pp. 480-495.

BAUTIER, R.-H., Une requête au roi des maires et échevins de la Rochelle (1279?), dans *Bulletin philol. et his.*, 1966, pp. 115-129.

BEECH, G.-T., *A Rural Society in Medieval France : The Gâtine of Poitou in the 11th and 12th Centuries*, Baltimore 1964.

BEMONT, Ch., La campagne de Poitou (1242-1243), dans *Annales du Midi*, t. 5, 1893, pp. 289-314.

BERNSTEIN, H.-J., *Between crown and community. Politics and Civic Culture in Sixteenth Century Poitiers*, New York 2004.

BIENVENU, J.-M., Recherches sur les péages angevins aux XIe et XIIe siècles, dans *Le Moyen Age*, t. 63, 1957, pp. 209-240, 437-467.

BISSON, T.-N., Negotiations for Taxes under Alfonse of Poitiers, dans *XIIe Congrès International des Sciences Historique*. Vienna, 1965, Louvain-Paris 1966, pp. 77-101.

BOISSONNADE, P., Essai sur l'organisation du travail en Poitou depuis le XIe siècle jusqu'à la Révolution, (*M.S.A.O.*, 2e s., t. 21, 22), Poitiers 1898, 1899.

BOISSONNADE, P., La ville et la commune de Poitiers depuis le XIe siècle jusqu'à la fin de la période des Capétiens (1100-1328), dans Audouin, E. (éd.), *Recueil de documents concernant la commune et la ville de Poitiers*, t. 1 (Introduction), pp. I-LXXXVIII.

BOISSONNADE, P., La renaissance et l'essor de la vie et du commerce maritime en Poitou, Aunis et Saintonge du Xe et XVe siècle, dans *Revue d'histoire économique et sociale*, t. 12, Paris 1924, pp. 261-325.

BOISSONNADE, P., La navigation intérieure du Poitou et des Charentes, leur place dans l'histoire de la navigation fluviale de la France du IXe au XXe siècle, dans *Bulletin philol. et his.*, 1926, pp. 107-124.

BOISSONNADE, P., L'origine et les progrès du port des Sables-d'Olonne au moyen âge, dans *B.S.A.O.*, 3e s., t. 9, 1933, pp. 898-906.

BOUSSARD, J., *Le comté d'Anjou sous Henri Plantagenêt et ses fils (1151-1204)*, Paris 1938.

BOUSSARD, J., Le trésorier de Saint-Martin de Tours, dans *Revue de l'église de France*, t. 47, 1961, pp. 84-87.

BOUTARIC, E., *Saint Louis et Alfonse de Poitiers*, Paris 1870.

BREUILLAC, E., Les anciennes halles de Niort, dans *Bulletins de la Société de statistique, sciences, lettres et arts du département des Deux-Sèvre*, t. 4-6, 1887, pp. 515-543.

CHERGE, C.-L.-G. de, Mémoire historique sur l'abbaye de Montierneuf de Poitiers, dans *M.S.A.O.*, 1ère s., t. 11, pp. 147-276.

CHEVALIER, B., La cité de Tours et Châteauneuf du Xe au XIIIe siècle, dans *Cahiers d'Histoire*, t. 17, 1972, pp. 237-247.

CLOUZOT, E., *Les marais de la Sèvre niortaise et du Lay du Xe à la fin du XVIe siècle*, Paris et Niort 1904.

COMBES, J. (dir.), *Histoire de Niort des origines à nos jours*, Poitiers 1987.

CROZET, R., Les constructions civiles d'intérêt public à Poitiers au Moyen Age, dans *Les constructions civiles d'intérêt public dans les villes d'Europe au Moyen Age et sous l'Ancien Régime et leur financement*, Bruxelles 1971, pp. 35-47.

DEBORD, A., Les bourgs castraux dans l'ouest de la France, dans *Châteaux et peuplement et Europe occidentale du Xe au XVIIIe siècle (Flaran 1)*, Auch 1980, pp. 57-73.

DEBORD, A., *La société laïque dans les pays de la Charente, X^e-XIIe s.*, Paris 1984.

DEBORD, A., *Aristocratie et pouvoir. Le Rôle du château dans la France médiévale*, Paris 2000.

DELAFOSSE, M., Trafic rochelais aux XVe-XVIe siècles. Marchands poitevins et laines d'Espagne, dans *Annales E.S.C.*, t. 7, 1952, pp. 61-64.

DELAFOSSE, M., *La Rochelle, ville océane*, La Rochelle 1953.

DELAFOSSE, M. (dir.), *Histoire de la Rochelle*, Toulouse 1985.

DELAYANT, L., *Histoire des Rochelais*, 2 vols., la Rochelle 1870.

DELISLE, L., Mémoire sur une lettre inédite adressée à la reine Blanche par un habitant de la Rochelle, dans *Bibliothèque de l'Ecole des Chartes*, t. 17, 1855-1856, pp. 513-555.

DEZ, G., *Histoire de Poitiers* (*M.S.A.O.*, 4e s., t. 10), Poitiers 1969.

DION, R., Les origines de La Rochelle et l'essor du commerce atlantique aux XIIe et XIIIe siècles, dans *Norois*, t. 3, 1956, pp. 35-50.

DOSSAT, Y., Un projet de création de port au confluent de la Charente et de la Boutonne à l'époque d'Alfonse de Poitiers, dans *Bulletin philol. et his.*, 1966, pp. 95-114.

DUGUET, J., Les possessions de l'abbaye de Saint-Cyprien en Aunis et en Saintonge de 928 à 1125, dans *Actes du 20e congrès des Sociétés savantes du Centre-Ouest*, Rochefort 1965, pp. 22-29.

DUGUET, J., Les possessions de l'abbaye de Nouaillé en Aunis et en Saintonge de 940 à la fin du XIIe siècle, dans *B.S.A.O.*, 4e s., t. 20, 1967-1968, pp. 313-317.

DUGUET, J., Origine et structure du Grand Fief d'Aunis, dans *Revue de la Saintonge et de l'Aunis*, t. 16, 1990, pp. 89-100.

DUGUET, J., Observations sur les seigneurs et la Châtellenie de Châtelaillon (XIe-XIIIe siècle), dans *Revue de la Saintonge et de l'Aunis*, t. 19, 1993, pp. 7-13.

ETIENNE, R. (dir.), *Histoire de Bordeaux*, Toulouse 1990.

FAVREAU, R., Les ports de la côte poitevine au XVe siècle, dans *Bulletin des sciences économiques et sociales du Comité des travaux historiques et scientifiques*, 1961, pp. 13-61.

FAVREAU, R., Alphonse de Poitiers et le chapitre de Saint-Hilaire-le-Grand (1241-1271), dans *B.S.A.O.*, 4e s., t. 6, 1961-1962, pp. 255-271.

FAVREAU, R., Le commerce du sel en Poitou à la fin du Moyen âge, dans *Bulletin philol. et his.*, 1966, pp. 185-223.

FAVREAU, R., Aspects de la vie économique dans le Centre-Ouest, fin XIIIe-début XIVe siècle, dans *Mémoires. Société historique et scientifique des Deux-Sèvres*, 1971, pp. 511-529.

FAVREAU, R., *La ville de Poitiers à la fin du Moyen Age*, 2 vols. (*M.S.A.O.*, 4e s., t. 14, 15), Poitiers 1978.

FAVREAU, R. (dir.), *Histoire de Poitiers*, Toulouse 1985.

FAVREAU, R., Les débuts de la ville de la Rochelle, dans *C.C.M.*, t. 30, 1987, pp. 3-32.

FAVREAU, R., La Rochelle, port français sur l'Atlantique au XIIIe siècle, dans *L'Europe et l'océan au Moyan Age (Société des historiens médiévistes de l'enseignement supérieur)*, Nantes 1988, pp. 49-76.

FAVREAU, R. et al. (éd.), *Bonnes villes du Poitou et des pays charentais du XIIe au XVIIIe siècle. Communes, françaises et libertés. (Actes du colloque tenu à Saint-Jean-d'Angély, septembre 1999)*, Poitiers 2002.

FAVREAU, R. et GLENISSON, J., Fiscalité d'Etat et budget à Poitiers au XVe siècle, dans *L'impôt dans le cadre de la Ville et de l'Etat (Colloque international, Spa 1964)*, Bruxelles 1966, pp. 121-134.

FAYE, L., Mauzé en Aunis, dans *M.S.A.O.*, 1ère s., t. 22, 1855, pp. 67-227.

FOUCHE, M., Le bourg, la porte et le fief de la tour d'Anguitard, dans *B.S.A.O.*, 4e s., t. 6, 1961-1962, pp. 229-236.

GABET, C., Le grand fief d'Aunis, dans *B.S.A.O.*, 1969, 4e s., t. 9, 1969, pp. 305-329.

GARAUD, M., *Les châtelains du Poitou et l'avènement du régime féodal* (*M.S.A.O.*, 4e s., t. 8), Poitiers 1964.

GINOT, E., La rue de la Tranchée à Poitiers. Note de topographie historique, dans *B.S.A.O.*, 3e s., t. 3, 1913-1915, pp. 224-229.

GINOT, E., Vieilles rues et vieilles églises: formation du bourg de Saint-Hilaire de Poitiers, dans *B.S.A.O.*, 3e s., t. 10, 1934-1935, pp. 438-462.

GIRY, A., *Les Etablissements de Rouen*, 2 vols., Paris 1883-1885.

GLENISSON, J. et HIGOUNET, Ch., Remarques sur les comptes et sur l'administration financière des villes françaises entre Loire et Pyrénées (XIVe-XVIe siècles), dans *Finances et comptabilité urvaines du XIIIe au XVIe siècle*, Bruxelles 1964, pp. 31-74.

GOUGET, A., *Mémoires pour servir à l'histoire de Niort. I. Le commerce*, Niort 1863.

GUEBIN, P., Confiscations pour rupture d'hommage dans le comté de Poitiers à la révolte de 1242, dans *Revue d'histoire du droit français et étranger*, 1923, pp. 326-327.

HAIJDU, R., Family and Feudal Ties in Poitou, 1100-1300, dans *Journal of*

Interdisciplinary History, 8-1, 1977, pp. 117-139.

HIGOUNET, Ch., L'assolement triennal en Aunis au milieu du XIIIe siècle, dans *Annales du Midi*, t. 74, 1964, pp. 199-201.

JAROUSSEAU, G., Essai de localisation de la porte-le-Comte et de la porte Mainard dans l'enceinte du Bas Empire à Poitiers, dans *B.S.A.O.*, 4e s., t. 13, 1975, pp. 143-153.

JAROUSSEAU, G., Essai de topographie historique. Le marché neuf de Poitiers créé à la fin du XIe siècle, dans *B.S.A.O.*, 5e s., t. 4, 1990, pp. 99-117.

JOURDAN, J.B.E., Essai historique sur les vignes et les vins d'Aunis, dans *Revue de l'Aunis et de la Saintonge*, 1866, pp. 257-288.

JULIEN-LABRUYERE, F., *Paysans charentais. Histoire des campagnes d'Aunis, Saintonge et bas Angoumois*, 2 vols., La Rochelle 1982.

KIEFT, C. van de, La seigneurie de l'abbaye de Saint-Jean-d'Angély au milieu du XIe siècle, dans *Miscellanea Mediaevalia in memoriam Jan Frederik Niermeyer*, Groningen 1967, pp. 167-175.

LABANDE-MAILFERT, T. et al., *Histoire de l'abbaye de Sainte-Croix de Poitiers* (*M.S.A.O.*, 4e s., t. 19), Poitiers 1986.

LA BOURALIERE, A. de, Les bornes de l'ancien Saint-Hilaire de Poitiers, dans *B.S.A.O.*, 2e s., t. 7, 1886-1888, pp. 88-96.

LA COSTE-MESSELIERE, R. de, Chemins médiévaux en Poitou, dans *Bulletin philol. et his.*, 1960, pp. 322-333.

LA MARSONNIERE, D. de, La navigation du Clain, dans *B.S.A.O.*, 2e s., t. 7, 1895-1897, pp. 237-258.

LATOUCHE, R., La commune du Mans (1070), dans Id., *Etudes médiévales-Le haut moyen âge ; La France de l'Ouest ; des Pyrénées aux Alpes*, Paris 1966, pp. 121-126.

LEDAIN, B., Savary de Mauréon ou la réunion du Poitou à l'unité française, dans *M.S.A.O.*, 1ère s., t. 13, 1890, pp. XIX-XLV.

LEDAIN, B., Les maires de Poitiers, dans *M.S.A.O.*, 2e s., t. 20, 1897, pp. 215-774.

LONGUEMAR, A. le T. de, Essai historique sur l'église collégiale de Saint-Hilaire-le-Grand de Poitiers, dans *M.S.A.O.*, 1ère s., t. 23, 1856, pp. XXVII-XXXI, 1-386.

LUC, J.-N. (dir.), *La Charente-Maritime. L'Aunis et la Saintonge des origines à nos jours. L'histoire par les documents*, Saint-Jean-d'Angely 1991.

LYON, E., Comment fut élaborée l'ordonnance sur les rachats en Poitou (mai 1269), dans *Bibliothèque de l'Ecole des chartes*, t. 88, 1927, pp. 87-96.

MUSSET, G., *La Rochelle et ses ports*, La Rochelle 1890.

MUSSET, G., Les Flandres et les communes de l'Ouest de la France. Accords et conflits, dans *Recueil de la Commission des arts et monuments historiques de la*

Charente-Inférieure, t. 12, 1893-1894, pp. 7-11.

MUSSET, L., Recherche sur les bourgs et les bourgs ruraux du Bocage normand, dans *Pays bas-normand*, t. 53, 1960, pp. 86-94.

MUSSET, L., Peuplement en bourgages et bourgs ruraux en Normandie du Xe au XIIIe siecles, dans *C.C.M.*, t. 9, 1966, pp. 177-208.

MUSSET, L., La renaissance urbaine des Xe et XIe siècles dans l'ouest de la France : problèmes et hypothèses de travail, dans *Etudes de civilisation médiévale. Mélanges E.-R. Labande*, Poitiers 1975, pp. 563-575.

OKAMURA (OHYA), A., *Les possessions des seigneurs ecclésiastiques dans la ville de Poitiers aux XIIe et XIIIe siècles. Etudes sur l'église collégiale de St Hilaire-le-Grand et l'abbaye de Montierneuf* (Mémoire de D.E.A. Université de Poitiers, 1992).

PAINTER, S., Castellans of the Plain of Poitou in the Eleventh and Twelfth Centuries, *Speculum*, vol. 31, 1956, pp. 243-257.

PAPY, L., *La côte atlantique de la Loire à la Gironde*, Bordeaux 1941.

PETROWISTE, J., *A la foire d'empoigne : foire et marchés en Aunis et Saintoge au Moyen-Age (vers 1000-vers 1550)*, Toulouse 2004.

PORTEJOIE, P., Le régime des fiefs d'après la coutume de Poitou, dans *M.S.A.O.*, 4e s., t. 3, 1958, pp. XXIV-218.

RÉDET, L., Statut et usages de l'ancienne abbaye de Montierneuf de Poitiers, dans *M.S.A.O.*, 1ère s., t. 10, 1843, pp. 305-336.

RÉDET, L., Mémoire sur les halles et les foires de Poitiers, dans *M.S.A.O.*, 1ère s., t. 12, 1845, pp. 61-97.

RENOUARD, Y., Les hommes d'affaires italiens à la Rochelle au Moyen Age, dans *Studi in onore di Armando Sapori*, 2 vols., Milan 1957, I, pp. 403-416.

RENOUARD, Y., Le rayonnement de la Rochelle en Occident à l'aube du XIIIe siècle d'après la liste de ceux de ses habitants qui jurèrent fidélité à Louis VIII en 1224, dans *Bulletin philol. et his.*, 1961, pp. 79-94.

RICHARD, A., Le manuscrit 51 de la Bibliothèque de Poitiers a-t-il eu un caractère officiel? dans *B.S.A.O.*, 2e s., t. 3, 1883-1885, pp. 297-306.

RICHARD, A., *Histoire des comtes de Poitou, 778-1204*, 2 vols., Paris 1903.

RIVAUD, D., *Les villes et le roi. Les municipalités de Bourges, Poitiers et Tours et l'émergence de l'Etat moderne (v. 1440-v. 1560)*, Rennes 2007.

SANFACON, R., Une dépendance de l'abbaye bénédictine de Nouaillé en Poitou : la seigneurie de Jouarenne du VIIIe au XVe siècle, dans *B.S.A.O.*, 4e s., t. 6, 1961-1962, pp. 163-211.

SANFACON, R., *Défrichements, peuplement et institutions seigneuriales en Haut-Poitou du Xe au XIIIe siècle*, Québec 1967.

TUNTHOUIN, R., La navigation sur la Sèvre niortaise et le port de Niort du XIIe au XXe siècle, dans *Bulletin philol. et his.*, 1963, pp. 543-544.

TOUCHARD, H., Les exportations françaises vers 1330. L'exemple de La Rochelle, dans *Revue du Bas-Poitou et des provinces de l'Ouest*, 1965, pp. 119-128.

TRABUT-CUSSAC, J.-P., Les coutumes ou droits de douane perçus à Bordeaux sur les vins et les marchandises par l'administration anglaise de 1252 à 1307, dans *Annales du Midi*, t. 62, 1950, pp. 135-150.

TRANCHANT, M., *Le commerce maritime de la Rochelle à la fin du Moyen Age*, Rennes 2003.

TRANCHANT, M., La constitution de la banlieue rochelaise à la fin du Moyen Age : formes d'emprise urbaine sur un espace rural, dans *Histoire urbaine*, n° 8, 2003, pp. 23-40.

TRANCHANT, M., *Ports et littoraux de l'Europe atlantique : Transformations naturelles et aménagements humains (XIVe-XVIe siècles)*, Rennes 2007.

TROCME, E. et DELAFOSSE, M., *Le commerce Rochelais de la fin du XVe s. au début du XVIIe*, Paris 1952.

VINCENT, D., Les juifs du Poitou au bas Moyen Age, dans *Revue d'histoire économique et sociale*, t. 18, 1952, pp. 18-79.

【邦語文献】

荒木洋育「『アングロ=ノルマン王国』崩壊期のイングランド国王財政とクロス=チャネル=バロンズ」『史学雑誌』116-4，2007年，96-112頁。

伊藤　毅編『バスティード―フランス中世新都市と建築―』中央公論美術出版，2009年。

稲元　格「中世都市リューベックにおけるレンテ売買について」『阪大法学』109，1978年，73-128頁。

ヴィルファン（小沢弘明訳）「ヨーロッパ都市史研究の現状と方向」『歴史学研究』612，1990年，62-74頁。

江川　温・服部良久編著『西欧中世史（中）―成長と飽和―』ミネルヴァ書房，1995年。

大宅（岡村）明美「フランス中部におけるコミューヌ運動―シャトオヌフ・レ・トゥールの場合―」『西洋史学報（広島大学）』16，1990年，25-42頁。

大宅（岡村）明美「中世ポワチエ流通税表の分析」『社会経済史学』56-6，1991年，1-31頁。

大宅（岡村）明美「中世フランスにおけるフランシーズ文書の系譜と改変」『史学研究』194，1991年，71-81頁。

大宅（岡村）明美「封建社会における都市・市民・市場―ニオールの市場移転に関する一通の嘆願状をめぐって―」『市場史研究』14，1995年，29-40頁。

大宅（岡村）明美「中世盛期ポワチエに関する一考察―サン=ティレール教会とモンティエルヌフ修道院の都市内財産の分析―」『史学研究』215, 1997年, 455-474頁。

大宅（岡村）明美「中世盛期における大西洋ワイン商業の展開と西フランス都市」,『史学研究』220, 1998年, 1-19頁。

大宅明美「13世紀都市ラ・ロシェルの政治的危機と経済的危機」山代宏道編著『危機をめぐる歴史学―西洋史の事例研究―』刀水書房, 2002年, 251-269頁。

大宅明美「13世紀ポワトゥーにおける伯権と都市民―ラ・ロシェルの都市内商業をめぐって―」藤井美男・田北廣道編著『ヨーロッパ中世世界の動態像―史料と理論の対話―森本芳樹先生古稀記念論集』九州大学出版会, 2004年, 455-474頁。

大宅明美「伯権の援助金要求とポワトゥー諸都市―13世紀ポワトゥー地方における『良き都市』をめぐって―」『史学研究』246, 2004年, 45-63頁。

大宅明美「13世紀ポワチエにおける王権・都市民・在地領主」『歴史家のパレット―佐藤眞典先生御退職記念論集』渓水社, 2005年, 73-91頁。

大宅明美「十三世紀フランスにおける王権のコミューヌ政策と都市内諸権力―ルーアンとポワチエのコミューヌ文書の比較検討から―」『史学研究』265号, 2009年, 19-36頁。

大宅明美「中世フランスにおける都市カルチュレールの作成と伝来に関する一考察―ポワチエの「マニュスクリ・サン=ティレール」をめぐって―」『西洋史学報』37, 2010年, 33-55頁。

加藤玄「中世後期南西フランスのバスティド政策―13世紀後半から14世紀初頭のアジュネ地方を中心に―」『比較都市史研究』20-1, 2001年, 4-5頁。

河原温『中世フランドルの都市と社会―慈善の社会史―』中央大学出版部, 2001年。

小山啓子『フランス・ルネサンス王政と都市社会―リヨンを中心として―』九州大学出版会, 2006年。

斎藤（水野）絅子「中世北フランスのコミューンとカペー王権中世都市の『封建的』性格に関する一試論」『西洋史学』89, 1973年, 50-67頁。

斎藤（水野）絅子「ルーアン・コミューン法―王権による中世都市支配の一例―」『社会経済史学』40-2, 1974年, 107-128頁。

斎藤絅子「12世紀中葉Tournaiのコミューン慣習法」『ICU社会科学ジャーナル』16, 1978年, 161-186頁。

斎藤絅子「西欧中世都市貴族の性格に関する一試論―トゥールネの聖マリア衆―」『社会経済史学』44-3, 1978年, 242-268頁。

斎藤絅子「Philippe Auguste治下（1180-1223）のTournaiのコミューン」『ICU社会科学ジャーナル』21-1, 1982年, 87-107頁。

斎藤絅子「12・13世紀エノー伯領の慣習法特許状―Prisches法を中心に―」『史潮』

11, 1982 年, 87-107 頁.

斎藤絢子「12・13 世紀エノー地方における慣習法文書と領域支配」『駿台史学』69, 1986 年, 35-60 頁.

斎藤絢子『西欧中世慣習法文書の研究』九州大学出版会, 1992 年.

斎藤絢子「中世エノー地方における日常生活―ぶどう酒の消費と管理―」『明治大学人文科学研究所紀要』35, 1994 年, 276-290 頁.

佐藤専次「コンユラーティオと一揆―オットー・ゲルハルト・エクスレの所説にふれて―」『立命館文学／立命館研究所』558, 1999 年, 552-566 頁.

佐藤 猛「14・15 世紀フランスにおける国王代行官と諸侯権―1380 年ベリー公ジャンの親任を中心に―」『西洋史学』217, 2005 年, 1-21 頁.

ジェニコ, L./森本芳樹監修『歴史学の伝統と革新―ベルギー中世史学による寄与―』九州大学出版会, 1984 年.

図師宣忠「中世フランス王権による南仏支配と慣習法―『トゥールーズ慣習法』の承認をめぐって―」『洛北史学』5, 2003 年, 52-76 頁.

図師宣忠「中世南フランスにおける誓約の場―トゥールーズ伯領のフランス王領への編入から―」『都市文化研究』4, 2004 年, 73-86 頁.

図師宣忠「中世盛期トゥールーズにおけるカルチュレールの編纂と都市の法文化」『史林』90-2, 2007 年, 31-60 頁.

関口武彦「フランス中世におけるコンプラン契約：フランス・ワイン史によせて」『山形史学研究』13/14, 1978 年, 60-73 頁.

関口武彦「コンプラン契約と扶養契約」『山形大学紀要（社会科学）』29-2, 1999 年, 175-185 頁.

高橋陽子「（研究ノート）サン＝トメールのハンザに関する一考察―13 世紀を中心に―」『西洋史学』164, 1991 年, 53-66 頁.

高山 博「フィリップ 4 世（1285-1314 年）治世下のフランスの統治構造―バイイとセネシャル―」『史学雑誌』101-11, 1992 年, 1-38 頁.

田北廣道「中世後期ケルン空間における「市場」統合と制度―15 世紀ケルン・ノイス間のシュターペル抗争を素材として―」田北廣道編『中・近世西欧における社会統合の様相』九州大学出版会, 2000 年, 287-320 頁.

谷澤 毅「中世後期ドイツにおけるワインの流通」『長崎県立大学論集』34-4, 2001 年, 147-174 頁.

服部良久編訳『紛争のなかのヨーロッパ中世』京都大学学術出版会, 2006 年.

花田洋一郎「フランス中世都市財政史研究の動向―1950 年以降のフランス学界―」『史学雑誌』104-4, 1995 年, 79-103 頁.

花田洋一郎「シャンパーニュ大市, 都市当局, 在地住民：プロヴァンを中心にして」『経済学研究（九州大学）』65-1/2, 1998 年, 53-79 頁.

花田洋一郎「フランス中世都市財政史研究の動向―1990 年代のフランス学界―」『西南学院大学経済学論集』35-4, 2001 年, 21-55 頁.

花田洋一郎『フランス中世都市制度と都市住民―シャンパーニュの都市プロヴァンを中心にして―』九州大学出版会，2002年．

花田洋一郎「中世後期フランス都市財政におけるぶどう酒税について」藤井美男・田北廣道編著『ヨーロッパ中世世界の動態像―史料と理論の対話―森本芳樹先生古稀記念論集―』九州大学出版会，2004年，517-541頁．

塙　浩「ポアトゥー伯領の統治構造史―ガロー教授の所説をたどって―」服藤弘司他編『法と権力の史的考察』創文社，1977年，221-290頁．

林田伸一「フランス絶対王政下の都市自治権―アミアンを中心として―」『史学雑誌』87-11，1978年，1-35頁．

ファヴィエ，J.／内田日出海訳『金と香辛料―中世における実業家の誕生―』春秋社，1997年．

藤井美男「中世後期南ネーデルランドにおける君主財政―都市財政との関係をめぐる予備的考察―」『商経論叢（九州産業大学）』32-1，1991年，157-188頁．

藤井美男「中世後期ブリュッセルの財政に関する一考察―財政をめぐる中世都市と領邦君主―」『商経論叢（九州産業大学）』35-4，1995年，103-132頁．

藤井美男・大宅（岡村）明美「西欧中世都市における商業組織の研究―宿主・仲介業者の検出―」『九州産業大学産業経営研究所報』27，1995年，157-171頁．

藤井美男・大宅（岡村）明美「西欧中世都市における商取引と外来商人―13世紀グラヴリンヌおよび14世紀メヘレンの場合―」『九州産業大学産業経営研究所報』28，1996年，113-129頁．

藤井美男「近代国家形成過程における都市エリートの学説史的検討―対象と方法をめぐって―」『経済学研究（九州大学）』66-5・6，2000年，43-65頁．

藤井美男・田北廣道（編著）『ヨーロッパ中世世界の動態像―史料と理論の対話―森本芳樹先生古稀記念論集―』九州大学出版会，2004年．

藤本太美子「ラ・トリニテ修道院（カン）による12世紀所領調査―予備的考察―」『（久留米大学大学院）比較文化研究論集』6，1999年，25-44頁．

フルヒュルスト，A.（森本芳樹・藤本太美子・森貴子訳）『中世都市の形成―北西ヨーロッパ―』岩波書店，2001年．

宮松浩憲「11・12世紀のポワトゥにおけるブールと城主」『歴史学研究』40，1979年，1-18頁．

宮松浩憲「中世盛期アンジューのブール―西フランスにおける都市化の様相―」森本芳樹編著『西欧中世における都市＝農村関係の研究』九州大学出版会，1988年，151-205頁．

宮松浩憲『西欧ブルジョワジーの源流―ブルグスとブルゲンシス―』九州大学出版会，1993年．

向井伸哉「ルイ9世期低ラングドック地方における enquête」『クリオ』20，2006年，35-52頁．

森　洋「初期カペー王朝の domaine royal（上）（下）」『史淵』76，1958年，31-54

頁：77，1958年，27-69頁．

森本 矗「14世紀イングランドのワイン貿易とダラム司教座聖堂付属修道院」『名古屋学院大学論集』1973年，67-146頁．

森本芳樹「慣習法特許状に関する基礎的考察—12・13世紀エノー伯領の場合—」高橋幸八郎・古島敏男編『近代化の経済的基礎』岩波書店，1968年，57-75頁．

森本芳樹『西欧中世経済形成過程の諸問題』木鐸社，1978年．

森本芳樹編訳『西欧中世における都市と農村』九州大学出版会，1987年．

森本芳樹編著『西欧中世における都市＝農村関係の研究』九州大学出版会，1988年．

森本芳樹「市場史研究の現状と方向—西欧前近代市場の検討から—」『市場史研究』14，1995年，58-61頁．

森山軍次郎「慣習法特許状の政治的意義—ロリス特許状とカペー王権—」『北大文学部紀要』21-1，1973年，101-151頁．

山瀬善一「封建国家財政から近世国家財政への移行期の諸困難—主としてフランスとネーデルラントについて—」『広島経済大学経済研究論集』11-12，1988年，109-127頁．

山瀬善一「国王課税と国王軍隊—1360年代のフランスについて—」『国民経済雑誌（神戸大学）』140-1，1979年，1-20頁．

山田雅彦「中世都市トロワの発展と地域流通」『西洋史学論集（九州西洋史学会）』22，1984年，17-36頁．

山田雅彦「北フランス中世盛期の都市＝農村関係に関する研究—1960年以降のフランス学界—」『史学雑誌』95-1，1986年，62-88頁．

山田雅彦「西欧中世都市の起源と年市—ロンバール・ジュルダンの最近の業績をめぐって—」『市場史研究』2，1986年，81-93頁．

山田雅彦「中世サン＝トメールの流通税表—層位学的考察の試み—（上）（下）」『文学部論叢（熊本大学）』33，1990年，105-130頁；37，1991年，129-158頁．

山田雅彦「中世都市ヘントの流通地理—流通税表が語る都市史—」『市場史研究』9，1991年，1-28頁．

山田雅彦「一二世紀後半フランドルにおける「新港」の社会経済史的意義—グラヴリーヌ港建設をめぐる議論の進展を追って—」『文学部論叢（熊本大学）』53，1996年，45-74頁．

山田雅彦「中世中期における市場と権力—12世紀フランドル伯領を中心に—」『社会経済史学』63-2，1997年，35-55頁．

山田雅彦「安全護送権と封建制の定立—12世紀フランス王領における王権と領主権を中心に—」『文学部論叢（熊本大学）』65，1999年，51-80頁．

山田雅彦「中世中期フランドル伯領における魚介流通—流通税表を素材としてみたスヘルデ河流域部のニシン流通を中心に—」中村 勝責任編集『市と罎』中央印刷出版部，1999年，367-384頁．

山田雅彦「ヨーロッパ中世の市場と権力の関係—フララン報告論文を中心とする比

較史的再論―」『市場史研究』20, 2000 年, 19-39 頁。
山田雅彦『中世フランドル都市の生成―在地社会と商品流通―』ミネルヴァ書房, 2001 年。
山田雅彦「中世ヨーロッパの地域・市場・権力―フランドル伯領の諸地域経済圏を中心に―」『歴史科学（大阪歴史科学協議会）』168, 2002 年, 17-28 頁。
山田雅彦「中世フランドル南部におけるワイン・ステープルの歴史的意味―13 世紀サン・トメールの都市条例を素材として」加藤哲美編『市場の法文化』国際書院, 2003 年, 39-62 頁。
山田雅彦「中世中期サン・トメールの市場をめぐる自由と統制―13 世紀ワイン・ステープル市場再論」『史窓』2008 年, 33-58 頁。
渡辺節夫『フランス中世政治権力構造の研究』東京大学出版会, 1992 年。
渡辺節夫「ヨーロッパ中世国家史研究の現状―フランスを中心として―」『歴史評論』559, 1996 年, 62-72 頁。
渡辺節夫編著『ヨーロッパ中世の権力編成と展開』東京大学出版会, 2003 年。
渡辺節夫「フランス中世王権と地方統治―12・13 世紀における令状（mandement）の史料論的検討―」『青山史学』24, 2006 年, 33-54 頁。
渡辺節夫「カペー朝期フランスにおける地方統治とプレヴォ・バイイ制―王権による都市支配と関係して―」『青山史学』25, 2007 年, 41-69 頁。

　　　　　　　　あとがき

　本書は，2008年に広島大学大学院文学研究科に提出した学位請求論文を母胎としている。これまでの研究成果をとりまとめる作業は，遅々として進まなかった。過去に書いた論文原稿やノートの点検作業を始めるたび，「ここのところをもっと調べたい」，「この部分は別の角度から見直したほうが……」と思い始め，史料コピーを引っ張り出し，新しい文献を探し，図書館に複写依頼を出しに走る。ふと気が付くと，当初の全体構想からはみだしてしまっている。新たに作り始めていたノートの内容は，将来また機会がある時に完成させることとして，いったんは本棚にしまいこむ。このような脱線を繰り返し，瞬く間に数年間の時が過ぎてしまっていた。

　昔からこのようなことばかりだった私が，ともかくも学位請求論文を書き上げ，このような形で本書を世に問うことができたのは，叱咤激励しここまで導いてくださった方々のおかげである。広島大学で学び，ポワチエに留学し，そして現在の福岡へと場所は移り変わったが，私は常に素晴らしい指導者と研究仲間に恵まれてきた。広島大学での指導教官山代宏道先生には，学部の時よりご指導いただいた。自分の道を自分で拓くようにと常に言われ，時には外の世界へ向かって背中を押してさえ下さった。それでも，指導を乞うた時はどんなにご多忙の中でも時間を割き，アドバイスを下さった。広島，福岡，沖縄と色々な場所で下さった励ましが，どんなに力になったことだろう。そして九州大学名誉教授森本芳樹先生には，私が修士課程の学生だった時からゼミへの出席をお許しいただいた上，その後は日本学術振興会特別研究員として九州大学経済学部に受け入れて下さった。ヨーロッパ中世の歴史を研究し，それについて書き，話すことが楽しくてたまらないという先生のご様子は，一次史料を読み解きつつ新しい学界動向に常に敏感たれという姿勢とともに，周囲に集まった学生や研究者たちに自然と染み渡っていくかのようだった。その中の1人と

して加えていただいたことを，今も幸運に思う。

　森本先生が主宰されていた「西欧中世社会経済史料研究会」に初めて参加した時には，集った研究者たちの熱気と議論のレベルの高さに圧倒されるばかりであった。人には，自身の日々の成長を明確に自覚できる決定的な時期があると言うが，その頃の私がまさにそうであり，大いに背伸びしながらも，少しでも多くのものを学び取ろうと懸命だった。研究会メンバーの方々には，現在にいたるまで感謝しきれないほどのお世話になっている。特に中世盛期都市史の大先輩である京都女子大学の山田雅彦氏には，個々の史料解釈から都市史全般にいたるまで，様々な助言をいただいた。そもそも，森本先生にご紹介いただくことによって，私が研究会に加わることができたのも，山田氏のお蔭である。また，九州大学の藤井美男氏には，かつて九州産業大学にいらっしゃった折に，いくつもの温かい励ましの言葉と貴重な助言をいただいた。九州大学の岡崎　敦氏には，西欧中世比較史料論研究会の一員として加えていただいた。その場で「史料」をめぐって戦わされた熱い議論から私が学んだものは計り知れない。西南学院大学の花田洋一郎氏には，その文献に関する圧倒的な知識をもって，何度も貴重な情報を授けていただいた。心から感謝申し上げたい。

　大学院在籍の最後の1年半と，特別研究員としての最初の半年間を過ごしたフランスでの留学中も，多くの方々のお世話になった。ロベール・ファヴロー先生をはじめとするポワチエ中世文明高等研究所の研究者や大学院生たち，モニック・ブラン先生，クロード・シャンセル夫妻に御礼を申し上げたい。また，ヴィエンヌ県古文書館とポワチエ市立図書館のスタッフは，彼らの呼ぶところの「日の昇る国」からはるばるやって来た一学生がローカルな古文書を見たがることをひどく珍しがり，様々な便宜を図ってくれた。特に，現在はフランソワ・ミッテラン情報館と名前を変えたポワチエ市立図書館の文化遺産研究室のスタッフの方々には，この場を借りて感謝の意を表したい。

　先にも述べたように，本書は学位請求論文をもとにして構成したものである。2008年5月に行われた学位審査には，山代宏道先生（主査），森本芳樹先生，西別府元日先生，井内太郎氏，岡　元司氏があたられた。その場でいただいた貴重なご意見を生かしきれたかどうか心もとないが，精一杯の努力をした

あとがき

つもりである。また，ご専門の宋代史に絡めていくつもの重要なご指摘を下さった岡　元司氏が，若くして昨年秋に逝去されたことは，大きな衝撃だった。謹んでご冥福をお祈りする。

本書の刊行に際しては，非常に幸運なことに，九州大学出版会の学術図書刊行助成制度に採択され，助成金を受けることができた。発足したばかりのこの助成制度がなければ，昨今の学術図書刊行をめぐる厳しい状況の中，本書の出版はきわめて困難であっただろう。厚く謝意を表する。慣れない作業の中，同出版会の奥野有希さんには何から何までお世話になった。特に，子供の急病・入院，その後引き続いて私自身が体調を崩すなどのハプニングが続き，入稿自体が甚だしく遅れた上，その後の校正作業も遅れがちであったにもかかわらず，それを辛抱強く許し，正確かつ迅速な校正作業を行ってくださったことに心から御礼を申し上げたい。

最後に，長期にわたって私を支えてくれた家族にも，感謝の言葉を述べたい。昼夜逆転して書斎にこもりがちな妻かつ母を許容してくれた夫および娘・美沙希と，陰日向に惜しみない助力をしてくれた義母，いつも私の健康を気遣ってくれる山口の両親に，心からの感謝を捧げる。

お世話になった方々へ感謝の言葉を述べるとともに，ここをまた新たな出発点として次のステップに踏み出し，新たな課題に取り組むことが恩返しにもなると考えている。

2010年7月　宗像にて

大宅　明美

索　引

固有名詞（人名・地名など）
あまりに出現頻度の高い語（フランス，ポワトゥーなど）は除外した。

あ行
アキテーヌ　4, 7, 15, 17-18, 30, 35, 55, 189, 221, 293, 319
アキテーヌ公，アキテーヌ公領（→アキテーヌ）
アブヴィル　24
アミアン　24, 38, 353
アランソン　36
アリエノール　4, 6, 15-20, 35-36, 189, 193, 221, 247
アルトワ　5, 10, 94, 112, 138, 217, 219
アルトワ伯，アルトワ伯領（→アルトワ）
アルフォンス（王弟，ポワトゥー伯）3-5, 10, 37, 62-63, 70, 97-98, 100, 112, 116-123, 125, 128-130, 132-141, 222, 225, 228, 237, 253-255, 263, 265-267, 270, 272, 280, 282, 288, 292
アングーモワ　97
アンジュー　4-5, 10, 15, 91-94, 106-108, 112, 124, 138, 200, 211, 221, 319, 334, 344, 353
アンジュー帝国　4, 10
アンジュー伯，アンジュー伯領（→アンジュー）
アンジュー伯アンリ→ヘンリー2世（イングランド王）
イザベル・ダングレーム　104
インノケンティウス2世　90
インノケンティウス3世　90, 110
ヴィヤール　18, 44
ウード（ポワトゥー伯）　10
ヴェズレー　80, 87-88, 90, 109
ヴェルヌイユ　36, 152
エヴルー　36, 296
エドゥアール（アキテーヌ君主）　37, 189
エノー　37, 185, 187, 211, 217, 223, 235, 237, 351-352, 354

オーヴェルニュ　10, 130-131, 135, 138
岡崎　敦　8, 341, 358
オドゥアン　11, 16, 51, 188, 195-196, 214
オニス　3, 7, 217-218, 223-225, 228-229, 234-235, 237, 269, 275, 280, 334, 344
オルレアン　59, 80, 316
オレロン　6, 36, 96

か行
カーン　36
ガスコーニュ　77, 99-101, 147, 150, 155
ガティネ（パリ近辺）　30, 37
カペー　1, 4, 7, 13-14, 37-38, 79-80, 89, 92-93, 100, 105-106, 108, 111-112, 273, 288, 351, 353-355
カペー家，カペー王権（→カペー）
カロルス=バレ　110
ギエンヌ　10, 105, 223
ギタール=ブール　40, 42, 73
ギヨーム（ランス大司教）　37, 83-84, 87
ギヨーム7世（ポワトゥー伯）　10
ギヨーム8世（ポワトゥー伯）　10, 18, 43, 46
ギヨーム9世（ポワトゥー伯）　10, 18
ギヨーム10世（ポワトゥー伯）　4, 10, 15, 18
ギヨーム豪腕（ポワトゥー伯）　10
ギヨーム麻屑頭（ポワトゥー伯）　10
クラン（川）　40-41, 47, 72, 75, 152, 189, 215
グラン=フィエフ=ドニス　132, 225, 232-233
クリュニー（修道院）　43
クレピイ　31
コンピエーニュ　31

さ行

斎藤絅子　36, 38, 217, 223, 235, 237, 351-352
サヴァリ・ド＝モレオン　36, 105
サン＝カンタン　24, 38
サン＝サチュルナン（教会）　41, 73
サン＝シプリアン（修道院）　41-42
サン＝ジャック＝ド＝コンポステッラ　61
サン＝ジャン＝ダンジェリ　4-5, 36, 96-97, 103, 105-106, 121-124, 127-129, 135-136, 143, 217-220, 222, 224, 227, 233-234, 237, 267, 272, 290, 292
サンス　20, 31-32, 80, 203, 211, 215-216
サン＝ティレール＝ル＝グラン（参事会教会）　41, 43-50, 55, 59, 61-62, 65, 67-68, 70, 72-73, 77, 106, 154-155, 159, 193, 202, 245, 260, 289, 313, 316, 351
サン＝ティレール＝ド＝ラ＝セル（教会）　40, 159, 165-166
サン＝ティレール参事会教会（→サン＝ティレール＝ル＝グラン参事会教会）
サント＝カトリーヌ（分院）　273
サント＝クロワ（女子修道院）　40, 42, 50-55, 58, 61, 63-71, 73, 289, 306-309
サン＝トメール　90, 184, 211-212, 222, 235, 285, 352, 354-355
サント　6, 36, 219
サント＝ラドゴンド（教会）　40, 73, 203, 241
サントンジュ　3-4, 7, 96-99, 102-105, 112, 120-129, 131-134, 141, 156, 168, 217-218, 220, 223-225, 234-235, 239, 267-268, 280, 334, 344
サン＝ニコラ（教会；分院）　40, 73, 193, 203, 241, 247, 326
サン＝マルタン（修道院）　76, 79, 81-84, 86-89, 91-94, 106, 108, 111
サンリス　24
ジェネスタル　38, 75
ジャック・ル＝ゴフ　8, 341
シャテルロー　113, 154, 160, 234-235
シャテルロー副伯（→シャテルロー）
シャトオヌフ（→シャトオヌフ＝レ＝トゥール）
シャトオヌフ＝レ＝トゥール　79-94, 105-106, 109, 111, 288, 350
シャラント　3, 6, 219, 235
シャラント（川）　96, 219
ジャン（王弟，ベリー公）　37, 352
シャンパーニュ　30, 37, 90, 99, 124, 211, 216, 249, 352-353
シャンパーニュ伯，シャンパーニュ大市（→シャンパーニュ）
シュヴァリエ　9, 80, 86-89, 109, 115, 137
シュジェール　14-15
シュネーデル　37, 80, 95
ジョン（イングランド王）　7, 17-18, 20, 38, 56, 96, 102-104, 221-222, 250, 279
ジリー　5, 9, 13, 16-17, 21, 23, 30, 34-36, 38, 86, 214
スガラ　36
聖ルイ（ルイ9世，フランス王）　3, 5, 8, 63, 97-98, 112, 115-117, 119, 124, 137-138, 246, 253-254, 288, 353
セーヴル（＝ニオルテーズ）（川）　96, 219, 227, 234, 236, 256-257
関　哲行　211, 216
ソワソン　24, 29-32, 38

た行

タイユブール―サントの戦い　98
高山　博　294, 352
ディジョン　29-30
デスピイ　180-186, 193, 198-199, 201, 206-207, 209, 211, 215
デスピイ学派（→デスピイ）
トゥール　36, 76, 79, 81-82, 84, 91, 93, 96, 104, 106, 109, 111, 210
トゥールーズ　121, 229, 275, 352
トゥールネ　24, 110, 351
ドンフロン　36

な行

ニオール　4-5, 36, 52, 95-96, 103-106, 121, 124-125, 127-129, 131-134, 143, 190, 210, 217-221, 227-228, 233-234, 241, 243-245, 250-251, 253-259, 263, 272, 280, 290-292, 307, 319, 350
二宮宏之　8
ノルマンディー　7, 9-10, 15, 20, 25-

26, 29-30, 32-33, 107, 117, 218, 220-221, 293, 297, 319
ノルマンディー公、ノルマンディー公領（→ノルマンディー）
ノワイヨン　24, 110
ノワゼ　86, 88-89

は行

バイユー　36
バイヨンヌ　36, 99, 101-102, 226
花田洋一郎　77, 172, 175, 217, 261, 352-353, 358
バルドネ　58, 251, 255
バルトネイ　112
パン（修道院）　41, 45, 55, 189, 192-193, 202, 313
ファレーズ　36
フィリップ=オーギュスト（フィリップ2世、フランス王）　4, 7, 13-14, 19-25, 29, 31-34, 37-39, 41, 49, 70-71, 76, 79, 81, 83-87, 89-91, 93-94, 96, 99, 102, 104-106, 108, 110-111, 173, 179, 189, 196, 210, 218, 222, 243, 272, 287-289, 292-293, 296
フィリップ3世（フランス王）　37
フィリップ4世（フランス王）　37, 77, 115, 117, 189, 294, 352
フィリップ端麗王（→フィリップ4世）
フェカン　36
フォシエ　118
フォントヴロー（修道院）　36
フォントネイ=ル=コント　127-128, 134
ブッサール　92-93, 199
プティ=デュタイイ　80, 86, 94, 109, 137
ブトンヌ（川）　96, 219, 222, 237
ブラバント　118, 136
ブランシュ・ド=カスティーユ　97
プランタジネット　4, 7, 17, 34, 95, 106, 221-222, 248, 265, 273, 279, 287
プランタジネット家、プランタジネット王権（→プランタジネット）
フランドル　70, 94, 103, 110, 117-118, 124, 136, 147-148, 154-155, 217-220, 222-223, 227, 235, 247, 249-250, 256, 274, 281, 285, 351, 354-355
プリッシュ　37

ブルジャン　24-25, 29, 31-32
フロントネイ　98, 227
ペパン短軀王（フランク王）　44
ベルラン家　247-250, 258, 260-261, 278
ペロンヌ　38
ヘンリー2世（イングランド王）　4, 15-17, 20, 25, 33, 35, 38, 41, 66, 196, 221, 248, 251, 253-255, 287, 296, 298
ヘンリー3世（イングランド王）　97-98, 103-104, 319
ボーヴェー　24
ボーチエ　211, 268, 270
ボーモン・タン=アルゴンヌ　37
ボールドウィン　89-90, 110
ボルドー　99, 101-102, 105, 210, 219-220, 223-224, 226, 230, 239, 277
ボワーヴル（川）　47, 75, 215
ボワソナード　66-67
ポワチエ　4-6, 13-43, 45-53, 55-59, 61-66, 68-77, 80, 84, 95-96, 106, 119, 121, 124-125, 127-128, 134, 136-137, 141, 143, 145-173, 179, 187-211, 213-215, 219, 241, 243-248, 250, 258, 260, 267, 278, 287-294, 296-300, 306-309, 313-314, 316, 320-321, 323-327, 333, 350-351, 357-358
ポワチエ司教座教会　40, 75, 165, 215
ポン　96, 99, 170
ポン=トドメール　36

ま行

マルグリット（フランドル女伯）　124
マント　38
宮松浩憲　80, 107, 199, 211, 214, 216, 353
ムリエール（森）　32, 113, 152-153, 162
モリニエ　10, 119
森本芳樹　8, 37, 107, 211, 343, 351-354, 357-358
モンティヴィリエ　36
モンティエルヌフ（修道院）　18, 36, 41-44, 46-49, 65, 67-68, 70, 72-74, 76-77, 154-155, 159, 164, 166, 193, 202, 245, 260, 289, 351

や行

山田雅彦　8, 37, 107, 183, 203, 211-212, 215, 217, 235, 285, 342, 354-355, 358
ユーグ3世（ブルゴーニュ公）　29
ユーグ10世（ド=リュジニャン，ラ=マルシュ伯）　99-100, 104, 227, 231

ら行

ラドゴンド（クロテール1世の妃）　50
ラ=ロシェル　4-6, 16, 18-19, 35-36, 52, 56, 68, 95-96, 98-107, 121, 124, 127-129, 132, 134, 136, 143, 217-235, 238-239, 250, 256, 265-282, 284-285, 288, 290-292, 294, 307-308, 351
ラン　38
ランス　90-91
リヴォー　10
リゴディエール　115, 137
リシャール　188, 192, 213
リチャード（ポワトゥー伯，アンジュー伯，イングランド王）　17, 26, 35, 91, 111, 189, 192, 221, 247-250, 253-254, 278, 296
リュクサンブール　37
リュシェール　9, 24-25, 30, 38, 90, 110
リュジニャン家　104, 193, 205, 227, 323, 326
リュジニャン領主（→リュジニャン家）
ルイ7世（フランス王）　4, 14-16, 29, 31, 81, 83-84, 87-90, 93, 108-109, 111
ルイ8世（フランス王）　4-5, 7, 96-97, 104-106, 112, 116, 220, 222, 254, 265, 273
ルイ9世（→聖ルイ）
ルーアン　5, 19-20, 22-29, 31-34, 36, 38, 75-76, 196, 210, 296-327, 351
レ（島）　36, 96, 224
レ=ザンドリー　36
レデー　43, 74, 146, 156, 169
ロレーヌ　37

事　項

あまりに出現頻度の高い語（都市，コミューヌなど）は除外した。

civis（→キーヴィス）
ER（→エタブリスマン・ド=ルーアン）
Man. SH（→マニュスクリ・サン=ティレール）
TP（→ポワチエ流通税表）

あ行

安全護送　185, 199-200, 222, 252, 290-291, 354
安全護送税（→安全護送）
居酒屋　76, 231-232, 243, 273, 298
インミュニテ　27, 31-32, 44, 49, 92, 251, 300
ヴィカリウス　91-92
ヴィゲリア　197-200, 202, 209, 323-327
ヴィゲリウス　194, 197, 199-200, 323
エシュヴァン　37, 52, 54-55, 63, 68-69, 148-150, 172-173, 300, 307-309, 321
エタブリスマン・ド=ルーアン　5, 19-23, 30, 36-37, 76, 287, 293
援助金　70-71, 77, 115-138, 141, 146-150, 154, 156-158, 169, 172, 267-268, 271, 288, 292, 320-321, 351
王領　1-3, 5, 9, 93, 97, 116-117, 151, 287-288, 296, 352, 354

か行

監察使　128-129, 246, 266-267, 271
慣習法　23, 30, 37-38, 110, 117, 351-352, 354
間接税　116, 136, 172, 217, 246, 291
キーヴィス（シテ領域住民）　33, 45, 46-48, 57, 76, 314
キヴィタス（→シテ）
騎士叙任　117-118
偽文書　18, 83-84, 88, 181, 184
教会財務係（トレゾリエ）　43, 45, 59-63, 67-68, 72, 79, 81, 83-89, 91-94, 109, 111, 317

索　引

教会プール（→プール）
行政命令帳簿（ルジストル）　119-120
軍役　22, 29-30, 51, 64-65, 92, 117, 153, 156, 173, 199, 221, 247, 287, 289, 300, 306, 308
軍役援助金　70, 77, 117
刑事裁判権　24
毛織物　87, 186-187, 191, 196, 198, 205, 207, 220, 242, 244-245, 247, 323, 326
郊外地　26, 28, 31, 133, 148-149, 154, 157, 191, 214, 230, 321
貢租　33, 45-49, 60-61, 122, 125-136, 140, 253, 258, 275-276, 317
国王印璽係　154
国王収入役　147-150, 156-159, 168, 320-321
穀物　51-52, 54-55, 64, 92, 101, 104, 189, 192, 197, 202, 226-229, 234, 238, 270, 274, 280, 296, 300, 306, 308-309, 319
コミューヌ員　53, 63-64, 71, 150, 157, 168-169, 174, 196, 325
コミューヌ都市　5-6, 33, 76, 80, 95, 104, 121, 134, 137, 234, 250, 265, 287-288
コンスュラ都市　80

さ行
財務係（→教会財務係）
塩　95, 187, 193, 202, 205-206, 208, 220, 229, 236, 275, 280, 325-326
シテ　3, 14-15, 33, 38, 40-41, 45-48, 81-82, 109, 189
品台　249, 275-276, 279, 281, 327
自発的援助金　128-129, 131-133, 135-136
奢侈品　202, 207-208, 274
週市　183-184, 186-187, 193, 203-204, 206, 241, 251-256, 259, 263, 271-272, 279-280
12人コンセイユ　121, 124, 227, 267, 300
ジュレ　121, 124, 227, 267, 300
巡回調査団　100
召喚権　27-28, 299
商業施設　136, 143, 254, 256, 258-259, 272-273, 275, 278-282, 284-285, 291

城砦プール（→プール）
臣従礼　29, 97-98, 153
親王領　3, 5, 97
随行要員　146-147, 149-151, 153-155, 157, 169, 321
水車　47, 72, 74-75, 190, 276
水路　179, 183, 185, 203, 210-211, 215, 278
ステープル　217, 235, 255
積載量革命　220
絶対王政　1, 8, 353
セネシャル　15, 59-61, 99-100, 105, 120-132, 141, 147, 160, 163, 168, 173, 189-190, 235, 242-245, 247-249, 253, 266, 294, 317-318, 352
相互扶助　31, 137, 287

た行
タイユ　58, 65, 84, 98, 123-124, 199, 221, 247-248, 298, 314
タヴェルナ裁判権　60, 317
タヴェルニエ　80, 190, 242
多核構造　107
地方三部会　172
通過税　19, 185-187, 193, 196-205, 207-210, 221, 247-248, 251-252, 255, 258, 273, 323-327
定期市　271-272, 280
定期金（→ラント）
テンプル騎士団　41, 50, 55-59, 61, 64, 66-67, 69, 71, 77, 119-120, 122, 160, 273, 276-278, 282, 284, 289, 313-314
都市カルチュレール　169, 213, 242, 351
都市裁判領域　148-149, 321
『都市の（諸費用の）分担金』　57, 66-67, 69, 71, 77, 119-120, 122, 160, 273, 276-278, 282, 284, 289, 313-314
取引所　121-122, 253-258, 265-273, 279-282, 285, 292

な行
2倍貢租　（→貢租）
年市　19, 183-187, 190-191, 203, 206-207, 209-210, 241, 247, 256, 258-259, 263, 271-272, 278-280, 291, 325-326, 354
農村プール（→プール）

ノルマン人　5

は行

バイイ　15, 51, 100, 111, 173, 247-248, 252, 294, 297-300, 306, 313, 352, 355
売買税　19, 60, 64, 118, 183, 185-188, 193-194, 196-209, 215, 247-251, 255-256, 258, 273, 313, 317, 323-327
秤　266, 269, 271-272, 281
伯取引所（→取引所）
バラージュ　246, 260
バンリューのワイン　229-232, 238
非コミューヌ員（→コミューヌ員）
100人ペール　37
百年戦争　68-69, 77, 117-118, 172, 246, 261
ブール　3, 5, 9, 13, 15, 31-32, 38-55, 58-73, 77, 81, 98, 106-107, 127, 145, 147-149, 154-155, 157, 159, 171-172, 193, 202, 211, 245-246, 260, 289-290, 293, 306-309, 317, 321, 353
副伯　29, 113, 160, 298, 323
ぶどう畑　44-48, 60, 86, 101, 103, 132, 223-226, 228-234, 274-276, 281, 284
プラース　276-277, 281
フランシーズ文書　23-24, 29-30, 37, 80, 107, 343, 350
ブルジョワ　46, 68, 122, 124, 225, 232, 234, 239, 254-255, 293
プレヴォ　13, 15, 40, 51, 54-55, 57-59, 61, 63-64, 73, 80, 111, 134, 148-149, 153-154, 159, 169, 171, 190, 193, 198, 203, 243-247, 256-257, 260, 268, 307-309, 313-314, 317, 324-326
プレヴォ管区（→プレヴォテ）
プレヴォテ　148-149, 159, 321
プレヴォテの人々　148, 320
プレヴォ都市　80
封建王政　1-2, 8, 288
封建的援助金　116
封臣　2, 6, 9, 15, 29, 95, 97, 100, 104, 116-117, 153, 159, 171, 173, 226, 287, 293-294, 300, 319
放牧税　29, 32

ポワチエ流通税表　179, 187-211, 213-214, 241, 290, 323-327, 350

ま行

マニュスクリ・サン＝ティレール　187-192, 194-195, 197, 213, 242, 244-245, 351
民事裁判権　26-27, 39
メール　21-22, 26-28, 37, 51-58, 63-64, 66-69, 76-77, 103, 121, 124, 137, 147-151, 153-158, 168-169, 171-173, 184, 188-191, 222, 232, 237, 242-246, 248, 250, 255, 260, 275, 285, 293, 297-300, 306-309, 314, 319, 321

や行

良き都市　2, 6, 9-10, 72, 115-116, 123, 131, 135-136, 145, 288, 293-294, 351
4つの場合の援助金　117

ら行

ラント　46-48, 73, 75, 118, 133, 136
陸路　26, 183, 185, 203, 210-211, 226-227, 231, 234, 243, 250, 280
流血裁判権　27-28, 39, 60, 300, 317
両替商　87-88, 118, 123, 276, 279
領主裁判権　289
領主制説　24
レ＝アル（→取引所）
炉税　29, 32, 130-131, 135
ロリス文書（ロリス・アン＝ガティネ文書）　30, 37-38, 354

わ行

ワイン　5, 25, 54-55, 60-61, 64, 76, 81, 83, 87-88, 95, 101-104, 116, 132, 187-188, 190, 199, 205, 208, 217-239, 243-244, 256, 258, 263, 265, 268-270, 273-275, 278-282, 284, 290-291, 294, 298-299, 308-309, 313, 317-319, 324, 326-327, 351-352, 354-355
ワイン倉　231-232, 243-244, 268, 275, 279

著者略歴

大宅　明美（おおや・あけみ）
1964 年　山口県生まれ
1987 年　広島大学文学部史学科西洋史学専攻卒業
1987～1993 年　広島大学大学院文学研究科博士課程，ポワチエ中世文明高等研究所 DEA 課程，日本学術振興会特別研究員（PD，九州大学経済学部）を経て
1993 年　九州産業大学経済学部講師
現　在　九州産業大学経済学部教授
　　　　博士（文学）

【主要業績】

藤井美男・田北廣道編著『ヨーロッパ中世世界の動態像—史料と理論の対話—森本芳樹先生古稀記念論集』九州大学出版会，2004 年（共著）
『歴史家のパレット—佐藤眞典先生御退職記念論集—』渓水社，2005 年（共著），他

中世盛期西フランスにおける都市と王権

2010 年 9 月 30 日　初版発行

著　者　大　宅　明　美
発行者　五　十　川　直　行
発行所　（財）九州大学出版会

〒812-0053　福岡市東区箱崎 7-1-146
　　　　　　九州大学構内
電話　092-641-0515（直通）
振替　01710-6-3677

印刷・製本／大同印刷㈱

© 2010　Printed in Japan　　　　ISBN978-4-7985-0030-0

九州大学出版会・学術図書刊行助成

　九州大学出版会は，1975 年に九州・中国・沖縄の国公私立大学が加盟する共同学術出版会として創立されて以来，大学所属の研究者等の研究成果発表を支援し，優良かつ高度な学術図書等を出版することにより，学術の振興及び文化の発展に寄与すべく，活動を続けて参りました。

　この間，出版文化を取り巻く内外の環境は大きく様変わりし，インターネットの普及や電子書籍の登場等，新たな出版，研究成果発表のかたちが模索される一方，学術出版に対する公的助成が縮小するなど，専門的な学術図書の出版が困難な状況が生じております。

　この時節にあたり，本会は，加盟各大学からの拠出金を原資とし，2009 年に「九州大学出版会・学術図書刊行助成」制度を創設いたしました。この制度は，加盟各大学における未刊行の研究成果のうち，学術的価値が高く独創的なものに対し，その刊行を助成することにより，研究成果を広く社会に還元し，学術の発展に資することを目的としております。

第 1 回助成対象作（2010 年刊行）

道化師ツァラトゥストラの黙示録
細川亮一（九州大学大学院人文科学研究院教授）

中世盛期西フランスにおける都市と王権
大宅明美（九州産業大学経済学部教授）

＊詳細については本会ホームページ（http://www.kup.or.jp/）をご覧ください。